U0591007

**浙江省教师教育基地(宁波大学)资助出版**

国家社会科学基金"十一五"规划教育学国家一般课题
《诗意德育促进学生积极人格和谐发展实践案例与理论问题研究》
（课题批准号：BEA090063）成果

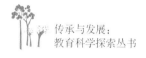

传承与发展：
教育科学探索丛书

# 诗意德育论

冯铁山 著

中国社会科学出版社

**图书在版编目(CIP)数据**

诗意德育论/冯铁山著. —北京：中国社会科学出版社，2012.11
ISBN 978 – 7 – 5161 – 1421 – 6

Ⅰ.①诗…　Ⅱ.①冯…　Ⅲ.①中小学教育—德育—研究
Ⅳ.①G631

中国版本图书馆 CIP 数据核字（2012）第 218731 号

出 版 人　赵剑英
选题策划　田　文
特约编辑　陈　琳
责任校对　徐　楠
责任印制　李　建

出　　　版　中国社会科学出版社
社　　　址　北京鼓楼西大街甲 158 号（邮编 100720）
网　　　址　http://www.csspw.cn
　　　　　　中文域名:中国社科网　　　010 – 64070619
发 行 部　010 – 84083685
门 市 部　010 – 84029450
经　　　销　新华书店及其他书店

印　　　刷　北京君升印刷有限公司
装　　　订　廊坊市广阳区广增装订厂
版　　　次　2012 年 11 月第 1 版
印　　　次　2012 年 11 月第 1 次印刷

开　　　本　710 × 1000　1/16
印　　　张　23.75
插　　　页　2
字　　　数　397 千字
定　　　价　65.00 元

# 总　序

　　教育是什么，它能做什么，又该怎样做？对这些教育最本质的问题，人们试图从不同的视角给出确切的答案，但这些答案如同回答"人是什么"一样扑朔迷离，因为教育研究的对象是活生生的人；而对人的研究，正如爱尔维修所言，人是摆在不同人们眼前的一个模特儿，每一个教育家或教育工作者都可以从不同的立场和视角考察人有关教育的某些方面，谁也不能确定是否确证了教育的全部本质与全部内涵。人是自然存在物与社会存在物的统一，无论是作为自然存在物，还是作为社会存在物，人都是一个未完成的存在。这就意味着人具有与生俱来的生成性本质。而教育的终极关怀与根本宗旨就在于：确立人在教育中的崇高地位，让教育融入人的生命与心灵发育成长的过程，让人行走在自我成长的路上，进而发展为富有个性的理想自我。人的未完成存在与教育价值追求的定在，决定培养人的教育只能是创造性的，决定教育学学科理论、知识不是先在的、现成的、制作的，只能是在教育理论和实践的探索中萌发、发展、建构的。

　　海德格尔认为，我们每个人都走在路上，而且是走在林中布满荆棘的路上。教育的世界里也有许多路，有通衢大道，有羊肠小道；有在场之路，也有不在场之路。教育与教育研究的魅力恰恰在于此：每条路各行其是，无论你选择什么样的道路，采取什么样的态度，信奉什么样的信念，教育只有走在崎岖的探索路上，徜徉于教育的山水之间，沉湎于教育的画卷之中，你才可以领略教育的殊异风景，领悟隐匿于丰富多彩之中的教育真谛；才有可能把准教育内在因素与外在因素的辩证关系，把握教育教学工作规律的脉搏；才会发展人的自然禀赋与潜藏的善性，促使受教育对象行走在自我成长与发展的路上。

　　"田庐弥望，海桑苍苍。"三江汇流的宁波，背依赤堇山，面朝大海。独特的地理环境孕育独特的人文精神：在行走中实践，在实践中进取。追溯前人的脚步：七千年前的河姆渡祖先刀耕火种，开创了中华民族新石器时期农耕文明的先河；八百年前的唐代祖先涉江过海，开凿了沟通"黄土文明"与"海洋经济"对接的通道；百年来的中国近代、现代灿如星河的"宁波帮"儒商更是以家乡、中国、世界为起航的港口，创造了一个又一个叱咤风云的商海奇迹。历世缅邈，宁波地域文化尽管不断注入时代的源流活水，其精神也逐渐演变为爱家兴邦的互助精神、张扬个性的开拓精神、锲而不舍的务实精神、信誉至上的诚信精神和兼容并蓄的开放精神，宁波人勇于探索的生命底色永远不变。

宁大人承继这种生命的底色，秉承"实事求是，经世致用"的校训，发扬"兼容并包、自强不息、务实创新、与时偕行"的宁大精神，在众多海内外"宁波帮"和"帮宁波"人士的大量帮助和广泛支持下，不断探索既适应学生长远发展需要，又满足地方发展需求的人才培养模式，使宁波大学成为一所具有鲜明特色的综合性的教学、研究并重的地方大学。作为一所地方综合性大学，历史的传统与现实的需要决定其教育学的发展必须以宁波区域教育为探索的出发点与立足点，其教育学人首先必须成为宁波区域教育田园栖居者。坚持高校为地方社会、经济、文化服务，是宁波大学的办学宗旨，同样也是宁波大学教育学学科建设的重要使命。而实现这个崇高的使命的重要途径就是行走与实践。近十年来，宁波大学教育学科一大批教授、博士紧跟前人的步伐，深入学校、深入中小学课堂，或兼职中小学副校长，或与中小学教师互换角色，不仅在宁波区域教育田园行走，而且勇于从实践中探索教育新理念、实践教育新途径和新方法，努力做到服务地方与学术研究的统一，取得了比较丰硕的教育教学和科学研究成果。为了不断推出富有原创性、继创性、可操作性的教育理论与实践成果，不断深化区域教育研究的力度、广度、深度，经过相关教育学人的认真组织、评审，决定推出"传承与发展：教育科学探索丛书"系列学术专著。这些著述都是宁波大学教育学人多年行走与实践的心血之作。他们或纵观几代天骄的教育历史，挖掘深埋其中的教育意义；或横跨一方厚土的教育田野，实践蕴育表里的教育真谛。

科学研究与学术创新的历史性特征，常常是在我们回顾探索者行走过的道路所产生的生命感动与灵魂震颤中感受到的。这些学者的学术研究起始于教育现实中的问题，承继了宁波教育先贤"行走与实践"的治学品质。行走，能够从多种因素、多个侧面、多个视角审视师与生、教与学等区域教育系统中多种矛盾对立的内容；实践，能够增长学术生命的活力与学术研究的效度与信度。风帆正举，在向"两个文明"建设进军的伟大变革中，在迎接海洋经济发展的历史机遇与挑战中，期待我们的学校，我们的老师，尤其是宁波大学教育学人，责无旁贷地肩负起历史的、时代的、职业的神圣使命，在区域教育中行走并实践，发出有特色、有影响的教育声音。是为序。

聂秋华

# 序

中国是一个"兴于诗"、"重于教"的国家，其中"诗教"是中华民族传统教育的精华。但在近代教育发展历程中，一度奉"理性教育"为圭臬，在移植、借鉴日本、苏联以及其他西方教育思想的时候有意或无意地淡漠了传统教育思想的传承与发扬，使得当前的教育，尤其是德育成为"非诗意"与"非民族"的存在。一个有着悠久文化教育历史的国家在"面向世界、面向未来、面向现代化"发展教育的同时，还必须珍惜和发扬自己民族的教育传统，只有这样才能够培养出对国家建设、民族兴盛以及世界文明作出积极贡献的人才。

在新的历史时期，如何弘扬传统"诗教"，改变德育规训的言说方式，弥补纯粹理性价值取向德育的不足之处？冯铁山于2001年借着新课改的东风，着手探索挖掘中华民族文化的诗意元素，将"诗"的教学引入课堂，指导一线教师开展"新诗进课堂"实验，组织编写了《诗意语文学本》，进而发展成为全国教育科学"十五"规划课题"新诗教实验"。在不增课时、不择生源的前提下，实验取得了显著成效。查有梁先生高度评价实验成果，认为这是中华"诗教"的与时俱进，是在继承传统文化精华基础上的创新。冯铁山2007年考入陕西师范大学教育学院教育学原理专业，攻读博士学位，成为我的博士生。在读博的三年时间里，他以前期的实验研究为基础，通过阅读大量的文献资料，直接以"诗意德育研究"作为博士学位论文选题，展开了对诗教德育化问题深入而系统的研究，把先前的实验与理论推进到一个全新的层次和水平。选题不仅列入陕西师范大学优秀博士学位论文资助项目，而且2009年成功申报并立项为国家社科基金"十一五"国家项目。论文完成后，经过国内教育界、文学界十余名著名专家的评审，评审专家和答辩委员对该论文给予了高度评价，一致认为是一篇优秀的博士论文。他的这部《诗意德育论》就是在博士论文基础上发展而成的课题研究成果。

　　判断、确立并追求教育某一领域或某一问题的研究价值，是教育专业人员从事教育理论与教育实践探索的内在动因。冯铁山将传统诗教发展成为"诗意德育"有何价值呢？

　　从研究的逻辑前提看，人的存在和存在方式是全部人学研究由之出发的一个前提性问题，自然也是诗意德育研究的逻辑起点问题。马克思指出："整个所谓世界历史不外是人通过人的劳动而诞生的过程，是自然界对人说来的生成过程。"① 他把人的存在界定为实践的存在，从而提供了关于人存在的总体性把握。按照马克思实践哲学思想，人通过劳动而生成，通过实践而自立，实践是人特有的"自由自觉的活动"。马克思的这种"实践存在说"为诗意德育理论的构建和实践提供了基本的思维方法。从主体实践的范围和层次看，人的实践是人以自己自然的感性为基础，并通过物质工具这一中介，去改造物质世界的活动。这可以引导德育工作者把教育对象看做自然存在、社会存在和精神存在的结合体。从实践的方式与手段看，人必须借助劳动工具、精神或符号去认识自然、社会、自我，因此人的存在可划分为类存在、群体存在和个体存在三种形态。这三种存在浓缩到个体身上，分别表示着人的个别形态、特殊形态和一般形态。这有利于指导教育者把握德育工作的共在性与独特性、现实性与可能性。从实践的过程与结果看，人能够按照"人的尺度"和"物的尺度"去认识客观世界，正如马克思认为的人"懂得按照任何一个种的尺度来进行生产，并且按照美的规律来建造世界"；而动物活动只生产自身，其生产具有片面性，"只是按照它所属的那个种的尺度和需要来建造"②。这可以引导教育者认识德育对象的主体性以及他们德性发展的自觉性与创造性。从总的发展趋势来看，人的实践是逐步由自在走向自觉，由他在走向自由与创造的活动；在活动的过程中，人的自主性与主体性不断增强。因此，德育也应该处于开放性的存在状态，处于合乎规律性与目的性统一的创造旅途。

　　从研究的文化基础看，中华民族教育历来都有家长或师者以"诗"

---

　　① 中共中央马恩列斯著作编译局：《马克思恩格斯全集》第42卷，人民出版社1995年版，第131页。

　　② 马克思：《1844年经济学哲学手稿》，中共中央马恩列斯著作编译局译，人民出版社2000年版，第58页。

教子或示儿、以"诗"教生，从而化育子、生的道德品质的传统。孔子创造性地提出"立于礼，兴于诗，成于乐"的璀璨思想观点，将诗和道德修养内源性地紧密联系起来，进而催生并实践了诗教的教育形式和方法。他告诫弟子："不学《诗》，无以言"（《论语·季氏》），以《诗》作为成就理想人格的重要工具与根本途径，反映在道德认知方面就是"小子何莫学乎《诗》？《诗》可以兴，可以观，可以群，可以怨。迩之事父，远之事君，多识于鸟兽草木之名"（《论语·阳货》）。通过"诗"的导引，受教育者不仅在"兴观群怨"中明白侍奉父母的道理，还可以在"连类引譬"中练就侍奉君长的技能，习得政治、外交的才能；而且，还可以扩大知识面，认识大量鸟兽草木的名称，学习自然知识。这就是说，诗教既可使受教育者回归生活，学会做事，学会做人，学会学习；还有助于他们通过富有人格化与对象化的象征物去反躬自身，比类人的生活，实现"自然人"向"社会人"乃至"自我人"的层层转化，促使他们自主超越各种既定的对象性关系，将自我德性的塑造融贯到道德认知方面。

从研究的现实意义看，任何德育都是目的性与规律性统一的教育活动，其统一就体现在是否尊重受教育者的需要以及遵循德育本身固有的规律。其中，知情意与"行"的圆融是教育目标达成的关键。如何规范并导引受教育者的道德行为？传统规训教化式德育是一种通过传输和强化道德规范知识而建立起来的道德教育体系。这种道德教育以要求受教育者接受既定的道德教育规范知识，遵守和服从既定的、明确的和统一的道德规范要求，并以外部约束来保证其实施效率为主要特征，带有明显的主客二元的、分离性的和单纯外施性的特点，难以进入和谐完美的道德教育境界。先秦儒家提出道德行为的培养需要"博学之、审问之、慎思之、明辨之、笃行之"（《礼记·中庸》）；而明代学者王阳明付诸实践，率领弟子"每日轮值一班歌诗，其余静听，每五日各班唱于本学，每逢朔望则合唱于书院"①。20世纪二三十年代，陶行知先生和徐特立先生也尝试采用诗教的形式导引学生形成良好的道德行为——发现学生优点、长处就写诗赞扬；发现学生缺点、错误就写诗批评。诗意德育研究革故鼎新，把"言语实践"作为道德教育的本体，注重发挥诗意言说的导向、凝聚、动力等功能，从自在与自为的维度去创设诗意情感场，让导引者和体验者同

---

① 王炳照等：《简明中国教育史》，北京师范大学出版社2003年版，第195页。

时生活在情感场内进行全息式的体验与感悟，共同地、互动地相互诱发和唤醒个体或群体德性发展的主动性与主体性，在领悟自然诗意、社会诗意、自我诗意的过程中，对外在于自己的道德规范发生切己的融通与理解，从而化作自觉的行为；通过"诗"一般典雅语言的暗示与导引，教育者和受教育者都是自觉自愿地在言语实践活动中，在"学、问、思、辨、行"过程中将道德行为的修养变为自觉、自动的习惯。诗意德育不仅可以剔除道德教育的虚伪性，使道德教育实践变得意趣盎然；更由于改变单一传输道德规范知识的做法，凭借"感知行为中主观运动着的身体"① 理解、融通并建构生存实践中的各种关系，促使导引者和体验者的生命在自我解构与建构中印证着自身存在的价值和意义；赋予自然、社会以及自我以审美的观照与积极的意义，从而创造出丰满的人生和可能的生活。这种实践的实质就是超越了主客体二元对立的思维方式，超越了自我有限的存在，使人的生命成为一种自由自觉的存在。

　　冯铁山为人诚恳谦逊，勤奋好学，更难能可贵的是，他具有勇于实践的探索精神。作为一名大学教师，他多年深入一线，与老师们结成亲密的伙伴式合作研究关系，登上中小学讲坛与教师们一道磨课、上课，展现了一个直面现实问题又善于沟通、交往、对话的学者风采。值此专著付梓发行之际，我希望这本书能够产生积极的社会影响，并期待他在已有的研究基础上进一步深入下去，力争为弘扬中华传统教育精华作出更大的贡献。

栗洪武

2012 年 4 月 18 日

于陕西师范大学

---

① ［德］胡塞尔：《生活世界现象学》，上海译文出版社 2002 年版，第 58 页。

# 目　　录

# 导　　论

　　长期以来，我们的学校德育习惯于用知识、理性的眼睛审视德性生命之花的颜色，却时常忽视用心灵的耳朵谛听花开的声音，致使德育的诗意逐渐被遮蔽。所以，在德育价值取向转向受教育者自身、转向教育中真实而整体的人的时代，让德育焕发出诗意魅力，是历史的、现实的应然选择；在确认理性认知教育方式的同时发挥诗意谛听的功能，也是学校的、家庭的实然需要。正如鲁迅先生所言，地上本没有路，走的人多了，也便成了路。诗意德育也是这样，我们带着无限的希望，满怀愉悦的心情，走在探索的路上，寻求一种新的德育模式。这一探索将从这里开始：德育的诗意是如何被遗忘的？诗意与德育连接的内在支撑点是什么？如何让受教育者在诗意德育的引领下沐浴诗意的光辉？也许头脑里存在太多的怀疑与犹豫，也许由于看不清前方的路，我们的脚步有些凌乱，甚至不知道如何迈步，但无论如何，我们都要按照合目的性与规律性相统一的精神，探讨诗意德育的基本内涵、价值、功能以及发生机制，并尝试在从本质到本体的追问中思索新的历史时期实施诗意德育的可能性与必要性。

## 第一节　对学校德育"诗意"问题的发问

### 一　富有民族特色的诗书教化传统怎么传承

　　穿越历史的时空，一个确定性的时代渐渐隐没，而一个不确定性的时代则以知识的多元性、价值的建构性等面目出现在我们面前。在教育的场域中，教育改革的大潮迎面扑来，新的教育实践催生了新的教育理论研究，所谓"教育产业化"、"教育公平"、"义务教育均衡发展"、"民办教育"等关键词也跃动在时代的潮流中。然而站在物欲的霓虹灯下，面对规训与禁诫的德育言说语域，我们的内心便涌现出一些问题：先秦璀璨的明月真的沉寂在关山之下了？屈子上下求索吟唱的《离骚》难道就语咽汨罗的江水了？我们引以为豪的最富有民族文化内涵和特色的诗书教化真的隐藏在历史的尘土中了？曾经挺起中国人脊梁的典雅的汉语真的就退出德育的范畴了？培养中国人的德育需要什么样的言说方式？如何焕发中华传统诗意文化新时代的活力，使德育成为主体性凸显、魅力丛生的属于人的德育？

理性的追问有时如同转瞬即逝的流星，尽管只有微弱的光芒，但一样可以划破笼罩思想的云层；一个新词就像一粒播下的种子①，只要附着坚实而肥沃的土壤，一样可以生根、开花，甚至结出成熟的果实。我们不敢断言，将诗意和德育连接起来，就一定如同一粒种子可以开出璀璨的花朵；但思索的起点可以从中国德育发生的文化土壤出发，追溯前人的脚步，走在诗意德育的路上而上下求索。

### 二 规训式"祛魅"的德育如何"返魅"

本书把诗意德育作为论题，既是基于一所民办学校发展的客观需要，又是学校德育发展的内在要求，也是对当代德育实践焕发诗意魅力呼唤的回应。自 20 世纪 60 年代以来，学校知性德育"祛魅"问题已引起国内外学者的广泛关注，逐渐形成向"问心"德育发展的一种新趋势。这种趋势的形成，一方面，源于西方国家对工业化社会过分追求物质文明、忽视精神文明建设而带来道德后患的反思；另一方面，许多哲学家、教育家对德育的诗意特质也予以现实观照与前瞻思考。一些发达的资本主义国家如英国、美国、日本多次进行德育课程改革，着重在课程中体现民族精神和民族特点，拓展德育内容，开发德育教材，重视德育计划的制订和实施。

当代中国知性德育的基本特征是"规训化"的，意即习惯于凭借纯理性的态度审视和规范具有情景化、生活化的学校德育问题，传递、灌输某种终极价值，将目的指向完美道德社会的实现，以培养高度超越性的道德为己任，将个体日常道德修养纳入宏大的社会历史目标中，"公共话语模式"成为这种德育言说方式的基本诉求。这种德育，从目的上看，无视学生作为"人"的存在，用规范剪裁学生，使人为体现道德的价值而

---

① ［英］维特根斯坦：《文化的价值》，钱发平译，重庆出版社 2006 年版，第 3 页。

存在，其"德"是外在的、功利性的"得"，因而造就的是顺从、虚假的人格；从内容上看，规训式德育以道德知识及其学科为载体，教师采取单一的传输信息的方式传授既定的规范和知识，学生成为配合教师完成预设方案的角色，这种机械的程式，在规训道德知识的同时也规训学生的情感、态度、思维方式以及个性；从方式上看，采用的是灌输、训练、盆景栽培等外在的、强制的办法作为实现预设目的的途径，不仅远离学生的现实生活而机械乏味，而且违背学生的天性，使他们失去道德学习的乐趣，缺乏道德学习的主动性、自觉性，抑制了学生潜在德性的自我发展。这种德育只注重让学生去认识到一些道理，而忽视让学生感受到、体验到甚至领悟到德育的诗意魅力。其不足正如德育专家鲁洁教授所言："学校德育的缺失，不是局部的，而是从德育的主体、德育的导体到德育的客体全面的缺失。"① 有专家也认为，"我们的学校德育可能犯了一个极大的错误，它从起始的时候就把德性神圣化、理想化、偶像化了，同时也把美的生活庸俗化了，于是生活中的美德，连同生活中的德育就被有意无意地误解为平庸，自作多情的成人们就猜想着像造神一样地创造理想化的儿童道德人格"②。要转变这种消极状态，学校德育必须回归诗意，让师生"诗意地栖居于德育中"。

### 三　德育是否存在"诗意"的形态

本书尝试对下列问题作出自己的回答：其一，当代学校德育实践存在着问题。与其说当代学校的规训式德育有问题，不如说规训式德育的价值取向与操作模式有问题。这种德育模式没有处理好人与自然、人与社会、人与自我的关系，也没有处理好人的德性发展的他律与自律的关系。所以，要消除当代学校规训式德育所造成的"祛魅"问题，立足中国固有的文化传统以及基于现实与未来人才培养的价值判断，进行德育观念的更新与合理形态的德育模式构建实为当务之急。其二，系统地阐明诗意德育建构的合理化问题。在功利化、物质化社会，德育是否存在"诗意"这一美的形态？如果存在，它的内涵是什么？它和自然生态美、社会生态美

---

① 鲁洁、朱小蔓主编：《道德教育论丛》第1卷，南京师范大学出版社2000年版，第5—6页。

② 杨启亮：《诗意的德育：一种体验爱与美的解释》，《思想·理论·教育》2003年第9期，第25—28页。

的关系怎么处理？从学科形态来说，诗意德育得以成立的理论支持是什么？建构诗意德育有什么意义？为此，我们从中国的学校德育首先是培育中国人的视角出发，努力挖掘中华传统诗意文化思想精华，链接哲学、心理学、诗学、美学等学科的理论支撑点，从学生的诗意存在以及德育诗意生成性等方面，阐明诗意德育建构的合理化问题，并作为全书研究的中心和旨归，努力探究合理化的诗意德育之建构以及它在未来实践中的范导对减少或消除规训式德育实践的负态效应的意义。其三，从可操作的角度探究诗意德育的实践形式。这是本书成果的一个突出的创新点。本书从人与自然、人与社会、人与自我三个方面，将学校德育实践划分为三种基本形式：工具实践（处理人与自然关系的德性培养）、交往实践（处理人与社会关系的德性培养）、人道实践（处理人与自我关系的德性培养）。在对这三种基本形式进行比较深入研究的基础上，借鉴卡西尔的符号现象学理论、马克思等人关于语言的思想（精神）与现实（物质）的二重性和中介性理论以及语言哲学、语言学理论，力图回答学校德育本体与本质的问题，凸显言语实践的本体意义与诗意生成本质的价值，从而倡导和建构以诗意言说为核心的融诗情、诗思、诗意、诗行为一体的诗意德育模式。

总之，"诗意德育"研究选题，是立足于我国学校规训式德育工作造成道德教育"祛魅"、学生德育主体地位丧失等问题的思考，并遵循学校教育合目的性与规律性统一建构的基本原则，试图将"诗意"概念引入道德教育，在合理借鉴中国历史上"诗教"成果的基础上，依托民族特定的语言形式和美感形态，通过在一所民办学校的实验研究，重新思考和探究新时期我国学校德育的建构与创新问题，力图挖掘德育的诗意美，让青少年从小就得到诗意熏陶，蕴蓄人生激情，坚定人文信念，为学校德育工作焕发诗意魅力、增强实效性，提供理论参照与实践方式。

## 第二节　研究背景和研究综述

### 一　馨园学校研究地点的选择

在教育研究由重视宏观思辨走向微观实践的今天，越来越多的教育研究者尝试利用人类学研究的范式，从书斋走向田野，在中小学的教育

"现场"开展"无功利"的观察、访谈、调研等活动，进行叙事研究和实验研究，然后根据"现场"所得做教育学理上的分析与探究。在人类学家的视野中，一个有效的田野研究需要满足四个条件：一是田野地点的选择需要有陌生性，以避免"家乡"观念的介入而影响对田野价值的判断；二是田野研究时间的完整性，至少要深入田野一年，以便熟悉田野春秋代序的生活；三是研究者角色的互换性，即研究者也应成为田野的栖居者，这样才能设身处地地了解并理解研究对象；四是研究过程的客观性，主要是处理好"有我"与"无我"的关系。

根据以上的经验，决定在做田野研究的时候，首先需要选择一个地点，而这个地点既是"陌生"的，又必须是有代表性的，同时还是"可操作"的。什么叫做"可操作"的？一般而言，就是能够保证研究工作顺利实施。要使研究能够顺利实施，首要的条件就是研究的田野本身有研究的需要。也就是说，至少作为这块"田野"的主人（也许是管理者）欢迎研究者进入，同时对"侵入田野"里的外界"陌生"人能够保持一种自然、合作、信任的态度。因此，选择田野的过程是一个慎重的、智慧的抉择过程。

依据以上理由，笔者将本选题"田野"研究的地点确定为我国华南地区的一所民办学校——馨园学校①。从陌生性的角度分析，至少有如下理由：其一，办学时期的"陌生"。馨园学校诞生于 2001 年 9 月，正是我国基础教育课程改革的始发时期，也是民办教育经历保证金改革的"阵痛期"②。这一时期，这所学校该如何规范办学，如何走向健康的发展道路，面临许多的问题与困惑，自然也留下了研究的空间。其二，办学人的"陌生"。馨园学校的办学人，主要由三个方面的主体组成，一方面是馨园投资贸易公司，另一方面是纪念伟人的省重点中学，还有一方面是地方镇政府。因此，这所学校不是纯粹的民间资本办学，也不是所谓的"名校办民校"。在地域上，该校与重点中学分属两个镇区；从体制上看，

---

① 为了研究的方便，**馨园学校**是本项目特拟的化名。

② 在 20 世纪 90 年代初，广东珠江三角洲地区大量的民办学校采取单一的收费制，通过收取学生"教育储备金制"进行原始资金的积累，曾有一所私立学校收教育储备金就达数亿元，后来由于部分学校投资方将资金挪作他用，导致学校不能正常运转。根据这一情况，教育行政部门出台文件予以规范。许多靠"教育储备金制"做支撑的民办学校，尤其是中小学在清退保证金的时候资不抵债，纷纷倒闭。馨园学校所在市就有几所大型的民办学校如亚加达、华夏学校等于 2000 年倒闭。

一为公办，一为民办，教师编制、学校管理等完全是在两条轨道上自行运转。那么，三方是如何在利益与效益的博弈中走向和谐的？一所民办学校是如何在较短的时间里得到良性发展的？这一系列问题也是笔者选择"田野"研究地点所考虑的。其三，地域上的陌生。从空间的维度看，该校既远离笔者的家乡，也远离笔者求学之所，从而避免了"家乡"观念的介入。

从可操作的角度看，馨园学校所处的地理位置是我国改革开放的前沿地带——珠江三角洲的出海口位置。2000 年，所在市城镇居民可支配收入达 11876 元，农民人均纯收入 4883 元；城镇和农村人均居住面积分别达到 27.7 平方米和 34.7 平方米，城市化水平达到 57%；先后获得了"国家卫生城市"、"全国园林城市"、"国家环保模范城市"和联合国"人居奖"等荣誉称号。全市的国内生产总值和人均水平在全国 240 个地级以上城市中，分别居于第 33 位和第 36 位。经济的繁荣也带动了教育事业的复兴，该市 2001 年的政府工作报告也将建设教育强市作为主要的内容。这对具有实验性、探索性的本书选题而言，资料的掌握、学校办学方向的引领和德育工作的革新、地方政府的重视程度以及市民对教育的认识相对成熟等，都是很好的外在条件。另外，由于该校是一所新成立的学校，在德育工作方面的探索，既需要发挥公办重点中学原有的传统效应，也需要注入时代的元素。因此，当诗意德育的理念和实验引入馨园学校时，正是三方办学主体的观念、文化的碰撞与对话而需要诗意的融合，这就使得该研究成为办学者的价值需要，从而消解了外来"陌生"者的质疑、防范以及阻隔等因素，以保证研究的可行性与可延续性。

## 二 诗意栖居者与导引者的角色说明

常规意义上，由于受教育理论先决性的影响，教育研究者往往都喜欢充当评判者与观察者的角色，信奉学问在于学"问"的真理，在一个又一个问题上去诉求其原理、根据，以及对教育现象提出一个又一个假设，并进行逻辑上的推演。这对寻求教育的本质确实是有必要的，但在理论建构的同时更需要实践上的行走。所以，有效的教育研究者，其理论建设是以教育发展为目标而不断地进行实践与建构的人。诚如阿普尔所言："要使教育研究领域充满活力，就必须要有新的和具有社会性批判的观点，很重要的一点就是要认识到'真正的教育研究是建构性的'。"① 因此，有效的教育研究者不仅需要进行教育理论的构建，也应该是教育"田野"的栖居者与导引者。

在 2001 年寒冬的时候，笔者从馨园学校搞完培训，坐在开往家乡的火车上，在嘈杂的声响中，一个"0760"开头的陌生电话突然响了起来。也许偶然中蕴涵必然，作为新课程的培训者，或者也称得上教育研究的审视者，作完所谓的"报告"之后，从来就没有奢望还会有听众、观众能够彼此交谈"培训"的感受。在电话里，笔者认识了一个毅然抛弃公立学校而选择来民办学校创业的叶才生。这是一位对教育事业有着执著追求和对生活有着诗意情怀的小学老师。一下子，我们相遇了感动，相遇了理解，相遇了童年。笔者内心久蛰的诗意瞬间复活，童年灿烂的风景一页页展开，也铺开了脚下决定迈步的图画：做教育"田野"诗意的栖居者与导引者。

海德格尔认为，我们每个人都走在路上，而且是走在林中布满荆棘的路上。教育的田园里也有许多路，有通衢大道，有羊肠小道；有在场之路，也有不在场之路。每条路各行其是，无论你选择什么样的道路，采取什么样的态度，信奉什么样的信念，只有行走在路上，栖居在田野，成为风景中的人，你才可以领略教育的殊异风景。现实中，源远流长的诗教在物欲的霓虹灯左右下逐渐式微，诗也异化为朦胧的烟雾。怎样疏通阻隔的诗教河流？如何由隔岸观风景的大学教师成为中小学教师的朋友、同伴？笔者以在场者的身份，融入馨园学校的柳暗花明里，重新对汉语、德育、奋斗、奉献、事业、友谊、信赖乃至师道尊严等教育名词进行新时代的命名与诠释；成为中小学教师中普通的成员、合作的伙伴乃至心灵的朋友，一同进行同课异构，切磋打磨，讲台竞技。在潺潺的流水中，用全部身心去聆听新基础教育课程改革的声音，在与孩子们、中小学教师们读诗、品诗、写诗中去思索物质与精神突破的距离，思索给学生人生以诗性奠基，给课堂以诗意享受，给心灵以诗情润泽的途径。

作为教育"田野"研究的栖居者，尽管可以立足此在，融入中小学基础教育这片神奇的土地，但容易忘却教育是目的性与规律性同构的活

---

① ［美］迈克尔·W. 阿普尔：《意识形态与课程》，黄忠敬译，华东师范大学出版社 2001 年版，中文版序言。

动，忘却教育研究者透过教育现象审视教育本质、揭示教育规律所应尽的义务与责任。"水本无华，相荡而成涟漪；石本无火，相击而生灵光。"做教育"田野"的栖居者的同时，还要做导引者。作为导引者，只有采取去蔽的、全息感悟的方式，力争人与自然、人与社会、人与自我的生存状态达到圆融互摄，才会由在场者过渡到不在场者，才会透过纷繁复杂的现象把握教育的本质和规律。

作为教育研究者，尤其是"田野"研究者，笔者深知"保持对田野敬畏"的重要性。因为做田野研究的时候必须做到"无动机地察看"（unmotivated examination），既不预先规定研究的对象，也不对研究的内容作出任何价值判断；否则，就难以使研究现象本身出现。但是，教育研究不应该是这样，教育研究者不应该成为冷冰冰的旁观者。当你看到教育误入歧途难以自拔的时候，当中小学教师向你投来期待目光的时候，任何研究者都不会保持沉默而无所作为。这么多年的行走，除了做好一个栖居者的角色外，还尝试努力去做一位导引者。正因为这样，笔者由最初的课题开发者逐步被馨园学校认识、接纳，"陌生"的外来者也逐渐演变为该校办学的常务顾问。也正因为这样，新诗教之旅由最初的教孩子们写写诗歌"新诗进课堂"，上升为诗化课堂、诗化语文、诗化校园的"新诗教实验"，然后朝着国家社科基金"诗意德育研究"的"泰山之巅"勇敢攀登。

栖居在教育田野里，笔者淡化了"教育评判者"与"教育观察者"的角色，成为教育"田野"里精诚合作的"园丁"；导引教育"田野"研究方向，笔者又成为诗意德育生根土壤以及实践适宜德育理念的"挑山工"。栖居与导引的互化，让笔者默默地行走在求索的路上……

### 三 已有研究的综述

本选题在国内外已有一些重要的前期奠基性研究。从历史上看，诗意德育思想经历了长期演变、发展的过程，它是在不断批判以灌输、规训、被动接受德育规则为特征的旧德育模式中逐步确立起来的；从现实来看，该思想是在弘扬传统诗意文化以及"经典诵读"、"新诗教"等相关实验的基础上逐步得到重视与提炼出来的。

#### 1. 国内研究概况

国内关于诗意与德育的研究成果，主要集中在以下四个方面：

第一，文化领域凸显"诗意"。中国自古以来就是一个诗的国度，中华民族凭借"诗"的精神实践方式创造了浓郁的诗意文化，"诗这一精神方式渗透、积淀在中国传统社会的政治、经济、科学、艺术各个门类中，并影响甚至是暗暗地决定了它们的历史命运"[①]。自先秦肇始，各代哲人、学人让诗意从"竹帛"上"走"下来，进入到一代代学人甚至百姓的心扉；其思想基础是诗意的人性观，其学理性基础是遵循具有圆融性意义和合存在的逻辑，落实到制度层面与操作机制上就是运用"礼"、"乐"互化的诗教、比德为主体的言说方式，给物质文化、伦理文化以及精神文化以诗意的、隐喻的命名，为人的存在创造多重可能性的前提和条件，赋予人生以积极的意义，促使人们感悟到个体的命运与家族、国家的命运融为一体，天地人圆融互摄，因而在很大程度上更多地具有整体性、综合性、正统性特征。

第二，教育领域倡导"诗教"。早在春秋战国时期，孔子就提出"兴于诗，立于礼，成于乐"的教育主张，并以《诗经》作为教材而亲身实践；之后，历朝历代均形成了以"诗"教子或示儿、以"诗"教生的优秀传统，家长或师者教子（生）诵诗、悟诗、用诗，从而化育子女的道德品质。而且，历史上有影响的教育家大都有诗意德育的思想，代表人物除孔子及孔门弟子外还有著名诗人白居易、黄庭坚、陈师道，著名理论家李颀、张戒，理学家、道学家如朱熹、杨时等。如明代学者王阳明在岳麓书院任教期间，诱之以歌诗，导之以习礼，讽之读书，用以"训导其志意，调理其性情，潜消其鄙吝，默化其粗顽"，要求学生"每日轮值一班歌诗，其余静听，每五日各班唱于本学，每逢朔望则合唱于书院"[②]。当代，对诗意德育的发展以极大推动的是教育家陶行知、徐特立等人。陶行知先生主张用诗意的标准衡量学校工作的效度，学校要善于运用"诗教"，用诗的"真、善、美"去教化学生、教师、工友，其目的在于让他们"过着诗的生活"；徐特立先生在湖南第一女子师范学校当校长时，曾创造性地运用"诗意德育"的原理，采取"诗教"的形式，看到学生的优点、长处就写诗赞扬，发现学生的缺点、错误就写诗批评。他们大力推

---

① 刘士林：《中国诗学精神》，海南出版社2006年版，第2页。

② 王阳明：《传习录·训蒙大意》（中），转引自张锡生主编《中国德育思想史》，江苏教育出版社1993年版，第570页。

动了诗教在实践中的发展，将诗教拓展到生活领域，极大地丰富了诗教思想的内涵。

第三，当代随着社会转型中道德教育伦理问题的凸显，在教育理论界也开始关注道德教育价值取向的思考与实证探索，开展了德育价值取向转型的讨论。主要观点和主张有：一是从教育本身的价值定位反思道德教育的根基，如鲁洁（2001）提出德育的享用性与超越性功能。二是项贤明、张华（2000）和高德胜等专家提出并系统深入地阐发了生活德育观，其实施的具体路径是"从生活出发，在生活中进行，最后回归生活"①。汪风炎教授通过全国教育科学"十五"规划重点课题"'生活即德育'的育德模式及其应用研究"，开展了系统的理论与实证探索。三是摒弃规训的言说方式，重在培养学生的"主体性道德人格"。持这一观点的人比较多，主要有肖川教授（1999）给予了较为充分的论证②，吴康宁教授"教会选择"的思想中也体现了这一主张。四是德育应注重建构当代道德规范体系。主要有詹万生研究员（1994）提出的"整体建构学校德育体系"；叶澜教授总结的道德规范的"四主德"，即以"诚实守信"为核心的"为人之德"，以"责任心"为核心的"为事之德"，以"爱国"为核心的"为民之德"，以"热爱生命，追求自我完善"为核心的"立身之德"。③ 五是从道德和德育功能、作用入手，针对当前社会信仰、精神危机和道德滑坡现象，呼吁开展生命道德教育。代表人物有刘慧、朱小蔓教授（2001）。六是德育应注重发扬其精神教化功能，抵御物质主义和功利主义的侵蚀，建构起人的意义世界，帮助学生营造诗意的精神家园，寻找终极关怀，使学生步入富有诗意的人生境界。如浙江师范大学的潘涌教授重视"新诗教学与素质教育"的关系研究；安庆师范学院的方任安教授着力研究"以诗育人"对加强人文精神教育的意义④；南京师范大学孙迎光教授着重批评理性德育模式的言说方式给学校德育工作带来的困惑与问题，呼吁建构"诗意德育"的模式⑤；檀传宝教授从德育美学的角度探讨

---

① 高德胜：《知性德育引论——现代德育困境研究》，教育科学出版社 2003 年版，第 9 页。
② 肖川：《教育的视界》，岳麓书社 2003 年版，第 57—64 页、第 145—146 页。
③ 叶澜：《试析中国当代道德教育内容的基础性构成》，《教育研究》2001 年第 9 期，第 3—8 页。
④ 方任安：《试论以诗育人、加强人文素质教育的战略意义》，《电子科技大学学报》（社会科学版）2001 年第 4 期，第 55—57 页。
⑤ 孙迎光：《理性话语与诗意德育》，《教育研究与实验》2001 年第 4 期，第 8—11 页。

"欣赏型德育"模式的建构①；华南师范大学吴发科教授从学校现有的德育模式与学生主体性地位难以协调的视角出发，系统地论述了建构并实施"生本德育"模式的德育理念、思想、内容和方法②；德育专家鲁洁教授强调德育应该做到实然与应然的结合；朱小蔓教授认为学校德育工作应发挥情感的弥散性、传导性等功能；刘惊铎教授研究的"生态体验道德教育"，更为德育增添诗意魅力提供了坚实的理论依据与有力的实证支撑。③

第四，全国教育科学"十五"规划课题"新诗教实验"等课题以及经典诵读工程的推广，已对诗意德育进行了初步的研究与实验。如广东中山纪念中学三鑫双语学校、湖南第一师范学院第一附属小学等实验基地所开展的诗意德育模式的探索、新诗教与德育实效性研究，都从不同的方面显示出诗意德育的实践意义与理论价值。

就已有的研究成果而言，具有如下现实意义：其一，从论证的思想资源来看，德育研究从单纯凭借马克思、毛泽东、列宁的思想研究，转向注重充分汲取当代哲学、心理学、社会学等学科的研究成果。如狄尔泰、卢梭、尼采、福柯、罗尔斯、哈贝马斯、伽达默尔等一系列大师的思想被发现或重新发现，充实和扩展了研究的理论基础，提升了对问题研究的广度和深度。其二，从研究的旨趣上看，研究者本身也从对政治的依附中逐步解放出来，关注德育的实践问题，对德育问题的探讨已经逐步地迈向自觉状态。其三，从研究者的基本主张来看，回归生活、回归人的主体性成为众多学者的共识，表现出德育研究求真务实的品格。其四，从研究的视角看，目前国内能够从古今中外的视野全方位地审视中国的德育问题，逐步摆脱理性思辨的束缚，使一度遗失和遮蔽的诗意德育得到了某种程度上的凸显，有关教育实验与实践也出现了"诗意德育"的雏形。其五，从研究成果的影响力来看，这些研究成果已经发挥了对实践的指导作用。所有

---

① 檀传宝：《让德育成为美丽的风景——欣赏型德育模式的理念与操作》，安徽教育出版社2006年版，第1—3页。

② 吴发科：《试论"生本德育"》，《教育导刊》2003年第2—3期上半月，第13—15页。

③ 参见金生鈜《质疑建国以来的道德教育规训》，《教育理论与实践》2001年第8期，第31—37页；项贤明：《回归生活世界的道德教育》，载朱小蔓主编《道德教育论丛》第1卷，南京师范大学出版社2002年版，第460—468页；高德胜：《生活德育论》，人民出版社2005年版，第27页；肖川：《教育的视界》，岳麓书社2003年版，第57—64页、第145—146页；吴康宁：《教会选择：面向21世纪的我国学校道德的必由之路——基于社会学的反思》，载朱小蔓主编《道德教育论丛》第1卷，南京师范大学出版社2002年版，第93—109页等专家学者的研究成果。

这些，说明诗意德育选题贴合时代的需要和进一步开展课题研究的必要。

但是，深入反思这些研究成果，我们发现也存在许多不足和问题，主要表现在这样几个方面：其一，理论的移植倾向较浓重，研究针对表象问题而展开，缺少对问题根源的挖掘，理论的本土性仍有待加强。德育中的规训化言说方式背后更深层次的原因是什么？它究竟是一个方式方法的问题，还是一个价值选择问题？如果缺少对这些问题的根源进行深入探究，那么，移植来的诸如"关怀"、"体谅"等理论能使德育走出困境吗？其二，对民族性的、传统的德育缺乏应有的兴趣，鲜有学者能够从传统文化的视角去挖掘民族特色的德育理论和思想。任何德育理论与实践的言说只有扎根民族文化，才会有生根的土壤。其三，没有人明确地以诗意为核心，对诗意德育的理论与实践做过系统而深入的探究；更没有人明确地、系统深入地以诗化言说方式为楔子，从叙事研究的视野对诗意德育的价值取向、理论内涵以及对学生德性发展等问题做过探究。其四，思维方式的二元对立倾向仍未彻底消除，人们对德育目标的建构、德育对象的认识、德育资源的挖掘与运用，乃至德育途径拓展仍存在"宏大叙事"与"师本"价值至上的局限。其五，尽管理论研究从过于重视阶级和意识形态分析的视角跳了出来，但矫枉过正，现在又存在走向另一个极端的倾向：阶级、意识形态与道德教育的关系在研究中被放逐，对道德教育的研究集中在对教育技术的改进与对实效性的关注上；对道德教育的诗意问题，特别是对德育与意识形态、社会价值取向的关系以及道德教育中的自由等问题缺少深入、系统的研究。总之，目前关于诗意德育的一系列重要理论问题和实践问题，尚缺乏系统深入的研究。因此，本书的研究，既有理论上的迫切性，又有实践上的需求性。

2. 国外研究概况

国外的研究主要集中在以下几个方面：一是教育哲学领域，萌芽于雅典的"三艺"教学。欧洲文艺复兴时期，以维多利诺、拉伯雷和蒙田为代表的一批人文主义教育家在对中世纪封建教育的批判中最先表述了诗意德育的某些观点，他们反对摧残少儿身心发展的强制性教学，反对纯书本学习，提出应尊重少儿的个性，把少儿当少儿看待，主张让少儿通过观察、考察、游戏和劳动等来理解事物，获取经验。二是在文化和哲学方面，在以卢梭为代表的近代自然主义以及海德格尔等人的存在主义诗化哲学思潮的催生和滋润下，诗意存在的思想对诗意德育的建构提供了理论支撑。三是在心理学方面，将道德教育研究拓展到了无意识领域，注重从更广泛的社会文化背景上进行道德心理分析，肯定人的品格和文化的精神力量，代表人物有弗洛伊德、弗洛姆等。四是德育学领域，开始了对认知主义的消解，注意到经验、活动、情感、人文精神的教育价值，主要代表人物有杜威、里考纳、拉斯思、哈明、苏霍姆林斯基以及联合国教科文组织的研究报告等。20 世纪前后，进步主义教育思想就曾对"灌输式"教育的道德性提出质疑。1894 年，英国的巴恩斯和夏伦伯格分别发表了《儿童心目中的惩罚》、《儿童的公正观念》研究论文，主张德育研究科学化。詹姆斯·麦克莱伦提出了"灌输式"的道德教育是"无效或者不道德"的观点。而以杜威为代表的进步主义者着力进行道德教育改革，倡导"做中学"的"批评性探究"（Critical inquiry）学习方式。杜威认为，健康的道德教育必须以"表现个性、培养个性反对从上面的灌输；以自由活动反对外部纪律"为基本原则。到 20 世纪 60 年代，当代认知主义、形式主义和个人相对主义的道德教育理论都是围绕反对单纯道德灌输而产生的。代表人物有威尔逊（John Wilson）、哈尔（R. M. Hare）、阿特金逊（R. F. Atkinson）等，他们都倡导一种"无灌输的道德教育"。[①] 70 年代，西方出现了应用伦理研究的新浪潮。在这个浪潮中，伦理学家们从逻辑分析和语言分析的樊笼里挣脱出来，直面现实诸如平等、公民权利、战争、堕胎等道德问题。蒂洛（J. P. Thirous）尝试把人本主义哲学思想运用到伦理研究领域。罗尔斯着力探究借鉴契约主义伦理学原理建立一种应用于社会的基本制度和以人为目的价值体系。80 年代，西方开始了对科尔伯格认知道德教育理论进行检视、批判与重建。例如，卡罗尔·吉利根（C. Giligan）从女性视角审视"关心"的价值，进而尝试建立关心伦理学的范式；内尔·诺丁斯在此基础上发展为关心德育理论，将道德教育的目的确定为培养关心他人、尊重他人，同时也使自己成为值得关心和尊重的人；安娜·迪勒（Ann Diller）主张，从外施的关心扩展到自我的关心，而且突出"自我言说"的价值。90 年代，以塞里格曼为代表的心理学家开始积极心理学的探索，把道德教育的价值取向指向积极人格的培养。麦金太尔的《德性之后》、罗尔斯的《正义论》与《政治自由主义》、利奥

---

① 戚万学：《冲突与整合——20 世纪西方道德教育理论》，山东教育出版社 1995 年版，第21—24 页。

塔的《后现代道德》，都从不同的角度与立场，为我们思考德育的诗意问题提供了理论基础。五是学科教学领域，部分中小学教师，如美国的马库姆－迪特里·南妮特（Marcum－Dietrich Nanette）、伯恩·艾琳（Byrne Eileen）、奥赫恩·布伦达（O' Hern Brenda）等人开始尝试用诗的形式诠释科学概念；一些诗人也加入了教育的行列，如肯恩·内斯比特（Kenn Nesbitt）尝试引导家长和孩子热爱诗并运用诗来表达对世界的看法，在这个方面做了大量的工作①；美国和澳大利亚等国家的部分中小学分别成立了诗教中心（Poetry Centre），开展诗教活动。

从上面的成果进一步分析，西方学者对诗意德育的探讨可以分为内容与形式两个方面。侧重道德教育内容和价值取向方面的理论有：涂尔干的道德教育思想，杜威的道德教育思想，存在主义的道德教育思想、新托马斯主义德育理论、关心理论、品格教育理论等；在道德教育的形式研究方面主要有：人本主义德育理论、价值澄清理论、社会学习德育理论、道德认知发展理论等。其中，人本主义德育理论的主要代表人物有罗杰斯、马斯洛等。该理论主张对硬性灌输和机械训练的传统德育进行改革，形成新型民主的德育氛围，建立一个以代替权威主义为目标的人道主义课堂；要求教师对学生的人格应给予充分的尊重，与学生之间建立一种平等、真诚的关系；德育过程是师生之间通过无拘无束的对话达到相互理解与交融的过程。这无疑为诗意德育的研究树立了实践的样本。价值澄清理论主张引导学生通过对各种价值观和行为方式的分析和选择来形成自己的价值观。社会学习德育理论的主要代表人物是美国的班杜拉。该理论认为，人的行为是通过观察形成的，人的品行也是在成长过程中以及以后的模仿中形成的。为此，要重视榜样的示范作用，提倡家长以身作则，言传身教；要求教师注重自己的品德修养，真正做到学高为师、德高为范。

从西方学者关于德育的内容、价值与形式的探索中所获得的成果，不难发现其中的积极因素，也给我们的研究带来许多启发：一是重视价值引领的作用，从多学科的视角对德育现象进行全方位的审视，克服单一视角的盲目和欠缺；二是重视道德形成机制的研究，从微观层面探寻道德品质发展的规律与特征，这是我们科学地确定德育价值目标的重要前提；三是

---

① Honigsfld, Andrea, Dove, Maria, "Poetry in Professional Development", *Delta Kappa Gamma Bulletin*, Vol. 75, No. 1, 2008.

理论大都来源于实践研究，直接面对德育现实。不足之处在于：其一，受"知识即品德"观念的影响，过分看重道德认知，相对忽视道德发展的情感、个性等因素的综合作用；其二，主客体二元思维对立仍然没有得到很好的消解；其三，对诗意语言的作用尚不能从本体论的高度去认识，诗意文化资源的整合与利用还缺乏系统的研究。

## 第三节　研究的意义

本书尝试从诗意这一理论视角建构富有中国特色的德育理论与实践操作机制，具有重大的理论价值和实践意义。

### 一　有助于接续中华民族诗书教化的优良传统

在新基础教育课程改革的推进过程中，学校德育接受了西方"体谅"、"关怀"、"公民道德"等学说，也移植了一些有效的模式。这些来自西方的学说和做法确实对改变中小学德育工作"低效"、"祛魅"现状起到了促进作用，但在这个过程中隐约地或显著地让中小学德育工作者以及学生感受到种种的"疏离"：人与传统的疏离，德育与中国优良传统文化的疏离，尤其是与中国诗意文化的疏离。在西方推进现代化的过程中，强化科学主义，奉"智性"化的文化为经典，近年来招致不少的非议。我国著名学者童庆炳先生对于西方那种过分政治化的文化研究，对于"反诗意"的文化研究，认为是不足取的[①]。所以，与西方传统"爱智"文化是有本质区别的，中华民族自古以来就是诗的民族，其文化的血脉里流淌着诗意，因而中国文化是诗意的文化。在中国诗意文化的视阈里，中华民族凭借"诗"这一精神实践方式对接自然，对接宇宙，对接人生，达到"天人合一"的境界。诗意德育从诗意文化的母体接续了中华民族先秦时期以来的诗教、乐教、礼教传统，用熔诗意、理性、自觉、系统于一炉的理论架构，导引受教育者从小养成带着诗意的眼光审视周围的世界，赋予自然以人的地位与尊严；用诗意文化陶冶他们的诗意情怀，赋予自己有限的生命以无限的意蕴。诗意德育视德育为诗，但又没有局限于"诗"的文体，更不是披着"诗"的外衣；其本质是人内心的充实、丰

---

① 　童庆炳：《文化与诗学丛书》，北京师范大学出版社2001年版，总序。

满，其"诗"所包含的"诗意"实质指向的是人的心灵、人的灵魂，因而诗意德育理论呈现出中国"诗"般的色彩、韵律、节奏与生机，具有民族化的特色。

## 二 有助于复活新感性的教育价值

马尔库塞根据资本主义重规训、压抑的特点，分析人类的救赎之路在于通过审美道德去提升感性生命的质量。他把富有艺术的、审美特质的感性命名为新感性。所谓"新感性，表现着生命本能对攻击性和罪恶的超升，它将在社会范围内孕育出充满生命的需求，以消除不公正和苦难；它将构织'生活标准'向更高水平进化"①。新感性是对纯粹理性的否定，意味着人的发展可以通过艺术的、审美的途径去实现自由与幸福、感性与理性在更高的阶段和谐共荣，变纯粹理性的单维人为多维立体的健康人。诗意德育尊重学生，尤其是中小学学生，具有"诗人"般新感性的事实，力图恢复教育对象德育的主体性与德性发展的主动性，缩短德育与生活的距离，尤其极力避免"单维人"② 发展的弊端，还原学生存在应有的文化状态；以培育诗意精神与积极人格和谐发展为目标，以他们的"原初创造力"③ 为基点；通过诗意言说的方式，让他们对周围的世界保持旺盛的想象力，具有诚挚的情感，保持独立个性，保持对自然、对社会、对自我充满幻想，充满热情，怀着诗意般的生活态度等，谋求个人与他人、个人与自然、个人与社会关系的协调与和谐。这样，他们即使身处逆境，也能够张扬好胜的风帆；他们在看待历史、当下乃至未来由于文化、经济、政治等差异导致的人际关系危机的时候，也能够养成不同地区、不同民族、不同阶层的人以同体共生、和谐共荣的诗意意识，自觉锻造辨识与防止人类社会种族歧视、恐怖和仇杀而导致社会生态危机的诗意智慧，并以饱满的热情全身心投入到求知、做事之中去，主动超越"拜金主义、享乐主

---

① ［美］赫伯特·马尔库塞：《审美之维》，李小兵译，广西师范大学出版社2001年版，第98—119 页。

② 马尔库塞认为，伴随资本主义与物质发展，人在物质—科技—机器—合理化的单一轨道上单调重复，导致感性机能的丧失，成为精神危机日益加重与需求—感官功能异化的"单维人"。参见［美］赫伯特·马尔库塞《审美之维》，李小兵译，广西师范大学出版社2001年版，第11 页。

③ ［美］马斯洛：《自我实现者的创造力》，转引自林方主编《人的潜能与价值》，华夏出版社1987 年版，第246 页。

义、个人利益主义"等外在物质层面的束缚，成为一个新感性与理性和谐发展的整体人、诗意人。

### 三　有助于建设富有民族特色的德育理论

本书以"诗意"作为中介解读德育的本质属性以及言语实践本体存在等理论问题，既有来自传统文化的理论支持，也有来自德育对象自身的范畴支持，自然有助于对富有民族特色的德育理论的梳理与建构。首先，从中介性的最基本要求看，诗意作为一种修饰方式，具有启迪、沟通、融合、凝聚等功能。无论是处理与其他德育模式的边界，还是融合诗学、哲学、德育学等学科的共性，均能自然地实现不同语域的逻辑整合。其次，诗意作为一种思维表达，能够突破日常的逻辑批判思维的局限，使德育富有生命的质感与审美的素质。最后，以诗意作为切入视角，能够克服知性德育机械地割裂人的感性与理性的弊端，有助于人们更新道德教育观念，以此作为反思现行德育工作不合理性与深化德育工作改革的理论楔子，弥补现有理性化道德教育理论的不足。

### 四　有助于调整德育的实践着力点

本书试图揭示并解释一个民办学校实践诗意德育理念并建构德育模式的现实图景。笔者作为研究者不仅深入学校，进入课堂，和中小学老师一同备课、一同磨课；而且还参与学校行政会议，和学校领导一同发现问题，一同研究解决问题的对策。根据民办学校讲效率、创品牌以及办学相对封闭等特质，删繁就简，从当今多样的德育文化信息以及多元的价值追求中确立"依托传统诗意文化，培育有根的民族人，有情的现代人，有义的高尚人"的德育目标，然后采取"散点审视，整体统筹"的研究策略，引领不同学科的老师从不同的视角去发现并找到富有德育元素的"物象"，比如"菊花、竹子、松树"等，然后努力挖掘这些象征之物的道德意义，寄寓德育目的之情意，熔铸成富有内涵的"意象"，意象有机组合就成了德育的意境。不仅如此，回归德育言语实践的本体，回归德育诗意言说的原点，让教师们不断诗化自己的语言，并把诗化的语言以及言语实践的意识带进课堂、带进学生的生活。这不仅有助于教师否决挑刺的目光，而带着诗意的、欣赏的、激励的目光看待学生；有助于突破过分强调认知、规训而遮蔽体验、诗意感悟的倾向；还有助于学校德育工作把握德育的规律性、体现时代性与增强实效性；更有助于丰富德育学科建设的内容，从而为德育的实践着力点的调整提供实证材料。

## 第四节 研究的思路和方法

### 一 研究的基本思路

本书的宗旨定位为"化经验为理念，让理念促实践"，其基本思路分为主、副两条线索，采取从实验研究到理论总结的步骤进行。

从主线看，本书遵循学术研究的一般规律，从理论方面探究诗意德育生存的土壤——诗意文化开始，逐步厘清其内涵、逻辑起点、本质特点、价值诉求、本体规定直至运行机制。从理论的主线去研究，目的在于解决诗意德育存在的合理性问题，主要分为：一是诗意德育是不是一个随意粘贴的"标签"？支撑它存在的内在基础是什么？二是现实生活，尤其是当今学校德育需不需要诗意德育这种模式？

为解决第一个问题，本书从接续中外文化诗意价值论思想，将诗意德育理论与实践操作机制根植于中国的话语语境中，并对日常生活现象的"诗意"问题进行反思与辨析，然后运用词源学原理进行汉语语境的"历时性"梳理，探究"诗意"最初由劳动者自然情志表达的基本内涵，继而从神谕文化和礼乐文化的背景探究"寺人"之情志与"士人"之情志的演变情况，其中涉及社会政治、经济以及文化的变迁。接着，运用西方英语语境的词源学原理，从最初的"生产、创作"的本义出发，梳理"属神时代"占卜者神话化的意旨、"属英雄时代"英雄颂歌的意旨以及"属人时代"平民理性之意旨等嬗变内涵。在此基础上，根据儒家文化是中国传统主流文化以及古希腊文明是西方文化源头的历史事实，着力探究先秦儒家文化中的"诗意"和古希腊文化中的"诗意"与"德育"之间勾连、融合、凸显的现象，进行中西文化的比较，厘定中西诗意文化历时性超越与共时性享用的诗意德育原则。

第二个问题涉及诗意德育如何构建，以及如何把握其内在规律的问题。为此，首先将研究思路聚焦到诗意德育的逻辑起点上，即诗意文化取决于诗性智慧，而诗性智慧不仅可以超越主客体思维以及突破日常的逻辑批判思维的局限，还决定于师生关系的建立、德育过程的优化、德育资源的整合等一系列矛盾的展开与发展；凭借诗性智慧开展德育活动，不仅可以从学生的视角审视德育问题，而且可以使德育立足于现实生活的实际，张扬学生德性建构的主体性，从而变"祛魅"的德育为"返魅"的审美化德育；在此基础上析出诗意德育的基本内涵、本质特征与基本功能，进而探讨德育的"教育、内化、活动、过程"等本质属性，并回归到人生成性本质的原点上，研究德育诗意审美的生成性以及德育诗意的建构性与超越性，以此作为正确看待学生新感性、德性诗意发展的先在性与可能性；接着从本体论的高度审视德育实践，剖析工具实践与精神实践以及符号实践的价值与局限，进而提出诗意德育言语实践本体的命题，最终建构起以"诗情、诗思、诗语和诗境"为概念群的理论体系与实践操作机制。

从副线看，本书的基本思路是以华南地区一所民办学校开展德育活动为对象，运用人类学的"田野调查"和教育学的"行动研究"等方法，探讨一所民办学校在汇入中国基础教育改革大潮中与行政管理部门、公办学校、民间资本进行博弈和互动时存在的德育问题，并简要回顾诗意德育实验的基本过程，以确证其对诗意德育的价值诉求，从而初步阐明诗意德育模式建构的必要性与可行性，最终解决诗意德育实践的可操作性问题。

研究的主要步骤分为如下几个方面：一是运用"提出假设—进行证明—实验探索—总结提炼"的技术，根据民办学校不同发展阶段存在的德育各种"问题"以及解决问题的价值判断及其诉求，探究以诗意言说为基本手段、以言语实践为本体的诗意德育发生机制；二是尝试运用诗歌及相关诗意文化材料做载体，从诗意的角度去解读学校本身具有的德育资源以及咸淡水文化资源，发挥德育校本化、地域化的资源优势，从内容上拉近与学生的距离，使之对德育产生亲缘感与亲切感；三是切实开展深度访谈、实验研究等，在此基础上形成一个个有价值的案例，通过小组"磨课"与"课堂观察"进行深度剖析、加工、提炼，然后再实践、再改进，并对成功的案例与其他研究成果及时加以展示与评价，同时不断地进行经验总结和理论提升等研究性工作，不仅证明诗意德育理论研究的有效性和可行性，而且变诗意德育理念为可操作的模式。

总之，本书采用主、副线交相呼应、实验研究与理论总结齐头并进的研究思路，利用现代诗学、哲学、语言学、德育学理论中的几个关键范畴作为概念群，在历时的逻辑推进与共时的结构分析中，展现其德育诗意的特质和价值，着力探索诗意德育的基本理论以及指引实践操作的路向，实现诗意德育研究从文化—生活—德育现场的逻辑演进与实践转化。

### 二 研究的主要方法

本书是一个实验研究与理论探索相结合的科研项目，因此决定了研究方法的多样性。从大的方面来说，本书以诗意境界观、诗性智慧和自组织理论为依托，借鉴国内外有关诗意德育问题研究的相关成果，从跨学科角度进行"具体—抽象—具体"范式的理论与实践紧密结合的综合研究。具体到实际操作层面，研究方法主要有：

在理论探索方面，其一，注重借鉴谱系学的研究范式，采用透视的方法，将诗意德育理论与实践返回到它所存在的社会情境中进行解读，对其发源、存在的先秦儒家与古希腊社会政治状况，特别是社会的道德合理性思维及论证逻辑进行背景性分析，以此阐明诗意德育深厚的文化基础。其二，为使新时期诗意德育模式建构的道德合理性解释得更加深刻，采取教育学常用的比较研究法，进行中西传统文化德育"诗意"现象凸显的比较，不仅要找出其差异点，更要归纳出它们的历时超越与共时享用的基本原则。其三，借鉴语言学词源与语用分析的方法，不仅从源流上梳理"诗意"的内涵及演变情况，还化静态的词源学分析为动态的语用分析，根据不同的语境探究"诗意"的语境意义，尤其从不同的话语语境中分析规训式言说与诗意言说的言内行为、言外行为、伴随性言外行为的边界与产生的效应。其四，遵循哲学思辨研究的基本方法，通过概念辨析、学理求索与价值判断，探索诗意德育的逻辑起点、本质属性以及衍生该属性的言语实践本体。其中，富有哲学思辨色彩的方法体现在：立足现有德育本质、本体研究的理路，审视逻辑学、哲学以及多学科视角研究德育本质与本体的成效与不足，在追问"诗与诗意、诗意与德育、语言的工具性与德育的工具性、公共话语与个性话语、科学精神与人文精神、言说方式与诗意言说"等概念关系，以及"德育本体来自实践本身还是来自外部的规定性"等问题答案的基础上，回应诗意德育理论建构的合理性问题。

在实证方面，本选题坚持面向实际，依托实验基地，根据"课题推进，实验验证"的基本原则做现场扎根性研究。由于研究对象是一所民办学校，对象的复杂性促使研究方法的多样。在实验过程中，根据民办学校教师压力大、劳动强度大的特点，制定"不增加课时，不加重负担"同时又能够"把握规律性、体现时代性、增强实效性"的实验指导思想，从行动研究法上做文章，总结出具有适切性与可操作的"三人小组合作磨课制"、"课堂观察"等系列方法。所谓"磨课",就是根据一定的诗意德育研究任务,建立起三人合作研究小组,采取集体备课、说课、上课、研讨、改课、走班赛课等程序,展开诗意德育研究活动。在三人之中,有一人为主持人,负责确定研究内容、研究主题、研究任务与研究进程;一人为执行人,按照预定的方案去实验;一人为检测者、评价者或者项目的再验者,根据实验的需要进行第二次实验。由于实行"成功一个就展示一个"的策略,成功的教师可以到不同班级、不同年级甚至不同学校去上课,这样不仅使诗意德育的效益让更多的学生分享,而且带动了中小学教师研究的积极性,使诗意德育成为他们专业成长的平台与舞台。所谓"课堂观察",就是根据诗意德育研究的需要,把构成诗意德育的基本元素进行分解,如诗意言说、诗意理答、教师的诗意情怀、教材诗意点挖掘与实施等,要求合作研究的老师选择观察点进行专项观察与深度剖析。"磨课"与"观察"相互配合,促使研究小组既做好听课前的教学预设计、听课中的教学比较,也做好听课后的教学评价以及研讨后的教学反思与进一步实践的工作。

另外,为了发现研究过程的问题以及提炼出诗意德育的基本理念,促使学校能够按照既定方案顺利地进行实验,研究人员一方面专题指导老师进行案例研究,尤其强调培养教师们的问题意识,与他们一道分析问题产生的情境、背景,制定解决问题的基本步骤,在行动中注意收集诸如学生日记、家校练习手册等实证材料,原汁原味地记载开展诗意德育活动的基本情况,然后进行理论上的反思;另一方面及时进行深度访谈、问卷调查,了解实验状态、把握实验进程、调控实验程序,消除中小学教师与学生的疑虑,保证访谈的效度与信度。在访谈法的运用方面,除了传统的座谈会、个别面对面的访谈外,还利用网络技术,通过QQ、博客等方式,打造一个便捷的沟通平台,及时了解和反馈实验信息。

有了理论探索和实验研究的基础,还运用教育社会学的一些研究方法,从道德教育的具体情境中分析出民办学校乃至当今学校德育的价值判断与价值诉求,从具体的德育情境与现象分析中理解其所在社会形态的意义解释模式,发现具体的现象、场景与其所在社会模式间的意义联结。这当中就运用到个案研究、叙事研究等方法,也通过抽样调查、实验实证、资料整理及数据分析等研究手段,得出科学的判断和结论。

## 第五节 研究的主要发现与创新之处

### 一 主要发现

本书在理论探索和实验研究的过程中，有以下主要新发现：

第一，促使学校德育由"祛魅"到"返魅"的嬗变，需要运用诗性智慧消解二元思维结构造成的德育主客体对立局面，恢复教育对象的主体性与德性发展的主动性，缩短德育与生活的距离；同时，还需要采用诗意言说的方式，变规训式德育为师生双主体间交互指导学习的言语实践活动，注意营造人与自然和谐的生态环境，创设民主、平等的精神生态氛围，充分发挥学校、家庭和社会三个方面教育力量的优势，让学生在自然的人化、人化的自然以及彼此之间道德的审美观照中生成诗意的情怀，塑造诗意的精神。

第二，德育的诗意源于人的自然化和自然的本真化、人的社会化与社会的向善化以及自然与社会的审美化中，而且德育诗意的获得离不开"发现"和"创造"两个途径："发现"意味着学校德育必须做好校本德育资源开发与整合的工作，尤其从德育的角度去审视、挖掘日常文本所蕴涵的诗意元素。这就决定了从理论与实践两个层面去建构诗意德育模式，即需要从本体论的高度尊重学生思想品德的发展规律，采用有魅力的言说方式，让德育富有生命的质感和活力。"创造"就是要进一步拓展德育途径，让德育主体化、生活化与审美化。

第三，"魅力德育"应该是学生感知、感悟、感受语言音律美、形象美、个性美、情趣美、意蕴美的过程，是师生互动交往、心领神会、共同获得文本精神和言语智慧的过程，也是享受自由、享受愉悦、享受人生的过程，更是师生德性生命诗意飘逸的过程。这一切，决定德育目标建构具有价值引领的积极性、德育本体回归言语的实践性，并且德育过程必须体现主体间的交互性，德育资源整合需要强调生活性，德育环境创设需要强调场域性。

第四，诗意德育研究与实验作为一项外来"侵入"式的科研课题，要切入中小学教育的"田野"，并能够生根、发芽、开花、结果，需要研究者改变隔岸旁观的角色定位，成为中小学基础教育的栖居者与导引者①；更需要研究者和实践者建立一种"接纳—反思—圆通—归属"良性互动的关系；通过多元互动的对话、交流、合作，融通和澄明生活世界以及道德世界中的种种关系，使研究者和实践者都能够实现诗意的栖居与自我超越，陶养健康的人格，开启诗性智慧，逐步臻于开放敞亮的真美善圆融的诗意境界。

第五，作为一所民办中小学，在处理公益与私利辩证关系的时候，需要发挥政策、制度建设的效应，更应该从道德境界提升的角度处理好"物质人"与"精神人"、"经济人"与"文化人"协同的辩证关系，促使投资方、办学方与社会各种教育资源、教师与学生、学校与家庭等方面形成教育合力。

### 二　创新之处

本书在前人已有的研究成果和笔者近年来的实验探索的基础上，有以下创新之处：

一是从词源学与语用学的角度进行文献研究，梳理中外诗学、哲学等学科中"诗"与"诗意"的基本内涵及其演变历史，概括出诗意德育的概念，并分析了诗意的本质以及存在的言语实践本体。

二是提出了"在言语实践中自建其德"等富有道德教育哲学意义的命题，确立德育主体化、生活化、审美化的基本立场，验证给班级以诗意命名、给行为以诗意引导、给德育以乐律愉悦以及诗意情感场营造等诗意言说的表达与评价等可操作的方法论，从提升德育诗性品质的角度去丰富德育基础理论与德育学科建设的内容，为提高德育实践的科学性、艺术性与魅力性提供可资借鉴的参考样本。

三是在研究方法上做到了理论和实践的紧密结合，既从理论的角度探索诗意德育因何存在的合"理"性，也尝试探索"田野"观察、行动研究、叙事诉说等实证的方式；同时，通过实验研究，诠释诗意德育为何存在的必要性以及如何存在的可能性与可行性。两者交相呼应，相互促进。

四是从一所民办学校引入诗意德育而成长的经历中，探索这种基于言

---

① 刘惊铎教授在《生态体验论》一书中，把德育的教导者改为导引者，本书从这个意义出发，认为教育研究者与中小学教师除了栖居在教育田园之外，还应做好范导和引领的作用，故也称为导引者。

语实践德育本体论德育模式的发生机制，通过验证其促进学生人格和谐发展的作用机理，使立论有实证基础，取材鲜活，研究和叙事有现场感。

五是继承和创新中国传统诗意文化、拓展德育的诗性资源。探讨了如何挖掘传统诗意文化资源、富有地域性的名人德育资源以及现有教材诗意德育元素的基本策略以及日常教学中实施诗意德育的基本路径。

## 第六节　研究的不足之处与后续研究需努力的方向

对于实验"田野"来说，"诗意德育促进学生积极人格和谐发展实践案例与理论问题研究"是一项外来"嫁接"式的科研课题，由于其生存与发展的需要，导致"田野"的管理者对待课题的态度往往是"为我所用"，而不是"为你所用"，再加上理论挖掘、资料整理、材料引证以及研究方法等方面的欠缺，自然存在诸多不足之处。

第一，本书对于实验"田野"学校的特色办学、内涵发展乃至品牌建设起到了一定的推动作用，但限于民办学校的特质和办学模式，他们接纳、培植诗意德育模式，"应需"的价值取向占主导地位。所谓"应需"就是满足学校办学提升品牌的需要。这种满足，只是学校现时的阶段发展之需，而不是长久的学生发展之需。因此，他们最大的误区就在于把诗意德育研究的外在动因当做内在动力。外在的动因以学校的意志贯彻下去，尽管可以在一定程度上达成一定的共识；但由于这种行为方式带有较强的命令性，而促使教师产生心理上的抵触，成为一种异己的要求，这就无形之中降低了诗意德育的存在品性。所以，如何使诗意德育成为一种内在的需要，让师生自觉地践履这种德育模式的理念，是下一个阶段研究的中心任务。

第二，本书尽管在诗意德育存在的合理性方面进行了比较系统的探索，涉及了诗意德育的价值诉求、诗意本质与言语实践本体、发生机制等方面的思考。但是，对于诗意德育与传统德育的关系、诗意德育模式与其他德育模式的关系、诗意的层次性与自身的超越性等理论问题还没有进行深入细致的研究。这就要求继续做好横向比较研究，使诗意德育理论的存在价值更有说服力与揳入德育语境的穿透力。

第三，本书在研究过程中，虽注意从中外文化的比较中去审视"历时"的诗意德育现象，汲取其中合理的元素；但客观条件的限制，尤其是语言的隔阂，对于国外的资料收集仅限于美国、澳大利亚等国家的部分中小学"教诗"、"写诗"的技术性操作层面。这就导致中西比较缺乏"现时"的享用。为此，下一步深化研究，就必须扩大资料收集的范围，比较的维度与内容应该进一步丰富。

第四，研究的方法论体系构建也必须进一步完善。本书在理论探索上运用了教育科研中的逻辑分析、价值分析、历史分析和一定的比较分析方法，在实践层面也尝试运用人类学的"田野"调查以及教育学行动研究，但诗意德育的源流分析以及实验样本的采集、实验数据的统计与分析等还有待于进一步完善。另外，学生是差异的存在，要培育学生的诗意精神，发展学生的诗性智慧，必须做到既着眼于学生的个体差异，也着眼于学生的群体差异。这就要求诗意德育的实践方法进一步完善，必将在个别学习、小组学习和班集体学习协同的层面进行创造性的探索工作，进一步形成具有普适性与针对性兼具的丰富多样的诗意德育模式。

除此以外，系列而完整地开发诗意德育的资源以及评价和测评其科学性与实效性等都是需要深入研究的问题。

# 第一章 学校诗意德育问题的抉择与实验的基本过程

建构诗意德育的理论，近乎建造一座理想的城堡。是让它成为一座海市蜃楼，还是成为一座生活的大厦？这就取决于实践的证伪或证明。不论是证明，还是证伪，诗意德育的实践步履都是审慎的：从"新诗进课堂"的草根课题，到"新诗教实验"全国教育科学规划课题，再到"诗意德育促进学生积极人格和谐发展实践案例与理论问题研究"国家社科基金规划课题，每一步都遵循"尝试—实验—反思"的理性原则，在时间的检视中且行且思。因此，每一个跨越和收获，都是一次愉快而又艰难的精神旅行。

## 第一节　咸淡水、榕树与咸淡水文化

### 一　馨园学校的人文背景、地理环境

馨园学校坐落于中山市三乡镇，比邻港澳，105 国道贴身而过，交通便利。驱车前往珠海、澳门，行程不过十几分钟；赶往石歧市区，行程大约半个小时。在晴空万里的时节，站在澳门的松山炮台远眺，你会发现，珠江三角洲宽广的珠江入海口处，水面上呈现一道明显的分界线，该线以东水色湛蓝，该线以西水色浑黄。这是因为源远流长的珠江和广渺浩荡的南海在这里碰撞、汇集、交融。分析该区域的水文特点，你又会发现，由于入海口受到海洋潮汐的影响，大海的咸水会溯流而上，将大量的盐分带进内陆；而当以河流水文流向海洋为主时，经历陆地上漫长流程的淡水，由于水流的冲刷作用，将沿程的各种有机物一同带进大海。咸水与淡水就这样彼此促进、相互融合，形成咸淡水现象，也是一种文化现象。

将目光转向内陆，在咸淡水交汇的珠江流域，无论是城市街道，还是

山野乡村，触目可见的是一种独特的树种——榕树。榕树（学名：Ficus microcarpa）为桑科榕属乔木，原产于热带亚洲。榕树树形奇特，枝条上生长的气生根，向下伸入土壤形成新的树干称为"支柱根"，支柱根盘根错节，有的依附主干，有的朝下生根，紧附大地；往上弯弯曲曲缠绕树干，千丝万缕，远看似彩带随风轻飘，又像婆娑垂柳风姿绰约。树冠舒展大方，枝繁叶茂；树冠遮天蔽日，灿烂似锦。榕树之盛，独树成林。进一步探究发现，此地的榕树无论是树叶还是气根一律"微苦、涩、凉"，但都具有清热、解表、化湿等功效。

俗话说："一方水土养一方人。"这里的人，这里的文化，也具有咸淡水以及咸淡水养育的榕树味道。在珠江入海口，也就是中山市东南方的一片海域，自古以来就称作伶仃洋。伶仃洋中间突兀而起的一个岛屿，因其"地多神仙花卉"而被命名为"香山"。由于珠江水日夜不息的冲积和先人们世世代代的辛勤的围垦，"洲岛日凝，与气俱积，流块所淤"，香山岛渐渐地和浮在伶仃洋上的小山连在一起，新的陆地把伶仃洋推向了县治的东南方。[①] 1152 年设立的香山县，其范围包括现在的中山、珠海和澳门；1925 年，为了纪念孙中山先生，香山县改名为中山县；20 世纪 80 年代，改县为地级市，命名为中山市。

中山这片土地确实非同一般。翻阅历史的投影，你会收获一张张铸造着中国近代史业绩的名片：这里有维新派启蒙思想家郑观应；这里有中国第一个留学欧洲的学生——公元 1645 年去英国的郑玛诺；第一个留美的学生——公元 1847 年进入耶鲁大学的容闳；这里还有以唐廷枢等为首的中国第一批洋买办，开创了中国百货业的"香山商帮"……在这一张张名片里最耀眼的莫过于华夏儿女共同景仰的国父——孙中山。如同榕树一样，既受到内陆淡水的洗涤，又受到从巴士海峡夹带而来的太平洋咸潮滋润，造就了中山人内敛的坚毅品质与大海般宽广胸膛，促使他们选取不同的支点扎根脚下黄色的大地，然后以此为码头，勇于去蓝色的海洋扬帆进取，吸收来自大洋、来自海外的精神营养。这样海洋文化与大陆文化，中国传统与西方文明在这里碰撞、交织、交融，自然产生了特有的"你中有我，我中有你"咸淡水文化。

---

① 郑集思：《咸淡伶仃洋》，《人民文学》2006 年第 10 期，第 111—115 页。

### 二 馨园学校的校园风貌

馨园学校坐落在五桂山山脉南峰山下，该山脉为南北朝向，海拔300余米。该校依山而建，呈现梯田式层级构架结构。融中国古代建筑思想与现代西方建筑理念为一体，按照亲山近水，保护生态，走可持续发展之路的原则，聘请西班牙设计师依据国外著名学府最理想的模式规划校园布局，同时也遵循了中国古代书院选址相地的优良传统以及"仁者乐山，智者乐水"的传统理念——赋予学校以地方特色、咸淡水文化风情。

步入校园，校门设计体现的是开放、简约的风格，意味学校敞开怀抱，悦纳四方学子，而校门两旁的飞瀑意味着学校灵动机智的办学情怀，隐喻培养的人才如同奔腾的流水：包容、活力。校园主干道，学校命名为中华路，在主干道的正中央依次伫立着世纪伟人毛泽东、周恩来、朱德、邓小平等汉白玉雕像，中华路连接学校文化广场，广场中央伫立着孙中山一手紧握书本，一手指向蓝天的铜像。隐喻学生在孙中山以及世纪伟人的人格感召下成为一个有远大志向的人才。中华路两旁分别设置了学校田径运动场和停车场以及球类运动场。道路两旁种植着咸淡水区域常见的榕树。走在中华路上，给人的感觉就是视野开阔，有一种"绿树村边合"的感觉。

在孙中山文化广场往左步入学子路，以人工湖为圆心，以学子路与国际路为周长所形成的一个圆环构成的区域为中学部。该区域分为中学部教学区以及体育艺术等功能区。在文化广场朝右步入思贤路、园丁路以及知俭路，所构成的区域为小学部、幼儿园办学区域。绕过小学部或中学部就达到学校的第二层级，该层级为生活区，即教师与学生宿舍、食堂以及相关的体育锻炼场所。随着规模的扩大，学校又进行了第三层级的开发，相继兴建了学生第二食堂、毕业班教学楼以及学生宿舍。

借助"谷歌"地图，从空中鸟瞰，馨园学校如同一棵大树：中华路是树的主干，而其他道路如同树的枝杈，在大树的怀抱里错落有致地点缀着许多亮丽的"果实"——各亭台楼阁。每一幢大楼都是四合院式的布局，体现了"共生共荣"的办学理念。学校的主色调是蓝色与黄色，黄色隐喻淡水大陆文化的厚重与朴实，蓝色隐喻大洋咸水文化的宽广与活力。从树的形象解读，蓝色隐含有大树绿叶的基质，而黄色则代表绿叶衬托出来的金黄果实。整个校园中西合璧，群山环绕，绿树葱茏，湖光山色，鸟语花香，宛如凝固的音乐、流动的图画，可谓理想的治学"桃源"。

## 第二节　馨园学校德育"问题"的凸显

### 一　馨园学校发展的三个阶段

纵观馨园学校发展历程，大体可以分为三个阶段：2001 年 9 月至 2005 年 10 月称为"特色办学"阶段，或称为"品牌创立"阶段；2005 年 11 月至 2007 年 7 月称为"内涵发展"阶段；2007 年 9 月至今称为"精品建设"阶段。三个阶段各有其具体的目标和任务，所以在落实目标与履行任务的过程中，自然也诞生了需要研究的"学生语言典雅、教师形象塑造、德育实效性"等问题。而问题往往需要科学研究解决，这样就形成了"新诗进课堂"、"新诗教与诗意教师培养"、"诗意德育研究"等依次顺承、递进的课题。因此，馨园学校发展的三个阶段又暗合了诗意德育课题研究的历程，或者说诗意德育课题研究历程推动了馨园学校三个阶段的发展。

在第一个阶段，由于生存问题是学校优先考虑的问题，这就导致全校上下集中精力考虑如何在短期内尽快地扩大学校影响与办学规模。因此，学校遵循"不管白猫黑猫，能够招来学生就是好猫"的理论，想尽一切办法招揽学生。尽管在教学、竞赛乃至文化建设方面都取得了一定的成绩，但把办学窄化为"为（wèi）人"的教育，即指根据学校功利化的要求，把办学局限在掌握应试教育学科知识这一狭窄的范围内，缺乏对学生"为（wéi）人"的价值关怀。学生的个性和差异不是教师关注的问题，小学到中学成为批量生产的复制过程，导致学生的创造潜能长期得不到应有的重视和开发，学生的个性长期得不到应有的尊重。

由于学校规模发展远远超过最初的预期，第一阶段的中心任务也基本完成，由规模发展转向内涵发展自然成为第二阶段的主要目标与中心任务。什么是内涵发展？馨园学校认为在搞好规模发展的基础上，以"领先国内，走向国际"的教育理念为指导，以培养"双脑、双手、双语"协同发展的创新人才为目的，以低耗高效为特征，以最佳的整合为手段，培养适应具有咸淡水文化特质的、人格健全的、身体健康的、富有创造力的人才的教育机制与教育活动。内涵发展是一个动态的概念，它将随着时代的发展而变化和丰富。早在两千多年前，亚里士多德就提出要"平等地对待平等的"教学理念，我国大教育家孔子也提出应该因材施教。这就说明基础教育首先应该是人的教育，而人的教育离不开对人的关怀。其价值取向，必须关爱怎么促使学生为（wéi）人，即指自己如何做人。西方大教育家、哲学家赫欣斯先生也认为，教育应当是主体为人的教育。教育的目的唯在发挥人性，使人达到完善的境界，其目的是人性，而不是人力。事实上，一个人只有首先学会为（wéi）人，才会很好地去为（wèi）人。基于此，馨园学校在第二个发展阶段强调内涵发展，将办学理念确定为"以人为本，顺性而为"。"以人为本"，就教育而言，其实就是"把人当人"、"把人培养成人"，就是以人的发展为根本，关爱人，关爱人的个性，关爱人的生命，乃至人的生存环境。"顺性而为"，就是顺应学生个体由"生物人"向"社会人"的发展过程中有所作为。如果说"以人为本"体现的是对人的尊重，那么"顺性而为"则是对人的尊严的维护，是对人性中表现出来的欲望给予引导，对其个性张扬方面给予支持，对其潜能给予开发，使其自身价值得以实现。在这里"人本"是前提，"顺性"是原则，是学生发展的内因；"而为"则是教育的手段，是学生发展的外因。外因通过内因起作用，这就是"为（wéi）人"和"为（wèi）人"相结合的理论导向，二者只有很好地结合起来，优质教育才会突出促进学生发展的功能。主要措施是在具体化、特色化和可操作上下工夫。

到了第三个阶段，民办学校蜂拥而上，教育教学质量纷纷赶超公立学校。政府下大力气改造公办学校的办学条件，分别斥资 2 亿—3 亿元兴办中山市一中、侨中、实验高中，这些原本不实行寄宿制的学校也大量扩招寄宿生，甚至馨园的母体学校也恢复办初中，这样给馨园学校带来巨大的冲击，原本固有的办学条件纷纷被公办学校超越，办学模式被公办学校效仿，优质生源重新回到公办学校的怀抱。如何在激烈的竞争中保证品牌不褪色？保证学校的内涵发展不变质？在前面发展的基础上，馨园学校将目光投向了"精品化"办学。所谓"精品"，从词义上而言，指的是精心创作的作品，上乘的作品，其核心词义来自于"精"。面对纷纷扰扰的世界，馨园学校秉承拿来主义的精神，在"诸子百家"的学说中，用智慧的望远镜打量、挑选、确定诗意的灵魂与敢为人先的旗帜。什么是"精"？《广韵》云："熟也，细也，专一也。""熟也"意味着学校办学是一个大浪淘沙、去伪存真、由不强大到强大的成长过程，馨园人只争朝夕，做教育改革浪潮的推动者；"细也"意味着馨园人接纳自己，悦纳学生，全纳世界，为天地立心，为生民立命，春风化雨，做教育田园的耕耘者；"专一也"，意味着馨园人唯精唯一，咬定青山，认准目标，必邃必专。"精义入神以致用也"，在新的发展阶段，馨园提出"精品建设年"的理念，让精品承继"有效"的主题，赋予馨园诗意德育以全方位、多样化、特色化的内涵，促使学校办学质量跨越一般化、平庸化、模式化的台阶。

### 二　诗意德育"问题"的抉择

馨园学校不同的发展阶段之所以能够在各种利益博弈中走出一条属于自己的道路，事实上就是办学人对不同发展阶段存在问题以及解决问题的策略进行合理抉择的结果。"感知的世界只是对纷繁复杂世界的极度简化模型，各种情境只是松散地连接在一起，真实世界里的多数事实都与某一具体情境没有多大关系，最重要的因果链非常简短。因此，我们可以把在特定时间看似无关紧要的大部分现实暂时置之不理。管理人只考虑几个他最关心也最关键的情境要素，其实在这方面，所有人都是这样。"① 在赫伯特·A. 西蒙看来，每一个最优的抉择都不是完全理性归纳、演绎、判断、推理的结果。现实生活中是不存在完全理性的，正如馨园学校所面临的问题一样，在这种既非公立，也非完全私人办学的民办学校，发展的路上如何迈步，如何在竞争的缝隙获得生存的空间，其实是没有完全可供参考的样本，也没有现成的经验可供复制。在认识论的视阈里，人们不可能认识超越时代、超越所在的时间和空间的事物。这就对馨园学校提出了一个棘手的问题：不容许办学出丁点儿差错的民办学校只能在人的有限理性进行探索，其逻辑的严密性与严谨性如何保证？也就是说，如何确保馨园学校这棵教育的"榕树"能够扎根坚实的土壤而变得根深叶茂？

在馨园学校发展的第一个阶段，规模决定了生存，而特色又是规模化发展的关键。如何突出特色？审视自己，前面的道路是一片空白，后面的道路又茫然难测，留给馨园人的只有审视现实。笔者在馨园学校开门办学的第一天就来这里调研，认识到其中一个显著的现实问题是，由于生源的地域性和招生的不可控制性，导致招来的学生成分十分复杂。按照2001

---

① ［美］赫伯特·A. 西蒙：《管理行为》，机械工业出版社2004年版，第109页。

年的统计数据看①，来自本地咸淡水文化区域中山、珠海、澳门、香港等地的学生占78.6%，来自内地各省份的学生占14.5%，来自韩国、澳洲等地的华侨子女占6.9%。其中属于学业与品德双差生的比例高达42.7%。学生日常交流以及书写语言表达呈现"洋泾浜"现象。常规的教学检查，翻阅学生的作文，学生作文里随处可见的是粤方言、网络语言等的杂糅，导致如"而喺、咩、斑竹、菌男、霉女、米国"等方言词、错别字代替了正常的典雅的汉语。更有甚者，小学生作文移用网络上的字符、拼音简写以及英语符号，例如，GG（哥哥）、KBM（肯德基、必胜客、麦当劳）、JJ（姐姐）、BF（男朋友）、PMP（拍马屁）、PLMM（漂亮妹妹）、BT（变态）、7456（气死我了）等，把典雅的汉语弄得不伦不类，导致语言表达晦涩、粗俗。而观察学生日常的交往，来自本地文化区域的学生之间喜欢用粤方言作为交流交际的工具，而来自内地或外地的学生习惯用普通话交流。这样自然造成学生与学生之间的隔膜。因此，在这个阶段，如何推行普通话，如何使粗俗语言典雅化，进而通过典雅的语言带动学生道德品质的进步乃至人际关系的和谐成为馨园学校需要解决的首要任务。

　　一个问题清晰以后，结合自己的喜好以及包括叶才生等志趣相投的老师的热情支持，一个没有经过严密逻辑论证的课题浮现在脑海里：让新诗进课堂。对小学生、中学生而言，阅读什么最好？读"诗"最好。为什么读诗最好？因为诗是语言的艺术，诗是传播的艺术；诗是典雅汉语的代名词，诗是民族精神的载体；诗还是心灵的故乡。语言是规则化的抽象符号，需要逻辑思维；而艺术具有直觉性，需要形象思维。学诗，既有利于提高逻辑思维能力，同时，又有利于提高形象思维能力。写诗，使用语言，这就必有一定的逻辑；诗要传播情感，这就必有一定意境。读诗写诗，既要用左脑，也要用右脑。② 诗是将理性与情感"合金"。为什么强调"新诗"？限于时代的隔膜，学生诵读大量古典诗词固然可以培养对汉

---

　　① 馨园学校为了确定自己的生源地，对学生来源进行了细致的调查与评估。生源地稳定后以及随着规模的扩大，招生由过去的学校上门"要我读"嬗变到家长、学生上门"我要读"。因此，不再对生源进行细致的统计分析，但翻阅学校历年的校车押送安排表，还是可以确定生源的组成情况。

　　② 查有梁：《发扬诗教功能建构诗意人生——兼评〈诗意语文学本〉》，《中国教育学刊》2007年第4期，第65—68页。

语的典雅语感，但会读不代表会理解以及会表达。而新诗（包括童谣、儿童诗）无论是语言的形式还是内容天然地和学生的生活实际保持内在的联系，其乐律与他们的生命律动有一种内在的照应。

　　在规模化发展阶段，馨园学校最初的办学无论是德育还是教学，乃至生活管理，一切的活动都以取得即时效应为原则：一切都拿"有效"来衡量。这个"有效"又窄化为"学生看得见"、"家长看得见"①。对于一个新创办的民办学校而言，"看得见"效应的教育能够保证学校特色在很短的时间被社会认知与认同，从而吸引广泛而相对优质的生源，办学效益也会在短时间内得以提高。但表面上的"有效"却掩盖了德性的缺失。这主要表现在全校上至领导下至普通员工把工作的重心放在技术性工作的钻研上，试图建立一套科学的、严谨的、省时省力的教育教学乃至管理的规范体系，从而保证自己的成绩得到最大化的呈现，以此获得最大化的物质报酬。在此阶段，学校为了加大教师的师德建设以及班级管理，学校实施问责制与班主任竞聘上岗制度。问责制强调责任意识，但处理的手段却是以经济制裁为主，学校把教育教学出现的事故，按照影响的程度分别给予不同程度的罚款；而班主任竞聘上岗制度，强化了教师管理班集体的参与意识，但这种参与意识建立在大幅度提高班主任津贴上。馨园学校的班主任津贴最高达到2500元，远远高于同类同质学校人均600元的水平。

　　功利主义价值取向的"有效"实质上是以削弱师生友爱、友善、合作以及灵性、智慧的德性为前提，导致日常工作成为见"物"不见"人"的程序化与机械化的操作。更大的误区还在于潜移默化中强化了教师的"经济人"角色定位，导致教师与学校建立的关系日益处于主客体对立的状态。2005年12月，在学校5周年校庆大喜的日子里，学校收到了来自法院的两张传票：一张状告学校违反《劳动法》，要求补偿社会养老保险等福利待遇。事情的起因是这样的，在办学的第一阶段，大量来自内地的老师并没有和原来的单位脱离关系，早已购买了社保、医保。馨园学校根据教师的意愿，在目前国家社保、医保制度不够健全以及难以实现衔接的情况下，没有按照《劳动法》的规定，给予这些老师再一次购买社保和医保，而是将这部分费用直接打入老师的工资。馨园学校是寄宿制学校，

---

　　① 馨园学校倡导的好学生观念是这样的：所谓好学生就是坚持天天进步的学生，而好教师就是坚持让学生的进步学生看得见。

状告学校的是一名生活老师，患有乙肝，他来学校的时候请人代为体检蒙混过关，工作一个学期后，在同一宿舍老师的举报下，学校复检，发现问题，根据相关规定提前三个月通知他转岗并不发相应的工资，该老师心怀不满，于是借着学校没有购买医保、社保的事实将学校告上法庭。第二张传票来自小学部姚老师，其母患有尿毒症，她决定捐肾救母，并请求学校给予支持。学校领导感其孝心，号召全校师生员工捐款，第一次捐款达十几万元，全数交给姚老师去医治母亲。后来，在姚老师的要求下，学校又进行第二次捐款，因为迟迟不见她为母亲捐肾，参与捐款的老师纷纷提出建议，要求冻结这一部分捐款。不久，姚老师母亲不幸逝世，于是姚老师将学校告上法庭，不但要求归还捐款，而且还要求学校赔偿母亲死亡的相关费用。这两件事情尽管得到妥善解决，但"有效"的规训式德育为什么又失效呢？

20 世纪 60 年代西方学者就看到了规训式德育"有效"中"无效"问题，开启了教育中伦理问题研究的阀门。比如彼得斯（Peters）在其专著《伦理与教育》中就提出优质教育的两大标准：一是传授有价值的东西；二是依照合乎道德的方式进行。① 20 世纪 80 年代，哲学社会科学领域掀起了教育伦理问题研究热潮。直至今天，该问题一直是教育理论与实践领域研究的热点。以麦金太尔为代表的西方学者力图承继古希腊亚里士多德"实践生成道德智慧"的道德传统而建构现代德性伦理②；埃德加·莫兰也提出了"培育式教育"的观念③；不仅如此，更有大量的学者深入研究教学中的德性问题④。受西方学者的影响，我国自 2000 年以来，先后有迟艳杰、孙彩平、胡斌斌、王本陆、周建平、刘万海博士对教育与教学中的德性（或称之为伦理问题）进行专题研究，诞生了大量高水平的

---

① Peters, R. S., *Ethics and Education*, London：George Allen & Unwin, Ltd., 1966, p. 12.

② ［美］麦金太尔：《追寻美德：道德伦理研究》，宋继杰译，译林出版社 2003 年版，第1—9 页。

③ ［法］埃德加·莫兰认为，教育通常指的是向学生传授纯粹知识使之加以理解和掌握的艺术或行动；而培育可理解为实施符合德性发展规律的手段，以保证一个人的养成和发展。参见［法］埃德加·莫兰《复杂性理论与教育问题》，陈一壮译，北京大学出版社 2004 年版，第99—100 页。

④ 该方面的研究论文，将研究的视点由宏观的教育伦理中的德性问题探讨转向微观层面的教学中的德性研究。研究的学者有索尔蒂斯（Soltis）、约翰斯顿（Johnston）、杰克逊（Jackson）、汉森（Hansen）等。

博士论文。①

从馨园学校办学历程中出现的问题可以看出，民办教育中有关教师培养的策略，其价值取向在理论视阈上无不存在一个严重的局限性，那就是把中小学教师的培养局限在教师这一"职业人"或"经济人"的范畴内，进而把相关的教学与研究局限在职业技能训练这一狭窄的视阈里，致使教师德性发展也出现功能功利化的价值取向趋势，部分教师将学生看做获取物质报酬的对象，师生关系演变为金钱利益关系，甚至有的教师直接张口或伸手向家长索要财物。② 马克思从私有财产的经济事实出发，细致地考察了工人与劳动产品的关系后得出这样的结论：工人对自己的劳动产品的关系就是对一个异己的对象的关系。③ 这一方面说明，在工业化社会，物质文明所倡导的世界是一个不属于人的，与人对立的客观世界，人异化为劳动的对象，或者称之为社会的对象化；另一方面也说明，人如果只是成为物质对象化的人，那么他就失去了作为人存在的精神家园。德育同样如此，如果只是满足受教育对象作为物质人的需要，或者维持物质社会伦理规范的需要，其规训的道德规则自然也成为受教育者异化的存在，从而丧失应有的魅力。如何勘破物质世界对象化的牢笼？如何促使生活在物质实然境界的受教育者实现应然的跨越？如何促使教师由职业关爱向教育关爱的现代转化，使教师以积极的人生态度参与生活、投入民办教育事业，赋予自己的事业以德性的意蕴，从而在教育事业旅途中不断地提升人生观、价值观，成为一个诗意教师。这是推进馨园学校可持续发展的瓶颈。于是，在 2005 年 12 月，以笔者为课题负责人开始"'新诗教'与诗意教师培养策略研究"课题研究的历程。其中特别将"诗意"概念引入道德教育，进行"诗意德育模式的整体构建与实践"的相关研究。坚持德育为首，做到优化德育队伍、细化德育内容、科学规划与实施德育方法、拓展

① 参见迟艳杰《教学：人存在意义的追求》，华东师范大学，博士学位论文，2000 年；孙彩平：《论教育的道德性——对当代中国教育道德性的思考》，东北师范大学，博士学位论文，2001 年；胡斌斌：《课堂教学伦理问题研究》，西北师范大学，博士学位论文，2003 年；王本陆：《教育崇善论》，广东教育出版社 2001 年版；周建平：《追寻教学道德——当代中国教学道德价值问题研究》，南京师范大学，博士学位论文，2003 年；刘万海：《德性教学论》，华东师范大学出版社 2009 年版。

② 2009 年 4 月，馨园发生两起教师向家长索要数万元的财物而被勒令离校的事件。这些索要财物的教师大都属于"游走型"教师，一般在一个学校待不上一年半载。

③ 马克思：《1844 年经济学哲学手稿》，中共中央马恩列斯著作编译局译，人民出版社2000 年版，第 51—53 页。

德育途径。

　　学校发展到 2007 年，馨园学校所在的市教育局，将公民办一体化评价方式调整为双轨制评价，再加上民办教师"身份认同"问题，尤其是社保、医保出现公民办同工不同酬的现象而出现大批骨干教师、品牌教师纷纷重新回到公办学校。另外，馨园学校办学获得初步成功以后，2007年相继开办了几所大型的民办学校，导致学校面临空前的竞争压力。因此，需要解决三个方面的工作：一是如何使特色化、优质教育发展阶段形成的成果进一步做到"人无我有，人有我优"；二是如何形成高效的教师培养机制，保证骨干教师撤离的情况下教师整体的素质不下降；三是如何进一步深化德育工作，在形成特色的基础上进一步扩大成果的影响，使之成为馨园学校凝聚人心的精神支柱。这一切就标志每一项工作必须"精品化"。采取的主要策略是借鉴高校精品课程建设的经验，将馨园学校的各项工作像打造精品课程一样去打造品牌。其指导思想是以中山精神和诗意德育思想以及现代教育理念为指导，以培养高素质创新人才为目标，以提高师资队伍素质为前提，整合学校多年办学的教育教学管理资源和各项改革成果，加大教学与科研结合的力度，构建优质、高效、特色鲜明、上档次、有品位的课程体系。

　　尽管德育一直是任何一所学校办学必须重视的首要问题，但即使是实施诗意德育的馨园学校也不得不面对学生人格发展的问题。从某种程度上看，规训式德育是以人的负向人格为逻辑前提的，因为德育工作的重心在于解决学生思想品德存在的一个个"问题"，而不是去引导学生潜藏于内心深处的本质的"善"。而民办学校招收的学生大多是家境比较富裕，父母疏于管理或无暇管理导致学习习惯不好的以及多元化家庭来源比较集中的孩子。这些孩子或多或少存在偏激、狭隘、消沉、抑郁等消极人格的表征。如何对他们进行教育？教育家陶行知先生提供的思路是"千教万教，教人求真；千学万学，学做真人"。民办学校学生所遇到的父母离异、家庭多元化等问题，解决的最佳选择在于培养学生积极人格，让他们用诗意的眼光看世界，学会在复杂的社会保持健康的心态去迎接生活的挑战。人格积极获得的是积极的人生；人格消极获得的是消极的人生。20 世纪末美国以塞里格曼、谢尔顿等积极心理学家强调人格研究不仅要研究负向人格特质和影响人格形成的消极因素，更要致力于研究人的良好人格特质以及影响人格形成的积极因素，特别是探讨积极情绪、积极人格和积极社会环境与美德的关系等为诗意德育深化研究奠定了坚实的理论基础。因此，2009 年 7 月以"诗意德育促进学生积极人格和谐发展实践案例与理论问题研究"为题申报全国教育科学"十一五"规划课题，被确定为国家社科基金"十一五"规划教育学国家一般课题。

## 第三节　诗意德育的价值判断

什么是价值判断？杜威指出："价值判断就是关于经验对象的条件与结果的判断；就是对于我们的想望、情感和享受的形成应该起着调节作用的判断。"[①] 英国哲学家 W. D. 拉蒙特认为："价值判断不是关于事物及其性质的判断，而似乎是关于事物的存在、保持和消亡的判断。换句话说，在价值判断的内容中参照的是'目的'或某种'目标'。"[②] 从这些哲人的认识看，我们中小学学校从事何种范式的德育工作，其价值判断的重心不在于厘清德育的性质，而在于认识德育之所以为德育的条件以及预测实施这种德育所产生的效应以及对实施过程中所发挥的作用、功效。所谓"德育的价值判断"，指的是以德育事实的价值为对象的评价性命题，它是价值评价主体依据价值主体的需要，在衡量价值客体的属性是否满足价值主体的需要以及满足其需要的程度而作出的一种判断。借用拉蒙特的话来说，德育的价值判断似乎从根本上（虽非全部）是对一种意动倾向的表达，即"需要"的表达，即表示使德育存在或维持其存在的意向。[③] 既然德育价值判断是一种意动倾向的表达，一种对"需要"的表达，那么，诗意德育的主体即馨园学校为什么选择诗意德育作为立校之基，其进行价值判断的前提条件是什么？其需要达成的效能又有哪些期许呢？

### 一　精神相遇的活动

精神相遇体现在世纪之交如何实现传统美德与现代精神巧妙对接，如何确保德育促进学校发展与教师、学生发展共同进步以及如何实现学校德

---

① ［美］杜威：《确定性的寻求》，载周辅成主编《西方伦理学名著选辑》（下卷），商务印书馆 1987 年版，第 798 页。

② ［英］W. D. 拉蒙特：《价值判断》，马俊峰、王建国、王晓升译，中国人民大学出版社 1993 年版，第 19 页。

③ 同上。

育"全面、全程、全员"圆融互摄等方面。馨园学校诞生于 2001 年 9 月，这是新旧世纪交替的时期，是一个多元价值共存的时期，同时也是我国改革开放深入发展的时期，更是我国从传统社会向现代社会、从农业社会向工业社会、从封闭社会向开放性社会发展的关键时期。① 在这个时期，社会的改革推动德育，尤其是学校德育的变革，而社会多元价值的冲击自然也引起德育观念的冲突与价值判断的嬗变，其中需要处理几个关键的矛盾就是：德育观念一元化与多元化、民族文化与西方文化碰撞与融合、整体规划与分级实施、教育方法内化与外化等因素的辩证关系。

珠江三角洲是我国社会主义市场经济体制建立比较完善的地区之一，而馨园学校正处于该地区的前沿地带。学生家长、投身到民办学校工作的教师思想观念多元化、价值取向多样化日趋明显。市场经济就像一把双刃剑。它激发了人的主体意识的生成，同时诱发个人主义倾向；增强了效益观念和求实精神，同时诱发了拜金主义和重利轻义思想。这一切无疑都给学生的成长带来不可忽视的负面影响。在观念多元化的社会，如果没有一个先进的主导思想来统率学校的办学，就将造成人们思想的动荡，学校秩序的混乱。对于中小学学生来说，在他们的意识形态还没有定型，世界观、人生观、价值观尚未完全确立的时候，指导思想只能有一个。这就是代表我国先进文化前进方向的，凝聚广大人民群众思想的，体现社会发展进步要求的爱国主义、集体主义、社会主义。另外，任何一个历史时期，德育的价值判断都带有民族与时代的深深烙印。其民族性就表现在对民族文化的继承与发扬上，其时代性主要表现为"德育的现实性"和"德育的理想性"等方面。德育的现实性指的是德育必须真实地反映社会客观现实的要求，与社会发展的客观实际保持一致，为社会现实服务；而德育的理想性则指德育应依据现实社会的发展情况对未来发展的趋势进行科学的预测，引领学生创造性地去适应可能的、将来的社会生活。

## 二 德育实效性的思考

什么是实效性？以什么为标准检验是否取得实效性？这是探讨德育工作增强实效性的前提条件。关于德育实效性，目前理论界有不同的定义

---

① 黄书光主编：《价值观念变迁中的中国德育改革》，凤凰出版集团·江苏教育出版社 1988 年版，第 259—273 页。

（意味着有不同的标准），概括起来主要有如下几种表述：其一，成果说。德育的实效性是指对学生实施德育后所产生的认知和行为成果，包括内潜性和外显性两方面。其二，效果说。即学校依据德育目标进行工作所取得的实际效果。其三，效率说。即一个阶段内德育工作的成功率，或者说是预期目标任务的到达度与完成率。它包括德育效果和德育效率两个方面。德育效果是指在一个德育过程结束后德育工作所取得的结果。德育效果可分为3种类型：正效果、零效果、负效果。德育效率是指德育工作取得的效果与取得这个效果所用的教育工作量之比。其四，效果、效率、成果说。德育的实效性，既是指德育的内在效果，即德育的要求能够顺利地转化为学生个体的思想道德素质；同时也指德育的外在效益，即德育通过提升学生的思想道德素质促进社会的物质文明和精神文明的建设。学校德育的实效性还表现在德育效率上，即以一定的人、财、物、时间投入获得最佳的效果和最大的效益。德育的效果、效益和效率共同构成了学校德育实效性的基本内涵。其五，教育者期待效应说。如"德育的实效实质上就是德育的现实功能与期望功能的吻合程度"，以及"学校德育的有效性是指在学校德育活动的过程和结果中体现出来的教育者以自己的活动引起学生的品德发生变化并使之符合自己目的的特性"等。

实效性高低的定性是一种主观判断，这种主观判断里面，既应有德育的价值判断，也应有对德育的事实判断。所谓德育的事实判断，指的是以德育事实的客观性为对象，包括对某一教育行为的描述和对行为者赋予该行为的意义的描述两方面。科学主义试图用事实判断取代价值判断，用客观规律排斥主体的价值选择。在判断德育实效性这一问题上，往往从先在的道德立场、观念和原则出发，以德育的现象作为判断的依据，自然得出"世风日下"、"人心不古"的结论。而人本主义往往试图用价值判断替代事实判断，用主体的价值选择抹杀客观规律，致使德育的价值流于理念而形成判断的虚空现象。事实上，从单一的维度对德育的实效性进行评判，都是不科学的。德育工作者既要按照客观对象的尺度和自在标准去认识和实践德育工作，也要按照教育者和受教育者的需要和理想的内在尺度去认识和实践德育工作。因此，对德育工作实效性的判断，是德育是什么与应该是什么的统一，是合目的性与规律性的统一，是实然与应然的统一。

学校德育实效性究竟如何？从教育的目的性出发，学校德育目的可分为实然的目的和应然的目的。实然的目的，即现实的学校德育，其目的主要是让学生无条件地接受某种固定的价值标准或具体的道德规范和纪律条文，衡量学校道德教育成功与否就是看这些标准和条文是否成功地规范了学生的行为。应然的目的，即要求将外在的道德规范内化成学生自己的道德品质。从规律性出发，既有德育与社会关系的规律，也有德育自身关系的规律，还有德育自身关系和德育与社会关系的规律。就社会关系而言，德育的实效性体现在社会的对象化程度方面，即外在效益方面；就自身关系而言主要体现在教育者与受教育者主体间活动的到达度与完成率，尤其是受教育者德性发展自主性的张力上，即内在效果。因此，在实效性的诸要素中，一个相当关键的要素就是"个体的德性"。德育的社会实效取决于德育自身的实效，而德育自身的实效又由教育者个体德性发展的自主性或主体性的程度来决定，因此，要使学校德育既获得时间维度的长期或短期有效，又在空间维度使社会和德育自身获得有效，而且在时空交错方面通过内外互化获得有效，如何导引受教育者自健其德性，成为当今学校德育理论与实践探索的一个重要主题。

### 三 诗意文化的价值判断

既然德育的价值判断需要事实作基础，那么，建构诗意德育的前提条件又有哪些呢？哪些事实能够为诗意德育提供坚实的理论基础呢？当代德育研究的最大变化应该是审美化的德育价值取向和以常德培养为本位的研究成为学术关注的焦点。它标志着以伦理本质为逻辑基点的体系建构、宏大历史目标中道德秩序的维护、知性终极价值的规训，让位于现实生活以审美文化存在为对象的审美观照。这种审美观照，既要立足学生的可持续发展的需要，也要立足未来社会对人才培养的要求，更需要根植民族文化的土壤。"惟人万物之灵。"① 人不只是直立行走且没有羽毛的动物，他是一种文明与文化的存在，具有生命的灵性与高贵性。从文明着眼，人作为一种"社会关系总和"的"类"存在物，"不能像走兽那样活着，应该追求知识和美德"②。"人是运用符号创造文化的动物。"③ 而文化"是思想

---

① 《尚书·泰誓上》。

② ［意］但丁：《神曲》，转引自曲彦斌主编《世界名言大辞典》，辽宁人民出版社1996年版，第18页。

③ ［德］卡西尔：《人论》，甘阳译，上海译文出版社2003年版，第5页。

活动，是对美和高尚情感的接受"①。从这样的观点看来，文明是文化符号化的进程与结果，文化是文明的叙述与表征，而追求美德是创造性运用符号认识与接受美和高尚情感的活动。这种活动不同于借助劳动工具认识并改造自然的工具实践活动，它属于精神实践活动。"全部文化或文明都依赖于符号。正是使用符号的能力使文化得以产生，也正是对符号的运用使文化延续成为可能。"而"音节清晰的语言是符号表达之最重要的形式"②。从语言学的角度审视，语言是上一代人留给下一代人的规则，而言语在是运用符号进行实践活动的全部内涵与信息。因此，人既是文明与文化的存在，也可表述为人是主要借助语言符号开展言语实践活动而进行的不同层级的文明与文化建构的存在。"符号系统的原理，由于其普遍性、有效性和全面适用性，成了打开特殊的人类世界——人类文化世界大门的开门秘诀。一旦人类掌握了这个秘诀，进一步的发展就有了保证。"③"人不再生活在一个单纯的物理宇宙之中，而是生活在一个符号宇宙之中。"④ 德育以发展个体与群体的德性为宗旨，作为一种构造文化存在的符号及其机制，广义上同样属于文化存在，理应成为审美文化研究的题中应有之义。因此审美文化的研究对象事实上也可以被看做不同层级文化的符号建构。美作为人类生活存在的一种状态，必然表现为不同层次的符号表达。按照结构主义的观点，不同层级的存在往往呈现出一种结构上的关联。我国诗意文化的传统以及孔子等圣贤诗教的实践，都具有丰富的诗意德育的元素，或者说，这都足以成为诗意德育滋生的土壤，足以表明诗意德育与诗意文化的结构关联。

除此以外，馨园学校所处的咸淡水文化区域所具备的厚重、包容、开放、创新的文化特质，无疑也是诗意德育的有机养分。除此以外，在咸淡水文化滋养的孙中山精神里面更具有诗意德育的元素。

下面摘录了馨园学校 2001 年的招生简章，管中窥豹，能从一个侧面了解其价值判断的发展过程。

---

① ［英］怀特海：《教育的目的》，徐汝舟译，生活·读书·新知三联书店 2002 年版，第6 页。

② ［美］L. A. 怀特：《文化的科学——人类与文明研究》，沈原等译，山东人民出版社 2002 年版，第 33 页。

③ ［德］卡西尔：《人论》，甘阳译，上海译文出版社 2003 年版，第 45 页。

④ 同上书，第 33 页。

### 选择馨园学校，共圆成才之梦

> 融合中西的德育理念
> 轻松高雅的文化氛围
> 优美宁静的校园环境
> 面向国际的办学目标
> 手脑并进的课程体系
> 重点名校的管理经验
> 先进超前的设施配套
> 名家荟萃的一流师资

——馨园助您成才

我校是应中国加入 WTO 和全球经济日益一体化，创新人才紧缺的迫切要求而创建的，融合企业中山市馨园贸易有限公司雄厚的经济实力和全国名校广东省重点中学中山纪念中学成功的办学经验为一体，以培养三双（双语、双脑、双手）并进的国际型双语人才为特色的全寄宿制民办学校。

学校由省重点中学全面负责管理，外籍教师和国内名师授课，各类硬件设施均按全国示范性学校标准高起点、高质量、高规格建设，冷气、暖气全天候供应，保育员悉心照料孩子们的生活。

从这段短短的招生简章里可以看出，馨园学校的德育价值判断不是重点中学价值观念的简单移植，也不仅仅只是办学条件的炫耀，其中寄予了办学者的深刻思考：我国纪念名人的学校或者以名人名字命名的学校数不胜数，如果办学仅限于校名以及应景式的节日纪念，徒有名人其表，却无名人之实，更无名人之魂。而孙中山振兴中华、敢为人先、博爱同仁的德育思想，正好是点燃民办教师更新观念、锐意改革的生命火炬；正好是青少年奋发图强、修身立基的精神源泉。馨园学校的母体在于承接国家示范中学——孙中山纪念中学的文化，其实质就是孙中山这一世纪伟人的高尚人格和精神丰碑。在校园的主干道上理所当然地矗立了一尊孙中山先生的塑像。当然，学校办学只有一尊孙中山塑像是远远不够的，纪念孙中山的学校仅仅借助"孙中山"以及重点中学的牌子也是本末倒置、舍近求远的做法。

孙中山思想极其深厚，文化内涵极其广博，在中国近代教育史上有着划时代的意义。如何与当下的教育尤其是民办教育连接呢？孙中山主张把旧道德中"忠、孝、仁、爱、信、义、和、平"等加以新的理解。馨园学校知难行易，结合当前的社会现实以及学生品德发展的需要，挖掘孙中山先生的德育资源，将其"博爱、天下为公、济弱扶倾、敢为天下先"等精神，提炼成"奉献心、责任心、羞耻心、进取心、友爱心"五心诗意德育的五大主题。又如，孙中山认为中国人由于素来受专制君主的奴役，向来"不识为主人，不敢为主人，不能为主人"，馨园学校校长巧妙地移花接木，倡导"人人是主人，个个能创新"、"好学生就是在原有的基础上有进步的学生；好教师就是能够使自己的学生天天进步的教师；好家长就是使孩子不断进步的家长"。再如，孙中山认为"世界进化，随学问为转移"，"东西各国之文明，皆由学问购来"。馨园学校活化其教育宗旨，打破民办学校封闭办学的藩篱，实行门户开放式办学，提出了"以厚重的文化底蕴为依托，以伟人的教育思想促发展"。馨园学校在续接与践履"天下为公、博爱同仁、敢为人先"孙中山精神的过程中，馨园人给予了诗意化的解读：圆融，造就馨园人虚怀若谷的品质，不固执己见，勇于接受厚重黄土文化的洗礼，同时吸纳浩瀚蓝色文明的激荡，形成咸淡水区域独具特色的民办学校风情；创新，促使馨园人上下求索，创意唯新，赋予德育以诗意的内涵，赋予教育以生命的意义；发展，引领馨园人不断提升道德修养，超越自身，将教育的责任扛在肩上，将理性与经验、实质与形式、系统与部分、科学与人文等协调起来，注重整体结构中的协同运作，为学生身心健康发展创设和谐的成长条件和氛围，实现教育、教学、管理过程的整体优化。圆融是基础，创新是灵魂，发展则是圆融与创新的动力。三者的整体配合，活化为校训"祖国高于一切，才华贡献人类"。

这一系列思考显然运用了中华民族特有的"诗"的精神实践方式，或者说，从诗意的角度对世纪之交的社会现实以及未来社会人才培养规格、中西文化、咸淡水文化以及孙中山精神等方面进行价值的解读与建构。

## 第四节　诗意德育的价值诉求

对诗意德育价值判断的探讨，解决学校德育实践"应需"的问题，即试图从形而上和形而下的双重角度阐明诗意德育"何以能"的问题。在此基础上，需要进一步关注诗意德育"合理"的问题，还需要阐明其所以存在的"为什么"的问题。回到 W. D. 拉蒙特关于价值判断的定义，如果要确定一个德育价值判断是"合理"的，那么它必须有着具体的目的，或者参照某一目标。即这个德育价值判断必须满足一定时期以及一定阶段的具有"普遍化"意义的道德诉求。尽管从价值判断的层面，馨园学校给予诗意德育的是一种有价值的德育模式肯定的答案，那么，这一模式是否具有普遍的意义，是否符合当前学校以及社会的德育需要？这需要从价值诉求的层面做进一步的考察。

### 一　诗意精神培育的德育目标

德育目标是德育工作的出发点和归宿，自然就成为德育价值判断的根本要素，而德育目标的实现又恰好是衡量德育价值判断最直接和最有力的依据。

人的生命发展之所以不同于动物的生命发展，就在于人的发展是自然生命与精神生命和谐统一的活动。如果说自然生命是人生命发展的前提，那么精神生命就是人所以为"人"、勃发生命力的根本保证，是个体和群体生命成长的动力源。

近代哲学确立了人的理性精神存在，用主客二分的方法以我为主体，以他人他物为客体，使客体为我所用，将人们从原始社会的混沌蒙昧中唤醒，并由此开启了对象性的理性思维模式。它不仅使人的主体性获得了前所未有的独立与解放，而且促进了近代大工业和科学技术的迅猛发展，以及物质文明的极度繁荣；但理性精神存在的方式也遮蔽了人"存在"的整体性特征。人凭借理性精神确立了人对自然支配地位的同时，也使人自身的存在陷入精神生活窄化的状态——它反过来动摇着人类对自身存在能力的自信并且导致了普遍的、挥之不去的精神焦虑。这种精神焦虑，是由于发达却又远不协调的物质文明不重视人的生命成长总体性活动造成的，是非对象性的诗意精神生命被遮蔽，而不得不直面缺乏精神指向的无根的生活现实而萌生的精神危机。据世界卫生组织 2001 年度报告，目前世界上各种精神病人已达 4 亿多，如果将不同程度的精神障碍、神经障碍及心理社会障碍都包括进去，涉及的人口将近 10 亿。今后 20 年此类疾病患者的人数还将会不断上升。[①]

如何恢复人生命成长的整体性，恢复人精神存在的完整性？人类怎样才能使自身生命成长在有限的物质生命领域里无限起来？不同的哲人给出的路径尽管千差万别，但殊途同归。正如张世英先生所指出的"随着缺乏诗意精神的传统哲学的终结，诗意境界的接续，诗意精神的现代回归，已经成为时代的潮流"[②]。帕斯卡尔主张只有依赖"情感"、"爱"，人才能找到安身立命之所[③]；康德认为只有张扬人的想象力，才可以使不可见的存在的理念（天堂、永恒、创世）在感性的可见的具体之中得以实现，才可以超越经验世界的樊笼，使人在超验的世界自由飞翔[④]；席勒指出，人类要获得真正的解放，达到真正的自由，必须改造自身。[⑤]

这些哲人把人精神困顿的救赎之路指向了诗意精神。那么，什么是诗意精神？维柯最先系统地分析了人类原初智慧的形态，从诗性智慧的角度肯定诗意精神的特质。在他看来，人类的智慧有两种，即富有想象性的诗性智慧与富有抽象意义的理性智慧。而诗性智慧产生于本能的感觉与想象。"人类本性，就其和动物本性相似来说，具有这样一种特性：各种感官是他认识事物的唯一渠道。"[⑥] 人类凭借这种本能"以一种惊人的崇高气魄去创造"诗般的生活。这种创造当然不是深思熟虑理性谋划的结果，而是在诗意精神的推动下采取以己度物的方式，把自己的情感移向外物，又把从外物中获得的情感体验加以夸张、变形，然后，再运用比喻、象征的方法，把这些体验借感性的实物形态表达出来的活动。所以，诗意精神本质就是各种感觉综合作用的直觉、想象而形成的创造精神。尼采在维柯的基础上，忧思上帝缺位的同时指出人的诗意精神不应该只是本能的直觉，而应该是非理性酒神与理性日神的综合体，只有这样才能够直面人

---

① 世界卫生组织编：《新的了解，新的希望——2001 年世界卫生报告·精神卫生》，王汝宽等译，人民卫生出版社 2002 年版，第 1 页。

② 张世英：《新哲学讲演录》，广西师范大学出版社 2004 年版，第 228 页。

③ 刘小枫：《诗化哲学》，山东文艺出版社 1986 年版，第 7 页。

④ ［德］康德：《实用人类学》第 1 卷，邓晓芒译，上海人民出版社 2002 年版，第 113 页。

⑤ 刘小枫：《诗化哲学》，山东文艺出版社 1986 年版，第 23 页。

⑥ ［意］维柯：《新科学》，朱光潜译，人民文学出版社 1986 年版，第 374 页。

生，冲破现实的羁绊，让自己的存在成为主体的存在，构造出人生美妙的现象与风景。① 海德格尔通过细致分析荷尔德林、诺瓦利斯、里尔克等诗哲的诗，创造性地把"诗意地栖居"当做人类精神生命有价值的存在方式。他认为，"存在"是不能用理性对它作出说明的，存在的性质超出任何存在物可能具有的内容和可能类归的规定性之外。他认为"所有进入诗境的诗人的诗都是还乡的"②，拯救理性精神带来的痛苦与厄厄只能"把人诗意地置于地球上"。他所称道的诗意精神是表现在生存中或实现于现实中，是理性的"在场"与非理性的"不在场"的合金。

综合各位哲人的学说，所谓诗意精神，指的就是人恪守规律、秩序的理性与直觉、迷狂、冲动本能对立统一，德性与理性的和谐及类特性、群体性和个体性的统一的精神。它是光明而理性的阿波罗精神与狂热而非理性的狄俄尼索斯精神（酒神精神）的巧妙融合。如果说阿波罗精神通过展示一个安分、有秩序的世界来给人以清醒的认识和安全感，增长生存的勇气和技能，那么酒神精神则依靠生命本能的直觉冲动，依靠在迷狂状态中人们所产生的自我力量感，达到世界仿佛与自己的意识完全是一体的境界。这是因为：

第一，它是一种对接宇宙的包容精神。中国人的精神体系中，以天人合一之境界为最高，不管是天合向人，还是人合向天，"体"天道，"知"天道，"事"天道，"行"天道，是精神的支柱，但又是以人道为价值主体的。所以，孔子认为"人能弘道，非道弘人"。正因为这样，自《周礼》开启了宇宙意识的启蒙之后，诸子百家纷纷著述探讨宇宙存在的问题，墨子有《天志》，列子有《天端》，庄子有《天道》、《天地》、《天运》、《天下》，鹖冠子有《天则》、《天权》，尉缭子有《天官》，荀子有《天论》等。屈原放逐，忧心愁悴，但他仍将自己的情怀托付宇宙，以170多个问题的《天问》，将开天辟地的自然奥妙和上古各民族的兴亡原因对接起来，人与宇宙得以感应、交流与融通，造就了中华民族既向往理想的乌托邦，又迷恋现实的尘世；造就中国人虚怀若谷，不固执己见，接纳百川大海；善于学习，勇于吸纳，敢于创新，心地善良，胸襟豁达。

第二，它是一种自强不息的超越精神。"君子终日乾乾，夕惕若，厉

---

① 赵敦华：《现代西方哲学新编》，北京大学出版社 2006 年版，第 19—20 页。

② ［德］海德格尔：《存在与在·诗人回忆》，商务印书馆 1985 年版，第 233 页。

无咎。"① 自强不息，突出了人的主体地位，使人成为天地之间最为尊贵者。在这种精神的烛照之下，屈原超越个人私利将他那颗光明高洁而忧愤深广的心付与真理的追求"路漫漫其修远兮，吾将上下而求索"。李白超越物质将独立清高而决不向浊世低头的人格付与精神的圣殿——"安能摧眉折腰事权贵，使我不得开心颜"。庄子不甘心像一般命定论者那样安然顺命，而是在安命的基础上渴望"乘云气，骑日月，而游四海之外"，追求摆脱了一切烦恼的逍遥游。自强不息的诗意精神既是积极人性观的体现，也是和谐心态的表征，还是对理想的执著，对理想主义、精神价值的坚守。由于这种执著与坚守把持的是人性圣洁的灵魂，以及心中不变的情愫，因而绝对是超尘拔俗的，却并不遁入虚空，拒斥人间烟火。即使在诸神早已退隐，佛陀也已圆寂的时代，人凭借爱的凝聚与情的真挚，将诗意精神渗透进日常的生活之中，用乐观的情去审视周围的世界，即使满目疮痍；用包含真、善、美圆融的爱去建构人生，即使步履维艰。自强不息的诗意精神是"忧乐圆融"的爱与情的满溢和释放。

第三，它是一种"民胞物与"的和合精神。所谓"民胞物与"，出自张载的《西铭》："民吾同胞，物吾与也。"② 指的是不仅天下人都是我的兄弟姐妹，而且天下的万物也都是我的同类，我对待万物也应该像对待兄弟姐妹一样。扩展开来，就是一种弥合主体与客体分离的姿态去把握现实、拥抱生活的和合精神。在处理人与自然关系上，强调"天人合一"，其基本的要旨就是"自然界和精神的统一"。在处理人与社会的关系上，主张"人我和谐、群己和谐"，其实质是倡导人与人、人与社会之间建立一种和谐的相互关系，其核心内容是"善群"和"忠恕"。所谓"忠"是指忠诚待人，"己欲立而立人，己欲达而达人"③；所谓"恕"是指宽恕待人，"己所不欲，勿施于人"④。在处理人与自我的关系上，"求于己"、"成于乐"、"游于艺"⑤。"求于己"指的是慎独自省和自我发展，即个体按照审美的尺度去淬炼自己的品性，从自己内在生命的体悟中获得人之为人的存在之道，使自己有限的生命成为一个可以自我定义乃至无限

① 齐豫生、夏于全主编：《四库全书·易经》，延边人民出版社2000年版，第263页。
② 《张载集》，中华书局1978年版，第62页。
③ 《论语·雍也》。
④ 《论语·卫灵公》。
⑤ 《论语·述而》。

扩展与延伸的生命存在。"成于乐",肯定了个体品性的提升是一种审美化的精神实践活动。"游于艺"则表明,这种诗意审美的活动之所以能够处理好人与自我的关系取决于一种沉浸于感情又超越于感情,自由地、活泼地、亲切地流连于世间万象的人生态度与诗意情怀。

诗意德育力图恢复教育对象德育的主体性与德性发展的主动性,缩短德育与生活的距离,尤其极力避免"单维人"发展的弊端,还原人类存在应有的存在状态,因此,它要求整个德育活动以引导学生过有意义的、健康的、美好的道德生活为追求,德育目标的建构自然指向诗意精神的培育。另外,诗意精神是受教育者"内在尺度"真正发挥作用产生的条件,当教育者的道德教育不能进入受教育者的精神的实质而游历于肉体之间,道德教育只能是单信道道德信息的营造与传输。从实践的角度看,道德教育是教育者把道德思想、道德原则等道德理念外化为受教育者的道德行为,从而对社会和个体的精神产生影响的活动。道德教育主体是"精神—实践"的文化主体性存在,道德教育实践的本质是由道德教育主体自身的活动来中介、调整和控制的一种精神活动,因此精神—实践活动就成为道德教育主体作为有效劳动的自然必然性。诗意德育命题立足于中国固有的文化语境,从本土生态资源出发,承续民族传统文化中人与自然生态、社会生态以及自我生态关系的"天人合一、中庸中和"精神营养,让教育者和受教育者回归本心,带着圆融与和谐的诗意精神去体验生活、体验人生;去容纳、包涵成功与失败;去对接自然、对接社会、对接自我。这样就摆脱了狭隘、无聊、恐惧等理性精神的种种羁绊,进入一种即使"居陋巷,一箪食,一瓢饮"也不改心中之乐的诗意境界。

## 二 诗意生命栖居的师生关系

德育总是在教师与学生之间展开的,在教育活动展开的同时,师生之间的交往关系也以一定的形式展开,现实的师生关系与现实的教育活动相伴相随、相生相成。从历时的角度看,人们根据道德教育师生存在的状态通常分为主—客体、主导—主体以及主体间模式①。人际关系和师生关系

---

① 刘铁芳:《师生关系的三种模式比较》,《天津市教科院学报》2001年第4期,第20—22页。

是主—客体关系还是主体间关系是自为的，不是自在的。[①] 师生关系的确立离不开教育观念的影响。

自从进入文明社会以来，由于人的觉醒，主体从自然中分离出来，人逐步成为万物的尺度，人为自然立法。作为现代性的核心概念，主体性以及主体性哲学思想体系的建立，把人从自然和神学的奴役中解放出来，推动了历史的进步。但是，在处理人与自然的关系方面，主体性哲学把自然当做客体，当做征服和索取的对象，不可避免地破坏了生存环境，导致了人类生存的危机；在处理人与人的关系上，导致把他人当做客体，当做利益关系中的对象，不可避免地导致人与人的疏远化。反映在道德教育领域，人们通常根据人的所属种的尺度，或者秉承纯粹理性的认识方式，把德育看做主体（教育者）对客体（教育对象）的认识和改造；或者在价值论的基础上，把德育看做主体（教育者）情感单向度的传输与投射；或者以实践论为指导，把德育看做主体（教育者）对客体（教育对象）的征服。无论是主—客体模式，还是主导—主体模式，其实质就是把人的理性认识和精神—实践的目的性作为衡量道德水平的标准，从而笼统地把作为道德教育对象的人与物都当做客体，师生关系演变成天人对立和主客体对立的教育者与受教育者关系，它遵循的是天人对立和主客体对立的规律，追求道德教育价值者的主体性，其主体性的形成过程、方式和结果是单向度的且是强制的。

## 【案例】

### 是输入真理，还是建构思想？

学生黄某，2006 届初三学生，智商很高，学科发展不平衡，对思想政治学科的认识存在较大偏见。尽管每次政治考试都能名列前茅，但并不表明他的思想道德水平有多么高尚。不遵守校纪校规、不尊重他人的现象时有发生，在政治课堂讨论社会问题时观点往往显得偏激、极端，以致家长也对我说：这孩子有点"反动"。总之，可以说远未达到日常意义下的德育目标，在很多任课老师眼里，他只是一个有才无德的学生。班主任也曾和他进行正确的人生观、世界观的引

---

[①] 郝文武：《师生主体间性建构的哲学基础和实践策略》，《北京师范大学学报》（社会科学版）2005 年第 4 期，第 15—21 页。

导，甚至为他专门组织过主题班会，收效甚微。前任政治教师对我说这个学生上政治课很少听讲，考前自己看看书，做点习题也能拿高分，叫我不要管他。初三换成我上课后，在开学前段时间，表现果真如老师、家长所言：政治课上要么埋头做数学题，要么干脆用手支撑着下颌，将眼镜耷拉地套在鼻梁上假寐，课外很少和别人沟通。真正发生转变是从一次辩论开始。

"知难行易"与"知易行难"是我国传统文化哲学上的一个经典命题，朱熹、王夫之等古圣先贤们从不同的视角分别给予了不同的诠释。孙中山主张"知难行易"，并发展为"敢为人先"鼓舞国人大胆探索与创新。如何让学生理解这个深刻的哲学命题，同时弘扬孙中山精神？让伟人的思想在孩子幼小的心灵里生根？是采取常规的单信道的灌输知识，还是拨动学生思想的心弦，让他们在对话中寻找精神栖居的家园？这其实涉及冯教授在"诗意德育：对话与践履"专题培训上提出"从输入真理转向建构思想"德育观念改革问题。我决定采取正方"知难行易"对反方"知易行难"的辩论方式，让学生在对话中感悟，在辩论中明理，在实践中融通。

辩论赛如期举行，在同学自由组合的反方队伍中居然出现了小黄。而且口才居然获得好评。他不仅从社会现实的角度谈到各种践踏法律道德的现象，而且能够从哲学的高度去分析"行"是"知"的来源，同时也是"知"的目的。更让人忍俊不禁的是他居然把自己学习政治课容易得高分和自己喜欢违反校纪校规的事例作为支持观点的论据。

在最后的总结陈词阶段，我聊天式地谈到南宋名儒张栻以及西方哲学家康德及维特根斯坦他们关于"知与行"关系的探讨及有关奇闻逸事，并且和他们讨论建构科学的思想：知与行关系，犹如鸟之两翼、车之两轮，缺一不可，必须结合，即为"知行互发"。由此出发，引导中学生辩证处理"尊德性"与"道问学"的关系，把我校"祖国高于一切，才华奉献人类"校训精神落实到学习当中去，树立"报效祖国，服务人民"的高远志向。我注意观察到小黄听得津津有味，没有以往的高傲，也没有以往不屑的神情。我决定抓住这一难得的教育契机，课后找他很随和地聊了起来。随后，我又送张汝伦的《现代西方十大思想家》和周国平的《岁月与性情》两本书给他看。没想到他看了这两本书后，主动和我沟通了起来。此后的交流，我们无话不谈、亦师亦友。我们谈到了古今中外思想家的上下求索，谈到自然科学家的人文思考……

在这样和谐、平等的交谈中，他的变化让所有老师都为之欣喜。当然对于政治课的认识自然也不再停留在以前的偏见上，对书中提出的如我国国情的主题认识、政治民主法制建设、中西文化的交流与碰撞、民族精神的弘扬与国学热的兴起、自主创新与中国经济增长方式、人的全面自由进步等宏大课题产生了浓厚的兴趣，言行中体现了一定的社会关怀和思想觉悟。[1]

笔者随后对谭老师进行了访谈。在访谈中，谭老师自己也认识到，目前仍有不少学生不喜欢政治学科。在他们眼里，政治学科要么是讲一些老生常谈的大道理，要么就是脱离现实的无用虚假议论。真正的思想道德教育应该是教育者与受教育者主体双方在一种平等对话、讨论、交流、启发、指导的状态下完成的自我建构思想的活动。这个活动的展开、生成和发展取决于师生双主体关系的建立。诗意德育命题把师生关系看做主体间相互指导性学习的关系，遵循的是天人和谐或合规律性与合目的性统一的规律，把"教育者"视为"导引者"，"受教育者"看做"对话者"，让导引者和对话者均置身富有诗意的道德教育"场"中去进行"我与你"的交谈、对话、沟通、融合的活动。在这样的德育活动中，导引者不是把自己的意志强加于体验者，不是主体对客体的征服而是主体间的自由交往、和谐共存。不仅是追求道德教育价值者的主体性，而且追求教育对象的主体性，其目的是双向的，其主体性的形成过程、方式和结果是双向、交往和理解的。

### 三 诗意生命互助的德育过程

中小学学生，尤其是初中学生，正在告别童年走向青春发育期，活泼好动是他们的天性，自我意识正在萌发，是人生观、世界观形成的关键时期。他们对人生、对社会的看法还不够成熟，单调的说教、灌输"真理"的方式容易激发他们的逆反心理。如何增强德育的实效性，除了建构和谐

---

① 根据馨园学校谭老师《践行诗意德育两重架构之浅谈》教学叙事与丁老师的精品课《"知难行易与知易行难"辩论赛》整理，对他们认真践履诗意德育理念，在此表示诚挚的感谢。

的师生关系外，德育过程的改革也成为诗意德育价值诉求的重要内容。德育过程是教师根据一定的德育目标在具体的德育情境里和学生共同参与活动的过程。规训式德育受主体性德育观念的影响，片面强调教师的权威性，忽视学生的主动性，将德育活动界定为教师主体对教育对象客体的征服和构造，导致唯知论和教师中心主义。诗意德育倡导的师生关系是主体间相互指导性学习的关系，那么德育过程就应该是师生、生生诗意生命"知、情、意、行"和谐互助的活动。在这个活动中，教师是教育行为的主体，而学生则是自身生活、学习和发展的主体；由于强调德育的导引者和践履者均必须用诗意的情怀去建构民主、平等、和谐的关系，德育过程成为教师与学生之间、学生与学生之间的多元互动过程，这是一个螺旋式的循环往复的过程，不仅涉及人的德育的诗意本质，还涉及教育者、教育对象自我与他人、个体与社会的关系，教师与学生不是把自我看做原子式的个体，而是看做与其他主体的共在。它不仅改变了学生在道德教育过程中处于接受者、被塑者的地位，培养学生的主体意识，涵养学生的主体情意，发展学生的主体能力，从而确立学生在德育中的主体地位，真正调动起他们作为自身道德发展主体的自主性、创造性和独特性；而且强调教师加强自身修养，以开放、宽容的教育胸怀和为人师表的人格魅力给学生以榜样激励，用诗意的眼光去关照学生的进步，同时让这些进步成为学生前进的动力，在实现一个又一个德育目标的过程中，学生进入一个又一个新新不已的诗意境界。

罗杰斯曾说："如果我们要学生做自由和有责任的人，我们就必须愿意让他们直面生活、面对难题。"学校德育要让学生有效地参与社会生活，不能回避社会生活的诸多矛盾。规训式德育不给学生留下任何自由想象和探索的空间，一味地进行呆板的德育教育，不仅没有丝毫作用，反而会引起学生的强烈反感。就拿学生喜欢爱日本动画片和漫画书为例，馨园学校身处港澳台文化交流比较频繁的咸淡水文化交融的地区，自然也受到来自日本漫画文化的影响。学生每次自家返校，口袋里和书包里常常要塞几本日本漫画书进学校，不仅在寝室看，在教室也看，甚至晚修和日常上课也偷偷地翻阅，学校行政值日收缴的"战利品"大多是这类书籍，于是，如何引导学生看待这些夹杂着色情、暴力以及带有西方偏见思想的漫画、动画成为中小学必须面对的"问题"。而解决此"问题"的方法不外乎"堵、查、封、罚"，常常弄得学生要么紧张兮兮，要么哭哭啼啼，漫画书屡禁不止。

【案例】

## 我们不能被日本左手的橄榄枝遮住双眼，
## 同时也要看到他们右手高举的屠刀！

这一年，我担任初一年级组长，本身又是数学老师，如何尽快"剿灭"日本漫画书，清除漫画书的毒素成为初一年级德育工作的重要内容。我认为德育不是一场"运动"能够见效的，也许表面的收缴活动能够禁止一时的行为，但并不能触动学生内心的情感，也难以培养他们的道德意志，表面的"宁静"并不能代表他们真心的认同。真正有效的德育应该是知、情、意、行多元互动，和谐作用的结果。

初一年级数学书本上有一道"试一试"的调查：中国、美国、日本三国的动画片中，我们班的同学最喜欢哪国的动画片？我把"动画片"替换为"漫画书"，课后以此为题调查了5个班共208人，结果如下表所示。

调查结果

|  | 中国 | 美国 | 日本 | 其他 |
|---|---|---|---|---|
| 频数（人） | 18 | 16 | 146 | 28 |
| 频率（%） | 9 | 8 | 70 | 13 |

数据出来了，差距太大，还用得着去分析吗？联想到日本产的汽车、电器所占领的中国市场，我深刻地感受到了日本货以及日本文化对我国青少年的影响，但简单的数据又不能说明什么问题。我意识到指责学生缺乏爱国精神已显得毫无意义，空洞的说教也必将苍白无力。那该怎么办？我首先把数据对全体学生进行公布，要求学生根据这个数据自由地、无拘束地谈看法、说理由。将学生的感受汇集起来，我和各班班主任进行细致的分析，发现学生喜欢的理由不外乎"刺激、好玩、新颖"等，虽然很难把这个现象上纲上线，但确实又反映出学生对日本漫画文化缺乏思想认识以及审美趣味不高等德育"问题"。怎么办？我决定"让事实说话"，让班主任罗列历史上日本对我国所作所为的"史料"，尤其是当今时代日本政界、经济界、文

化界等"拙劣"的表现，制作展板。比如，2004年9月初日本青年社9人登上我钓鱼岛公然侵犯我主权、日本侦察机骚扰我国领空；9月27日西安某大学日本老师和留学生公然演出侮辱中国人的短剧；日本丰田车制造卢沟桥石狮子向丰田车敬礼的广告；2004年1月1日日本首相不顾亚洲人民的反对公然参拜靖国神社；日本利用专利打压中国、利用操纵国际钢铁原料价格打击中国钢铁企业；尤其日本进行的"爱国"主义教育，诸如"篡改教科书"、美化侵华史、否认南京大屠杀等。上述事实从日本最高层到最低平民百姓，从个人到企业，从日本政府到最高法院，无不存在着歧视、敌视中国的感情。然后带领班主任组织有关专题的主题班会，播放有关爱国主义电影；还组织语文老师开设"与名人对话，与经典交流"的系列专题讲座与"师生共读一本书"的活动，把静止的学校图书馆变成动态的班级图书馆，每个班级设立图书角，每周轮流去图书馆集体借出大量的图书放置在教室里，让学生自由阅读、交流，让传统经典著作濡化心灵。与此同时，我和负责教务管理的主任协同起来，在冯教授的引领下做好学科教学有机地渗透德育的工作，无论是教学内容的选择还是教学过程的安排，都突出思想品德的培养内容。就拿投掷训练的体育课来说，在常人看来，体育课是最难渗透德育的，而我们的体育教师和美术教师合作开发了《大炮向"日本鬼子"投去》的精品体育课，美术老师创作了"日本鬼子"的漫画，体育老师把它设定为投掷的目标。由于有了明确的针对性，再加上体育老师的"晓之以理，动之以情"，无论男女同学，每一个同学均以饱满的热情进入投掷训练活动中，体育训练与德育渗透结合产生很好的效果。总之，通过日本两面性的事例，知、情、意、行结合的教学活动，让学生充分全面地认识日本漫画的优势与不足，既没有否定日本漫画的进步性，也没有掩盖其文化侵略性。通过这一系列的教育活动，学生认识到：我们不能被日本左手的橄榄枝遮住双眼，同时要看到他们右手高举的屠刀！①

综观馨园学校初一年级的"日本漫画"教育专题活动，尽管存在狭

---

① 该案例是笔者指导馨园学校进行诗意德育实验所呈现的成果之一。系该校欧老师担任初一年级主任时带领部分班主任践履诗意德育理念时的总结报告。

隘的民族文化教育的瑕疵，但这个过程所体现的诗意德育价值诉求，还是值得称道的：其一，遵循德育过程主体性原则，建立"以人为本"的理论导向机制，由"以教定学"转变为"以学定教"。单信道"规训"德育知识的德育模式对学习者作了一个潜在的、不切合实际的假设，即学生是缺乏主动加工能力、能动反应的个体，仅仅只是直立行走没有羽毛的动物，德育过程只能以毫无错误的方式给学生传授毫无错误的知识，教学目标、教学程序、教学内容等的确定，一切取决于"教者好教"而不是"学者好学"。而诗意德育的过程充分肯定学习者是具有一定早期经验和历史积淀正在发展的能动体。学生是学习的主体、认识的主体、发展的主体，在德育过程中必须充分调动学生的学习积极性、主动性和创造性，使学生最大限度地参与整个德育活动，让学生通过动眼、动口、动脑，把外部的学习活动逐步内化为自身德性发展的需要。为了有助于"学者好学"，教育者的责任在于让学生自主参与制定学习目标，变单一德育知识传授为创设激发兴趣，诱导德育情感的"情境"。其二，遵循实践性原则，建立"自主、合作、探究"的学习机制，由重结果轻过程的"接受—验证"式学习转变为两者辩证统一的"发现—探索"式学习。德育固然是一种目的性很强的教育活动。但学生的德性绝对不是教育者"讲"出来的，而是学生在充分的"践行"中形成的。德育必须遵循实践性原则，以学生的现实生活和社会实践为基础，以活动为主要形式，强调学生的亲身经历、自主参与学习，通过"做"、"考察"、"探究"等一系列的活动去接触和感知各种人和事，在真切地体验和感受生活过程中，获得与人交往、探究问题的能力以及正确的情感、态度与价值观，发现和解决问题，发展创新能力。其三，遵循开放性原则，尊重学生的个性，培养学生的创造力，变"封闭—模仿"式练习为"开放—创新"性练习。在"规训"德育观念左右下，教师追求统一的认识、统一的结论，以自己的思想去代替或束缚学生的思想，以自己的思维模式去规范和窒息学生的思维和智力。教育者如同知识之船上的舵手，错误地把社会现象分析归纳出的思想内容作为知识之船驶向的彼岸。方向是教师确定的，航道也是教师开创的，学生只要坐在船上就行了。而诗意德育关注的焦点是面向每一个学生的德性能够有个性发展，尊重每一个学生发展的特殊需要，它的学习内容面向学生的整个生活世界，随着学生生活的变化而变化；在学习时空方面改狭隘性为广延性，力求开放小课堂，融会学校中课堂，深入社会大课堂。

### 四 积极人格激扬的德育评价

德育的最高境界莫过于"从心所欲不逾矩",达成这个境界的前提是学校德育在合目的性与合规律性的统一基础上,在主体间交互关系的作用下,既伸张个体德性发展的自我性、自由性,同时又使外在的规范、责任与内在的意志、欲望相融合。这需要发挥德育评价的功能。然而,教育学和心理学的研究视角习惯把学生德性发展、心理负向人格作为研究的对象,导致中小学一线自然形成以诊断所谓"问题"为核心的评价体系。当评价面临的是一个个"问题"的时候,无论是教师还是家长看待学生或孩子都不是全面的、公允的,在教育教学过程中,让他们遭遇挫折,经受失败,是教育者常用的策略,德育评价的目的在于甄别孰优孰劣,以致评价的方式与手段简单粗暴,唯成败论英雄,唯成绩识人才,在造就"英才"的同时也造就了大量的"差生"、"后进生"。正如托尔斯泰所言,幸福的家庭从来都是相似的,不幸的家庭各有各的不幸。我们把大量时间和精力去解决学生或孩子存在的所谓"问题",相对忽略发展人类与生俱来的美德的相似性、良善性与积极性。这不是本末倒置吗?

从词源学的角度看,所谓"德",《说文》认为"直,正视也"。它"从彳从直",意为"循",有"示行而视之"之意,表示人走在自我发展的路上,既可以察看别人的道路,也可以审视自己的人生,在"经历—感动—反思"的过程中内心有所收获,即"得",按照内心所"得"去实践就发展成为自我的"德性"。这个过程包含外在的"动态巡视"到内在的"自我反思"以及"内心所得"到"生活实践"两个辩证的转化过程。正如在生理方面学生的学习是大脑左右两半球的协同活动一样,在心理方面,学生的德性发展也应该是智力和非智力因素协同活动的结果。要使各种因素发挥积极的作用,适当的评价,尤其是教师的评价态度、方式和方法,对学生学习的影响是非常重要的。苏联教育家苏霍姆林斯基认为,心理意义上的教学是人的心灵的最微妙的相互接触。

近年来,美国出现的积极心理学主张对人类自身拥有的正向品质加以研究,利用人类自身存在的积极的人格力量,比如勇气、关注未来、乐观主义、人际技巧、信仰、职业道德、希望、诚实、毅力和洞察力等去抵御由于环境恶化、自然灾害、生存危机所造成的精神疾病。具有积极人格的人能够产生并保持积极的情绪，用健康的心态审视自然、社会、个人及它们之间的关系，积极构筑自己的人生之路，对过去报以幸福的满足感，对现在带有甜蜜的微笑，对未来充满无限的向往与希望。具有积极人格的群体对社会具有高度的责任感，用平等、礼貌、宽容、利他的情怀营造温馨的家庭氛围和构建和谐的社区关系。这为心理学乃至整个社会，提供了看待人类的生存问题的新视角以及解决问题的新方法。同样对构建诗意德育评价体系也具有指导意义。

## 【案例】

### 是造履适足，还是削足适履？

随着物质条件的改善，部分家长为了联系方便，给寄宿的孩子配备了手机，而有部分学生又经不起诱惑，偷偷上黄色网页，导致手机功能错位。为了对学生进行有效管理，许多学校颁布了"禁手机令"，严禁学生带手机入校。馨园学校也不例外，只是屡禁不止，常有学生犯规。杨老师是德育处副主任，本身就是"禁手机令"的始作俑者之一。他担任初二年级4班的数学课老师。正在津津有味地讲解"一元二次方程解答"疑难部分的时候，突然教室里冒出"丁铃铃"的手机铃声，尽管随即掐掉，但安静的教室还是爆发出一阵笑声，不过也就一小会儿，毕竟是德育主任的课，学生有几分忌惮，面面相觑地等候老师发落。杨老师张目一看，带手机的是小张，一个性格内向、腼腆，平时不怎么表现自己的男孩。在众目睽睽之下，小张一下子满脸通红。紧张的不仅是犯规的小张，杨老师同样紧张。因为他面临着一个是否收缴手机的难题。经过短暂的犹豫，杨老师走了过去，毕竟校规和德育主任的尊严需要维护。小张也乖乖地把手机交了出来。当小张交出手机的一刹那，杨老师发现他慌乱的眼神中有一丝泪光，是内疚，是担心，还是其他？杨老师一时难以分辨，但杨老师可以确定的是事情远没有结束，所有学生仍在等待老师的处理结果。杨老师走上讲台，微微一笑，故作轻松地对同学们说："下面有三个选择，请大家表决。第一，赞成手机上交给学校德育处，按照学校规定给予记过处分请举手？第二，手机上交给老师，接受老师的处罚请举手？第三，手机星期六发还给本人，但全班同学必须以自己的人格担保保证不再带手机。"出乎意料，全班同学居然愿意用自己的人格为小张担保，看到表决的结果，小张从座位里走了出来，一改腼腆的习性，大大方方地对杨老师和全班同学深深鞠了一躬，教室里爆发出热烈的掌声。从这以后该班上课再没有出现手机以及手机的铃声。

从这个案例可以看出，规章制度是人为的，更是为人的。我们在制定规章制度时，首先应该考虑：我们的这些规章制度真的是衡量学生思想道德水平的标尺吗？它们真的能够满足学生的主体德性发展需要吗？当学生的需要与校规校纪发生抵触时，我们应该静心地反思：我们的德育，尤其是德育评价应是造履适足，还是削足适履？

馨园学校根据中国文化语境德育内涵的认识以及积极心理学的研究成果，把诗意德育评价的立足点放在学生积极人格发展上，让积极人格引领德性的和谐发展。在实证方面馨园学校信奉的是"馨园无差生"、"人人能成才"的"成功更是成功之母"的评价理念，极力主张"多一把度量的尺子，就会多出一批好学生"的评价策略，坚持认为"好学生是夸出来的"、"好学生就是天天都有一点进步的学生"，采取"形成性评价与终结性评价"、"定性与定量评价"等互相结合起来的评价手段，要求教师从各方面观察、记录、分析和了解学生的优势和弱点，评价的目的不是对学生分类、排名次，或者贴标签，而是要提供对学生有益的反馈，以充分发挥学生的潜能。学校取消了只有少数学生评上"三好学生"的制度，代之以评比各种类型的单项优秀生，一次小测验、一个小发明、一件小制作甚至课堂一句精彩的发言均有机会获得鼓励和奖励。更持久有效的是要求教师关注学生的学习过程，学校采用动态评价的方式，建立"评价档案袋"以及学生进步"日进录"与"月策栏"展示台（栏），即时展示学生各方面的进步情况，让学生"自己的进步自己看得见"。

从人性的角度来说，诗意德育继承和发展了我国传统诗意文化"性善"的人性观，积极吸收积极心理学与德育美学的研究成果，高扬人性的积极性、建设性以及自我决定性①，用欣赏的眼光看待学生德性发展的主体性与主动性，积极关心学生直觉的主观体验与感受，着力培养他们宽

---

① 自我决定性是当代美国积极心理学的主要概念。原意指的是个体自己对自己的发展能做出某种合适的选择并加以坚持。参见 Ryan & Deci, "Self - Determination Theory and The Facilitation of Intrinsic Motivation, Social Development, and Well - Being", *American Psychologist*, 2000, p. 1。本书在借用的基础上突出学生个体德性发展的自我选择性。

容、责任、利他等优秀品质，特别注重培养学生面对挫折的积极心态以及创造的勇气、和谐的人际关系，从而使之形成阳光般的高尚道德以及圆融变通的人生智慧。这样就超越"知性德育"的狭隘视阈，自觉上升到人的自我发展的高度，站在德育的目的性与规律性统一建构的高度去看待学生作为"自然"、"类"而存在和发展的可能性与合理性，重新体悟人类各种行为的道德价值，把培养被动接受规则、道德教化而形成的虚假的、多重的"类"的品性，自觉转向养成受教育者诗意栖居地球的积极人生态度以及善待自然、社会、自我的优秀品质，以此来获得良好生活。诗意德育在理论和实践上，都更加看重传播和渗透这种更能体现"积极"意义的价值，在积极价值的引领下去优化学生的道德品质乃至学校德育工作。

## 第五节　诗意德育实验的基本过程

价值判断与价值诉求是如何通过实践去实现的呢？正如上文所论述的，诗意德育课题研究是与馨园的发展共生共长的，其发展的三个阶段恰好和课题研究的三个阶段照应。

### 一　"新诗教实验"的前期探索

2001 年 9 月，中山市馨园学校开办，笔者受聘担任该校的办学顾问，指导叶才生等老师成立"新诗进课堂"实验研究小组，将叶才生老师任教的四年级 2 班命名为新诗教试点班，制定实验方案。取学校所在村名（平东村）的隐喻，将文学社冠名为"地平线文学社"。在不挑选生源、不增加任何课时的班级拉开了新诗教实验序幕——每周新诗鉴赏，每周新诗创作。实验以新诗作为引领语文教学的文本，就是要求教师有目的地为具有先天诗性的学生提供成长的广阔天地，从新诗的角度对常规语文教学进行诗意的阐释与建构。编写了《童诗课堂》、《新诗课堂》等新诗教学系列教材；改革了语文课堂教学，构建了"营造气氛，启迪诗思—体验过程，感受诗情—品味生活，赋以诗意—自主创作，形成诗语"的新诗教学模式；创造性地把音乐、美术、戏剧、美育等内容融入新诗教学，让闪客动画、CAI 课件、闪客实验电影等现代媒体与新诗教育协同起来；教师用语散文化、诗歌化、典雅化；思维体操日常化，遵循双脑协同规律，经常在课前、课中、课后，让学生静思默想，配合柔和的音乐，营造课堂浓厚的诗情氛围，诱导、唤醒学生的想象，促使大脑产生 α 波，使学生处于一种放松状态，心驰神往于诗歌所创造的意境；在发挥学生自主品味语言、咀嚼意蕴、体认新诗内在规则的基础上，开展合作、探究式教学，发挥动觉学习的功能，训练学生敏捷地把"意"和"境"沟通起来，把语言形象转化为视觉或听觉形象，化成外在的表情、动作，基本实现实验班"人人是小诗人"的目的。同时，实验教师的"诗意"明显增强，语文教学能力也得到相应提高。

## 二 "诗意教师培养"的发展研究

遵循教育科研的发展形势需要以及馨园学校优质教育内涵发展的现实情况，为了突出教育教学的德性优先发展的思想，笔者尝试将新诗进课堂的研究深化为"新诗教实验"，即由第一阶段的语文教学范畴的新诗读写上升为一种教育模式。2005 年 11 月，在湖南教育科学规划办的支持下，联合湖南一师一附小以"新诗教对小学生语文素养形成的理论与实践研究"为题申报全国教育科学"十五"规划最后一批课题，获得全国教育科学规划办公室的批准，成为教育部立项课题。2005 年 11 月，以"新诗教与诗意教师培养策略研究"为题申报湖南省教育科学"十五"规划课题，被确定为省重点课题。2006 年 1 月，接到立项通知后，迅速组织湖南第一师范学院教材教法教育教研室全体教师、长沙市天心区、株洲教育研究院以及中山市部分学校教科室主任、教研员等人员成立了课题组，同时聘请有关领导和省内多位科学教育界的知名专家共 9 人担任课题研究顾问，组成顾问组。接着将研究的基地放在馨园学校并发动了湖南第一师范学院一附小、长沙市赤岭路学校等多所中小学加入到研究队伍中来，并将他们确定为课题研究基地。

所谓的"新诗教"，即新的诗教，指的就是根据人的自我觉解与建构的本能，从德性与新诗同构的角度去将传统"诗教"与现代生活、现代教育融为一体，充分尊重学生的主体地位，让学生在诗意文化的熏陶下陶冶"诗情"，发展"诗思"，积淀"诗语"，学会用诗意的眼光审视生活，从而形成自健其德、自致其知、自启其智的言语实践活动。新诗教之"新"主要体现在以下几个方面：其一，立足学生德性素养发展的需要，以复活学生生命的新感性为逻辑前提，促使学生，尤其是小学生生活在诗的语言里，诗的意境里，凭借直觉、想象赋予生命本原、自然本原和宇宙本原以无限的意义，让他们能够从具象出发，实现平面思维之场的突破，进入理性与感性自然糅合的立体思维的境地，从而提高他们的感受能力、反省能力、审美能力。这是观念之"新"。其二，新诗教依托新诗又超越新诗，不仅尊重小学生"人人都是诗人"的本质属性，让孩子在读诗、写诗的校本课程中发展德性素养，而且用诗意的眼光审视教材、审视课堂，使平常的语文课、班会课焕发诗意的美，成为有魅力、有活力的课。这是实施载体之"新"。其三，新诗教以和谐的生态环境作为依托，注意诗意校园文化的营造。力求校园的一草一木都隐含诗意的元素，教室布置、楼道设施以及校园设施均散发诗意的馨香；教师、学生、家长之间能够体现民主、平等的精神风貌。这是教学环境之"新"。其四，新诗教以建构以言语实践为本体的、有魅力的实践方式为施教的途径。其逻辑线索是在搞好新诗进课堂的基础上深化为新诗教实验，进而发展为诗意德育研究，遵循诗情激发、亲验活动、体验在先，领悟诗意、践履诗行在后的流程，让教师和学生进到"人与自然、人与社会、人与自我"圆融互摄的诗意之境，体验三者彼此之间生态关系的结构性变动，在自我言语实践中，自读自悟，自造自建发展德性素养。这是施教途径之"新"。

### 三　"诗意德育实验"的深化研究

2007 年 9 月 6 日，笔者负笈来到陕西师范大学攻读博士学位。2007 年 11 月，以"诗意德育论"为题申报陕西师范大学优秀博士论文资助项目，得以立项。在陕西师范大学读书期间，笔者一方面坚持学习专业知识，另一方面走出书斋，利用休息时间，先后到西安、北京和广东省部分中小学考察学习，了解中小学的教育教学状况，并登上中小学讲坛，给中小学教师们上"诗意德育"的示范课。其中，深入馨园学校课堂听课、评课，指导诗意德育实验，仍然是重点研究工作。通过听课，笔者带着问题静下心来认真思索诗意德育理论的价值，会为失败的课堂而深思，为精彩的课堂而激动；通过自己上课，在与一线老师们的细心研究探讨、切磋交流中，笔者会思索诗意德育理论与实践嫁接的操作范式：坚持教育理论与教育实践的融会贯通——让诗意德育思想产生诗意德育实践，让诗意德育实践产生诗意德育思想。实验总的思路是 AIAB：接纳（Acceptance）、反思（Introspection）、圆通（Accommodating）和归属（Belongs）。接纳意味着包容、开放；反思意味着判断、选择；圆通意味着理解、融合；归属意味着建构和成功。诗意德育实验的目标追求是：遵循人性是善而能动的，每个人都具有诗性的本质，开展诗意德育实验，能够唤醒、激活师生的无限潜能，促使师生用诗意的慧眼审视世界，建构诗意的人文情怀，在人与自然、人与社会、人与自我三重诗意圆融互摄过程中使自己成为自己；让馨园学校能够立足精品建设的阶段任务，结合办学的哲学思想，找到校园文化建设的诗意着力点，在学校视觉系统、动力系统和精神系统等方面形成鲜明的诗意文化标志，建设不可复制的诗意校园；所有参加诗意德育实验的师生都怀抱自己的诗意理想，朝着自己的人生定位，脚踏实地，开拓进取，享受诗意的人生，成为诗意的栖居者；张扬诗意言说的魅力，建构诗意课堂，增强中华民族子孙对汉语的认同感、亲近感。

本阶段主要的研究内容体现在三个方面：其一，诗意德育促进学生人格和谐发展的基本规律研究，包括诗意德育促进学生人格和谐发展的作用机制、诗意德育本质特征、诗意德育价值取向等方面；其二，诗意德育促进学生人格和谐发展的基本策略研究，包括资源开发策略、模式建构策略、环境营造策略等；其三，实证部分主要进行诗意德育促进学生人格和谐发展的实践案例研究。规律研究解决理论指导问题，策略研究解决方法论问题，而实践案例研究是该研究的终极关怀。通过一个个诗意德育促进学生积极人格发展的案例分析、论证诗意德育理论的实效性以及该实践案例的普适性价值，为促进中小学德育事业发展提供一个个参考样本。2009年3月，以"诗意德育促进积极人格和谐发展实践案例与理论问题研究"为题申报全国教育科学"十一五"规划课题，同年7月被确定为国家社科基金"十一五"规划教育学国家一般课题。

# 第二章　"诗意"的内涵与"诗意"德育溯源

诗意德育存在的合理性，有来自德育实践的价值判断和诉求，也有来自初步实验研究的证明。这不是可以用简单的对与错来衡量的，而最有说服力的论据或论证离不开其生存的"事实"——诗意文化。从中外传统文化的视角审视诗意德育存在的根源与承继的价值，在历史的"回视"中确定诗意德育的基本内涵与前行的路向，往往可以使思想或言说成为一种强有力的声音。

## 第一节　关于"诗意"的各种"成见"

在日常的言说中，当"诗意"在不同的语境被呈现时，其语义是各不相同的。有时"诗意"被当做调侃特定对象的作料，有时"诗意"摇身一变成为掩饰自己内心秘密的托词，有时"诗意"也可以成为风采、气质的代名词。这一切均来自人们对诗意解读的各种"成见"。所以，厘清人们对"诗意"的种种"成见"，就成为探究"诗意是什么"的必要组成部分。

### 一　非理性的代名词

在许多人的常识里，诗意成为不成熟的代名词。如"这个人太诗意了"、"我年轻时曾经诗意过"[1]。这些话语的表达，尽管有时是刻意为之，

---

[1] 2009 年 6 月陕西师范大学在怀仁堂举行"教育哲学高层论坛"，有专家在介绍自己的研究范式的时候，不经意间脱口而出，认为自己曾经诗意过，现在从事教育哲学研究，理论逐渐成熟，理性思维日趋缜密，于是不再诗意了。

有时是不经意脱口而出的，但无不透露出"诗意"就是感性，"诗意"就是非理性的意味。当言说者将"诗意"一词加在特定对象身上的时候，倾听者很容易按照似乎是约定俗成的"理性是最高的善"的标准解读成不成熟的意味。这就导致人们常常误将诗意看做理性的反义词。

同样，在教育的语境中，近年来致力于探索德育的诗意或建构诗意德育的专家与教师不约而同地将教育的诗意价值取向放在理性价值取向的对立面，把理性教育作为批判的靶子，惟其如此，方能显示出德育的诗意魅力及价值所在。"单向度的理论沉思赶跑了诗意德育，造成了精神世界的贫困。"① "在工具理性主义的世界图景中，世界成为外在于人并由人控制、支配和占有的对象世界，世界只是在功利的意义上被理解，人的世界变成了'物的世界'。"② 诚然，我们在教育过程中一切以理性作为价值尺度，一切均须在客观性和科学性面前取得合法性地位，确实会导致思维的窄化和人的精神在生活意义层面的贫乏，使我们的教育成为一个理性化、理智化，尤其是将世界之迷魅加以祛除的教育。但是，这并不能成为教育诗意价值取向与理性价值取向对峙的理由。

诗意与理性不是一个范畴的概念，所谓"理性"，是指采用概念、判断和推理等形式认识事物本质和内部联系的思维路向与价值追求，其相对的概念是"非理性"。而"诗意"，就是把教育目标指向人，追求对人性的尊重，把教育视作一种人与人交往的活动，具有像诗一样的美感和享受，其相对应的词语应该是"非人性"，即"非诗性"。人们从事诗意德育的追求与其说是一种价值取向，不如说是把诗意作为对于教育现状感性与理性二元对立的超越。它排斥的是枯燥说教、题海战术、唯分数论等非人性化教育形态，所呈现的是精心营造的诗意情感场、联系生活的教育内容、诱发生命感动的教育设计以及直指心灵的育人智慧，因而具有吸引力、感染力、感召力、说服力、亲和力，它能够满足个体发展的需要，促进学生均衡而有个性地发展；它的教育行为应该是合"理"的，即"理"性的，它摒弃权威与盲从，崇尚科学与真理，在合理的维度里进行个性化的表达。同时因为秉承"诗教"传统，又注重汲取现当代教育理念，采

① 孙迎光：《理性话语与诗意德育》，《教育研究与实验》2001 年第 4 期，第 8—11 页。
② 魏传光、葛畅：《"人的物化"问题与德育的理论反思》，《思想教育研究》2004 年第 12 期，第 2—4 页。

用诗意言说的方式，使德育具有诗一般的磁性。诗意德育集中体现了教育理性的全部美好特质，同时也还其诗意魅力。

### 二　应然存在的理想梦境

"也许不是我们不想诗意，而是摆在我们面前的现实太残酷。学生的考分是我的命根，家长的投诉又扼住命运的咽喉。每天穷于奔命，而工作的条件，就拿我桌上的电脑来说，点击一个文档，用了十几分钟，刷新了五六次，128M 的内存，老牛拉破车的反应，这是我的工作和现实。学校给我们一个残酷的现实，而您给我们一个诗意的追求，于是我们在诗意与现实之间徘徊……"① 该老师尽管出于一时的"义愤"而生出颇有几分偏激的感慨，但确实道出了颇有代表性的观点：诗意尽管是一种应然存在，但它属于理想化的境界。这就从根本上把诗意与日常的生活世界割裂开来，变成海市蜃楼，可望而不可即。

其实，人客观上是一种实然的存在，但主观上又是一种应然的存在。正如马克思在《政治经济学批判》一书中所指出的"人双重地存在着，主观上作为他自身而存在着，客观上又存在于自己生存的这些自然无机条件之中"②。一方面，人是一种"对象性"的实然存在，这种存在既要受到先于他存在的客观世界种种对象物以及对象物彼此之间关系的限制与规定；另一方面，人能够按照自己的需要，通过主观的、自为的对象性活动，去融通乃至超越各种被给定的对象性关系，打破那种先在的、宿命的生存方式，促使自己总是处在一个否定之否定的，同时又是新新不已的境域，去实现应然的目的。人总是存在于这种应然与实然的否定性与建构性兼容的动态过程之中。因此，人从本质上而言是实然与应然的矛盾统一体。

诗意源于诗——源于诗的情感、诗的意境以及诗的形式的价值追求。正如"诗必有所本，亦必有所创"③ 一样，诗意的"本"是自然、是生

---

① 引自 2008 年 3 月 7 日 7 点 20 分，笔者通过 QQ 与广东中山一民办学校教师的对话。该民办学校实行问责制，教师达不到学校既定的目标，需要承担相应的处罚责任，因此，教师对"诗意"的解读普遍依据现实的因素予以功利化。

② 中共中央马恩列斯著作编译局：《马克思恩格斯选集》第46卷，人民出版社1995年版，第441页。

③ 朱光潜：《诗论》，广西师范大学出版社2004年版，第34页。

活、是人的实然状态，教育无疑应该关注学生现实的生活，从生活实际出发，反映生活的实然状态，惟其顾及实然，才有真实感，诗意的应然追求才不会让人虚幻地飘浮在现实的上空，成为披着诗意外衣的"假大空远"。但是教育又不是生活的原样描摹，教育的"创"是对"本"的超越，是在人的实然状态上提升学生的学习境界和人生境界，惟其有创，教育才富有激情，才使人充满生命的张力。所以有本无创则缺乏想象、超越，有创无本则缺乏根基，均不成为"诗"。

### 三 不可认知的神秘感觉

有一种对诗意的误解，认为诗意是一种感觉，一种可以意会而不可以言传的体验。其潜台词在于诗意具有不可认知性、不可教育性等特性。如同《诗经·鄘风·墙有茨》所描绘的"墙有茨，不可扫也。中冓之言，不可道也；所可道也，言之丑也"[1]。诗意真的是墙上的藜茨以及宫闱的故事，只可以意会而不可以认知吗？

所谓认知，就是指可以用语言文字乃至数学方式精确地予以表述，并且可以检验而判断其真伪的精神现象，它大致包括感觉、知觉、表象、概念、判断、推理等理性的或知识性的精神现象。所谓体验，是指由感性直观所获得的主观体会或感受，它一般不强调用语言文字精确地予以表达，也不用实践或其他什么形式判断其真伪，主要包括情感、情绪、意志、信仰等非理性的或非知识性的精神现象。认知和体验都是人类认识世界的方式，在人的对象化活动中，认知和体验本是水乳交融的，不存在缺乏体验的认知，也不存在缺乏认知的纯粹的体验。就以马致远那首脍炙人口的元曲《天净沙·秋思》为例。我们在体验这首曲子"枯藤老树昏鸦"、"古道西风瘦马"等物象所营造的凄怆意境而受到感染的时候，同时也认识到作者构思的巧妙与艺术表现手法的高超。事实上，这些富有秋天衰败特征的物象之所以能够组合在一起，除了作者将自己主观的人生沧桑的感受投射到它们身上外，还离不开作者理性的认知作用，倘若在此曲中加上"漫山红遍的枫叶"以及"纯净辽阔的天空"，不知这首曲子还能否给人凄凉惆怅与愁绪满怀的感觉。

诗意不应该拒认知于千里之外，当然，重视认知而忽略体验，也是不

---

① 《诗经·鄘风·墙有茨》。

可取的。正如马克思在评价英国唯物主义的历史经验时所指出的：科学的唯物主义不应该憎恨人类，不应该忽略"人的整个身心"，不应该排斥"情欲"和"诗意"而只承认冷冰冰的知识和理性。[①] 教育如果仅仅凭借认知进行理性的思、名理的知，是不能达到"诗"的境界的。诗意的境界是在人忘怀一切外物、专注于内心体验、心旷神怡、引发丰富的身心感受、终有所悟时，在体与思的交融中方可达到。我们的教育一方面要强调发挥人的认知能力，对外界进行智性的认知加工，使之成为智性知识；另一方面，还在要求学习者以全部的身心去感悟，获得对事物的非智性的认识，即要求受教育者有意识地运用自我经验去认识和把握对象。认知是一种经过理性思维追求共性的结果，而体验是主体自觉自由的活动，是个性张扬的场域。体验与认知的结合才会是学习者全方位地融通各种对象物及其关系，使人既获得对于外物的具有共性的知识，又获得超越共性的于个体有意义的知识、感悟，使共性与个性、理性与情感交织在一起。

### 四 抒情和浪漫结合的诗篇

有学者认为，"诗意是从诗开始的，诗是诗意的故乡和母性出发点"[②]。其意在于阐明"诗意"乃"诗的意境"的简化或缩写。换言之，诗意是诗歌的灵魂，诗意的获得离不开诗歌的引领。于是，"月上柳梢头，人约黄昏后"、"人闲桂花落，夜静春山空"这些抒情与浪漫情怀结合的文本就被认为很有诗意，而表现日常琐碎生活的作品就与诗意无缘。可是，当我们读到托尔斯泰的小说《战争与和平》、梭罗的散文集《瓦尔登湖》以及看到袅袅炊烟，听到牧童的歌声都会情不自禁地说"很有诗意"，这该做何种解释呢？

受这种"诗意"观的影响，在教育教学实践中，有教师往往把诗狭隘地理解为一种文体。许多时候，导致一些教育教学课演变为诗歌创作课，尤其是所谓主题班会课、公开课，似乎无"诗"不成课；学生不博得"小诗人"的称号，似乎就不是好学生。究其因，这种观点忽略了"诗"与"诗意"的关系。诗是人类以节奏、韵律、谐趣等形式观照人与自然、人与社会、人与自我三者关系的最富想象、最强烈感受的一种方

---

① 肖前等主编：《实践唯物主义研究》，中国人民大学出版社 1996 年版，第 221 页。

② 张思齐：《宋代诗学》，湖南人民出版社 2000 年版，第 6 页。

式。从诗诞生的第一天起，诗就担负起诗化生活的重任。当它以社会为歌咏内容的时候，它就具备了塑造社会的人学主题；当它以自然生命作为价值追求的时候，它就渲染了浓烈的自然人学主题；当它以自我为中心话题，无疑其主旨在于塑造自我的人学主题。用"诗"的方式进行教育固然可以触摸诗意的某些本质，但我们也要看到，诗这种艺术形式，不能涵盖诗意的全部内涵，诗意也并非一定要用诗歌来表达。从某种程度上而言，诗即人，人即诗。因此，绘画是线条组成的诗，音乐是旋律弹奏的诗，人生是生命演绎的诗。哲学家海德格尔经常引用诗人荷尔德林的"人诗意地安居于大地之上"这句诗描述人的存在，不过他在强调"诗意"于人的重要性的同时，没有忘记提醒人们"栖居地球"，追求诗意，不应该忽略生存的环境，任何诗意的理想都应该建立在坚实的"地球"上。因此，所谓"诗意"应该是人生活阅历中生命感动后反思性表达的情意，它有未来指向性，表现了人对美好生活境界的追求与向往；同时它与人的心理律动保持一致，是根植现实生活大地的。

　　德国浪漫主义哲学家谢林认为，不管在人类的开端，还是在人类的目的地，"诗"都是人类的女教师。因为即使哲学、历史都不复存在了，"诗"也会独与所有余下的科学和艺术存在下去。① 他所宣称的"诗"的哺育，不限于"诗"的体裁，更多指向的是人的灵魂与精神。教育是一首诗，但教育不等于写诗，教育的旨归也不是诗。只有韵律谐趣而无诗意的诗是浅薄的，只有诗意而没有韵律谐趣的诗是没有生气的。诗意德育不是披着诗的外衣，其本质是人内心的充实、丰满，是真诚自然的。如果我们的德育借助诗，又不受诗（指狭义的）的限制，那么诗意德育会有广阔的空间，德育也就真正呈现诗般的色彩、韵律、节奏与生机。

### 五　形象化语言表达的意境

　　《现代汉语词典》把"诗意"解释为"像诗里表达的那样给人以美感的意境"。言下之意，诗意传达的是美好事物所展现的情感、态度、价值观等营造的意境。换言之，诗意表达只能依托像诗一样的形象化的语言，而抽象的语言难以或不能表达诗意。钟嵘在《诗品》序中指出："动天

---

① 刘小枫：《诗化哲学》，山东文艺出版社1986年版，第208页。

地，感鬼神，莫近于诗。"① 诗有巨大的召唤、感化的力量，它用象征、隐喻等形象化手段使言说和说话增加阅读与理解的空间，异于日常逻辑的、抽象的表达，自然增添了语言表达的魅力。因此，在教育实际中，人们往往狭隘地认为诗意的表达就是引用古今经典诗句，用诗来言说，用诗来说话。这就导致我们形成这样的错误认识："我"不会写诗，也不会读诗、吟诗，所以"我"就不会运用"诗"的言说方式去进行德育工作。其实，即使是"诗"的言说方式，如果"言说"的价值取向缺乏人本性，"言说"的内容缺乏魅力性，那么这种所谓精致、典雅的"诗"的言说也不过是一种装饰品，一种卖弄才华的噱头，阻遏了想象的空间，阻遏了德性与人的生命衔接的脉流，从而也消解了德育的诗意魅力。这样的"言说"其实是"说教"式教育的翻版，只是加上了华丽的外衣罢了，学生在教师所谓"诗"的导引下，用近似于鹦鹉学舌的"言说"也就止于知识、止于标准答案的"解读"与"掌握"，不可能深入到人生的意义、生命的高度。

　　早在古希腊时期，人就被界定为"会言说的动物"。因为我们能言说，所以我们是人；因为我们是人，所以我们会"言说"、要"言说"，"言说"使我们成为人。人与其说是文化的动物，不如说是语言的动物。如果说"诗"的言说是人生存在的基本方式，那么抽象的、富有形而上学意味的"言说"同样也是人存在的基本方式。不同的"言说"方式决定人的生存价值选择以及因为价值选择而形成的"言说"方式与样态。"言说"方式与人的生存本质地相关联，也与教育本质地紧密关联。比如，我们学习《世间最美的坟墓》这篇课文，如果言说的目标是托尔斯泰的人格的高山，那么学生的"言说"内容也就离不开"做人的道理"；如果言说的价值取向定位于"养成一种阅读态度、形成一种阅读观念"，学生的"言说"也就囿于"文章的考究与剪辑"；如果"言说"指向"读出自己"，学生也就会在与文本、与作者、与同学、与老师、与生活，尤其与自己的多元对话过程中发现自己、确解自己。② 再如，讲解经济学抽象的价值规律，倘若选取日常生活中买卖鸡蛋的现象，让学生去感知、推理、判断，富有形而上学意蕴的"言说"同样可以激发学生热爱生活

---

① 孙耀煜主编：《历代文论选释》，江苏教育出版社 1989 年版，第 136 页。
② 李镇西：《听李镇西老师讲课》，华东师范大学出版社 2005 年版，第 85—103 页。

的热情。在天文仪器十分简陋的年代，哥白尼超越已有的感觉经验，在地心说的基础上提出了"日心说"，其形而上学式的言说无不富有"诗意"。在这种"诗意"的感召下，布鲁诺以此为基点进一步生发为无限运动的宇宙"无中心"说。美国一中学的化学老师和语文老师合作，尝试用诗的形式撰写科学的概念，结果抽象的化学概念得到形象的诠释，获得了很好的教学效果。① 这一切都说明，抽象的言说只要能够立于生活但又不止于生活，在诗意的创见中敞开人性的空间，唤醒潜藏在心的生命意识，让学生看得到生活广阔的风景，同样富有诗的魅力。因此，"诗"一样形象化的言说能够很好地表达"诗意"富有优越的条件，但不等于就是"诗意"；富有形而上学意蕴的"言说"也没有将"诗意"拒之门外。

从言说角度来审视德育，在某种程度上其实就是师生在彼此"言说"与"说话"中去对话，去在"人与自然、人与社会、人与自我"的关系中圆融互摄而敞亮自我、接近真理，把握人生真谛。在这个过程中，师生通过"言说"、"说话"与听、去思、去悟，实现彼此精神的相遇与相通，促进相互理解、认同，凸显人的主体价值，张扬人善的德性、美的心灵，最终共同获得生命意义。无论是"诗"一样的言说方式，还是抽象的言说方式，只要能够遵循共性的话语系统规则，又对规则予以个性化的解读与反思性的表达，能够唤醒学生人生阅历的丰富感受，让每个孩子都处在一种"亲临在场"、"深深卷入"的主动状态中去认识世界，认识自己，同时在认识世界与自己的过程中实现理性与非理性、科学与人文、个性与普遍性、知性分析与体验感受最大可能的融合，能够步入自我成长的轨道，那么诗意就会在日常生活中"澄明"出来，变成可能具有形而上意义的纯粹诗意，既富有形而上意义的抽象语言也可以强化诗意。

当然，诗意的内涵是一个历久弥新的话题，不同的时代，不同的学者，不同的学科都会从不同的视角给出不同的认识。再如，有学者认为"诗意是感情与形象的结晶"。② 这其实是将诗意视作审美主体将自身情感对象化的结果。"诗意是通过一定的节奏、声韵、格律等外在因素和情感、意象、意境等内在因素相互配合、共同作用，经作者和读者的双向交

---

① Marcum‐Dietrich Nanette I., Byrne Eileen, O'Hern Brenda, "Marrying the Muse and the Thinker Poetry as Scientific Writing", *Science Activities*, No. 4, 2009.

② 曾绍义：《论秦牧的散文诗意》，《四川大学学报》（哲学社会科学版）1980 年第 4 期，第 10—15 页。

流而建构起来的审美体验。"① 这个观点不仅看到了诗意产生的主客体的互动因素，而且将这种互动迁移到文本作者与读者的多元对话与建构中。还有论者从人的存在与自然和本身的关系来分析，诗意的表达离不开自然对象物的依托，因此，"诗意是指人的自由与周围环境的和谐"。② "诗意的妙处就在于从目前的在场的东西想象到词外的不在场的东西，令人感到'语少意足，有无穷之味'。"③ 张世英先生从诗意的功用角度肯定诗意"寓无限于有限之中，以在场的、显现的信息表现不在场的、隐蔽的信息"的特质，能够给鉴赏者留下最广阔的想象与发挥的空间。

从以上的种种"成见"可以看出，人们对"诗意"内涵的认识往往固定在技术、工具的层面，而对"诗意究竟是什么"、"诗意与德育存在何种关系"、"诗意与人的本体存在"等问题缺乏系统而深入的研究，这就导致人们自然把诗意与德育决裂开来，即使有人偶然想起并作出一定的探索，诗意也只是德育昙花一现的装饰品，成为偶在的、局部的、技术的实践，不具备本体性、普遍性意义。

## 第二节 "诗意"的词源学诠释

诗意究竟是什么？如何定义"诗意"？即从何处出发，通过何种途径去探索诗意的内涵才真正触摸其本质呢？要给特定的事物下定义，莱布尼茨给出了两条思维路径：一条是唯名性定义（nominal definition），另一条是功能性定义（function definition）。唯名性定义能够确证某物的本质属性，而功能性定义不仅能了解它是如何产生的，而且能确切地知道该定义的适用范畴与效应。顺着这样的思维路径，要探究"诗意"的内涵，必须双管齐下：既从词源学角度探索该词的字面形态、语音形态以及字形和语音所包含的原始意义，又从语用学的角度分析该词所涉及的功用价值，进而厘清诗意与教育，尤其是德育的关联。

---

① 杨大春：《梅洛－庞蒂哲学中的诗意之思或非哲学倾向》，《文史哲》2005年第2期，第127—133页。

② 夏爱元：《恒河岸边的"理想天堂"——试论〈戈丹〉中的诗意农村》，《湘潭大学学报》（哲学社会科学版）2005年第S2期，第26—28页。

③ 张世英：《哲学导论》，北京大学出版社2002年版，第157页。

### 一 汉语语境里词源学的诠释

汉语里的"诗意"是伴随"诗"产生的，诗和意是密不可分的。从词源上探究，单就"诗"而论，"诗"的字形是巤，《说文解字》作出的注解是"志也。从言寺聲。証，古文詩省。書之切"。其言下之意在于指明诗是一个形声字，表形的是"言"字，言字是指事字。甲骨文"言"的字形，下面是"舌"字，下面一横表示言从舌出。即"言"乃张口伸舌讲话的象形。"言"的内容是什么呢？《尚书·虞书·舜典》的答案就是"诗言志"。什么是"志"？《传》曰："心之所之谓之志。心有所之，必形于言，故曰诗言志。"①《诗·国风·关雎序》认为"在心为志，发言为诗"。尽管"志"的内容是随历史与文化的进程、人们意识观念的不断深化与发展的，但"言"字所代表的就是内心情志。至于表声的"寺"，古文省略为"止"。"止"作为名词有"脚趾"（足）的意思，作动词有"之"（走）的意思。用表形的"言"，与表声的"止"合成的"诗"字即解为：受刺激，被感动后而随足走出的内心情志。

什么是"意"呢？意的字形是"臺"。"心之所之谓意"②，凡是心里所产生的念头、想法、意志、愿望、情感等，都可以称作"意"，《说文解字》干脆利落地指出所谓"意"，即"志也。从心察言而知意也。从心从音。于记切"。"意"就是"志"。因此，所谓"诗意"，就是"诗"之"志"。在中国文化典籍里，很长的时间内，"诗意"一词，是用"诗言志"来表达的。由此看来，从词源上分析，所谓"诗意"其实就是人在生活阅历中经受到生命感动后自然生发的内在情志。如同新莺出谷的自由鸣叫，白云出谷的怡然自得，小溪奔向大海的一路欢歌。

诗何以言志？诗言什么志？即诗是如何表达诗意的，为什么诗能够表达诗意？这一系列问题的追索，其实都是关于诗之功用的探究。③

---

① 儒家经典编委会编：《儒家经典》，团结出版社 1997 年版，第 432 页。

② 《春秋繁露·循天之道》。

③ 学者周朔从经典文献产生时代的角度把"诗言志"分为先秦历经的"《尚书·尧典》提出的'诗言志'"、"《左传》提出的'诗以言志'"、"荀子提出的'诗言是，其志也'"三个阶段。本书认为诗意的产生与发展变化是社会生活、文化、政治、经济等多重因素综合作用的结果，经历了集体无意识、集体意识到个体意识彰显的过程。参见周朔《先秦"诗言志"观念的演变》，《广东教育学院学报》2007 年第 6 期，第 62—67 页。

从诗的起源看，"歌咏所兴，宜自生民始也"①。诗歌是相伴人类生产劳动活动而产生的。鲁迅先生考证："我们祖先的原始人，原是连话也不会说的，为了共同劳动，必须发表意见，才渐渐地练出复杂的声音来。假如那时大家抬木头，都觉得吃力了，却想不到发表。其中有一个叫道'杭育杭育'，那么这就是创作……倘若用什么记号留存下来，这就是文学；他当然就是作家，也就是文学家，是'杭育杭育'派。"② 《淮南子·道应训》中也说："今夫举大木者，前呼'邪许'，后亦应之，此举重劝力之歌也。"③ 人们在生产劳动过程中，或许为了协调彼此之间的劳动节奏，或许为了减轻劳动强度，鼓舞劳动的干劲，自然地发出一些呼声。这种呼声最初难以用语言明白地表达彼此之间的情义，从语义上难以鉴定，但这些在一定劳动情境中发出的呼声具有一定的音韵和节拍，或重复而无变化，或变化而有规律，自然符合人类生命的律动。因此，无论是"杭育"还是"邪许"都是人们内心感情与愿望的一种自然表达，或者说是由于最初的人类出于生存本能需要而作出的集体无意识的表达，这就是最早的诗。上古之诗意的表达没有明显的功利目的，但客观上却具有独特的功能。首先，简单而有规律的应和能够把人内在的感情与外在的劳动节奏和谐地统一起来，无形中提高了劳动的效率；其次，有韵律的呼号增添了集体劳动的愉悦感，渲染了劳动的气氛，能够有效地减少疲劳、恢复体力。同时，它与人的心理律动保持一致，有助于人在集体劳动中密切个体与集体的关系。诗意的最初内涵可以视作为协调劳动节奏的号子和如实描摹群体劳动或生活画面的场景。

意大利哲学家、史学家维柯（Giambattista Vico，1668—1744 年）有一个伟大命题，他把原始先民的思维看做一种诗性的智慧。所谓诗性，其实就是"诗的特性"、"具有诗特性的"、"富有诗意的"等含义。正如诗意文化研究专家刘士林先生所论述的，原始先民的诗性智慧其实是一种集体的感觉，个人意识尚未发生。④ 因此，原始先民通过诗表达的诗意其实

---

① 沈约：《宋书·谢灵运传论》，转引自孙耀煜主编《历代文论选释》，江苏教育出版社1989 年版。

② 《鲁迅全集》第 6 卷，人民文学出版社 1958 年版，第 65 页。

③ 《淮南子·道应训》，转引自杜占明主编《中国古训辞典》，燕山出版社 1992 年版，第294—295 页。

④ 刘士林：《中国诗性文化》，海南人民出版社 2006 年版，第 7 页。

是一种集体的表象而不是个体情感与志愿的诉求。从人类文化发生学的角度看，原始歌谣表达诗意有一个由最初集体无意识到集体意识的变化的过程。由于生产力不发达，原始部落先民的劳作只能从事一些简单，甚至是十分机械的劳作，往往由一来一往、一反一复几个人的动作合成，这样模拟反映生活和劳作场面的诗歌，也只能是一种集体的口头创作。随着人类社会的发展，人的思维和语言能力在劳动的推动下不断发展，人们逐渐学会了在无语义的呼声中添加有意义的词语以表现比较复杂的劳动活动和日益丰富的生活经验。据《吴越春秋》记载，相传描写黄帝时代狩猎生活的《弹歌》："断竹，续竹，飞上，逐鹿"，其简短的语言和简洁的节奏，生动而形象地表现了先民们从砍竹、接竹制造狩猎工具到用弹弓追捕猎物的整个过程。尽管从语义上分析，这些原始的歌谣还看不出其明显的诗意价值取向，但表现出先民们期待能够捕捉猎物的心情以及求得部落温饱的愿望，这种集体意识还是很明显的。

学者李春青认为，诗的产生与发展绝非诗人或言说者个人之事，而是某种独特的文化空间之"结构性因果关系"的产物。[①] 在远古时期，构成这个文化空间的结构性因素不外乎言说者、倾听者以及彼此之间共同的文化背景和在这个文化背景影响下形成的共同文化心理、言说的载体等。从文化背景的角度看，我国先民生活在一个"民神杂糅"、"民神异业"[②]人神共存的时代。从地理环境分析，先民赖以生存的是以大河为中心的大陆地理环境。复杂的地理环境以及多变的气候条件，促使人们只能选择若干易于开垦并且具有水资源的区域生存。又由于受地理与自然条件的限制，为了抵抗诸如洪水等灾害的侵扰，必然以群居的形式，集合集体的力量去应对自然的变化，从而求得人类的繁衍生息。从经济的角度分析，由于对自然条件以及土地的依附，自然形成了以农业经济为主体的自然经济社会。就社会形态而言，由于农业自然经济社会是以顺乎天道为逻辑前提的。这就导致早期中国文明的意识形态以宗教祭祀为主，对自然与鬼神充满无限的崇敬与信仰。同时重视把血缘关系作为维系家庭与社会团体的纽带。这些特点必然导致上古直至夏商周文明时期个体或群体诗意的表达侧重人与神关系的梳理。因此，神谕文化应运而生。在这种文化的濡化下，

① 李春青：《诗与意识形态》，北京大学出版社 2005 年版，第 60 页。
② 《国语·楚语》（下）。

上古的人们物质上靠天吃饭，精神上靠神支撑。这就导致先民们对自然与五谷生长、部落的生老病死之间关系的认识不是十分清晰，只能根据自己的生活实际，朦胧地感觉到自然气候与农作物丰收有着神秘的关联，于是，形成了一种敬畏祖宗神、自然神的文化心理："耕种之事非利用技艺所能焉，必兼营事神求福的宗教焉。从破土起，到收藏止，步步离不开宗教的仪节。"① 在先民看来，这种融诗乐舞为一体的宗教仪式绝对不是一种消遣娱乐的艺术活动，而是农事不可分割的一部分，具有一种神秘的力量。例如，《吕氏春秋·古乐篇》中指出："昔葛天氏之乐，三人操牛尾，投足以歌八阕：一曰载民，二曰玄鸟，三曰遂草木，四曰奋五谷，五曰敬天常，六曰达帝功，七曰依地德，八曰总禽兽之极。"② 这个场面可以看做在部落酋长"葛天氏"的带领下，三五成群的人以"牛尾"等猎物为道具，以小步为节拍，要么歌唱"载民"的先祖、"玄鸟"（燕子）的图腾，要么歌唱繁盛的草木、五谷的生长以及神秘莫测的自然等。诗的节奏简洁而欢快，诗之词一般只有几个字，一韵到底，但诗意的表达明显有了集体的意识，集体的愿望，尽管这种意识的表达限于对神的歌颂。

马克思认为，人作为对象性的、感性的存在物，一方面是一个受动的存在物；另一方面人不仅仅是自然的存在物，而且是人的自然存在物。也就是说，人是为自身而存在着的存在物，因而是类的存在物；就个体而言，他（她）必须既在自己的存在中也在自己的知识中确证并表现自身。③ 可见，人是一个矛盾体。随着农业的发展以及私有制的产生，原始先民通过生产劳动在自然界"人化"的同时，也促使自身"对象化"，自主意识得以萌发，为了个体和群体生命的存在，不断积累和提炼适应、利用甚至改造自然的经验，不断增长战胜自然产生信心；而当先民以原始的生产方式和不发达的生产力对眼前的自然灾害束手无策时，又促使他们不得不匍匐在自然神秘力量的脚下，对某些自然现象有了一种既恐惧甚至诅咒，又有一种强烈而殷切的期待。这种矛盾的心理，更加深了先民们对于"自然神"和"先民神"的依赖。

---

① 摩耳：《宗教的出生和成果》，上海商务印书馆1926年版，第51—52页。

② 《吕氏春秋·古乐篇》。

③ 陆贵由、周忠厚编著：《马克思主义论著选讲》，中国人民大学出版社2007年版，第18—19页。

例如："戊午卜，争：水其驭兹邑，其为我家祖辛佐王，其家祖乙佐王?"①

由于对水患充满恐惧，先民们把希望寄托于祖先的神灵保佑，其诗意就体现在充满感情色彩的词语以及疑问句式的运用上。

又如："魃时亡之。所欲逐之者，令曰：'神北行。'先除水道，决通沟渎!"②

旱魃，向北逃吧! 我们要清理水道，我们要挖通沟渠! 先民们认为，旱灾是旱神"魃"肆虐的结果。于是，就果断地向他发出驱除的命令。其诗意的元素就体现在人在自然神面前增长的主观意识上。

概括起来，神谕文化浸润下的诗意表达呈现出两个相对的现象：一方面，先民用极尽华美的辞藻、悦耳的音韵，或宣扬祖先英勇的事迹，或诵读经文祷词，对神灵顶礼膜拜；另一方面，先民不甘心自然恶魔的束缚，采用命令的口吻，或配合巫术降魔伏怪，或宣讲铿锵的咒语胁迫神灵。因此，在对鬼神充满敬畏的文化心理作用下，诗意的内涵不外乎祈求神灵的庇佑以及与之相对的与鬼怪抗争的意愿两个方面。

综上所述，在汉语语境里，诗意最初起始于人们对天地自然的仰观俯察，是集体无意识或意识的体现。随着私有制的出现，个体人的主体意识萌发，人的自然对象化由集体人开始向团体人和个体人转向。"刚柔交错，天文也。文明以止，人文也。观乎天文，以察时变，观乎人文，以化成天下。"③ 先民们开始从最初的天地神灵的视角看人世逐步转变为从人世的视角看自身，理性智慧也逐渐发挥作用。代表阶级利益团体的出现，更促进了这种智慧的功能。用《易传·序卦》里的话来说："有天地然后有万物，有万物然后有君主，有君主然后有上下。有上下然后礼仪有交错。"④ 人类君主与礼仪的出现，促使诗意的内涵由关注自然天地神灵转向关注人类社会。诗意的载体与表达方式是离不开诗的，而诗的言说方式又不同于日常的言说方式。所以，要说清楚诗意的内涵，就必须首先探究"诗"是如何成为特殊的言说方式的。

---

① 《小屯》乙编之三一六二片，转引自郭预衡《中国散文史》，上海古籍出版社2000年版，第14页。
② 《山海经·大荒北经》。
③ 《周易·贲》。
④ 《周易·序卦》。

在早期的神谕文化中，集诗乐舞为一体的祭祀是一种集体活动，其表现形式是巫术，最初发源于民间，到了黄帝孙子颛顼，为了掌握神谕教化资源，从而加强言论作为戒条和道德教育工具的作用，规定了官方巫职人员的专门地位，并尽可能地将公众纳入官巫的教化活动中。[①] 所以，当时的祭祀活动就成为统治阶级的一种重要的政治与教育手段。由于官方的介入，祭祀举行的内容、程序、参与人员的行为准则，乃至举行的时间、地点以及使用的器械物品等都有了严格的规定。这些规定逐渐定型化和系统化，便形成了各项礼仪制度。[②] 这种教化活动主要有两个目的：其一，通过占卜祈求神的意旨从而确定行为的方向与方式；其二，期望得到神的赐福，从而获得一种神秘力量庇佑。在这个过程中，神是由于不发达的生产力及与之照应的生产关系的产物，是"异化了的人的本质"，是人意识活动神秘化的结果。因此，言说的主体既不是言说者，也不是倾听者，而是这种神秘化的"第三者"，这就导致言说方式自然要异于日常的生活化的表达方式。主持祭祀的祭司，表面上看只是公共活动的主宰人，其实他是神意的人间代理人。这种职责不是常人可以担当的，在早期社会通常由阉人充当。[③] 而在我国的早期政教合一的文化语境里，主祭的人通常称作"寺人"。由于史料的缺失，在汉民族崇拜生殖文化时期，"寺人"是不是阉人，还有待进一步考证。[④] 但"寺人"是祭祀的主宰，这是毋庸置疑的。随着官巫的出现以及随后社会的发展，寺人逐步演变为帝王宫室的近侍之臣。

什么是"寺"？《说文解字》给出的解释是："寺，廷也，有法度者

---

① 参见綦彦臣《中国古代言论史》，航空工业出版社 2005 年版，第 2—3 页。

② 俞启定：《先秦两汉儒家教育》，齐鲁书社 1987 年版，第 6—8 页。

③ 宗教学家认为，宗教神话中最古老的崇拜对象往往是双性同体的神，献身宗教祭祀的神职人员往往通过阉割的方式象征自己超越男女性别的对立，从而达到双性合一的神圣境界，成为具有代神宣言的人。参见 [美] 伊萨克（Erichi Isaac）《驯化地理学》（Geography of Domestication），普伦蒂斯－霍尔出版公司 1970 年版，第 109 页。

④ 我国学者叶舒宪先生从发生学和人类学的角度分析认为，上古各民族中普遍存在着跨文化的净身祭司制度，而主宰祭祀的巫之官原来是宗教典礼的主持者、王政的神圣监护者，他们需要净身成为"寺人"，他们在正规场合赋诗献诗，本有代神传言的性质，因而寺人就是最初的诗人。参见叶舒宪《诗经的文化阐释》，湖北人民出版社 1997 年版，第 159 页；刘士林先生从上古异常发达的生殖崇拜文化背景出发，揣摩中华民族爱惜自身的文化心理，肯定这些祭祀的主宰者其实就是氏族首领，作为政教合一的权力集中者不存在要净身的问题。参见刘士林《中国诗性文化》，海南出版社 2006 年版，第 117—121 页。

也";而《广韵》接续这个含义并赋予"官职"的意蕴："寺者,司也,官之所止。"在神谕文化时期,所谓的"诗",并非严格意义上的文学体裁,而是寺人之言罢了。《诗经·小雅·巷伯》与诗为证："寺人孟子,作为此诗。凡百君子,敬而听之。"《诗谱序疏》确定"诗有三训",即"承也,志也,持也"。说明"诗"除承接神意、记叙事实以外,还有"持法度"的意义。因此,王安石在《字说》里解释"诗"的含义时指出:"诗从言从寺,寺者,法度之所在也。"进而推断"诗为寺人之言"。① 语言训诂学家杨树达先生也认为,"诗"字由"言"与"寺"两部分组成,"寺"与"志"可以假借、互换,即"言寺亦言志"。② 美学大师李泽厚、刘纲纪先生从历史的角度考察也认为,在远古的氏族社会中那种文学体裁意义上的"诗"还不太可能出现。当时所谓的"诗"是在宗教性、政治性的祭祀和庆功的仪式中祷告上天、颂扬祖先、记叙重大历史事件和功绩的唱词,其作者是巫祝之官。③ 有史料为证,《周礼·大史》载:"小史掌邦国之志,奠系世,辨昭穆。"④ 小史在宗庙祭祀仪式上必须要辨昭穆,定帝系,读礼法。由于这些祭祀仪式都要借助"诗",所以当时"诗意"就是借寺人之口宣讲的神意以及赞颂祖先业绩、重大历史事件所表现的情意。

随着历史的车轮驶进文明时期,人们逐渐从神谕文化束缚的缰绳中解脱出来,诗意的表达体现出对人义论主体人格追求的价值取向。西周统治者在总结殷商灭亡的教训中,已明确认识到"天命不偕",而必须"以德配天"。即人的行为遵从"天"的旨意行事,而"天"以人自身之德为依归。从此,"天"、"天命"、"天道"渐从原始宗教幽暗神秘的文化中摆脱出来,成为人们可以通过自己的行为加以了解、把握和参阅的"天"与"天道";人有了某种程度的主体地位,尽管尚未达到在人自身求得启蒙的程度,但这为后来人探察"天道"引申为"人道"敞开了智慧的大门,社会上逐渐产生"礼"、"乐"互化的诗意文化。在诗学的视野,代

---

① 刘方:《中国美学的历史演进及其现代转型》,四川出版集团·巴蜀书社 2005 年版,第 115—125 页。

② 杨树达:《释诗·积微小学金石论丛》(增订本),中华书局 1983 年版,第 25—26 页。

③ 李泽厚、刘纲纪:《中国美学史》第 1 卷,中国社会科学出版社 1984 年版,第 111 页。

④ 《周礼·大史》,转引自李炳泉、邸富生主编《中国史学史纲》,辽宁师范大学出版社 1997 年版,第 4 页。

神宣言或向神祷告的"诗"也逐渐与歌谣合流，原始的诗乐舞一体的格局逐渐向仪式歌舞与诗性政治嬗变；而"诗"也实现了从风诗到比诗、从兴诗到赋诗、从雅诗到颂诗的蜕变。① 翻阅现有的文献资料，甲骨文和金文中暂时还没有发现"诗"字的存在，在《诗经》中"诗"字直到《大雅》中才出现。因此，"诗"字大约是在西周中期开始出现的。这一时期正是由神谕文化向礼乐文化过渡的时期，其文化仍笼罩在神谕文化的氛围中，但潜移默化中有了人义论的变化。根据考古学的成果，可以从已出土的青铜器具中察知诗意内涵的变化。这些青铜器具尽管祭器占了绝大多数，但祭器无论是形象还是铭文都有了明显的变化。如《何尊》铭文就达到 122 个字，其功能已经从单纯祭祀天地特性中被赋予承载历史记事的性质，记叙的内容主要是周成王对其宗子的训诫，其中谈到武王、周公和成王相继经营洛邑的情况。这时的青铜器形状和功能，比殷代的前进了一大步。又如《诗经》中的"颂诗"和"雅诗"，尽管仍保留了大量关于"祈"、"祝"、"祷"、"祜"等与宗教祭祀有关的术语，但其诗意的表达已经从单纯的祈祷神灵赐福的诉求转向歌颂祖先或先民征服大自然的丰功伟绩，体现了原始宗教向史诗演化的轨迹。"周颂"中的《生民》、《公刘》、《绵》、《皇矣》、《大明》五篇作品，虽然用夸张的笔调描绘了后稷、公刘、太王、王季、文王、武王的神异现象，但更多的是完整地记述了周人从起源到逐步强大以及通过战争灭商、建立统一王朝的历史过程。《诗经》中的"风诗"，无论是《豳风·七月》式的农事诗、《王风·黍离》式的感伤时事诗，还是《豳风·东山》式的征役诗以及《周南·关雎》式的情爱诗，抒情主人公不再是集体意象群或神权的代言人，而是还原于普通的人民大众。可见，这一时期诗意的内涵反映出生活化的现象。如果说《豳风·七月》所描绘的是公刘时代周之先民一年四季农业劳动生活的情景，而抒发诗意的主人公还退隐在西周早期社会男耕女织的风俗画的背后；那么，《王风·黍离》中所表现的是一个东周大夫的那种"中心摇摇"、"中心如醉"、"中心如噎"的故国之思，却使主人公从荒凉破败的景象中凸显出来。《豳风·东山》则以一个应征服役、役满归来的征人的视角，无论是对在外征战目睹的荒凉破败、家破人亡景象的描写，还是对由此及彼的家乡残破景象的想象；无论是妻子对征夫思念图景

---

① 刘士林：《中国诗性文化》，海南出版社 2006 年版，第 133—185 页。

的展示，还是征夫对新婚宴尔幸福生活的回忆，主人公的心路历程如同一条淙淙流动的小河，波澜起伏，耐人寻味。这就是这首诗中的诗意，其主人公已经成为诗意表达的主宰，所抒发的诗意尽管有浓浓的反对战争的意旨，但对平凡而和谐幸福生活的渴望正是普通大众的心声。

《礼记》云："武王崩，成王幼，周公践天子之位以治天下，六年朝侯于明堂，制礼作乐，颁度量而天下大服。"① 意指周公旦总结、继承了"三代"以来朴素的诗意精神，初步建立了一整套有关"礼"、"乐"互化的诗意文化制度。如果单就"礼"或"乐"而言，"礼"作为一种从外部强加的规训性的行为规范和社会准则，往往限于强调人们的主观意志，而不顾及他们心理感受成为异化的存在物；"乐"则以陶冶性情、塑造情感的内在方式来实现群体在情感上的和谐，但缺乏外在的行为规范性。为此，《周礼》强调"礼"、"乐"和谐互化，"以乐德教国子，中和、祗庸、孝友；以乐语教国子，兴道、讽诵、言语；以山乐舞教国子，舞《云门》、《大卷》、《大咸》《大磬》、《大夏》、《大濩》、《大武》。以六律、六同、五声、八音、六舞大合乐，以致鬼示神，以和邦国，以谐万民，以安宾客，以说远人，以作动物"②。这样，人们在典雅、悠扬的乐曲声中，在轻歌曼舞的欢快氛围中，心悦诚服地感受、体验"礼"的庄严与肃穆，通过潜移默化受到感染、启迪，自觉地将日常生活纳入一个统一的系统规则之中，并自觉转化为一种符合伦常的情感与行为方式，从而建立起一个秩序和谐、理智宁静的王道乐土。这样就赋予"礼"以社会规范的功能与"乐"以陶情养性的价值。

然而，真正使礼乐文化富有诗意且发挥最大化的教化功能是春秋末年完成的。春秋末年，周王室衰微，使社会再一次变得动荡不安，而同样被抛掷于动荡不安之中的是人的思想世界。儒家不仅继承了周代"礼"、"乐"教化的传统，更从文化本体论的高度去看待诗意言说是文化得以存身且发挥功能的关键因素。儒家的开山鼻祖孔子提出"兴于《诗》，成于礼，形于乐"③，恰到好处地处理了诗教、礼教与乐教的关系。他特别肯定《诗经》这一诗意文化典籍的文化价值，强调"诗，可以兴，可以观，

---

① 《礼记·明堂位》。
② 阮元：《十三经注疏·周礼》卷二十二，上海古籍出版社1997年版，第338页。
③ 《论语·泰伯》。

可以群，可以怨"①。不仅如此，儒家还在农耕文化以及血缘宗法社会基础上生成一种以善统真、以美促善的文化法则，依据这一富有诗意的法则来阐释其天道思想、人道思想与社会政治、伦理思想。孔子认为："天何言哉？四时行焉，百物生焉"②，"唯天为大，唯尧则之"③；孟子也指出："尽其心者，知其性也。知其性，则知天矣"④；《礼运》强调"人者，天地之心"；《诗纬》总曰"诗者，天地之心"。他们都强调人内心的诗意其实就是敬畏自然，将天道和人心合二为一的情意。

　　战国时期是中华民族古代社会的诗意内涵道德化的昌隆时期。随着意识形态从"重神敬天"向"重人贵民"转移，诗意文化日益从巫术、宗教的桎梏中解放出来，变为人的本质力量的象征。儒家后学如子思、孟子、荀子等人都自觉地继承和发扬了孔子的诗意文化思想，逐步形成并完善了以诗教、乐教、礼教为主要言说方式的诗意文化思想体系。即使处于群雄逐鹿、崇尚功利的时代，他们仍以师徒传授的形式，坚守三代以来的礼乐互化诗意文化建设制度，使诗意文化弦歌不绝。当时，诗意的表达更加注重它的社会功能，人们不仅接续春秋时期的以诗言志的传统，还进一步发展为赋诗言志，而这"志"的主旨与内容总是关联着伦理道德。如孟子提出"知人论世"⑤、"以意逆志"⑥ 以及"吾善养吾浩然之气"⑦ 等主张；荀子明确提出诗要"明道"，把诗与"圣王之道"联系起来，使诗意的内涵与个体德性的发展直接结合起来，赋予诗意明确的道德意蕴。诗意德育从此根深叶茂，遗泽百世。

## 二　英语语境里词源学的诠释

　　西洋文明的主线来自希腊。要了解诗意的词源内涵，首先必须追索古希腊语境下诗的含义。在英语语境里，诗意一词通常用"poetry"或"poetical"表示。例如：

---

① 《论语·阳货》。
② 同上。
③ 《论语·泰伯》。
④ 《孟子·尽心上》。
⑤ 《孟子·万章下》。
⑥ 《孟子·尽心下》。
⑦ 《孟子·公孙丑上》。

（1）This dancer has poetry in her movements.

这位女舞蹈演员的动作富有诗意。

（2）You can write a poem on any subject if you can see poetry in it.

任何题材，只要你能领悟其中的诗意，都可以入诗。

无论是"poetry"还是"poetical"，诗意一词均来自"poem"，而"poem"这个词意思是"a piece of writing, arranged in patterns of lines and of sounds, expressing in imaginative language some deep thought, feeling or human experience"。翻译成现代汉语，所谓的"诗"，指的是"一篇按照一定的行列格式和声韵规律排列而成的、用富有想象力的语言表达某种深刻的思想、情感或人类经验的文学作品"。这个概念直到公元前5世纪才出现。在此之前，古希腊人习惯用"song"表达诗的含义，而"song"来自希腊语"ποιησις"，意为"生产、创作"。那么，古希腊"诗人"生产什么，为什么创作呢？探究其起源，其实就是厘定诗意的内涵与发展的起点。

意大利历史学家、语言学家、哲学家杨巴蒂斯塔·维柯花费近20年的光阴，从历史学和社会学的视角对原始民族的本质及其思维特性进行科学的界定，建立起心中的新科学，为我们认识诗意打开了一扇智慧的窗户。根据他的新科学理论，全世界各民族都经历了"神的时代、英雄的时代和人的时代"三个时代的嬗变，与之照应的人类分别具有"属神的自然本性、属英雄的自然本性以及属人的自然本性"。而远古原始的民族都是些用诗性文字（poetic characters）来说话的诗人。① 从人类的发展历史看问题，早期的诗是以神话和礼仪为中介而与日常语言相分离的，古希腊的情况也不例外。②

所谓属神的时代，指的是希腊"古代"由迈锡尼文明到罗马共和国的征服约900年的一个时期。在属神的时代，古希腊文明首先创造了神话以及在神话语境左右下的礼仪文化。希腊人之所以需要神话和礼仪，是因为他们"知道并且感觉到生存的恐怖可怕，为了一般能够活下去，必须

---

① ［意］维柯：《新科学》，朱光潜译，安徽教育出版社2006年版，第28页。
② ［法］让·贝西埃等主编：《诗学史》（上册），百花文艺出版社2002年版，第6页。

在恐怖可怕之前安排奥林匹斯众神的光辉的梦的诞生"[①]。希腊位于地中海和爱琴海的东北部，由希腊本地以及小亚细亚滨海地区和爱琴海的众多岛屿构成。三面环洋的自然障碍促使各部落不得不独自发展以求得生存繁衍，同时也培养了希腊人的冒险和进取精神，发展了他们的想象力与创造力。古希腊的初民们，尽管对造成他们人生困顿的一切原因懵懂无知，但凭借茂盛的想象力，把自然界想象成与自身等同的生命体，赋予他们以神力，进而创造出了一系列象征各种自然力的神以祈求获得生存的庇护。在他们的视野中，这些法力超凡的神仙不但与人同"形"，而且与人同"性"，与人一样具备七情六欲，一样会喜怒哀乐，而且还会与人发生包括恋爱、婚姻、战争等各种各样的关系。不仅如此，那些能够沟通神意的诗人称之为"mystae"（通奥义者）[②]，而与神交流的活动称之为占卜。而占卜者（diviner）的词源是 divinari，其意就是"猜测或预言"的意思。维柯认为，最早的象形文字就起源来说，都是神话。而最早的语言就是诗歌（散文语言是后来从诗的语言中发展来的）。神话不仅是历史，还是诗。[③] 而诗所表达的诗意不过是神话化的意旨。诗意的最初的含义其实就是在具体的事物灌注诸神生命的意旨；"诗人"自然被冠以"创造者"的称谓。

古希腊属英雄的时代，是指公元前 12 世纪至公元前 8 世纪这几百年所经历的历史时期。之所以把这一时期称作英雄时代，是因为《荷马史诗》所描写的希腊众多英雄正是活动在这个时期，也是原始社会即将瓦解、向奴隶社会过渡、文明时代即将来临的时期。[④] 这一时期，在经济发展方面，农业生产使用的铁器逐渐代替青铜器，生产力大为提高；造船、织布、冶金、制陶以及油类和酿酒制造业等手工业日益发展起来；商业和贸易也得到迅速发展。这为英雄的诞生提供了必要的物质基础。在政治方面，部落与部落之间便开始融合成一些小的民族，出现了管理部落或小民族团体的议事会和人民大会制，贵族开始出现，但贵族还没有拥有政治上

---

① ［德］尼采：《悲剧的诞生》，生活·读书·新知三联书店 1986 年版，第 11 页。

② 贺拉斯曾把 mystae 译为"诸天神的传译者"。参见［古罗马］贺拉斯《诗学·诗艺》，杨周翰译，人民文学出版社 2000 年版，第 191 页。

③ 吕新雨：《神话 悲剧〈诗学〉——对古希腊诗学传统的重新认识》，复旦大学出版社 1995 年版，第 68—82 页。

④ 滕大春主编：《外国教育通史》第 1 卷，山东教育出版社 1989 年版，第 136 页。

的特权；所有的男子既是氏族公社成员，又是战士，政权还掌握在人民手中。而恶劣的自然条件和狭小的活动区域促使希腊人东面开始向黑海沿岸以及色雷斯，西面向意大利南部、西西里、高卢南方的沿海一带以及西班牙东岸等地殖民，劫掠和战争成为人们生活的正常职业。战争、抢劫以及到处出没的野兽，威胁着人民的生命财产，人们渴望着军事首领以及智勇双全的武士来保护他们。这为英雄的诞生提供了必要的社会条件。

以荷马（公元前 12 世纪—公元前 8 世纪）为代表的古希腊英雄时代的大诗人成为这一时期人民的代言人。他的诗篇《伊利亚特》尽管描述的是为了一个女人而展开的战争情景，但其中塑造的参战双方为了各自的荣誉、勇敢和氏族集体利益斗智斗勇的民族英雄和支持各自意志体现的神祇英雄，使这部具有史诗意义的诗篇摇曳出神奇瑰丽的色彩；而《奥德赛》则是歌颂航海的冒险行为与人对自然的斗争的史诗。"最初的诗人们都凭自然本性才成为诗人，而不是凭技艺。"① 荷马之所以伟大，在维柯看来，他不过是古希腊游吟诗人衣钵的继承者和民间神话传说吟诵者的总代表。所以，荷马所吟诵的诗篇，无论是《伊利亚特》，还是《奥德赛》，尚不能完全从神谕的话语缰绳中挣脱出来，其作品充斥了无数神秘的自然神化和非自然的神秘力量。比如，英雄的命运最终难以逃脱天神的捉弄。尽管如此，荷马们毕竟是人世间的行走者，目力所及的世界促使他们将诗篇吟诵的对象转向日常的生活。这就决定了在史诗制作或创造的过程中诗意的表达除了倾注神的意旨外，还融入了诗人的主体情意。正如王柯平博士所研究的，古希腊文化中所言的"诗"或"诗歌"的创造活动，可以说是一种特殊的动态过程，不只有原作者或诗人（poietes）的参与，而且也有吟诵者（rhapsodos）或表演者（hypocrites）的参与，同时也有观众（theaton）、听众（akouousi）乃至读者不同程度的参与。如果说诗人的参与属于原创（original creatoon）的话，那么吟诵者的参与可谓再创作（recreation），而观众、听众与读者的参与大体上是在接受和欣赏时所进行的一种想象性创作（imaginative creation）。② 这种多角色参与的想象性制作或创造诗篇的活动，其实质就是情感和理智协同、想象与现实胶合的活动，黑格尔把这种处于人类向抽象思维发展但未达到抽象思维占绝对统

---

① ［意］维柯：《新科学》，朱光潜译，安徽教育出版社 2006 年版，第 121 页。
② 王柯平：《走向跨文化美学》，中华书局 2002 年版，第 195—196 页。

治地位的思维状态称之为"中间状态",即感性与理性、自然形式与思想尚未分离的状态。也就是说,在不经意间荷马们率先把希腊人的思想从神话带向了理性。当然这种理性化的过程不是理性的过程,而是自然的过程,荷马就是凭借属于英雄的自然属性塑造了一个相对完整的奥林匹斯神话般的英雄体系。荷马所描写的英雄,尽管共同的类型化的形象远胜于个性特征,身体特征远胜于心理特征,但赋予英雄们自然的神力与人性的情感,使神从模糊、神秘的神龛中走出来,成为可以亲近、交往的对象。尽管他们仍旧相信天神乃不朽之神,一切事物都是由神赐予的,凭借天神赐予的智慧、美德以及非凡的神力,他们能够成为人类的君主,但人的主体意识的凸显,使这些英雄不再是令人恐怖的虚无的存在,而成为日常生活典型化的理想人物的标本。从诗意的功用角度分析,属英雄时代的诗篇所表达的诗意其实就是为氏族集体利益而奋斗的英雄所体现的勇敢、智慧、坚韧等品质。

古希腊属人的时代,指的是公元前 8 世纪至公元前 6 世纪的"赫西俄德"时代、从公元前 6 世纪末到公元前 4 世纪中叶的"古风"时代以及"希腊化时期",由公元前 4 世纪至公元前 2 世纪的"希腊化"时代。这个时期的人的本性逐渐显现出来,诗意的表达出现人文化的势头。用维柯的话来表达,就是有理智的,因而是谦恭的、和善的、讲理的,把良心、理性和责任感看成法律。[①]"赫西俄德"时代以诗人赫西俄德(约公元前 8 世纪)为标志。他的视角从神祇转向了劳苦大众,其代表作长诗《农作与日子》,不仅谴责了贵族的骄横,而且用大量的诗句歌颂了农业劳动。由于阶级和私有制的出现,统一的氏族感情遭到破坏,不同阶级的不同思想代替了统一的氏族观念,个人意识代替了集体思想,个人感情越来越复杂、丰富,因此,诗意的表达需要从富有氏族集体意识的英雄转向个体人的情感,需要抒发爱情,表现军功,吟诵政治,描写竞技。这就催生了抒情诗的诞生。"古风"时代是希腊奴隶制发展到全盛阶段。这时的雅典已经成为奴隶主民主制国家,政治上的进步,促进了艺术上的繁荣,尤其是戏剧的繁荣,诞生了三大悲剧作家与三大喜剧作家。

就拿悲剧为例。埃斯库罗斯代表早期悲剧的特点,诗人出身的他喜欢用浪漫的笔触描绘像普罗米修斯这样的非平常人的命运;而索福克勒斯喜

---

① [意]维柯:《新科学》,朱光潜译,安徽教育出版社 2006 年版,第 462 页。

欢把戏剧的冲突定位在英雄人物与命运的关系上，无论是安提戈涅面对亲情和爱情的两难选择，还是俄狄浦斯为了城邦安全的苦苦挣扎，无一不赞颂英雄们追寻生命崇高感的英雄主义精神，同时也曲折地表现了奴隶主民主制鼎盛时期潜伏的社会矛盾；而欧里庇得斯则从神化人物和英雄人物的窠臼中挣脱出来，将悲剧的视角聚焦到普通人的生活上，以平民、奴隶、农民，甚至女性为戏剧的主角，其戏剧诗意的主题不外乎和平、民主以及平等。

与此对应，在这个时期，通过戏剧、诗歌等文学艺术形式表达诗意的道德问题开始引起哲学家的理性的沉思。古希腊诗人很早就意识到在创作诗歌的时候，在真实的生活里掺杂了幻想、假说等不真实的元素，所以他们用"poiein、prattein 和 dran"三个动词对制作的活动进行区分。其中，poiein 表示任意的制作活动；prattein 表示按照一定标准与程序进行的制作活动；而 dran 则指的是可视的制作活动，这个词后来引申为 drama，其含义就是今天所讲的舞台剧或戏剧。在 poiein 的基础上产生了 poiema（创造品）和 poiētēs（创造者），poiema 引申为 poem（诗作）。poiētēs 演化为 poet（诗人），意为创造者、制造者、作者。由于诗人的生活与百姓日常劳作和信仰息息相关，因此，他们表达的诗意，从本源上来说，就是根据一定的目的描摹生产或生活而创作的情意。

然而，poiein 和 dran 都含有随意添加与想象的成分，因此，赫西俄德认为，缪斯女神尽管也可以通过神谕的方式公布事实的真相，但也能够凭借神灵的地位而说许多貌似真实的谎言。曾经用诗说服雅典人的索隆（Solo）质疑泰斯庇斯（Thepis）："面对如此多的观众，你把这类谎言搬上舞台，难道不感到羞耻吗？"① 这就开启了诗意表达应该是表现生活还是描摹生活争论的话题。反映在哲学领域，哲学家塞诺法奈斯认为荷马吟咏的巨人、半人半马等对象都是编造出来的，不符合人类的道德规范，因此，他赋予道德以压倒性的地位。赫拉克利特同样强调诗人的教师功能。因此，诗意的内涵从神谕的意旨开始中嬗变为平民性、道德性的意旨，诗意的表达开始在理性的轨道发挥作用。

公元前 5 世纪到公元前 4 世纪，在柏拉图与亚里士多德的时代，诗意的道德性与理性功能被提高到很高的程度。公元前 4 世纪至公元前 2 世纪

---

① ［法］让·贝西埃等主编：《诗学史》（上册），百花文艺出版社 2002 年版，第 10 页。

史称"希腊化时期",由于希腊被马其顿征服,希腊文化随着亚历山大远征的步伐逐步传播到整个地中海地区、西亚和北非。在马其顿高压统治下,"诗人"们失去了四处闲游的权利,剧场也变成了富人竞技逗乐的场所。诗意的表达呈现田园化、世俗化的倾向。田园生活成为诗人们的精神家园,爱情婚姻等日常生活的道德价值取向成为诗意的主题。自此以后,历经中世纪、文艺复兴,直至今天,西方语境下的诗意尽管存在诸多流派,但诗意的道德化一直是经久不衰的主题。

"人诗意地栖居在大地上",这是现代人最有价值的存在方式,意味着人生理想的崇高境界。在中国汉语语境的诗意论内涵里,诗意不是那种万物之本的本质概念,而是强调天道与人心的圆融,即把在场的物、景、事、理等事物与不在场的情感、态度、价值观进行整体的统筹而形成的那种语言的此在之意与言外之意融合关系,曲折而委婉地表达的情意。而在西方,尤其是英语语境里,诗意的内涵往往表现为人以神性的尺度去选择符合自己的价值标准、道德准则,在谋求与客观规律相统一的基础上,建构自己的审美理想以及确定自己的生存方式和行动模式。

## 第三节 "诗意"内涵的语用学诠释

根据语用学的原理,诗意内涵恰当地表达和准确地理解是在不同的语境中进行的。离开了构成诗意内涵的语境,仅仅通过诗意这个言语符号的形式分析其内涵是不够的,还必须分析诗意的语用条件,即从诗意的言语环境、言语信息、语用规则和诗意发现与表达的主体等方面进行分析,才可以寻找并确立使诗意内涵恰当地表达和准确理解的基本原则和准则。

### 一 诗学的语用学分析

有学者认为,所谓"诗意"有两方面含义:一是指诗的内容和该内容所产生的意境;二是指事物所表现的类似于诗歌所产生的能够给人以美感的意境。[①] 这其实是从诗意的语用角度对诗意内涵进行的剖析。对于第一种含义,古今中外的观点大体一致,而对于第二种含义,即人们按照诗歌般的认知方式去作用于主观或客观世界的时候,由于文化背景的差异,

---

① 张思齐:《宋代诗学》,湖南人民出版社 2000 年版,第 27 页。

获得的诗意认识是大不相同的。

从语用的角度审视，诗意成为衡量一首诗水平高低的价值尺度。比如，宋代陈应行所撰《吟窗杂录》借王昌龄的《诗中密旨》来表明诗意的尺度："诗有二格：诗意高谓之格高，意下谓之格下。古诗：'耕田而食，凿井而饮。'此高格也。沈休文诗：'平生少年日，分手易前期。'此下格也。"① 显而易见，"诗意"就是指诗歌的意境而言，而"格高"与"格下"就是按照诗意的尺度衡量诗之意境品位的等级。而"意境"就是诗人内心主观的"意"与客观事物之"境"的融合，它是诗意依托的载体以及实现的手段。

在诗歌作品中，意与境是一个水乳交融的统一体。这种意与境统一所产生的艺术感染力就是诗意最本质的东西。诗人内心主观的"意"与客观事物之"境"是如何发生联系的呢？这需要探讨诗之诗意的发生机制。

王昌龄在《诗格》中指出："诗有三境，一曰物境，欲为山水诗，则张泉石云峰之境，极丽绝秀者，神之于心，处身于境，视境于心，莹然掌中，然后用思，了然境象，故得形似。二曰情境，娱乐愁怨，皆张于意，而处于身，然后驰思，深得其情。三曰意境，亦张之于意而思之于心，则得其真矣。"② 他提出了"物境"、"情境"、"意境"三个并列的概念，其过程可归纳为由"物象"转化为"情象"再转化为心物融合的"意象"。因而，诗意的获得与表达离不开诗人对物境、情境、意境的融通，亦即融合在融通物境、情境、意境的基础上去选择物象、投入情象，然后升华意象。"春秋代序，阴阳惨变，物色之动，心亦摇焉。"③ 作为诗人，面对大自然的形形色色的事物，欲要勾勒出描写如画而又意蕴丰富的意象，其着眼点还是在于如何去选择物象。物象，简称"象"，是艺术家注目、发现的能够表达"意念"而选择的相应的纯自然景物。是作者在作品里借助语言形式表现的客观物质和人文的类存在物，由具体名物构成。"心境万物生"，作者的感情活动不可能抽象地进行，必须"神与物游"、"情与景会"而附丽于物。物象的语言排斥空洞的语词和概念，它往往以直观的、直接的象来表述发话主体的心理感受，它不是一般意义的表象，而是融入

① 张少康主编：《中国历代文论精品》（2），时代文艺出版社 2003 年版，第6—7页。
② 同上。
③ 刘勰：《文心雕龙·物色》。

了发话主体对客体感悟的思想情趣，是一种鲜活的生命体，是一种可以体验、触摸的生命体。

"远客坐长夜，雨声孤寺秋。请量东海水，看取浅深愁。"① "问君能有几多愁，恰似一江春水向东流。"诸如此类的诗作之所以让人扼腕叹息，是因为诗人乡愁、穷愁、离愁种种感情郁积在客观的物象上，成为诗人诗意表达的整体形象。诗人内心诗意的表达除需要客观的外在的事物作为依托与凭借外，更主要的因素还在于"登山则情满于山，观海则意溢于海"，需要发挥情感因素的作用，把内心之情感移植到物象上去，构成情象。

情象、物象境界的发展与提升，是经过诗人情感和意识加工的由一个或多个物象组成、具有某种意义的物象结构。这里说的情是情景、情节和情意的简化。情景体现语言和客观世界的关系，社会与自然的关系，以及诗人和客观世界的关系。情节体现语象所反映的事物和事件的发展进程。情意是情感和意义的结合，是诗人内心诗意与客观事物的结合。情象境界的形成，一方面离不开诗人对自己生命历程整体思考和直感；另一方面是诗人对物象倾注强烈情感的结果。这种思考和情感的结合不是着力于物质世界已有的信息，而是着力于语言逻辑、客观世界与诗人自身的联系。强烈的情感是诗人表达诗意的催化剂，是诗人张扬信心意象的内在动力。

意象是"有意义的形象"和"有形象的意义"的统一，是在某个物象的基础上渗透诗人情感的有机结合体。所谓"意"，指的是作家由客观景物感发的主观情感、思想、哲思等；"象"指的是作家的主观情思对客观景物进行改造、创造出来的不同于原有景物、情境的事象、物象、景象等。二者的和谐统一、相互交融就是意象。诗人把主观之意寓之于象后，"如水中之盐，无痕有味"，含蓄蕴藉，细嚼品味方可领悟。诗歌作品诗意内涵把握的关键点在于品味诗人主观之意怎样同客观现实之境和谐统一以及这种和谐统一所传达的言外之意，象外之旨，味外之味。

在诗歌的创作中，诗人为了表达主体的感情、情绪，总是将他所看见的事物加以审美选择，挑选那些能够适于表现这种情感的景物即物象，投射感情而"情象化"，融入人生哲理与生活意义而上升为意象。这种人生哲理与生活意义是否能够发人深省，通常离不开诗人自身的道德水平。

① 李颀:《雨夜》。

"诗者，源自德性，发于才情。"① "德性"与"才情"是相辅相成的，德性是有助于才情的发挥。德性也是衡量诗作价值的重要尺度。这就为诗人设置了道德的标准。"感性的东西经过心灵化，而心灵的东西借感性化显现出来。"任何艺术的意象都是生活中"神似"的境界，只有神似，才能给观赏者以丰富的想象的自由，从而获得"广大的虚境"。这就要求，学习者必须满怀激情，只有入情才能入微，入微才能入意，入意才能会心。在欣赏过程中，主客同一，物我两忘，学习者进入诗人所创设的意象中，被所观赏的文本具有的独特的性质感染，其情感、意识、联想被调动了，文本所包含的意蕴才会被发现，才会从其中省悟出了文本所表现的本质内容，从个别中把握了一般，从偶然中揭示了必然，以文本为媒介使自己的联想与创作者的思想情趣产生沟通、共鸣。

## 二 日常生活的语用学分析

在日常生活中，诗意是一个使用频率很高的词语。大自然赐予人类最丰富的诗意资源，只要愿意去寻找去感受，诗意就会自然地呈现在眼帘，激荡在心间。我们可以从波光潋滟的西湖、云雾翻腾的黄山、海市蜃楼的蓬莱中找到诗意，然后通过为春日暖雨中飞翔的乳燕谱写诗行，为夏天映日的荷花赞叹，为红于二月花的枫叶吟诵，为白雪覆盖的塞外长城歌唱，而表现出大自然中诗意般的意境。

> 泽潞西边路，兰桡北去人。出门谁恨别？投分不缘贫。杯酒从年少，知音在日新。东湖发诗意，夏卉竟如春。②

唐代诗人朱庆余这首题为《送吴秀才之山西》的五言诗，其中"东湖发诗意"一句，显然是东湖的美景触发了内心的感动而生发出"诗意"来。客观事物本无所谓诗意，为什么"东湖"这样的自然存在的东西能够触发日常凡人内心的诗意呢？也就是说，构成日常生活诗意内涵的语用条件有哪些呢？

首先，从诗意产生的语境看，诗意的产生是有时代性的。同样的场

---

① 王用章：《诗法源流》，齐鲁书社1997年版，第5页。
② 陈贻焮主编：《增订注释全唐诗》（3），文化艺术出版社2001年版，第1203页。

景，时代不同，人们获得的诗意自然具有别样的风采。比如，当我们注视路旁的一棵树的时候，在遥远的古代，人们更多考虑的是"追逐猎物"的工具；而在茅盾的眼中，扎根贫瘠土壤中，不枝不蔓，高大挺拔的白杨树成为抗日军民和整个中华民族紧密团结、力求上进、坚强不屈的革命精神和斗争意志的象征；在袁鹰的心中，戈壁滩上高大秀拔的白杨树，正是不畏艰苦、扎根边疆的建设者的代言人。

其次，诗意的产生与日常生活特定的时间和空间所营造的诗意场有关。杜甫在国家破亡的时节，触目所见，到处都是残垣断壁，而不知忧愁的鲜花仍旧绽放、不食人间烟火的翠鸟仍旧鸣叫，自然触发出"感时花溅泪，恨别鸟惊心"的诗意。我们大胆地假设，假如杜甫面对的不是兵荒马乱的时代，而是漫步在春光明媚的花园，草秀花馨，他的内心会勃发出什么样的诗意呢？答案是显而易见的，不外乎"黄四娘家花满蹊，千朵万朵压枝低。留连戏蝶时时舞，自在娇莺恰恰啼"。为什么同样的花草，杜甫的日常生活却有如此不同的诗意表达？这说明诗意是在特定的时空中萌发的，特定时空的人、景、物所构成的诗意场是诗意表达的特定条件，构成这个场的任何一个元素发生变化，诗意的表达都会发生千差万别的变化，也就是说，在日常生活中我们身处这样的诗意场内可以产生这样的诗意，而在那样的诗意场内只能产生与场照应的那样的诗意。

客观条件只是产生诗意的外在条件，外在因素，真正的决定因素还在于诗意产生的主体，即人的主观能动性。正如上文所述，客观存在的花草树木虫鱼无所谓欢乐与忧愁，同样的杨柳，有时看起来像婀娜多姿的少女，有时看起来就像老态龙钟的老头，这一切均取决于诗意发生与表达者的心灵、性灵与客观事物的结合。或者说诗意正是诗意主体借助再创造的想象力、联想力和感情移入，进入到情感、态度、价值观与客观事物融合的艺术境界之中，从而促使诗意的勃发。因此，诗意主体才是真正起决定作用的因素。这样一来，诗意主体的修养水平就决定了诗意内涵的丰富与精彩的程度。也就是说，诗意的产生和表达的逻辑前提就在于诗意主体是否具备积极、美好而高尚道德化的人格。在忙碌的世界里，在琐碎的日常生活中，一个没有高尚情操的人是难以发现生活中蕴涵的诗意的，即使有，也是低级趣味的。

因此，日常生活中诗意的内涵其实就是诗意主体在特定场域，按照类似于诗的认知方式，把自己的情感移植到客观事物当中而获得的富有

"诗" 般味道的能够给人以美感的意境。

### 三 哲学的语用学分析

在哲学上，由于诗与哲学的原生性关联，无论是在中国汉语语境，还是在西方英语语境下，诗意的内涵均呈现出哲学与诗学理论的相互渗透，哲学讨论的问题与诗学应当讨论的问题经常纠缠在一起，哲学的命题同时也成为诗学探讨的问题。因此，厘清诗意的内涵需要从哲学层面进行语用学分析。

在哲学命题里面，最著名的论题当数海德格尔的 "诗意地栖居在地球上" 的存在论。什么是 "诗意地栖居"？从语用学角度审视，首先应该理解诗意的内涵，而理解诗意内涵的关键之处在于人类为什么要选择诗意栖居以及如何栖居。

人为什么要选择 "诗意地栖居"？其实就是要探究栖居的语用条件。在海德格尔看来，人的本性是趋于神性的，神性是人衡量其本真 "存在" 的价值 "尺度"。然而，随着理性主义的凸显、上帝的退位、诸神的逃离，尤其是工业化时代的到来，人们习惯依从纯粹的理性逻辑将自己的意识投射为客观的对象，通过客体计算自己的存在，使自己在科技的逻辑的计算中成为一个物化的对象，这样就导致人存在的隐匿、大地的封闭、神性的消逝，同时也造成真理的遮蔽，世界沉入昏暗之中。因而，人成为不完整的存在。"在古希腊，这西方天命之肇始，诸艺术翱翔于它们被给予的揭示之极境。它们澄明了诸神的在场（Gegenwart），澄明了神与人类天命的对话。而艺术只是简单地称为 technē（技艺）。这是独一的但又是多面的揭示。它是虔诚，prnmos，也就是：顺从真理的 '征用—支配' 和服务于对真理的守护。"① 在这里，海德格尔以热情的笔调歌颂了古希腊的生活，歌颂了艺术对人存在的价值。因为艺术顺从、揭示真理并且还守护真理，使真理在神与人类对话的过程中得以澄明、呈现，这种在真理光芒照耀、庇佑下的生活，其实就是使人进入诗意境界的生活。诗意的第一层次，含义就是真理存在而澄明的境界。

如何达到 "诗意地栖居"？海德格尔给出的药方在于 "诗"。"诗，作

---

① ［德］海德格尔：《人，诗意地安居》，部元宝译，上海远东出版社 2004 年版，第 142 页。

为对安居之度本真的测度，是建筑的原始形式。诗首先让人的安居进入它的本质。诗是原始的让居（wohnenlassen）。"① 当然，在海德格尔这里，诗不仅仅是艺术的一种，更是一种包含艺术本质的存在方式。因为诗使人进入对存在本身的自省、沉思，可以让人在沉思中领悟自身完整的存在，并由此领悟世界的存在，最终摆脱"计算意识"支配，跃入自由的心境，实现人性的完整以及神性的复归。而神性的复归正是诗意栖居的第一要义，或者说是必要的条件。由此可以看出，海德格尔所说的"诗意"显然不是诗学所论述的所谓诗的意义，也不是尼采所坚持的存在的审美化，更不是维柯宣称的原初民的原始想象或混沌状态的感觉，而是本体论意义上的形而上学的一种本真的存在，这种存在不排除理性，同时也悦纳神性。而真正能够达到"诗意栖居"尺度标准的人就是"诗人"，因为"诗人的天职是还乡，还乡使故土成为亲近本源之处"。② 诗人的作用就在于他们能够运用"诗"以及"诗"般的思维方式去揭示遮蔽的真理，去还原本真的存在，让人们"亲近本源"、"测度本真"。因此，从这个角度看，诗意的第二重含义就是本源、本真。

人生在世风雨兼程，应该是充满劳绩而缺乏诗意的。为什么海德格尔偏执于诗意呢？为什么他坚持认为人类的栖居恰是充满诗意的呢？关键之处在于如何理解"栖居"一词的内涵。在海德格尔看来，"栖居，即带来和平，意味着始终处于自由之中，这种自由把一切保护在其本质之中。栖居的基本特征就是这种保护"。③ 栖居的本质乃是一种保护，保护意味着守护自由的心灵。只有在栖居中，人的心灵才是自由的，才是不受对象化物质控制的。因此，诗意的第三重含义就是自由。

基于真理、本真、自由的追求，海德格尔把诗意定义为"天、地、人、神"四者的遇合，是人在"在大地上"与"在天空下"充满神性的栖居。因此，哲学上谈到的诗意其实是一种形而上学意义上的存在，是一种人类有价值的存在思想。

---

① ［德］海德格尔：《人，诗意地安居》，郜元宝译，上海远东出版社2004年版，第95页。
② 同上书，第87页。
③ ［德］海德格尔：《筑·居·思》，载《海德格尔选集》（下卷），孙周兴译，生活·读书·新知三联书店1996年版，第1192页。

## 第四节　中外文化中"诗意"现象的道德性凸显

通过对"诗意"内涵的多角度分析可以看出，中外传统文化都赋予了诗意以道德教化的内容，在中外传统文化里存在"诗意"德育的元素是无可争辩的事实。然而，根据诗意的这一特性，还需要我们作出进一步的思考：诗意德育是如何产生的？或者说，诗学或哲学上的诗意元素是如何发生于德育领域的？

### 一　中国传统儒家文化的理路

#### 1. "性善"与"好德"的人性观

物质生产条件不仅决定着人们的社会生活方式，而且决定着一定社会生活方式的思想文化样态。中国古代先民赖以生存的是以大河为中心的大陆地理环境，由于对自然条件以及土地的依附，自然形成重"农"轻"商"的生活方式。这种以农为"本"的生活方式是以顺乎天道为逻辑前提的，从而导致中国古代先民对自然与鬼神抱有无限崇敬与信仰的态度。到了春秋时期，出现了重"人"与重"民"的社会思潮，原始宗教发生了人文化、道德化的嬗变。《礼记·表记》："殷人尊神，率民以事神，先鬼而后礼。""周人尊礼尚施，事鬼敬神而远之，近人而忠焉。"① 周人从殷人的失败中进行反思，逐步意识到人民的作用与道德教化的重要性，并把"德"作为改造社会与人的重要力量，期待"敬德保民"，开始从"神谕论"转向"人义论"的生活与思想文化方式。王国维先生认为，"周之制度典礼，实皆为道德而设"②。"神谕论"是以盲目迷信天神和祖宗神的"神性"为终极根源，而"人义论"是以人的好德为基本特征，其终极根源在于"人性"。

如何发挥道德的教化作用，关键在于如何认识人性。先秦时期是中国哲学史上探讨人性问题的发端期。诸子百家"性有善恶"、"性无善无不善"各执一端，争论不休。先秦儒家却对人生充满了信心。他们在社会伦理实践的德性理解与总结的探索中，赋予人性善的伦理诠释，认为

---

① 《礼记·表记》。
② 王国维：《殷周制度论·观堂集林》卷十《史林二》，中华书局1984年版，第477页。

"性自命出，命自天降"（第2、3简）①，尽管天降之人性从不同的角度看有"性善"与"性恶"之分，但在社会属性方面，人不同于动物的地方就在于人有人伦礼义等社会性的道德要求，人之为人的本性在于人有人伦之善。这一富有诗意特质的人性观可以追本溯源到前儒家时期，《诗经》、《尚书》等文化典籍就有所论述。"天生烝民，其命匪谌（诚）？"② 民天生富有"诚"的善性；"民之秉彝，好是懿德"③，民天性喜欢拥戴有德之人。《尚书·洪范》记载："五福：一曰寿，二曰富，三曰康宁，四曰攸好德，五曰考终命。"④ 老百姓天性爱好的除了"长寿富裕安康"之外，"好德"也是重要的天性。这些论述表明："性善"是"好德"的逻辑前提。

先秦儒家最早提出人性命题的是孔子。尽管在相关论述里，看不到"性善"的直接论述，但他从"十五志于学"直至"五十知天命"的伦理实践中体悟到："天生德于予。"⑤ 而天生之德性是"相近"的，如果"苟志于仁矣"⑥ 且"道之以德，齐之以礼"⑦，人的德性会朝善而"无恶也"的方向变化。孟子是先前儒家"性善"、"好德"诗意德育人性观集大成者。他从人的社会属性确认人的价值，直接而明确地把人性确定为道德的本源，并由此而给人性以"善"的价值规定。他认为"人性之善也，犹水之就下也。人无有不善，水无有不下"⑧，进而把人的善性概括为"恻隐之心"、"羞恶之心"、"辞让之心"、"是非之心"，亦即"仁"、"义"、"礼"、"智"四种善端。若扩而广之，就变成四种"常德"。这四种"常德""非由外铄我也，我固有之也"⑨。人的善之本性是先天固有的且为人所独有，而且不会受到外部环境的阻碍。不仅如此，具有善性的人会爱好美德，将道德情操的完善置于人生的最高目标，为了仁义理想的

---

① 《简帛书法选》编辑组：《郭店楚墓竹简·性自命出》，文物出版社1998年版，第2页。
② 《诗·大雅·荡》。
③ 《诗·大雅·烝民》。
④ 《尚书·洪范》。
⑤ 《论语·述而》。
⑥ 《论语·里仁》。
⑦ 《论语·为政》。
⑧ 《孟子·告子上》。
⑨ 同上。

追求可以"贫而乐，富而好礼"①，甚至"朝闻道，夕死可矣"②，舍生取义，杀身成仁。

钱穆先生认为："孟子道性善，其实不外二义，启迪吾人向上之自信，一也。鞭促吾人向上之努力，二也。"③ 很显然，先秦儒家崇尚"性善"与"好德"的人性观，不是为了建构以"人性是什么"为基点的纯粹理性道德认知体系，而是将人们的德性发展朝向以"人性为什么"为基点的实践领域导引。由于强调仁义礼智根植于心，道德并非外部的灌输与规训，而是取决于主体自身后天的主观努力，这就肯定了人德性发展的主体性和能动性，人们可以将外在于人的孝、悌、忠、信、仁、义等伦理原则，通过"反求诸己"的方法进行主体的理解和确认，进而成为主体自觉自愿的行动。在此过程中，人们即使身处逆境，也可以凭借自身积极的人格力量，用诗意的眼光审视世界，赋予人生以积极的意义。再由于没有把人性断定为现实的善，而只是视作一种"好德"的内在根据与可能性，主体对自我"善"性的自觉与扩充，不是一蹴而就的，需要主体永远走在德性发展的道路上。这样，不仅体现着人对人的尊严、价值及自我实现的憧憬，而且不断将个人的憧憬融合到人类文明与进步的发展中，转化为自我德性的现实追求，在理想性与现实性统一的历史进程中不断转化、提升。在德育乃至教育学、心理学研究仍以病态的人性观为逻辑前提、以人的负向人格为参照物的当代社会，先秦儒家诗意德育的人性思想，为学校德育提供一个重新反思现行德育合理性和深化德育工作改革的理论识破点，甚至为整个社会解决伦理教化问题提供了新的视角和新的思维。

2. "效法圣贤"与"致中和"的目的观

德育目的是德育主体对个体或群体德性发展的一种设计、期望，是德育实践所要达到的目标。人的德性发展可以分为他律道德、自律道德和自由道德三种境界。德育的目的就是促使受教育者沿着他律—自律—自由的路线，不断塑造并发展自我的德性，最终进入崇高的道德境界。先秦儒家根据"性善"与"好德"的诗意人性观，依照春秋时期所形成的礼乐互

---

① 《论语·学而》。
② 《论语·里仁》。
③ 钱穆：《孟子研究》，开明书店印行 1948 年版，第 80 页。

化社会制度和文化环境，出于当下时代变革的现实需要，将德育的目的确定为"小人儒—君子儒—圣人儒"的人格培养路线。

"子谓子夏曰：女为君子儒，无为小人儒。"① 孔子首先为儒家德育目的奠定了理论基础："君子怀德，小人怀土；君子怀刑，小人怀惠。"② 在先秦儒家看来，所谓"小人"，与君主、君王相反对，是指一般的普通的平民百姓；与守法的人比较，是指重利而枉法的人；与志向高远的人相对照，是指胸无大志、受物质生活环境限制的人。由于小人只是根据自己的利益而确定行为法则，"放于利而行"③，其结果只能"多怨"，德性发展只能处在"他律"的境界。而所谓"君子"，指的是指道德高尚，能将仁、义、礼、智等道德规范保存在心中并付诸行动的德才兼备的人。君子的品格如何？孔子重"仁"，认为"君子无终食之间违仁，造次必于是，颠沛必于是"④。作为一个君子，就在于具备"仁"的品德，他有坚强的道德意志，终生行"仁"不违；他有坚定的道德信念，哪怕仓促之间，颠沛之际，"怀德"求"仁"而不行不义之事，不取不义之利，处处以内在的道德规范来要求和约束自己。孟子继承了孔子的思想，以"仁"来确定君子儒与小人儒的本质。他认为"君子所以异于人者，以其存心也。君子以仁存心，以礼存心"⑤，"君子所性，仁义礼智根于心"⑥。这说明君子的德性发展是自我修养的过程，即"自律"的过程。

先秦儒家树立的理想人格最高层次为"圣人"。"圣"的原初含义是指智慧和德性。"圣人"就是具有超凡卓绝智慧与尽善尽美德性之人。"所谓圣人者，德合于天地，变通无方，究万事之终始，协庶品之自然。明并日月，化行若神，下民不知其德，睹者不识其邻。此则谓圣人。"⑦ 孟子对圣人也作了明确的规定："规矩，方圆之至也；圣人，人伦之至也。"⑧ "圣人，百世之师也。"⑨ 他认为不管对于什么地位、身份和角色

---

① 《论语·雍也》。
② 《论语·里仁》。
③ 同上。
④ 同上。
⑤ 《孟子·离娄下》。
⑥ 《孟子·尽心上》。
⑦ 《孔子家语·五仪解》。
⑧ 《孟子·离娄下》。
⑨ 《孟子·尽心下》。

的人来说，圣人是最高的表率和楷模。荀子把当时的儒者划分为"俗儒、雅儒、大儒"几个层次，其中"大儒"是理想中的圣人。他认为："彼大儒者，虽隐于穷阎漏屋，无置锥之地，而王公不能与之争名；在一大夫之位，则一君不能独畜，一国不能独容，成名况乎诸侯，莫不愿得以为臣。"① 他们不仅能取法"后王"，而且能凭借自己的聪明才智为人类社会制定礼义的原则，又凭借自己的能力用礼义来统率人们的行动，他们不仅是人们学习效仿的榜样，而且是治理天下的最理想的人选。

先秦儒家理想人格的达成，是内在超越现存又在外部现存中"致中和"境界实现的。"中和"思想本源于上古时期人们对万事万物和谐统一的运动规律的认识。先秦儒家注入社会伦理、道德的认识。《中庸》认为"喜怒哀乐之未发谓之中，发而皆中节谓之和"。因此，所谓"中"，即人的情感未发时中正不偏的、淡然虚静的内在状态；所谓"和"，则指的是人的情感、思想与行为符合社会伦理、节度的外在状态。"致中和"道德境界的价值追求体现了先秦儒家诗意德育思想的根本目的与终极关怀不仅超越现实、指向未来，而且超越功利关怀、指向精神关怀；更超越一己之私而指向天下功利；既富有宇宙论的意义，也富有伦理道德的方法论意义，因而富有诗的特质。其境界形态表现为"极高明而道中庸"②。"极高明"是人的内在精神所能达到的自由境界，"道中庸"则是人伦日用间的行为准则。

"极高明"强调"内圣"。先秦儒家把"圣人儒"确立为最理想的价值载体，所设计的圣人是智德兼备的。这虽然能促使常人心生顶礼膜拜之情，但由于圣人的高深莫测，又不免产生望"圣"兴叹的畏难之感。如何达到"效法圣贤"的德育目的？先秦儒家在赋予圣人以超人品质的同时，又强调通过自我内在的德性修养去缩短常人与圣人的距离，使圣人成为常人可望可即的存在。他们不像古希腊先哲们爱"智"，以"智"为核心来建立德育思想体系，而是从修德尽伦上下工夫。孔子尊"学"，孟子重"养心"，《大学》求"正心"，荀子隆"化性起伪"。在他们看来，只要进行自我内在的德性修养，不达至善不罢休，就能将自己提升到圣人的境界。"道中庸"强调"外王"。首先，表现在人与自然关系的处理上，

---

① 《荀子·儒效》。
② 《中庸》。

先秦儒家采取天"合"向人或人"合"向天两种方式①，促使人与自然走向和谐的境界——"天人合一"，其基本的要旨就是"自然界和精神的统一"；而作为"天人合一"的契合点，就是"德"。天之根本德性，含在人之心性之中。其次，在处理人际关系方面，儒家主张"人我和谐、群己和谐"，其实质是倡导人与人、人与社会之间建立一种和谐的相互关系，其核心内容是"善群"和"公忠"。其一，"群体本位"是儒家和谐人际关系构建的理论前提，"明人伦"是达成人际和谐的主要途径与手段。其二，强调"仁爱之心，忠恕之道"是人际和谐的基础。所谓"忠"是指忠诚待人，"己欲立而立人，己欲达而达人"②；所谓"恕"是指宽恕待人，"己所不欲，勿施于人"③。其三，把以信任换取信任作为构建和谐人际关系的基本策略。通过"讲信修睦"④、"与朋友交，言而有信"⑤等，实现"老者安之，朋友信之，少者怀之"⑥、"老吾老以及人之老，幼吾幼以及人之幼"、"老有所终，壮有所用，幼有所长，鳏寡孤独废疾者皆有所养"⑦，普天之下人与人之间相亲相爱、和谐相处的理想社会。

先秦儒家"效法圣贤"与"致中和"境界的德育目的追求表明：人是诗意的存在体，由于具有内在的善性，因而能够从自我内在的德性修养中获得人之为人的存在之道，使自己的道德境界由"小人儒"向"君子儒"、"圣人儒"的境界不断提升，使自己有限的生命成为一个可以自我定义乃至无限扩展与延伸的生命存在。尽管"圣人儒"的理想人格实质上是一种理想的化身、价值的权威，但至少为人们树立了学习效仿的榜样，激励人们不断以一种审美的心态去瞰视人生、审视社会，不会把各种道德规范视为外在的约束与限制，而是当做自我肯定、自我完善的需要；不会把道德视为一种异己的力量，而是一种自身的主动追求，是完善人格、提升道德境界的力量，从中得到审美的愉悦。这种愉悦是脱却羁绊、忘怀得失的人生心态，是一种从不断的自我超越中感受到人生的本质力量

---

① 邹其昌：《论"天人合一"的意蕴——中国哲学与艺术学的基本特性研究》，《船山学刊》2003 年第 1 期，第 62—67 页。

② 《论语·雍也》。

③ 《论语·卫灵公》。

④ 《礼记·礼运》。

⑤ 《论语·学而》。

⑥ 《论语·公冶长》。

⑦ 《礼记·礼运》。

以及意志的自由，是将外在的规范、责任与内在的意志、欲望自然融合而获得的一种德性修养。先秦儒家的诗意德育目的观，对于扭转市场经济不断将德育乃至社会的道德价值和目标朝着功利价值、工具价值等媚俗方向发展的趋势以及建立富有民族性、实效性的德育模式无不具有积极的借鉴意义。

3. "以善统真"与"以美促善"的实践观

实践是人存在的基础，是认识和把握世界的基本方式；但人类认识和把握世界的方式是不同的，因而实践的意义也就有所不同。与西方文明以纯粹理性的态度对待事物不同，先秦儒家的德育实践表现为"以善统真"与"以美促善"的诗意特质。孔子认为"敬鬼神而远之，可谓知矣"，孟子接续"尽心、知性、知天"，荀子一言概括"凡以知，人之性也"。真正的"善"无非是在自我内在的精神意志支配下的行动选择和行为过程。善的道德律令恰巧是与人生经验、内心体悟和忧乐等非纯粹理性的东西相融合的。这样就赋予实践以"善"的意义："仁者安仁，知者利仁"①，"德之不修，学之不讲"②，"苟不至德，至道不凝焉。故君子尊德性而道问学，致广大而尽精微"③。从而构成了儒家独有的"以善统真"与"以美促善"的实践观。这种实践观不是以人的自然之身为对象，而是以人的主体精神为对象。必然导向实践的路向是通过"志于道，据于德，依于仁，游于艺"去"修于己"④。即按照审美的尺度去淬炼自己的德性。

所谓"志于道"，就是人的德育实践以道作为自己的人生理想和最高信念，进行正心诚意、修身养性，并因此而升华，实现成贤成圣的根本目的与终极关怀。"道"，从哲学观上说，它是天地万物之本体、本原和本质，是万事万物变化运动的普遍规律或总规律；从价值观上看，它是一切事物价值之本原，是终极价值目标。"道不远人，人之为道而远人，不可以为道"，"道也者，不可须臾相离也，可离非道也"。⑤ 先秦儒家将人主体实践置于首要的地位，因而"道"也被赋予深刻的主体性的人格内涵。所谓"德"，在先秦儒家看来，主要有两个方面的含义：其一为天赋予人

---

① 《论语·里仁》。
② 《论语·述而》。
③ 《中庸》。
④ 《论语·述而》。
⑤ 《中庸》。

内在的道德本性，即德性；其二是"道"在具体事物上的显现，即个体德性对外在的、社会的、宇宙的"道"的分享与内化。无论是内在的德性，还是外在的"道"，最终都必须回到个人的德育实践。因此，"据于德"肯定"修于己"必须做到"内外互化"：一方面，通过主体的德性修养和心意感通，无条件地认同"道"，做到内得于己；另一方面，先反思作为社会规范的外在"道"的合理性，然后内化为自我的德性，做到外化于心。人的德性发展就是外在"道"与内在"德"之间相互转化的动态建构过程。通过内外互化，人的德性素质就有了客观之源泉，而人的德育实践也就具有生命之意蕴。如果说"道"是根本与依据，"德"是基本精神，那么，"道"与"德"的进一步显现，就是在实践中要遵循"仁"的规范。孔子曰："'能行五者于天下为仁矣。''请问之。'曰：'恭、宽、信、敏、惠。'"① 所谓"仁"就是待人律己的最高原则和具体的行为规范体系。所谓"依于仁"就是以仁道待人，把他人当做人，给予关怀与爱护；以仁道律己，把自己当做人，自觉严格地按照"道"与"德"的原则要求自己，做一个有道德的人。

尽管"效法圣贤"且达到"致中和"境界的诗意德育目的确实是一个"苦其心志，劳其筋骨，饿其体肤，空乏其身"的实践过程，但在先秦儒家看来，还是存在着有最利于培养人的道德情操、最能够显示和检验人的道德仁义水平的活动领域和活动方式，这就是"艺"。"艺"初指"礼、乐、射、御、书、数"六艺。《周礼·地官·保氏》："养国子以道，乃教之六艺。"但在儒家那里，"艺"并不是简单地指某些具体的专业和技艺技能，也不是仅指某种文化和典章制度，而是代表整体的"以美促善"的礼乐文化修养。作为一种主体修养方式，礼乐文化的价值功能在于：它既是"仁"的丰富和外在形式，又是达到"仁"的重要手段和途径。"游于艺"则表明，这种实践是一种在具体的实践活动中沉浸于感情又超越于感情，自由地、活泼地、亲切地流连于世间万象的人生态度、人世情怀，是诗意审美的实践。通过"志于道，据于德，依于仁，游于艺"去"修于己"，不仅可以"智明而行无过矣"，还可以"存其心，养其性"，实现"万物皆备于我"，而不是"役于物"的目的，即不会被物质利益所束缚，内心始终保持宁静和愉快：粗茶淡饭，也觉得可口；布衣麻

---

① 《论语·阳货》。

鞋，也觉得适体；狭小的屋子，也觉得可以安身。虽无美好的物质享受，却能自得其乐；虽无权势地位，也能赢得人们的尊重。

"道"、"德"、"仁"、"艺"是先秦儒家为"修于己"的德育实践设计的道德境界和终极目标的核心范畴，而"志"、"据"、"依"、"游"的实践路向，宣示出这种实践的价值在于以生命为根本，成就身心性命，而不是理性的"逻各斯"。古希腊思想家、哲学家把知识看做评判价值的唯一标准，以"真"为"善"，以"真"为"美"，奉科学理性为圭臬。先秦儒家是以"善"为"美"，以"善"统"真"，以"美"促"善"。他们所追求的"真"不是知识论意义上的，而是如何成为"君子"、"圣人"的实践哲学层面的价值追求，是要完成德性的理想人格。实践的过程就是"诚其心，择其善"，使自己的诚心善性得到自觉，实现德性理想人格的过程。"行之明也，明之为圣人"①，他们把"真"上升到"善"的高度，把人的主体人格的践履提到了很高的地位。从某种意义上说，先秦儒家"以善统真"的实践观追求的就是德性的圆满，是一种诗意审美的完成。肯定了德性之知本身就成了德性践履，德性践履本身也就是德性之知。这种实践的意义，就使认知对象由外在自然之知转向了人内在德性之知，就使"宇宙真际的探求，与人生至善之达到，是一事之两面，穷理即是尽性，崇德亦即致知"②。虽然在他们的实践中，目标与现实、实践与理想尚存在难以逾越的鸿沟，但是"以善统真"与"以美促善"的实践理路可以促使道德践履者永远走在德性自我发展的道路上。这是一种充满睿智的策略。在知性德育无视学生的生命成长的需要，习惯于凭借纯理性的态度审视和规范具有情景化、生活化的学校德育问题，传递、灌输某种终极价值，销蚀学生道德学习的主体性、主动性、独立性与创造性的今日世界，先秦儒家依据"以善统真"与"以美促善"的原则，导引德育对象去"志于道，据于德，依于仁，游于艺"而"修于己"，这种德育实践观具有特别独特的理论与实践价值。

4. "以诗言志"与"比德喻志"的言说观

由于先秦儒家的诗意德育是直指人内心的，因此，其言说必然是以诗意化和暗示性的方式去讽喻、规劝现实的统治者"法先王"以及导引其

---

① 《荀子·儒效》。

② 张岱年：《中国哲学大纲》，中国社会科学出版社 1982 年版，第 7 页。

他倾听者修养德性而达到治世的目的。其主要的言说方式不外乎"托古言志"、"以诗言志"与"比德喻志"。

"托古言志。"① 由于先秦儒家最初以相礼为业,受传统礼乐文化的熏陶,他们往往"好古敏以求之"②,对古代的典章制度及思想文化采取尊信的态度。因此,为了很好地宣传自己的思想学说,先秦儒家大多引用古代权威的言论以增加言说的效度与力量。究其原因,一方面由于诸如《诗》、《书》等文化典籍是古代文化的结晶,富有权威性;另一方面由于生产力不发达,古代文明的演进是缓慢、温和而保守的;更深层次的原因还在于农耕文化造就了一种"征圣"、"宗经"的文化心理。"唯此圣人,瞻言百里;维彼愚人,覆狂以喜。"③ 圣人深得天道之理,是"人之至者",人之极品。因此,圣人言论自然具有凡人不可替代的权威性与神秘性。孔子是先秦儒家最早赋予圣人最高的人格典范。《论语》中孔子反复引用尧、舜、禹、周文王、周武王、周公旦等圣人,不直接说统治者应该怎样治世,而是假借远古圣贤之名义宣扬自己的思想、推行自己的主张。孔门后学,不但尊古,更是把孔子尊称为圣人,其言论自然成为经典。孟子指出:"圣人之于民,出乎其类,拔乎其萃。"荀子也认为:"圣人者,道之管也。"(《荀子·儒效》)"子曰《诗》云"成为先秦儒家诗意言说的基本范式。"子曰",就是孔子说。"《诗》云",是指《诗经》上说的。它的含义是,孔子与《诗经》等经典文献所说的就是标准、依据。这种"托古言志"的言说方式由于借彼言此,增加了言说的权威性与神秘性,使倾听者有了仰慕的对象,自然就具有诗意的品质。

"以诗言志"源于礼乐互化的道德诉求。据《尚书·尧典》记载,上古舜治天下,专门设置乐官,命夔"典乐教胄子",并提出"诗言志,歌永言,声依永,律和声"。西周时期凡是宗教、政治等活动,必定配备相应的祭祀或庆功等仪式,在活动仪式中除了乐舞助兴之外,向神明昭告功德或记诵政治历史大事的言说方式均以"诗"的方式呈现。到了春秋末

---

① 李凯先生认为中国古代诗学的言说方式主要有三种,即"述而不作"、"一以贯之"、"比"。他认为"述而不作"就是接受前人的成说而不独创新说。本书借鉴李先生观点,认为"述而不作"其实也是有为而作,是为了特定的目的借助圣贤的言论以增强言说的权威性,其立足点还是为了改造现实。因此从文化学的视野看,应是"托古言志"。参见李凯《中国古代诗学话语言说方式及其意义生成——〈诗经〉与中国诗学关系研究》,《文学评论》2002年第3期。

② 《论语·述而》。

③ 《诗经·大雅·桑柔》。

年，周王室衰微，社会结构发生根本性的动摇，维护"神谕论"宗法制社会利益的"人—语言—神"的言说方式逐步被倡导"人义论"人伦制社会的"人—语言—人"的言说方式取代。最显著的变化就是王公贵族无论是在正式的外交场合，还是在通常的交际活动中，常常"献诗陈志"、"赋诗言志"。进入战国之后，群雄争霸，礼乐制度彻底崩溃，诗、乐、舞逐步分离，通过"乐"、"舞"来进行德育越来越困难，于是，先秦儒家一方面赋予"诗"以伦理道德诠释，另一方面采取"以诗言志"的言说方式推行其德育思想，用"诗"的言说去进行伦理道德思想的教化。所谓"以诗言志"就是把人内心感悟的事理情思借助"诗"的形式表现出来。其作用机制主要体现在以情激理，寓理于形；以理制情，寓教于乐，在审美享受中潜移默化地影响人的灵魂，达到"乐而不淫，哀而不伤"、"思无邪"的伦理教化目的。

先秦儒家对崇高理想和完美人格的追求，并不是仅限于借"诗"的形式言"志"而说理，在践履"以诗言志"的过程中，还开创和培植了"比德喻志"的诗意言说方式。"比"是象征和比拟，"德"是伦理道德，或精神品格。所谓"比德喻志"，就是德育主体从自身的伦理道德等社会性观念出发，把自身体验或感悟到的特定自然物或现象的属性特征形象地比拟人的道德精神品质，将自然物或现象伦理化、社会化、人格化，进而导引德育对象去融通人与自然圆融互摄的关系，变规约化的道德他律自觉地内化为自我净化与升华的自律活动。"知者乐水，仁者乐山；知者动，仁者静；知者乐，仁者寿。"[1]孔子把"山"、"水"的自然特征与人的道德修养、精神品格——"仁"、"智"联系起来，使自然之山水富有社会伦理的意义。"知者达于事理而周流无滞，有似于水，故乐水，仁者安于义理而厚重不迁，有似于山，故乐山。"[2]朱熹认为正因为知者、仁者与山、水之间分别具有动、静、乐、寿等相通的属性，他们才各自与山、水建立起一定的道德关系。即道德主体在欣赏自然美时带有选择性，自然美能否成为道德对象，取决于它是否符合道德主体的道德观念。不仅山水可以拿来"比德"，凡是能够切合道德主体心中之"志"的东西均具有这个功能。孔子还以松柏的不畏严寒比拟"君子"坚强不屈的品格，以山的

---

① 《论语·雍也》。
② 朱熹：《四书章句集注·论语章句》，中华书局1983年版，第90页。

挺拔比"君子"德之坚韧,以玉的皎洁比"君子"德之光华。孔子后,孟子提出"流水之为物也,不盈科不行;君子之志于道也,不成章不达"①。荀子认为"夫玉者,君子比德焉"②,明确提出"比德"一词。

先秦儒家提出"比德喻志"的言说方式,表面上看是一种语言行为,是为了对"君子"、"圣人"所具有的道德品质作一种形象的说明,使人能够形象地感知,达到宣扬和传播儒家道德学说的目的。实际上,这种言说方式更是一种心理行为和精神行为。作为心理行为和精神行为,它是人内在的"志"与自然物进行同形同构的精神实践活动。不论是山、水,还是梅、兰、竹、菊等其他自然物,只要它同人的某种精神品格或道德情操具有同形同构之处,就能够进行"比德喻志"的精神实践活动。"君子既知教之所由兴,又知教之所由废,然后可以为人师也。故君子之教,喻也。道而弗牵,强而弗抑,开而弗达。道而弗牵则和,强而弗抑则易,行而弗达则思。和易以思,可谓善喻矣。"③ 我国古代所倡导的"君子之教"其实质就是充分发挥"比德喻志"的隐喻性教育功能,寓理于感性之中,寓理于形象之中,让学生在教师的暗示、类比、比喻之下自我反思,促使学生通过自然物来进行价值观照,使自然人化,精神品格对象化,从而自致其知,自悟其理,甚至自健其德。

先秦儒家倡导的"以诗言志"与"比德喻志"的言说方式顺应了人性自然,贯彻了形象性原则,它通过个体感性形象的显现表现了理想人格的神圣;它让人和德育以及人与自然、人与社会、人与自我均处于一种开放、自由、平等的和谐的关系之中。在这种诗意言说的指引、召唤下,人抖落物质化的、对象化的种种羁绊,重新回到最质朴的自然状态,回到诗意栖居的精神家园。无论是言说者还是倾听者,均能够展开轻灵善飞的想象翅膀,聆听自然花开的声音,感受人生阳光的温度,去描画世界绚丽的色彩。其背后不是言说结果的收拢,而是德育过程的延伸,是实然生活世界与应然生活世界的敞开,乃至理性与非理性、个性与普遍性、知性分析与体验感受实现最大可能的融合,这样就比单纯的逻辑说教更易打动受教育者的心灵,促使他们步入自我成长的轨道。德育自然充满了诗意。作为

① 《孟子·尽心上》。
② 《荀子·法行篇》。
③ 《礼记·学记》。

民族语言行为、精神实践活动的一个特殊层面、一种精神素养和艺术追求，它在塑造中国人的灵魂、熔铸中华民族品格、形成中国人的精神等方面具有独特的功能与贡献。

总之，先秦儒家诗意德育思想是以"性善"与"好德"的人性观为基础，以"效法圣贤"理想人格与"致中和"道德境界的实现为目的，把"以善统真"与"以美促善"作为实践理路，又把"以诗言志"与"比德喻志"作为言说手段的思想形态。就德性思想的基本特质而言，它是以人为本位，以践履为原则，以隐喻言说为方法的价值思想体系。

### 二 古希腊传统文化的理路

古希腊哲学不仅是西方哲学发展的源头，同时也是繁荣人类道德文明的先河。其中，尽管没有关于诗意德育一词的概述，但"诗意"德育的思想已若隐若现地散落在各家学说的著作残篇中，成了后世许多哲学家、教育家探索诗意栖居以及诗意德育等一个极为重要的思想源泉。古希腊哲学中包含着丰富的"诗意"德育思想，前期哲学思潮主要从事物的结构，社会、宇宙以及它们对立与统一的关系等方面论述"逻各斯"契约下的"诗意"德育的基本思想；中后期主要以苏格拉底、柏拉图、亚里士多德、普鲁塔克为代表，他们主要从人与自然的关系人与社会的关系以及德育系统内部等方面论述"诗意"德育思想。

1. "逻各斯"契约下的和谐精神

依照维柯的诗性智慧原理，世界上所有民族初民，无论是处于神的时代还是英雄的时代，人的存在都是诗意的。正如上文所论述的，在属神的时代，原始初人们凭借生动的想象力和旺盛的感性，把一切具体的与抽象的、现实的与非现实的事物诠释为神灌注生命的存在物；在属英雄的时代，英雄们对神仍然有着痴迷的崇拜，不仅把万物看做神造的，而且把自身具备的力量、智慧、美德甚至生命等一切属于人的东西视为神的赐予。凭借神赐予的自然高贵性去成为号令那个天下的主宰。因此，在属神以及一脉相承的英雄时代，自然就成为诗的时代。各民族首先都是神学诗人，后来发展成英雄诗人。一切艺术与道德规范最初都只能源于诗，最初的德育都是充满诗意的。当人的心智不再仅仅受感官的限制，而有了理性的思维能力，即在属人的时代有了与抽象思想相对应的抽象语言时，诗意的表达逐渐从神的桎梏中解脱出来，赋予理性的内容。因此，"诗意"，是一个极其重要的辩证法范畴，它反映了事物发展的协调性、完整性和合乎规律性特征。

与中国传统文化一样，古希腊的诗最初也是与劳动有关，或者诗就是劳动的"描摹"。但是由于希腊所处自然环境与中国古代先民所处的大陆自然条件不同，面对三面环海的狭长半岛海洋环境，不得不促使他们把诗意的表达寄托在个人意志的求索上，而个人意识的求索又体现在对万事万物"逻各斯"的追求上。什么是"逻各斯"，我国文化学者杨乃乔先生从古希腊词源学的角度进行了细致的考察，认为所谓的"逻各斯"有"ratio"和"oratio"两个层面的意义。"ratio"指理性，指内在思想的自身；而"oratio"指言说，指内在思想的表达。简言之，"逻各斯"具有"思想"（thinking）与"言说"（speaking）两个层面的含义。[①] 同样具有诗性智慧的古希腊初民为什么在属人的时代会转向追求"逻各斯"，在"逻各斯"的契约下，德育是否具有诗意？

尽管古希腊先民具有非凡的诗性智慧，创造了丰硕的神话与戏剧、诗篇，但自然条件的限制促使他们开始突破狭窄地域的限制，去寻找适合生存的新的栖息地。自公元前 17 世纪左右开始，古希腊民族通过不断迁移、征战和殖民的方式，不仅获取了有利于自己生存的空间，而且在征战与迁徙的过程中逐步形成了崇尚自由、追求理性又注重和谐的理性与感性兼备的古希腊精神。随着城邦经济与城邦民主制的建立、发展，个人日益突出的主体意识与城邦公共契约的矛盾逐渐凸显出来。怎么保证个体私有财产的合法性，怎么调节人与人之间和人与城邦之间的关系？古希腊的先贤们把思考的聚焦点集中在"德性力量"上。为什么"德性"是一种力量？它是怎样的一种力量？从词源的角度看，古希腊关于德性的词语"arete"就是 goodness，excellence of any kind，即"卓越"、"至善"的含义。[②] 英语中关于德性的词语"virtus"源于拉丁文 virtus，vir 意为男子，virtus 就是有力量和男子气概的。[③] 古希腊思想家从关注城邦生活秩序的失衡，进而分析出失衡的秩序需要德育来匡扶。古希腊和世界其他民族的原始初民一样，最初把德性归于神明的力量，把各个天体和自然界的恐怖现象想象

① 杨乃乔：《东西方比较诗学——悖立与整合》，文化艺术出版社 2006 年版，第 84 页。

② Begley A. M. , "Facilitating the development of moral insight in practice：teaching ethics and teaching virtue", *Nurs Philos*, Vol. 7, No. 4, 2006, pp. 257 – 265.

③ Knapp, Charles, "Virtus", *Meaning of：n. 16. Classical Weekly*, Vol. 28, 1934, p. 181.

成人化的伟大的神明，遵循神明的意志就是善，就是美德，神明凭借不可测度的力量左右人类的生死与是非的判断。到了文明属人的时代，理性成为人的塑造力量，它把人从自然的威压和神的桎梏中解救出来。于是，追求并探寻"逻各斯"之理性与言说便成为德育的主要内容。

泰勒斯（约公元前634—公元前554年或公元前558年）认为万物的根源是"水"，万物由"水"根源而变成，又可以复归于"水"。阿那克西米尼（Anaximenes，公元前588—公元前524年）认为宇宙的本原不是无限，而是"气"，气稀释时变成火，凝聚时依次变成风、云、水、土和石头。赫拉克利特（Heeraclits，公元前535—公元前475年）认为世界生于火，也复归于火，进而提出"万物差异中的同一或差异的同一"的相反相成、万物相互依存的思想。恩培多克勒（EmPedocles of Akrangas，公元前495—公元前435年）干脆用诗的形式陈述世界的基质是由"气、火、水、土"四个元素构成的，它们不生、不灭、不变，各有自己的特件，合则构成世界万物，分则意味事物毁灭。在这些"逻各斯"的指引下，古希腊先贤对道德的看法自然也就具有"逻各斯"的特征。

毕达哥拉斯学派成员是欧洲最早的一批数学家。在对数的研究中，他们认识到，整个世界是由"数"组成的，"数"有奇数和偶数，而"每一个数都与奇偶这组对立有关，都是奇偶两个对立方面的统一，而奇偶两个对立方面的统一就是和谐"[1]。他们通过"数"和谐特性的研究，由此出发，推论出音乐是由不同的声音和音符构成的一种和谐，音乐的和谐是由数的比例决定的，并且将音乐上的和谐描写为对立面的协调与统一，并进一步升华为哲学上的思考，断言"一切都是和谐的"，"美德乃是一种和谐"。[2] 通过净化灵魂，即加强美德修养，可以达到人神合一。

继毕达哥拉斯之后的赫拉克利特是一位唯物主义哲学家。他在继承和发展毕达哥拉斯学派有关美德和谐思想的基础上，深刻地阐述了他的辩证的和谐观。赫拉克利特首先非常明确地肯定"对立造成和谐"[3]、"相反的东西结合在一起，不同的音调造成最美的和谐"[4]。即对立面的统一，并

---

① ［德］策勒尔：《古希腊哲学史纲》，翁绍军译，上海人民出版社2007年版，第385页。

② 刘延勃：《哲学辞典》，吉林人民出版社1983年版，第208页。

③ 北京大学哲学系外国哲学教研室编译：《古希腊罗马哲学》，生活·读书·新知三联书店1957年版，第23页。

④ 《西方哲学原著选读》上卷，商务印书馆1981年版，第23页。

且认为对立统一是宇宙的普遍现象。同时，他还认识到了对立面之间的相互依存和转化。赫拉克利特认为"相反者相成"，"疾病使健康成为愉快，坏事使好事成为愉快，饿使饱成为愉快，疲劳使安息成为愉快"①，即使宇宙由天神主宰，而主宰人的灵魂是可以和天相应相通的。避苦求乐是人的本性，人生的目的就是追求幸福与和谐，而且精神的幸福高于物质的幸福；知识和道德不是矛盾的，每个人都可以掌握道德②；如此等等。赫拉克利特不但看到了万物"既是和谐的，又是不和谐的"，而和谐倒是由于对立和斗争造成的，而且把和谐看做在一定条件下运动、变化和发展甚至发生转化的活动。这无疑克服了毕达哥拉斯学派僵死的、绝对的、静止的和谐观点，达到了辩证法的高度。伊壁鸠鲁站在唯物主义的自然观和认识论的角度审视德育问题指出："快乐是幸福生活的开始和目的。因为我们认为幸福收获是我们天生最高的善，我们的一切取舍都从快乐出发；我们的最终目的乃是得到快乐，而以感触为标准来判断一切的善。"③

从上面的论述可以看出，希腊先贤们对德育的阐释，其思维路线显然是把与德性发展有关的人性、知识、智慧、灵魂以及社会政治学意义上的公正、和谐和秩序都归结到"逻各斯"的主导下。尽管没有明确提出诗意德育的概念，但是，他们通过对数学、音乐、建筑、绘画等生产和技艺领域的事物的考量，肯定和谐是一切事物中的本性，这一本性不仅反映在同一事物的不同时间、空间上，还体现在矛盾对立的不同事物的统一性上。这种观点表明和谐是一切事物的本质属性，如果事物不具备这种内在的和谐本性，就难以成为事物。就拿音乐而言，音乐之所以为音乐，是因为音符与律动的和谐才形成音乐。如果这些音符没有内在的统一性，它们所联结起来的声音只能成为"噪声的聚会"，是构不成"音乐"的。同样的道理，能够促进社会秩序稳定、人民生活安定的美德之所以存在主要在于美德的本身是和谐的，而人本身就具有追求美德的天性和潜能。正如后来的哲学大家亚里士多德在其著作《尼各马科伦理学》所表明的一样："人的善就是合乎德性而生成的，灵魂的现实活动，如若德性有多种，则必须合于那最美好、最完美的德性，而且在一生中都必须合于德性。正如

---

① 《西方哲学原著选读》上卷，商务印书馆 1981 年版，第 24 页。
② 魏道履等编：《伦理学》，鹭江出版社 1988 年版，第 27 页。
③ 北京大学哲学系外国哲学教研室编译：《古希腊罗马哲学》，生活·读书·新知三联书店 1982 年版，第 24 页。

一只燕子造不成春天，一个白昼，一天的和短的时间的德性，也不能给人带来幸福与至福。"古希腊早期的诗意德育思想尽管处在"胚胎"和"萌芽"阶段，但由于这些思想一面世与逻各斯具有了某种内在关联性（古希腊的逻各斯，就是指事物中最高的内在规定，即自己是自己的原因，自己的内在和谐），因而具有本体论的意义，或者是在"逻各斯"的契约下进行德性和谐发展的理性诉求，为诗意德育理论的深入研究奠定了比较坚实的哲学基础。

2. "爱知"与"爱德"统一的伦理思想

从智者开始，古希腊哲学由注重对自然本身的研究转变到注重对社会伦理和人的研究。但他们只停留在感性的阶段，只能得出相对主义的结论。苏格拉底把哲学家观看星空的眼睛带回到人间去审视人的生活，使哲学开始从价值的维度去沉思生活的善与恶，实现哲学的"心灵的转向"，即把研究自然的视角转向研究自我。他反对智者派用所谓的修辞术、演讲术等政治统治技巧强化个人的感觉经验而使民众盲目追求一种外在于人心灵的"自然好"的生活，于是用产婆术与雅典街头形形色色的人进行无休止的追问与辩论，其目的在于追求一种不变的、确定的、永恒的真理，促使处在社会秩序混乱、伦理价值分崩离析的希腊人过上一种和谐的美德生活。

苏格拉底建立了一种"爱知"与"爱德"和谐统一的伦理思想体系，其核心的内容就是追求具有普遍意义的绝对的"善"，而"善"又是内在于精神的，不可以从人的外部获得。人们追求善的知识，其实就是在追求善、实践善；人们在获得德性品质的同时，也就获得了对善的理解即善的知识，也就是德性即知识。一个人要有道德就必须具备道德的知识，一切不道德的行为都是无知的结果。人如果不能认识善，不能认识德性，就会陷于恶境不能自拔。这反映了苏格拉底是站在诗意的立场上，以善的知识去统合道德知识与道德行为的鸿沟，以整个与人的内心发生关系的知识去通合人与自然、人与社会乃至人与自我的关系。在智者面前，他坦承自己"无知"，其实是召唤人们"认识自己"，同时认识社会生活的普遍法则，唤醒人们对美德的向往。这意味着哲学从探询"自然"的知识转向为寻求德性自我完满的智慧，具备这种智慧，人们才可以摆脱物欲的诱惑和后天经验的局限，获得勇敢、节制和正义等美德。

苏格拉底渴望建立"强大、幸福"的城邦是和谐的城邦。而和谐的城邦的建设是以公民德性和谐发展做基础的，这基本的德性就体现在公民守法、公民团结等方面。如何成就一个和谐的城邦？首要的策略在于选择富有德性且具有管理智慧的人来治理城邦。"君主和统治者并不是那些拥有大权的人，也不是那些由群众选举出来的人，也不是那些中了签的人，也不是那些用暴力或欺骗手法取得政权的人，而是那些懂得如何统治的人。"① 城邦统治者的智慧在于如何促使公民守法和团结。苏格拉底认为"守法就是正义"②，而公民团结又是公民守法的前提，公民守法是公民团结的目的。要使公民守法与团结取决于能否培养他们的自制品德。自制是一切德行的基础。对政治家来说，"自制是做一个政治家的必备的资格"③。对普通公民来说，自制是获得自由、快乐和理智的优良品质。人若被自身情欲支配，就难以实现真正的幸福；人若不自制，就难以享受最大快乐。"一个不能自制的人和最愚蠢的牲畜有什么分别呢？只有能自制的人才会重视实际生活中最美好的事情，对事物进行甄别，并通过语言和行为，选择好的、避免坏的。"④

就这样，和谐城邦的建立最终还是取决于公民内心"爱知"与"爱德"和谐统一发展的水平，因此，从苏格拉底开始，诗意德育撩开了神秘的面纱，进入到凡人的生活世界。当然，必须引起注意的是，他的诗意德育思想在肯定心灵转向的同时，还必须听凭神的安排，听从神灵的训示。这无疑又使诗意德育思想蒙上另一层神秘的面纱，后来被安提斯泰尼继承和发展，形成以强调禁欲为特征的犬儒学派。

3. 诗意是个体德性与国家德性统一的价值追求

苏格拉底从美德与知识的和谐统一性建构了诗意德育的理论体系，而柏拉图却是从人与国家的共契性关系去建构诗意德育理论的。其核心命题是伦理产生于一个求善和正义的和谐社会里，道德的秩序只有在一个真正有德性的、正义的民族中才得以实现；个体德性的和谐发展以国家德性的和谐发展为根本目的与终极关怀，而国家的德性如正义的现实性改造，又是建立在个体德性和谐发展的基础上。这意味着个体的德性发展与国家的德性发展存在相辅相成的共契关系。

---

① ［古希腊］色诺芬：《回忆苏格拉底》，商务印书馆 1981 年版，第 105 页。
② 同上书，第 164 页。
③ 同上书，第 161 页。
④ 同上书，第 105 页。

就个体德性和谐而论。人的灵魂主要由理智、激情与欲望组成。理智是用以思考和推理的理性；激情是作为理智的天然的辅助者；欲望使人感觉爱、饿、渴等物质渴求。柏拉图认为"正义的人不许可自己的灵魂各个部分相互干涉，起别的部分的作用。他应该安排好自己的事情，首先达到自己主宰自己，自身内秩序井然，对自己友善"①。这深刻地表明：一个有德性的人是灵魂的三个部分和谐地执行它们各自任务的人。理智为整个心灵的利益而谋划，激情应该服从它的领导。激情和理智协调后，它们一起领导欲望，当欲望和激情都服从理智的领导时，个人的灵魂就实现了内在的和谐。"当人的这三个部分彼此友好和谐，理智起领导作用，激情和欲望一致赞成由它领导而不反叛，这样的人不是有节制的人吗?"② 如何实现个人灵魂的和谐，柏拉图继承了苏格拉底"爱知"与"爱德"相统一的德性和谐发展观点，主张人应该注重内在德性修养，将主体完善德性知识的行为看成是追寻德性并获得道德完满性的活动。在柏拉图看来，个体灵魂的和谐不在于所从事的外在的道德行为，不在于对待不幸时所表现的正直，不在于独善其身，而在于从灵魂深处主宰自己、节制自己，去做分内的事情，使自己的灵魂不断趋向成为和谐的整体。如果灵魂能够成为一个和谐的整体，那么保持和符合这种内在和谐状态的行为就是有德性的行为，即正义的行为。

就国家德性和谐而论。首先，柏拉图醉心理想国的设计，建立在理想国世界图景中的城邦之所以能够和谐发展，除了公民拥有和谐的德性外，更取决于城邦的政治。由于稳定的阶级结构和合理的社会分工看做保证理想国社会和谐实现的基石，因此，他从理性、激情和欲望的角度出发，划分了以哲学家、军人、生产者为主体的三大社会阶级并分别委以职责，强调他们各司其职，各安其位，不得擅自变动。倘能如此，这个城邦就是正义的、和谐的。"正义的人必须让理性统治激情，由激情抑制欲望，城邦最理想的秩序和最和谐的状态就是由哲学家领导军人和生产者，军人和生产者要服从哲学家的统治为统治者服务，而不能反对哲学家的统治，获取领导地位。"③ 其次，出于构建优良城邦秩序这一相同的价值目标，柏拉

---

① ［古希腊］柏拉图：《理想国》，郭斌和、张竹明译，商务印书馆 2002 年版，第 172 页。

② 同上书，第 170 页。

③ 同上书，第 12 页。

图又提出"公正即和谐"的思想。社会和谐的根本在于社会的公正。他认为，协调是一种互相融合，两种因素如果相反，就不可能相互融合；相反的因素在还没有相互融合的时候也就不可能有和谐。为了维护公正，在《法律篇》中柏拉图又主张用法律的权威来惩罚破坏城邦秩序的人和事，用法律来维护正义等公共理性的价值。最后，为了保证整个社会的和谐运转，他倡导"节制"的美德。在柏拉图看来，非正义者之所以痛苦，是因为社会发展所必需的道德规则——正义——迫使非正义者以正义之名行不义之事；而节制能够把美德结合起来，造成和谐。

柏拉图以理想国的构建作为根本目的与终极关怀，理想国是和谐的国度，其和谐性就在于个体德性发展与城邦德性发展的和谐统一性。他不仅看到了个体灵魂和谐对理想国建设的巨大作用，而且通过强调社会等级分工的合理性以及"正义、理智、勇敢和节制"四种德性的支柱作用，促使个体的德性在追求目标和动机的多样性中臣服国家的利益，从而获得一个所谓的统一与平衡。如同把各种强弱的音符结合起来，产生一支和谐的交响乐一样，强调超越个体德性的和谐，有时甚至限制乃至牺牲统治阶级的部分利益，达到整个社会和整个国家的和谐目的。这实际反映了柏拉图为调和阶级矛盾，维护贵族奴隶主统治的一致性，抹杀公民德性发展的主体性与多样性的倾向。

4. 灵魂的各个部分归于中道的道德境界

在古希腊哲学思想中，存在着普遍认同的德性，如勇敢、自制、智慧、正义等。柏拉图把它们看做支撑其理想国的精神支柱，具有共相的、先在的意义，似乎与道德实践没有什么联系，对于人的生活而言，似乎可望而不可即。而其弟子亚里士多德对人性及他所处时代的客观现实生活作了冷静细致的观察和分析之后，提出德性的品质是在现实生活实践中形成和表现出来的，德性的发展与生活中行动的选择有关。任何行为都有"过度"、"不及"和"中道"三种状态。"过度"和"不及"这两种情形都是不好的，是恶行的特性，是一种失败的状态。无论是个体还是国家，德性诗意发展的最高境界就是寻求和选取"中道"。这实际上是辩证法具体问题具体分析的灵活运用。例如，勇敢是鲁莽和怯懦的中道，节制是放纵和禁欲的中道，慷慨是挥霍和吝啬的中道，温柔是暴烈和柔弱的中道，自尊是傲慢和自卑的中道，谦恭是无耻和怕羞的中道，友爱则是在个体生活中处理人与自我、人与人之间的关系的中间品质，等等。

　　在谈到中道的深远意义时，亚里士多德强调，对于国家而言，中道是国家绝不应该忽视的公理；对于社会来讲，凡是离中道越远的品种也一定是恶劣的政体。他所构建的和谐社会，便不再是一种想象的理想国，而具有充分的现实意义。他提出一种理想的"优良城邦"的设想。这个城邦的主要目的在于实现幸福生活。所谓幸福，即按照自在自为的实在的美善，以善为本身为目的地对生命活动及其能力的实现。① 幸福生活是怎样的生活？"人类无论个别而言或合为城邦的集体而言，都应具备善性而又配以那些足以佐成善行善政的必须事物（外物诸善和身体诸善），从而立身立国以营善德的生活，这才是最优良的生活。"② 幸福生活就是追求和实现善德的生活。其中外物诸善、身体诸善和灵魂诸善三者的和谐，是人类幸福生活的具体表征。中产阶级在任何社会中都是介于社会高层与底层之间的缓冲层，在缓和社会矛盾与冲突和维护社会稳定中具有"中和"的作用。在中道原则指导下，由中产阶级掌权，建立优良政体是实现城邦的富人、穷人和中产阶级的和睦相处的奠基石。

　　幸福生活是合乎德性的，而德性不是先天禀赋，是人通过德育实践获得的品质，德育实践达到的最高境界在于中道，中道境界是人人所能达到的，因而是幸福生活、最好的生活。对个人而言，"美德乃是一种中道"。要实现人们的幸福生活，建立优良整体只是外在的动因，决定幸福生活质量的还在于城邦公民的素质提升，因为再好的政治制度也需要人来运行。因此，公民品德素养的高低成为实现优良生活的关键问题。如何提高公民德性修养？亚里士多德高度肯定了教育的作用。首先，他把人的灵魂确定为理性灵魂、非理性灵魂和植物灵运动三种，与此照应的就是"体育、德育、智育"三种教育。其次，要使人的灵魂得到健康的完善的发展，必须根据不同阶段施与人十分恰当的教育和训练。他根据儿童身心发展的特点提出按年龄划分教育阶段，0—7 岁为第一阶段，以体育训练为主；7—14 岁为第二阶段，以德育为主，实施和谐的教育；14—21 岁为第三阶段，以理智培养为主。难能可贵的是他看到了苏格拉底和柏拉图关于"知识即美德"的学说的局限性，认为这种观点缺少一个必要的因素，即有"知识"的人必须加上行善的道德意志，而"美德"本身则须包含理

---

① 金生鈜：《德性与教化》，湖南大学出版社 2003 年版，第 73 页。
② ［古希腊］亚里士多德：《政治学》，商务印书馆 1996 年版，第 343 页。

性智慧。天赋、习惯与理性是道德品质形成的三个源泉。提高公民的道德素养必须以理性为基调，根据公民的天赋，让公民养成和训练良好的习惯。由此出发，主张通过实际活动和反复练习，使学生养成"中道"的道德品质。另外，亚里士多德非常重视音乐教育。音乐教育是其和谐发展教育的核心，音乐是进行美育的有效手段，有助于智力的发展，更是道德教育不可缺少的组成部分。他提倡"文雅教育"，把学科分为实用和文雅两种，实用学科为实际生活服务，具有功利性，是不高尚的；文雅学科没有功利性，是专供闲暇和享受用的，是高尚的。正是由于坚持智德与行德的和谐统一，坚持天赋、习惯和理性的协调、秩序与统一，使亚里士多德能够超越他的前辈们，从而把古希腊诗意德育思想推向高峰。

黑格尔指出："当量的变化发生时，最初好像完全无足轻重，但后面却潜藏着别的东西……凭借这种技巧去抓住质（引起质的变化），这里所包含的尺度的矛盾，古希腊哲学家已经在不同的形式下加以说明了。"①这无疑是对亚里士多德诗意德育思想十分中肯的评价。真正的合乎德性选择，是由人的德育实践决定的，只有在实践中，才会使伦理德性和理智德性达到统一。人类通过德育实践，学会了选择各种德性作为自身发展和社会发展的支柱，同时经过实践的经验确定各种道德要素归于中道境界的价值追求。亚里士多德的诗意德育思想绝不是"不偏不倚"的中庸主义，也不是那种徘徊于是非、善恶之间，动摇不定或模棱两可的折中主义，他是从朴素的唯物主义的视角揭示出了德性发展的自在性与自为性、量变与质变的辩证关系。因而，在人类道德文明的长河中，这种"中道"的诗意德育思想具有普适性的意义。

在古希腊晚期，斯多亚主义继承苏格拉底和柏拉图"德性即知识"思想，认为德性是遵循普遍法则或正确理性（识见）的结果。而希腊伦理学家和教育家普鲁塔克（约46—119年），对斯多亚主义只注意到了灵魂的理性方面，却忽视了灵魂的非理性方面进行合理的批驳。从而把诗意德育研究提升到要素之间的整体和谐的高度。他提出一个人的品行的最终形成取决于人的自然本性、理性和习惯三个要素。自然本性是与生俱来的先天禀赋；理性是由学习得来的；习惯是通过实践养成的。要形成任何一种品行，天性、理性和习惯这三个要素是缺一不可的，而且必须是这三个

---

① ［德］黑格尔：《小逻辑》，贺麟译，商务印书馆1980年版，第236页。

要素在人的品德形成过程中相互配合、统一发展，缺少任何一个因素或这三个方面不能协调发展，都不可能形成完美的人格。①

从以上的分析可以看出，古希腊的哲学家、思想家是从和谐是一切事物的本质规定性出发，从德育的视角，看到了和谐是人与国家、人与人乃至德性发展的各要素之间相互联系的机制和状态。这种机制与状态的达成是取决于逻各斯和诗性智慧协同作用，因而富有诗意。更让我们称道的是，在生产力水平发展还比较低下的时代，这些哲学家看到了德育的可教性，肯定德育的和谐发展是基于"社会—人—教育"三者之间的相互制约、相互作用的联系，即社会德性发展对人的素质提出要求，教育根据社会德性发展的需要对人的素质要求进行教育改革，以使个体的德性发展适应社会需求，而个体德性的和谐发展只有依托社会德性的和谐发展，才会得到真正的保障。在这样的相互联系中，"社会—人—教育"就处于一个诗意发展的整体中。当然，这种诗意的整体是以社会即统治阶级的利益作为价值判断的依据，体现的是奴隶主阶级的根本利益，具有鲜明的阶级性。苏格拉底、柏拉图和亚里士多德等人虽然反对现存的民主政体，但并不反对奴隶制本身。由于过分强调德育的外在规定性，无疑相对忽视了德育的自为性与自在性。但他们反对奴隶主专制，主张建立一个集体利益、国家利益至上的和谐城邦是符合时代要求和历史发展趋势的。因此，古希腊哲学的诗意德育思想是具有历史进步性的。我们今天借鉴古希腊的诗意德育思想需要有扬弃的精神，既取其所长，又能辨识其不足而剔除其糟粕。②

## 第五节　中外传统文化中德育"诗意"的
## 历时超越及共时享用

物质生产条件是决定上层建筑之所以成立、繁衍的逻辑前提，它不仅决定着人们的社会生活方式，而且决定着一定社会生活方式的思想文化。从中西文明的起源方面进行比照可以看出：尽管作为原始初民，都是在诗

---

① 于钦波、刘民：《外国德育思想史》，四川教育出版社 2000 年版，第 172—173 页。
② 该节内容被詹万生先生主持的中国教育学会"十一五"规划重点课题"和谐德育的研究与实验"课题组吸收，收入教育科学出版社 2008 年版《和谐德育论》一书。

性智慧的影响下的诗意德育活动，但无论德育价值取向还是德育的目标乃至德育的方法均呈现很大的差异。中国古代先民赖以生存的是以大河为中心的大陆地理环境，这为古代先民从事农业生产提供了客观条件，对古代中国发展成为以农业为主的农业社会和自给自足的自然经济社会产生了根本性的影响。[①] 这种影响主要体现在以农业为本位的社会生活方式和以此为基础产生的思想文化中。而古希腊是以半岛为中心的海洋地理环境，三面环海促使先民必须以宽广的胸怀去迎接人生的风雨，以开拓的精神去克服狭窄地域带来的困顿，因此，自然形成以崇尚冒险精神为核心的商业、手工业社会及其经济形态。

从德育的价值取向看，古希腊人凭借自我的探索意识，能够跳出狭窄的地理环境去探索未知的世界，在城邦民主制的抚育下以及工商业、航海业所带来的丰富的物质基础和人生的历练，使得古希腊思想家、道德家能够摆脱神明的束缚而在"逻各斯"的召唤下去考察、研究德育问题，因此，自古希腊发端，西方社会经历了古典时代的"习俗化"的道德教育、中世纪的"宗教化"的道德教育，及往后的"世俗化"、"科学化"、"人文化"道德教育，而德育价值取向始终突出个人本位，强调个人的自由意志、个人利益与群体利益的一致性。而我国自先秦至清末，限于大陆地理环境以及由此而产生的以血缘关系组成的社会关系乃至社会政治结构基本上处于封闭、稳定的状态，因此，德育的价值取向不是强调"人是万物的尺度"，而是以社会为本位，去要求德育发挥政治教化的功能去"齐家、治国、平天下"从而"以德配天"。价值取向的不同自然影响到德育目标的选择与确定。受"逻各斯"的影响与制约，西方诗意的表达往往理性多于感性，目标趋向于道德"智者"的培养，甚至"哲学王"就是最高的"善"；而我国限于社会本体，德育往往成为政治的工具，于是诗意的表达出现理想性和崇高性的特征，培养"内圣外王"的"圣贤君子"是德育的根本目标与终极关怀。反映在德育方法上，我国传统德育强调"反躬求己"，要求"兴于诗，依于仁，立于礼，形于乐，游于艺"去"修于己"；西方传统的德育方法强调自由竞争、享乐至上，强调"进取"、"外求"。

从中西不同的理路可以看出，西方古代由于对"诗"的认识是广义

---

① 葛晨虹：《德化的视野：儒家德性思想研究》，同心出版社1998年版，第13—20页。

的，不仅包括诗歌，还泛指戏剧、绘画、雕塑等一切可以"制作"的东西。而中国传统文化所指的"诗"主要是诗、乐、舞合一中的"诗"，因此，这就导致中西传统文化对诗意的认识在大同中出现小异。西方诗意的内涵注重理性，注重模仿和再现，而中国古代的诗意表达注重情感的表现。但从诗意德育实施原则层面审视，仍有着惊人的相似性，即在历时的超越和共时的享用方面具有共通性。

## 一 美与善相统一的原则

"子谓《韶》，尽美矣，又尽善也；谓《武》尽美矣，未尽善也。"①孔子在齐国听到韶乐，陶醉得"三月不知肉味"，情不自禁地说道："不图为乐之至于斯也。"② 因为正如朱熹所论述的"《韶》，舜乐。《武》，武王乐。美者，声容之盛。善者，美之实也"③。舜帝以"揖让"获取天下，实行仁政，属于有至德之人，故韶乐在审美上达到了"尽美"的地步，在道德伦理上又臻于"尽善"的境界；而周武王是凭借武力征发天下，尽管武乐在艺术的形式上达到了"尽美"的高度，但其道德水准远没有达到"尽善"的地步，因而难以和韶乐相提并论。在孔子看来，任何文化事功的目的都是为了提高人们的道德水平，尽管他没有否定诗乐的娱乐功能，但显而易见，道德之善是"美"的实质与内容，而"美"不过是演绎道德之"善"的形式，以期达到"美者，声容之盛"的效果。孟子在此基础上进一步厘清了"美"与"善"的关系。"可欲之谓善，有诸己之谓信，充实之谓美，充实而有光辉之谓大，大而化之谓圣，圣而不可知之谓神。"在孟子看来，人的精神境界分为"大、圣、神"三个境界，无论处在哪个境界，都应注意做到以善做基础，以美为底蕴。所谓"大"，即要求做到"充实而有光辉"，"充实"意味德性丰盈，"有光辉"意味德性能够烛照四方，"大人"就是有崇高德性而又能够辐射四方之人；所谓"圣人"，就是那种德性不仅达到昭示四方的地步，而且能够"化成天下"，成为百世的楷模；所谓"神人"，即在圣人品性的基础上进入到一种"神妙而无法测度"的审美境界。孟子显然把"美"看做最高的原则，

---

① 《论语·八佾》。
② 《论语·述而》。
③ （宋）朱熹：《四书章句集注》，齐鲁书社1992年版，第91页。

但"美"是以"善"为基础与价值尺度的。

继孟子之后，荀子提出"君子知夫不全不粹之不足以为美也"、"君子贵其全也"① 的主张，对"美"和"善"的关系作了进一步的厘清："乐行而志清，礼修而行成，耳目聪明，血气和平，天下皆宁，美善相乐。"② 美与善是相互促进的关系。尽管对美善的侧重各有不同，但至此，德育既要注重维护社会的伦理秩序，又要注重个体审美情感的欲求，从而注重美的形式成为各朝各代历时性与共时性的基本原则。

在西方，根据美学大师朱光潜先生的研究，苏格拉底把美和效用联系起来看，美必定是有用的，衡量美的标准就是效用，有用就美，有害就丑。而判断一个事物的美丑除了看效用的好坏之外，还要看使用者的立场。美与人的德性有关，"美不能离开目的性，即不能离开事物在显得有价值时它所处的关系，不能离开事物对实现人愿望它所要达到的目的的适宜性。就这个意义上说，'美'和'善'两个概念是统一的"③。从此美和善就密切联系在一起。苏格拉底的门生柏拉图主张把诗人逐出他的理想国，但他没有否认美善统一的关系，相反，他是从善的角度对理想国的建设提出了道德教化的设想，在他的心目中存在三个世界：理式的世界、感性的现实世界与艺术世界。理式的世界是一个事物之所以为事物的道理或规律，是真实的世界，是永恒不变的世界；而感性的现实世界不过是依据事物的理式某个方面所描摹出来的事物，由于受到时空、材料与用途等条件的限制，因而是变化的，自然是不真实的；而艺术的世界又是对感性的现实世界的摹写，添加了许多主观的东西，自然不真实的成分更多。在他的推论中，荷马以及悲剧诗人的诗只是艺术世界的作品，不仅没有真正触及真实世界的理式，而且把神和英雄们凡人化，使之具有平常人一样的争吵、奸诈、贪图享乐等缺陷。这是不利于树立理想国城邦卫士的榜样形象的，只会给城邦里的人带来道德上的恶劣影响。因此，真正美的东西，不在于模仿现实生活中感性的材料，而在于理式与感性生活的统一。亚里士多德同样是把美与善、文艺与道德联系在一起来考虑问题的。他首先从道德教化的角度分析诗和悲剧的作用在于使人们的情感得到净化。其次，他

---

① 《荀子·劝学》。

② 《荀子·乐论》。

③ 朱光潜：《西方美学史》，商务印书馆 2006 年版，第 5—6 页。

从自己老师学说的基础上推陈出新，肯定诗与悲剧等描摹感性的现实的个别事物，不但是真实的，而且能反映事物的本质。因此，在他看来，美的艺术之所以能够引起人们情感上的共鸣，引起愉悦，正因为善。

在古希腊哲人的奠基下，美与善相互统一的原则得到贺拉斯、锡德尼等人的继承。锡德尼在《为诗一辩》中认为，诗歌的目的就在于"教育和怡情性"，而诗所引导的善行是任何博学所向往的最高贵的目的，诗人应该担当起"启发德行"的重担。①

当然，如同本书上节所述，同是美善统一的原则，在东西方德育史上的地位还是有区别的。在我国，建立在宗法血缘关系基础之上，以天人合一为本体论的伦理道德在实践层面是以善统真，以美促善的。这也是中国德育发展的一个最根本的特点和规律。而古希腊进入奴隶制社会，是建立在原始氏族社会解体的基础之上的城邦制度，其道德伦理实践是强调世界的真实性，以真为美，以真为善。

## 二 德性与语言同构的原则

中西德育在起源的时候，不约而同地强调了语言的德性。历代儒家清醒地认识到，语言不仅是交流、交际的工具，更是一个人德性的表现。孔子认为"有德者有言，有言者不必有德"②，其言外之意在于表明：只有有德之人的语言才是值得称道的，而无德之人，即使"巧言令色"也不足以称赞。有德之人的语言会产生什么样的效应呢？"君子居其室，出其言，则千里之外应之，况其迩者？"③ 言辞之"善"，远近均会受到感染与教化，从而自觉呼应。有德之人的语言标准是什么呢？孔子给出的答案就只有两个字："辞达。"怎样的语言才称得上"达"？这必须从言的质和料两个方面进行分析。从内容上看，语言首先要合乎"礼"。孔子："非礼勿视，非礼勿听，非礼勿言，非礼勿动。"④ 这里强调的一切社会行为均在"礼"的辖制之下，语言自然不例外。除此之外，语言还要合乎"仁"的道德标准。"言谈者，仁之文也。"⑤ 所谓"仁"，就是爱人，就是道

---

① 狄兆龙：《中英比较诗学》，上海外语教育出版社 1996 年版，第 37—38 页。
② 《论语·宪问》。
③ 《周易·系辞上》。
④ 《论语·颜渊》。
⑤ 《左传·僖公二十四年》。

德,也就是说,语言只是道德的外在形式,其实质内容在于言说者"仁德"的内容与水平。在"仁"与"礼"的统领下,语言之德还衍生了讲究"忠"、"信"、"诚"等道德要求。

从形式而言,所谓的"辞达",还强调了语言运用的艺术。"言之无文,行之不远。"① 没有文采的言语是难以被人接受和传诵的。什么是有文采的言辞?"子所雅言,诗书执礼,皆雅言也。"② "诗"的言辞就是雅言。而雅言又是"文质彬彬"③ 的,既符合"仁义"的道德标准,又具有感人的形式。因此,孔子告诫儿子:"不学诗,无以言。"④

德谟克里特比较早地注意到语言的德育功能。他认为"要使人信服,一句言语常常比黄金更有效"⑤。言语之所以比黄金有效,就在于它承载了德性,有德性的语言使人信服,而且增强了言说的权威性。柏拉图尽管反对修辞学,否定诗的语言艺术,但他还是自觉不自觉地运用语言的形象化手段加强理想城邦的道德教化,在《理想国》里,他用洞穴来比喻感官世界,而那些用感官经验来认识事物的人就好比是洞中的囚徒,形象而生动地宣传了他"理式"重于形式的思想。亚里士多德继往开来,不仅敢于挑战柏拉图既定的学说,把语言艺术提到应有的高度,而且亲力亲为,把语言艺术整理成"修辞学",以帮助人们增强道德教育的魅力。他认为"修辞术是辩证法的对应部分,因为两者关心的对象都是人,人皆有所认识的事情,并且都不属于任何一种科学"⑥。也就是说,"它不限于任何几种确定的事物对象"⑦。这说明修辞是日常生活中,尤其是道德演说中普遍应用的学问和技术。修辞,其实最初的含义就是论辩的艺术,侧重激情、胆识与演说的技巧,亚里士多德注入逻辑论证内容,使修辞学真正成为一种合逻辑的"说服的论证"。而语言论证的力量来自人的理性。人凭借理性可以控制自己非分的欲望,使自己的行为合乎社会的道德规范。这样一个人的道德水准就决定了论证的力量。语言的德性在修辞学得到提升。

---

① 《左传·襄公二十五年》。
② 《论语·述而》。
③ 《论语·雍也》。
④ 《论语·季氏》。
⑤ 周辅成:《西方伦理学名著选辑》上卷,商务印书馆1964年版,第74页。
⑥ 苗力田主编:《亚里士多德全集》第9卷,中国人民大学出版社1994年版,第333页。
⑦ 同上书,第337页。

至于运用"隐喻"、"象征"等形象化手段以增强言说的说服力，在西方文献中，这样的例子不胜枚举。《荷马史诗》中的比喻和隐喻约有800处之多。号称"悲剧之父"的埃斯库罗斯也以神仙世界来隐喻现实。中世纪，基督徒们为了宣传教义，隐喻的言说方式成为一种风尚；文艺复兴时期，薄伽丘的《十日谈》等人文主义著作，比喻、讽刺、象征的手法更是蔚为大观。

### 三 理智与情感相结合的原则

在德育方法的层面，尽管我国传统诗意德育强调内求于己，而西方一直有外求于人的传统。因此，表现在对待"诗"以及"诗意言说"的态度上，尽管一偏重"理式"，一偏重"形象"。反映在"理式"与"形象"的表达方面，中西方也是"物感"与"描摹"各有侧重，但无论如何"理式"与"描摹"里也有情感的因素，而"形象"与"物感"里自然也少不了理式的作用，情与理的结合、相融成为中西诗意德育的共同追求。

中国儒家经典之一的《礼记·乐记》最先明确提出"物感说"："音之起，由人心生也。人心之动，物使之然也。感于物而动，故形于声。声相应，故生变；变成方，谓之音。比音而乐之，及干戚羽旄，谓之乐。"①这里所说的"心"就是感受，心的感受是受外在事物的影响，因此，德育不仅要借助外在事物的形象，而且要发挥情感的作用。孔子很早就注意到情感对道德教化的作用，所以他谈及诗歌的功能的时候，尽管强调"兴、观、群、怨"，但他把"兴于诗"放在了显要的位置，突出导引情感的铺垫或者说奠基作用。孔子要对弟子进行道德方面的教育，往往从客观事物的感受出发，动之以情然后晓之以理或者导之以行。比如，"逝者如斯夫，不舍昼夜"，孔子观水，引发无穷的感慨。弟子从老师的感慨中看到奔腾不息的河水，可以感受到时光的易逝以及哺育一切生灵的德行，还可以从水没有一定的形状，但总是流必向下、和顺温柔学习一种为人的美德。情能激发弟子的道德学习兴趣，而理又引发弟子的理性反思。情与理的结合，诗意德育不是冷冰冰的说教，也不是非理性的空发感慨。情怎么合理？合乎什么理？

---

① 《礼记·乐记》。

情发于声，声成文谓之音，治世之音安以乐，其政和；乱世之音怨以怒，其政乖；亡国之音哀以思，其民困。故正得失，动天地，感鬼神，莫近于诗。先王以是经夫妇，成孝敬，厚人伦，美教化，移风俗。[①]

由此可以看出，儒家倡导的诗意德育反复强调"情"与"理"的结合就是要求教育者和受教育者表达的情感要合乎伦理道德之善，即合乎"经夫妇，成孝敬，厚人伦，美教化，移风俗"的先王制定的"礼义"。后代演变为"四书五经"之教义。当然，儒家的礼义后来日益变成统治阶级钳制个性表现的桎梏，这是需要辩证审视的。

与古代先秦儒家不同，古希腊先贤们一开始就把"理"放在德育突出的位置。柏拉图把"理式"当做世界的本原，认为现实世界是理式世界的模仿，而诗的世界不过是现实世界的模仿。他极力主张把情绪、欲望和快感等一切与情感有关的东西赶出他的理想国，把它们视为人性中卑劣的部分。当然，需要澄清的是，柏拉图驱逐的是对任何事物不加以选择，都要进行描摹的诗人，而对那些坚守道德准则，有助于城邦伦理道德的诗人是大力提倡的。因此，为了使青年"天天耳濡目染于优美的作品，处身四周健康有益的环境，从小培养起对美的爱好，形成融美于心灵的习惯"[②]，他要求监督诗人们，强迫他们在诗里只描写善的东西和美的东西的影像，同时也要监督其他艺术家们，不准他们在生物图画、建筑物以及任何制作之中，模仿罪恶、放荡、自鄙和淫秽，如果犯禁，就把他们全部驱逐出去。柏拉图并非否定一切形象化的东西，也不是无条件排斥情感，他重视的是伦理教化，重视的是合乎城邦政治的利益，在某种意义上，他旗帜鲜明地表明诗意化的文艺作品更应该注意"情"与"理"的融合。亚里士多德用唯物主义观点看待诗意言说的问题。他在《诗学》里肯定诗描摹的世界不但是真实的，能反映事物的本质，而且"诗"对人的情绪能够起到净化作用，是有益于道德教化的。"一般说来，诗的起

---

① 《毛诗序》，转引自赵则诚、陈复兴、赵福海《中国古代文论译讲》，吉林人民出版社1984年版，第1页。

② ［古希腊］柏拉图：《柏拉图文艺对话集》，朱光潜译，人民文学出版社2008年版，第62页。

源仿佛有两个原因，都是出于人的天性。人从孩提时候就有摹仿的本能（人和禽兽的分别之一，就在于人最善于摹仿，他们最初的知识就是从摹仿得来的），人对于摹仿的作品总是感到快感。"① 公元前 1 世纪的贺拉斯继承了亚里士多德的思想，从功利主义的艺术观出发，把文艺的社会作用明确概括为"寓教于乐"，在《论诗艺》里指出："诗人的愿望应该给人益处和乐趣，他写的东西应该给人以快感，同时对收获有帮助。"② 不仅如此，他对任何诗意化的作品要求做到"合式"，即恰当、适宜、和谐、妥帖得体。也就是说，发挥教育和娱乐的双重作用，做到"情"与"理"的贯通。英国 16 世纪的思想家锡德尼同样继承了古希腊的传统，他在《为诗一辩》中指出："一切人间学问目的之目的就是德行"，而要担当起"启发德行"这一不平凡工作的只有诗人。因为诗是引导善行的，更因为诗是一种说话的图画，既给人形象的感受，也给人理性的启迪。③

由此可见，中西先哲都认识到，无论是从"理式"去追求德育的诗意美，还是从"情感"的角度探究德育诗意的形象化，都离不开"理"与"情"的综合作用，正如列宁所说："没有'人'的感情，从来就没有也不可能有人对于真理的追求。"④ 同样的道理，没有理性，情感的表达难免泛滥而失去教育的愿意。真正的德育既不是空洞枯燥的说教，也不是漫无目的的"煽情"，二者应该和谐结合起来，共同发挥作用。这也是科学主义与人文精神结合的要义。

---

① ［古希腊］亚里士多德等：《诗学·诗艺》，罗念生等译，人民文学出版社 2008 年版，第 11—12 页。

② 同上书，第 155 页。

③ 狄兆龙：《中英比较诗学》，上海外语教育出版社 1992 年版，第 38—39 页。

④ 中共中央马恩列斯著作编译局编：《列宁全集》第 20 卷，人民出版社 1997 年版，第 255 页。

# 第三章 诗意德育的研究起点
## 及其基本内涵

诗意德育的研究源自中国传统诗意文化，而诗意文化是中华民族凭借诗性智慧这一精神实践方式创造的。其中，"诗性智慧"不仅是诗意德育研究的起始对象以及理论体系的起始概念，而且蕴涵着诗意德育研究对象的一切矛盾或所有矛盾发展的"胚芽"，展示着具体而丰富的未来趋向，自然成为诗意德育研究的逻辑起点。因此，以"诗性智慧"为基础展开研究，就可能触摸到诗意德育的基本内涵。

## 第一节 诗意德育研究的逻辑起点

所谓逻辑起点，用恩格斯的话说，就是指"科学应该从何开始"。这就是说，逻辑起点就是范畴体系的起始范畴，是构建一种德育模式最简单、最抽象的概念范畴、起始范畴，是一个德育理论体系的思维出发点；而德育实践是指能够促进人的德性发展的活动，更是一种生活化的实践活动。逻辑起点不仅对德育模式的构建具有定向和规范作用，而且对德育实践更具有指导和调控作用。因此，只有正确认识并理解诗意德育研究的逻辑起点，才能正确地认识其存在意义与本质属性，并促进其德育实践健康而有实效地发展。

### 一 诗意精神培育的指向

在逻辑起点研究中，人们通常运用的方法论之一就是逻辑和历史一致的原则。首先，从历史的维度看，德育作为上层建筑的重要组成部分，总是和一定的物质生产方式基础上发展起来的精神实践方式相关。德育一经产生，就成为一个民族在一定时代精神文明的重要标志之一。任何一个民族都有其自身的包括道德在内的特定文化"密码"或文化"基因"，从而形成不同的民族性格、民族情感，具有不同的民族精神。因此，探究诗意德育的逻辑起点必须探究产生这种思想的文化"基因"，尤其探究中华民族物质生产和精神实践方式。

在意大利哲学家维柯看来，世界在它的幼年时代是由一些诗性的或能诗的民族所组成的，诗性智慧是人类历史前叶的原始野蛮人所特有的一种智力功能，是人类最初的智慧形态。而尼采认为，人类有个原始时代，其时人接近大自然的心灵，在自然状态中同时达到人类的理想，处于乐园的善行和艺术气氛中；这就要假定我们人人都是这样完美的原始人之后裔。[1] 人作为"万物的灵长，宇宙的精华"，他的存在是精神与肉体的合金，劳动使人获得必要的物质基础，同时也使人成为有所追求的精神存在。人拥有其他灵长类动物所不具备的东西，即马克思所认为的"人具有掌握自然规律的意识机能"，这种机能引导人类用诗意的眼光审视周围的世界，使人类个体既认识了自己的有限，同时赋予人有限的存在以无限的意义，使感性个体的人处于一种壮丽的、精力充沛的原始力量之中。这种力量促使人类超越自然、时间的有限，从而与自然、与自己的生命力本身，无不处于浑然和谐之境。如果缺乏或者丧失精神的支柱，人不过是"一根苇草"，是自然中最脆弱的东西。中华民族独特的精神支柱是什么？自然需要从中国传统的精神实践方式去寻找答案。中国自古以来就是诗的国度，中华民族是诗的民族，"中国文化的本体是诗，其精神方式是诗学，其文化基因库是《诗经》，其精神峰顶是唐诗。一言以蔽之，中国文化是诗性文化。或者说，诗这一精神实践方式渗透、积淀在中国传统社会的政治、经济、科学、艺术各个门类中，并影响甚至是暗暗地决定了它们的历史命运"[2]。

诗性智慧成为中华民族、中华文化赖以生存、发展、壮大的源泉。"中国人最美妙的特质就是：作为一个有着悠久历史的成熟的民族，一个有着成年人理性智慧的民族，他们至今仍然能够过着孩子般的生活。"[3] 中国人之所以累遭外族的凌辱而一直保持文明之火绵延不绝，就在于诗性

---

① ［德］尼采：《悲剧的诞生》，周国平译，生活·读书·新知三联书店1986年版，第156页。

② 刘士林：《中国诗学精神》，海南出版社2006年版，第2页。

③ 辜鸿铭：《中国人的精神》，海南出版社2007年版，第39页。

智慧所造就的精神，这种精神是心灵和理智的完美结合，是人恪守规律、秩序的理性与直觉、迷狂、冲动的本能的对立统一的精神。诗意德育源自中国传统文化，中国传统文化是诗意的文化，而诗意文化的萌发与壮大来自于中国人的诗性智慧，因此，诗性智慧就是诗意德育理论与实践研究的逻辑起点。

### 二　研究起始概念的缘起

从逻辑的角度看，有学者认为，把握世界的思维方式主要有两种：一是诗性智慧；二是理性思维。① 在理性思维的启蒙下，人们按照纵深的方向，把抽象的永恒的概念作为终极目标，依靠符号、逻辑等方式进行判断、分析、推理，从而获得事物的同一性与普遍意义。在理性智慧的作用之下，人类中心主义得以建立，人成为万物的主宰，与此同时，人的活动空间与时间也就愈来愈窄化。反映在德育领域，学校德育往往从一个理性维度出发，德育目标照顾的是"高大空远"的"政治"需要，德育内容大中小学"倒挂、脱节、简单重复、过频变动和脱离实际"，实施的基本途径就只有思想政治课和班会课，没有与学校教育系统形成教育合力；德育方法往往是教师单信道的言传代替了多信道的实践体验；德育评价结果验证湮没了过程考察与监督，这一切致使学校德育价值取向窄化为培养单向度的"类型人"和整齐划一的"平面人"。单一的理性思维不仅不能帮助人们通达万物的本质，相反正是由于符号、逻辑的作用遮蔽了不在场的信息，使人自身也成为平面人。德育不仅不能培养全面而和谐发展的人才，反而培养具有双重与多重人格的伪君子，德育成为祛魅的代名词。海德格尔将理性智慧称为技术思维，他认为技术思维根本不思，也不了解何谓性质、历史、语言，只是一种机械的算计。他在《林中路》中写道："甚至人变成主体而世界变成客体这回事，都已是技术的本质要把自身设施出来的结果。"②

从本体论上来说，世界是一个无穷无尽的相互关联之网，联系是一切事物、现象和过程共有的客观的、普遍的本性，联系概括了事物或现象之间、事物内部要素之间一切相互联系、相互依赖、相互渗透、相互作用、

---

① 刘士林：《中国诗学精神》，海南出版社 2006 年版，第 35 页。
② 洪谦：《西方现代资产阶级哲学论著选辑》，商务印书馆 1982 年版，第 378 页。

相互转化等方面的总特征。从认识论上来讲，任何人凭借理性智慧，在线性思维的发展轨道上，无法同时知觉到无穷无尽的万事万物，无法让万事万物都同时出场。德育质量的提高是教育部门内外学校、家庭、社会"三教"协同工作的整体效应，是校内全体教职工通力合作的结果，是教师、学生"双主体"教育力量协同作用的结果，是德育过程知情意行"四环节"之间的协调，德育目标、内容、途径、方法、管理、评价"六要素"构成的横向系统与幼儿园、小学、初中、高中（中职）、高职、大学"六学段"构成的纵向系统的协调。这些因素都要处于不同层次的有序关系，除了需要周密的理性智慧进行整体建构之外，还需要教育工作者凭借诗性智慧把学校德育工作看成一个系统，看做一个有层次、有序的结构，而且把学校德育工作的各个要素视为一个相互联系、辩证统一的整体。

### 三 诗意德育体系构建的确证

"诗性智慧"不仅是诗意德育研究的历史起始对象，是其理论体系的起始概念，也内在地蕴涵着诗意德育研究对象的一切矛盾或一切矛盾发展的"胚芽"，展示着具体而丰富的未来趋向。按照德育发展的基本规律，由诗性智慧可以引申出诗意德育理论体系的全部内容。中华文化尽管儒、道、佛并重，但无论什么时期，无论什么学派，诗意存在都是人们追求的价值取向。这种诗意存在就体现在"和合"境界的追求上。老子讲"万物负阴以抱阳，冲气以为和"①。庄子讲"游心乎德之和"②、"两者交通成和而物生焉"③ 等。《国语·郑语》将"和合"二字并举连用"商契能和合五教，以保于百姓者也"。《管子》也将"和合"并提："畜之以道，则民和；养之以德，则民合。和合故能习，习故能谐。谐习以悉，莫之能伤也。"④ 涵养道德，百姓自然和合，和合产生和谐，和谐产生凝聚力，任何人的存活就不会受到伤害。佛教传入中国后，经中国人诗意精神价值观的融会，也主张因缘和合，如"五众和合因缘故名为人"，承认人是由色、受、想、行、识五众因缘（又称"五蕴"）和合而生，而无实在自

---

① 《老子·四十二章》。
② 《庄子·德充符》。
③ 《庄子·田子方》。
④ 《管子·幼官》。

性。现当代，钱穆先生极力提倡中国文化的和合精神。他指出："中国人常抱着一个天人合一的大理想，觉得外面一切异样的新鲜的所见所闻，都可融会协调，和凝为一。这是中国文化精神最主要的一个特性。"① 德育是使一定的社会意识和道德规范转化为受教育者个体思想品德的教育活动。按照什么样的方式有效地开展教育活动，研究其规律和原则顺理成章并经过逻辑起点和一系列的逻辑中介，最后到达理论体系的逻辑终点，也就是为什么要进行德育。由此，诗意德育理论体系逻辑行程可以清晰地构建如下：诗意德育—诗意德育目的—和谐人—和合存在—诗意文化—诗意精神—诗性智慧。作为诗意德育理论体系的起始概念和终极关怀，诗性智慧"具有简约性的特征，它外延广大，概括度高，一个范畴统摄着一连串层次不同的概念"②，反映了诗意德育概念体系的内在联系，而且对诗意德育理论体系起着统一概括的作用。

## 第二节　诗性智慧的基本内涵与特征

### 一　诗性智慧的基本内涵

什么是诗性智慧？"诗性智慧"的研究肇始于 18 世纪意大利哲学家维柯，他的不朽著作《新科学》已成为"诗性智慧"或"诗性逻辑"研究的圣经。维柯认为，诗性智慧是人类历史前叶的原始野蛮人所特有的一种智力功能，是人类最初的智慧形态。"因为根据人类思想史来看，玄学女神是从各异教民族之中真正人类思想开始的，终于使我们能下降（回）到诸异教民族最初创始人的那种心灵状态，浑身是强烈的感觉力和广阔的想象力。他们对运用人类心智只有一种昏暗而笨拙的潜能。正是由于这个道理，诗的真正的起源，和人们此前所想象的不仅不同而且相反，要在诗性智慧的萌芽中去寻找。这种诗性智慧，即神学诗人们的认识，对于诸异教民族来说，无疑就是世界中最初的智慧。"③ 作为一种原初的智慧，它是一种人类本能的智慧，不需要文明理性的知识做铺垫，凭借也许是与生俱来的或者一种直觉的观念，赋予他们感到惊奇的事物以实体性的存在，

---

① 钱穆：《中国文化精神》，三民书局 1971 年版，第 51 页。
② 薛天祥：《高等教育学》，广西师范大学出版社 2001 年版，第 136 页。
③ ［意］维柯：《新科学》，朱光潜译，安徽教育出版社 2006 年版，第 56 页。

如同儿童将无生命的物体拿在手上把玩，与之嬉戏、谈笑，宛如对付活生生的人一般。因此，诗性智慧尽管只是一种"昏暗而笨拙的潜能"，但是，原始人运用诗性智慧，凭借"天生的强旺的感觉力和生动的想象力"①，造就了一个诗的世界，同时也创造了一个与文明时代完全不同的文化体系，这就是所谓的诗性文化。② "这种异教世界的最初的智慧，一开始就用的玄学就不是现在学者们所用的那种理性的抽象的玄学，而是一种感觉到的想象出的玄学，像这些原始人所用的。这些原始人没有推理的能力，却浑身是强旺的感觉力和生动的想象力。这种玄学就是他们的诗，诗就是他们的世界，就有一种功能因为他们生而就有这些感官和想象力，他们生来就对各种原因无知。"③ 在维柯看来，人类思维经历了发生发展的过程，这一过程表现为两种形态，即诗性的智慧和理性的逻辑思维。诗性智慧发生时间上在先，理性思维从诗性智慧中生发出来，两者都是人类思维的重要形式。"诗人们可以说是人类的感官，而哲学家们就是人类的理智。"④ 他认为原始人因为凭想象创造，他们就叫做"诗人"⑤。由此可知，诗性智慧就是一种通过想象来创造的智慧。

维柯尽管没有明确给出诗性智慧的定义，但他的研究对我们解释其内涵有如下几个方面的意义：其一，诗性智慧是人类的一种本能，我们探究诗性智慧的内涵离不开人特性的分析与把握。其二，诗性智慧具有共通性，不因文化、民族、地域而发生本质的改变，如有所区别，仅仅只是思维的内容不同而已，即使在文明时代，诗性智慧一度被理性智慧遮蔽，但它只要遇到适当的文化温床，仍能够复活，从而焕发生机。其三，启发我们重新认识人类最初的生活世界，导引我们审视并反思文明时代理性智慧带来的困境与弊端。当然，维柯是凭借思维"文明中心论"的视角来审视原始人的诗性生活与诗性文化的，受西方人逻辑推理、论证思维方式的影响，还不能从本体论的高度去全面挖掘诗性智慧的内涵，自然得出诗性智慧是"粗糙的玄学"、"粗野本性"等结论，容易误导人们把诗性智慧当做理性思维的初级阶段，或感性认识阶段，从而相对掩盖诗性智慧应有

① ［意］维柯：《新科学》，朱光潜译，安徽教育出版社 2006 年版，第 56 页。
② 刘士林：《中国诗性文化》，海南出版社 2006 年版，第 39 页。
③ ［意］维柯：《新科学》，朱光潜译，安徽教育出版社 2006 年版，第 220—221 页。
④ 同上书，第 224 页。
⑤ 同上书，第 221 页。

的光芒。

研究诗性智慧必须立足其赖以生存的土壤——诗意文化。中国自古以来就是诗的国度，其文化自然就具有诗性的特征。因此，自从朱光潜将《新科学》引介入中国以后，"诗性智慧"的研究与探索引起了中国学人的高度重视。朱光潜先生根据中国诗富有想象的特质，在中西诗性智慧的比较之后，认为诗性智慧的本意就是创造和构造的智慧，并认为其等同于形象思维。劳承万则从节奏韵律专题研究的层面将"诗性智慧"解释为"是人类天性中，最为深层也最充满激情的智慧"，"是人的一种情感智慧，或者说是由词语引发的情感运动的智慧"①。刘渊、邱紫华认为，诗性智慧就是诗性思维，"诗性智慧"是对原始人类整体的思维认知方式的统称，并由这种思维认知方式决定其行为方式，因此也可以称之为"诗性的思维"，"诗性"便是"创造性的想象力"。桑大鹏认为"诗性智慧"可分为历史智慧和玄奥智慧两个层面，是"具有整合意味的创造性精神能力"。② 杨匡汉则从诗性智慧的历史演变的角度，提出"诗性智慧"应有原始人、近代人和现代人的不同阶段。诗性智慧要到特定时代、社会的时空环境中去寻找，要到与世界、与历史、与人生相通的审美经验中去寻找。③

刘士林先生认为只有回到感性与理性未分化之前的历史结构中构建出人类学本体论的存在结构，才能为人类精神的生态平衡与健康发展提出一个逻辑起点。而真正找到了社会与自然二元对立的本体，就是诗性智慧或诗性文化。因此，他把"诗性智慧"视为"以非主体化、非对象化为基本特征的生命活动方式"④，他的这一认识为把握诗性智慧的本体内涵和建构中国诗学文化奠定了重要的理论基石。易晓明博士在此基础上，从历时的角度提出诗性智慧的两种表现形态：一种是在早期人类身上所表现出的，即人在尚无自我意识或自我意识较弱的情况下所呈现的非对象化、非主体化的生命状态，这就是质朴的诗性智慧。另一种是人在自我意识、理性已经发展的情况下，所表现出的感性生命与逻辑理性、主体与客体的统一，这就是成熟的诗性智慧。她套用黑格尔所提出的相反合一的人类精神

① 劳承万：《诗性智慧·前言》，河南人民出版社 1997 年版，第 1—2 页。
② 桑大鹏：《解读诗性智慧》，《三峡大学学报》（人文社会科学版）2001 年第 11 期。
③ 杨匡汉：《中国新诗学》，人民出版社 2005 年版，第 1—22 页。
④ 刘士林：《中国诗学原理》，海南出版社 2006 年版，第 6—68 页。

发展过程，认为"两种诗性智慧分别对应着正与合的位置，质朴的诗性智慧表明人类处在原始的主体与客体的统一性之中，而成熟的诗性智慧恰恰表明人在理性发展的情况下，能够克服感性与理性的分离，主体与客体的对立，寻求它们之间新的统一。所以成熟的诗性智慧是对质朴诗性智慧更高意义上的一种回归"①。

从中国学人的研究中，我们可以得出如下结论，诗性智慧不仅是人类的原初智慧，是智慧的母体，同时在物质文明极度繁荣的时代它仍然具有顽强的生命力。当人类日复一日在概念、判断、推理的过程中迷失自我，或者说窄化自我生存空间的时候，诗性智慧凭借它巨大的融通、整合、综合能力，能够为人类指明一条抹平"主体—客体"鸿沟的道路，从而使人类的生命重新丰盈起来，使地球上的行走更有意义。

当然，"解铃还需系铃人"。任何言说都是言说者根据自身的视角去整合各种文化资源的产物，我们要系统地研究诗性智慧的本体内涵，首先必须回到人本身。从本体而言，人的生产劳动实践是智慧产生、发展的根本原因，因而也是诗性智慧的本体存在。本体是不变的，人的本质是变化的，随着人们对自然、对人类自身，以及对茫茫的宇宙认识的发展，人们劳动的方式、内容不断发生变化，导致人的精神追求也随之发生相应的变化，人的本质自然也发生变化。尽管如此，人的本质不过是本体的展开、充实、限定和具体化。在对自然的劳动实践中，人们除了满足对物质生活的需要外，面对宇宙的苍穹、自然的无穷威力，人类个体感到自身力量的微弱与渺小，渴望自己成为无限的存在，于是，产生了精神—实践方式。凭借这种方式，人类不仅能够超越共时存在的局限，而且能够融通历时的存在，使人类群体与个体能够与日月争辉，与天地比寿。而达成此目的不是逻辑思维可以担当的任务。胡塞尔认为"逻辑形式和逻辑规律"只是"表现了人种偶然的特性"，"认识只是人的认识，并束缚在人的智力形式上，无法切中物的自身的本质，无法切中自在之物"②。这是因为逻辑智慧是对象化的线性思维活动，是二元对立的思维方式，在这种思维方式的左右下，人们难以真正把握事物的本质，自然难以建构自身本

① 易晓明：《寻找失落的艺术精神》，南京师范大学，博士论文，2001 年，第48—49 页。
② ［德］埃德蒙德·胡塞尔：《现象学的观念》，倪梁康译，上海译文出版社1986 年版，第23 页。

体的存在。

从人的存在本体来看，人类的劳动实践主要有两种形式，一是凭借劳动工具进行的认识自然的工具实践；二是凭借精神进行的认识社会、自我的精神实践。而就精神实践而言，也有两种方式，一是"诗性智慧"，二是"逻辑智慧"。无论是诗性智慧还是逻辑智慧，其赖以生存的本体均是劳动实践。从人存在的本体来说，原始人在文明的原初状态，凭借诗性智慧去认识世界并创建了一个具有诗性的古代世界，体现出人与自然和谐共处的生存方式与生存状态。而在物质文明高度发达的社会，在"过度理性化"的今天，人们要超越逻辑带来的局限，克服对象化思维的弊端，回到原始人的素朴状态中去，这个状态如同天上的日月星辰，他们既是时空形式，又是生命存在，没有任何抽象符号的中介地带，没有被逻辑抽象的"共相"。从其心理结构来看，按照康德对主体心理机能的划分，文明人的心理结构主要包括知、情、意三要素，而在原始人的生命结构中这三者则是混沌一体的，没有主体对客体的情感的凌驾，也没有主体对客体意志的彰显，更没有概念的判断与推理，有的只是世界万物的独立性和不可被替代的本体性。

雅克·马利坦认为诗性智慧不仅仅是指"存在于书面诗行中的诗歌艺术，而是一个更普遍更原始的过程，即事物的内部存在与人类自身的内部存在之间的相互联系，这种相互联系就是一种预言"[1]。由以上论述可知，所谓的诗性智慧就是指建立于感性基础之上，具有丰富想象力的图景思维对自然、社会、自我进行混沌直觉式领悟的创造性的思维活动。是一种非对象化的、非逻辑化的用事物本身存在的方式去观照事物（即物以物物）的思维方式，它促使人的情感与理性、人与自然、有限与无限、时间与空间得以合二为一，生生不息，以至永恒。它依存人类的劳动实践，又超越劳动实践，其形式是想象，其结果是创造。

"诗者，为天地之心。""诗乃天地之合。"[2] 作为一种精神—实践活动，诗性智慧是精神与实践合二为一的整体智慧。即主客不分、知行结合、物质即精神、精神即物质。这种特质恰与中国古人习尚"上观天文

---

① ［法］雅克·马利坦：《艺术与诗中的创造性直觉》，刘有元、罗逸民等译，生活·读书·新知三联书店 1992 年版，第 2 页。

② 刘熙载：《艺概·诗概》。

以察时变，下观人文以化成天下"① 的农业文明，究"天人合一，人化自然"的思维惯性有着深刻的内在联系，这就是诗性智慧传统为什么能够源远流长地在中华文化血脉里得以延续的真正原因。深入探究并厘析其特质，对于我们继承传统文化，维护民族智慧，乃至有效地开展诗意德育活动具有非同寻常的意义。

### 二　诗性智慧的基本特征

#### 1. 诗性智慧的图景性

诗性智慧作为一种精神实践活动，不仅要依靠语言文字符号进行逻辑转换，更需要借助富有情景性、情节性的图景②作为思维的触发物，将已发生的生活阅历、生活场景以及对未来希冀的蓝图进行融通式的转换。刘勰在《文心雕龙·神思》中写道："独照之匠，窥意象而运斤。此盖驭文之首术，谋篇之大端。"他借用了《庄子·天道》中的一个典故，轮斧断轮时，头脑中应先有车轮的具体形状，然后依照心意中的这个形象运斤。在中国诗学的视阈里这种图景性常和意向联系在一起，诗人进行诗歌创作时，头脑中也应有鲜明的图景，然后根据自己对生活的感悟提炼途径凝练成包含个人情趣、志向的意向。图景是诗人精神实践赖以运转的必要条件，是诗性智慧的基本特征。

> 我是你河边的老水车/数百年来唱着疲惫的歌/我是你额上熏黑的矿灯/照你在历史的隧洞里蜗行摸索/我是干瘪的稻穗；是失修的路基/是淤滩上的驳船/把纤绳深深/勒进你的肩膊/——祖国啊！

在这一节诗里，舒婷用"破旧的水车"、"熏黑的矿灯"、"干瘪的稻穗"、"失修的路基"、"淤滩上的驳船"五个有古老落后特征的图景，经过诗人的巧妙运思，它们就成为祖国衰颓、贫穷、落后的面貌的象征。由此，我们可以清晰地看到，诗人运用诗性智慧表达感情是借助于图景的描绘间接流露出来的。读者只有回归生活的图景，进而倾注自己的感情，才能把握诗的内容，领会诗的主旨，进入诗的意境。再如读北

---

① 《周易·系辞》。
② 刘惊铎教授把生态智慧称为图景性思维，从另外的角度确证诗性智慧的图景性特质。

岛的《迷途》：

> 　　沿着鸽子的哨音/我寻找你/高高的森林挡住了天空/小路上/一棵迷途的蒲公英/把我引向蓝灰色的湖泊/在微微摇晃的倒影下/我找到了你/那深不可测的眼睛。

这是一首整体运用象征手法表达深邃意蕴的诗。解读这首诗最好的办法就是将诗中描写的图景串联起来，与我们自己生活体验的图景进行对照，就不难发现、领悟其中的内涵。我们读到诗的题目是《迷途》，自然而言就会想象或者在深山老林失去归途的情节、人物、色彩所构成的图景，迷途中的"我"在"鸽子的哨音"的提醒、召唤、引领下在迷途中进行艰难的跋涉、搜寻。茂密的"森林"阻挡了天空的视线，让我找不到前行的路，也无法预知目的地的方向，幸好有同样处在迷途的"蒲公英"的陪伴增添了无限的乐趣与动力，茫然中找到了归宿："蓝灰色的湖泊"和"那深不可测的眼睛"。

西班牙诗人阿莱桑德雷通过一幅幅生活中的图景的描绘，生动地展示了诗性智慧的图景性特征。请看他写的《思绪》一诗：

> 前额浮现一层涟漪
> 逐渐显现，清晰，
> 完美的形象，思想
> 像小船一样漂浮在海涛滚滚的脑际，
> 思绪缕缕升腾
> 缥缈。然而下面
> 在海底的深处
> 冒出完整周密的大船
> 托出创见，托出灵犀。
> 有一刹那，
> 你那样迟疑不决，
> 在柔和的波浪上游弋。
> 风丝丝，吹正了你的桅帆
> 猛然地一股牵曳

把风儿撕成碎片，闯到公海

使你不得不前进，

觉悟，去获得胜利。

你歌唱石头的颜色，吻我嘴唇的颜色吧，

歌唱吧，就像珍珠母在睡觉或呼吸。

这个纤腰，这忧郁胸膛的微弱的容量，

这无视风儿的飘拂的卷发，

这双只有寂静在荡漾的眼睛，

这些如同珍藏的象牙的牙齿，

这阵拂过枯草纹丝不动的微风……

哦，你，欢乐的天空，像浮云般移动，

哦，幸福的鸟儿，你在肩头微笑；

清新的泉水，潺潺流去，同月光一起把你缠绕，

柔软的草地，爱慕的脚步在上面踩过。

（祝庆英译）①

从理性思维的角度来审视人脑的思维活动，凭借人眼是完全看不到的。这首诗借助大海、波浪、大船，以及它们彼此之间活动所构成的图景生动地揭示大脑活动的过程与情景，让人浮想联翩。由此可以看出，图景是诗性智慧的依托而使思维运转的根据。所谓图景，即在场的符号、文字、语言、图像等"具象信息"和不在场的行为、情感、态度等"缄默信息"综合作用而形成的有情节、有图画的场景。

2. 诗性智慧的超越性

诗性智慧是超越的智慧，它的超越性主要体现在克服和超越主客二元对立的超验性和人与万物处于一体的自由境界等方面。在经验论的视阈，以笛卡儿为代表的旧形而上学肯定"我思"是"我在"的前提，其实质就是把自我看做实体性的存在，表面上张扬了人的主体性，但寻根究底，人的自我总是受到所"思"对象物的限制，成为万物乃至他人互相对立的实体。康德看到了自我的自由本质，断言"实体是认识的对象，而进

① 诗刊社编：《诺贝尔文学奖获得者诗选》，中国文联出版公司1986年版，第405—406页。

行认识的'我'根本不能作为被认识的对象，如进行认识就是把'我'当作了实体。只有把自我看作是非实体性的存在，自我才是自由的"①。康德赋予自我空灵性的特征，实质上肯定了诗性智慧超越性的价值。当然，他所主张的自我是超验的不可知的"物自体"，他和作为客体的另一个不可知的"物自体"发生交互作用而产生经验与知识。这其实并没有真正超越主客二元思维的局限。尼采不承认物质客体的实体性，也否定主客二元性，但他的"世界，我的意志"——"强力意志说"脱离不了主客二元以及自我主体的窠臼。

诗性智慧的超越功能能够帮助人抖去物质的灰尘，超越所有外在世界的羁绊，回归自然的本真状态。荷尔德林指出："人的本质在于它的创造性，这一原始的精神活动就是'诗'。在诗的意义上，人是他理想中的存在，是他应该是的存在——在自身中与自身相区别的人。因此，人并非仅仅有时是位诗人，或者同时也是诗人，人从本质上就是诗人。回头再看所谓'自然'，它当然不是流浪的牧人或者洞穴人，而是卢梭和席勒为我们呈现的居住在自己的茅屋中的人，是诗性的居住的人。"② 他洞悉了人的本性：人本质上就是一个拥有诗性智慧的诗人。在诗人的视野里，他能够在狭小的生存空间里看到广袤无边的宇宙，在有限的时间里使自己变得无限起来。正如亚里士多德所说，历史学家描述已发生的事情，诗人则描述可能发生的事情，故而，诗比历史、哲学等更严肃，因为诗所说的大多带有普遍性，而历史所说的则是个别的东西。从这个意义上来说，诗人所体验、感悟的诗意就是从个别的东西中见出普遍性，从有限的存在发现无限的意义。

诗性智慧的超越性功能还能够帮助人提升境界，使人栖居在美善圆融的理想境界里。为人津津乐道的屈原之所以能够在政治前途极为暗淡的情况下仍然坚持行走在"路漫漫其修远兮"的求索之路上，屡遭迫害而不改心中之乐，根本的原因在于他具有"精骛八极，心游万仞"③、"思接千载"、"视通万里"④ 的"神思"。在我国的诗性文化中，根据蔡钟翔先生的研究成果，神思有五个方面的含义：其一，神明、神灵，多用以说明文

① 张世英：《哲学导论》，北京大学出版社 2006 年版，第 78—79 页。
② 《荷尔德林文集》，商务印书馆 1999 年版，第 9 页。
③ 陆机：《文赋》。
④ 刘勰：《文心雕龙·神思》。

艺创作中灵感勃发宛有超自然的力量相助；其二，描写对象的内在精神本质；其三，作者之精神、心灵、创作中的艺术思维活动，多言创作时精神的专一或精神的自由超越；其四，作品的内在精神本质；其五，艺术创作所能达到的最高境界。① 无论是创作作品，还是感悟人生，诗性智慧的超越功能正是建立在对"神"，即原始的神明、神灵的超越性思维意义借用之上的。正如席勒所说："人丧失了他的尊严，艺术把它拯救，并保存在伟大的石刻中；真理在幻觉中继续存在，原型从仿制品中又恢复原状。正如高贵的艺术比高贵的自然有更长的生命一样，在振奋精神方面，它也走在自然的前边，起着创造和唤醒的作用。在真理尚未把它的胜利之光送到人的心底深处之前，文学创造力已经捉住它的光芒；虽然潮湿的黑夜尚存在于山谷之中，但人类的顶峰即将大放光辉。"②

3. 诗性智慧的直觉性

据《传灯录》所载，世尊在灵山会上拈花示众，是时众皆默然，唯迦叶尊者破颜微笑。世尊曰："吾有正法眼藏涅槃妙心，实相元相，微妙法门，不立文字，教外别传，涅槃传付摩诃迦叶。"在这则传奇性的故事中，尊者迦叶之所以能够领悟世尊的法旨，就在于他运用诗性智慧的直觉功能，顿悟佛理而会心一笑。

什么是直觉？直觉尽管如同禅宗的佛理一样难以用文字表述清楚，但罗列不同学科的见解，也可以察知端倪。柏拉图已经意识到直觉的存在，不过他把直觉分为理性直觉和生命意志直觉体验。他更看重理性直觉，而且他把心灵和身体分属于两个不同的世界，理性思辨和感性领悟也分属两个不同的世界。但他却领悟到"在体验面前文字是虚假而且有害的"③。亚里士多德在《动物繁殖》一书中也提出，感官所得到的信息是首位的，超过了理智所能提供的信息（知识）。笛卡儿认为，直觉是"从理性的灵光中降生的"，是一种与演绎推理不同的认识能力或思维形式。这是从理性思维的视角给出的解释。柏格森认为"直觉就是一种理智的交融，这种交融使人们自己置身于对象之内"，是以"感官图像"为基础的。④ 弗洛伊德把直觉视作一种潜意识的、构成创造活动的原则。这些解释是偏于

① 成复旺主编：《中国美学范畴辞典》，中国人民大学出版社1995年版，第108页。
② ［德］席勒：《审美教育书简》，冯至等译，上海人民出版社2003年版，第71页。
③ 周春生：《直觉与东西方文化》，上海人民出版社2001年版，第122页。
④ ［德］费迪南·费尔曼：《生命哲学》，李健鸣译，华夏出版社2001年版，第67页。

非理性的解释。冯契主编的《哲学大辞典》将直觉界定为"人的一种创造性的心理活动和认识能力"①，指出了直觉的基本属性。从心理学的维度看，所谓直觉不单纯是主要依靠左脑的抽象思维，或右脑的形象思维功能，而是左右脑多种功能模块交互作用状态下的融通式思维，是图像信息在大脑中瞬间的转换和创生。大脑两半球对人体的运动和感觉的管理是交叉的，左半球管理右侧半身的运动和感觉，右半球管理左侧半身的运动和感觉。"而且大脑左半球的功能侧重于抽象思维，它是线性方式处理输入信息的，脑右半球侧重于'直觉'形象思维，它是以视觉空间的非线性方式处理输入信息的"②。

诗性智慧直觉性功能如同迦叶领悟世尊的法旨一样具有突发性、内省性、非逻辑性、待证性等特质。③ 从中国诗意文化的角度来审视，所谓突发性，就是经过长期的生活体验在某事某物或者特定的情景的诱导下不假思索地迅捷地体验并感悟到此情此景所包含的意旨。比如王维的"君自故乡来，应知故乡事。来日倚窗前，寒梅著窗未"一诗，从故乡人到推知故乡事，以及思念的倚窗人和窗外的寒梅，均是瞬间的感悟而构成的一幅幅生活画卷。所谓内省性，指的是诗性智慧的直觉不依赖外物，无须借助文字，其情思来自于心灵的深处。所谓非逻辑性，如同刘勰《文心雕龙·神思》中所说："夫神思方运，万途竞萌，规矩虚位，刻镂无形。登山则情满于山，观海则意溢于海。"④ 这段话描述的就是诗性智慧直觉思维的非理性状态，这是一种漫溢情感的思维活动，其思维的凭借不是概念、推理、判断，而是借助图景展开的熔情感、态度、价值观于一炉的思维活动。宋代诗论家严羽《沧浪诗话·诗辩》中也这样说道："夫诗有别材，非关书也；诗有别趣，非关理也。"⑤ 所谓待证性，即直觉的结果也许是"是"，也许是"非是"，一切需要生活的检验与证明。

诗意德育重视发挥诗性智慧的直觉性功能，其主要作用体现在如下几个方面：其一，培养学生的创造性智慧。如果说理性智慧所达不到的地方

---

① 冯契主编：《哲学大辞典》，上海辞书出版社 1992 年版，第 949—950 页。

② 董奇等：《脑与行为——21 世纪的科学前沿》，北京师范大学出版社 2000 年版，第 23 页。

③ 张楚廷：《课程与教学哲学》，人民教育出版社 2003 年版，第 34 页。

④ 刘勰：《文心雕龙·神思》。

⑤ 严羽：《沧浪诗话·诗辩》。

是属于诗性智慧的空间，那么直觉就能够激发人的无穷的创造性。当我们的科技还不能探测月球奥秘的时候，凭借诗性智慧，我们可以直觉地感悟月宫其实就是一个具有类人性的嫦娥所管辖的地方；古希腊神话中达罗斯父子开始飞行尝试，于是催生了今天的飞机、火箭乃至宇宙飞船；李白"欲上青天揽明月"的梦想，人类已在 20 世纪 60 年代实现了登月。爱因斯坦认为直觉和想象是科学创造的先决因素。他认为："物理给我们知识，艺术给我们想象力，知识是有限的，而艺术想象力是无限的。"其二，激发学生探究的兴趣。在理性思维的左右下，学生的思维线性化，容易丧失探究知识的兴趣，而让学生保持对自然、社会等现象的直觉习惯，能够促使他们超越线性思维的局限，使之具有五彩斑斓的色彩，思维也就立体化起来。其三，能够使外显的课程转化为内在意识。诗性智慧的直觉是一种诗性的旅程，在这个旅程过程中，促使学生将"我"的意识自然化、社会对象化，因而塑造了个人内省的精神或促使精神的自由解放。

4. 诗性智慧的隐喻性

"一切语种里大部分涉及无生命的事物的表达方式都是用人体及其各部分，以及用人的感觉和情欲的隐喻来形成的。"① 在维柯看来，一切诗性智慧都是在隐喻中形成的，也是通过隐喻表现出来的。在以理性逻各斯为主导的西方传统文化里，诗性智慧的隐喻功能一直也得到了不同时代学者的垂青。柏拉图为了诠释"善的理念是终极目的"、"世界分为可视与可见的二元论"以及"人德性发展的序列性"等抽象枯燥的观念，借助太阳、洞穴以及线段等形象化事物进行"日喻、洞喻、线喻"，化抽象为形象，获得了很好的效果。在那个连天文望远镜都没有的年代，哥白尼发挥诗性智慧的隐喻功能，用优美的文字生动地描述出太阳在宇宙的位置："在所有这些行星中间，太阳傲然坐镇，在这个最美丽的庙堂中，我们难道还能把这个发光体放到其他什么更恰当的位置上使它同时普照全体吗？……太阳就这样高踞王位之上，统治着围绕膝下的子女一般的众行星。"② 这样的例子层出不穷，举不胜举。

我们需要追问的是诗性智慧何以富有隐喻性的特质？对于这个问题，不同的学者分别从不同的学科视角给予解答。亚里士多德从修辞学的角度

---

① ［意］维柯：《新科学》，朱光潜译，安徽教育出版社 2006 年版，第 28 页。

② 冯懿治编：《科学研究之门》，上海科学技术文献出版社 1989 年版，第 47—48 页。

给予分析，隐喻之所以产生，就在于甲乙两个事物之间富有相似点。维柯从文化学的角度审视，得出了"由于人类心灵的不确定性，每逢堕在无知的场合，人就把他自己当作权衡一切事物的标准"[①] 的结论。其旨在表明，在理性智慧缺位的情况下，人们受既定知识不足的限制，难以说明当前事物与现象产生的根据与来由，于是自然就"把自己的本性移加到那些事物上去"[②]。维柯认为"最初的诗人们就用这种隐喻，让一些物体成为具有生命实质的真事真物，并用以己度物的方式，使它们也有感觉和情欲，这样就用它们来造成一些神话故事。所以每一个这样形成的隐喻就是一个具体而微的神话故事"[③]。利科张扬人的主体性与创造性，认为隐喻是"一种瞬间的创造"、"真正的隐喻是发明出来的"。[④] 从简单的罗列中，我们不难看出，西方学者不管是从什么学科去审视诗性智慧的隐喻性特质，几乎都遵循了主客体二元对立的思维路径。

在中国诗性文化视阈里，诗性智慧的隐喻性一直是教育家、文学家、诗学者津津乐道的重点。从诗学的角度看，所谓诗性智慧的隐喻性就是把某种被寄托者的事理情思，通过外在的事物比较深曲隐微地表现出来。刘勰认为"兴之托喻，婉而成章"、"比显而兴隐"，清人焦循《毛诗补疏序》："夫诗温柔敦厚者也，不质直言之，而比兴言之。"这些学人强调诗意精神的传达必须借重诗性智慧富有隐喻特性的比兴手法。从修辞学的角度看，隐喻表现为一种修辞格，它在一种事物的暗示下谈论另一种事物。"谈论"旨在挑明隐喻是一种语言现象，"事物"意指任何物体或情态，"暗示"旨在表明隐喻不仅具有客观性还具有主体性。但隐喻不仅是语言行为，它还是心理行为和精神行为。作为一种心理行为和精神行为，隐喻是在彼类事物的暗示之下感知、体验、想象、理解、谈论此类事物的心理行为、语言行为和文化行为。隐喻是由三个因素构成的："彼类事物"、"此类事物"、"两者之间的联系"（无论是现实的还是臆想出来的）。由此而产生了一个派生物：由两类事物的联系而创造出来的新意义。[⑤]

---

① ［意］维柯：《新科学》，朱光潜译，安徽教育出版社2006年版，第82页。

② 同上书，第97页。

③ 同上书，第180页。

④ ［法］利科：《圣经解释学》，杨德友等译，转引自刘小枫《20世纪西方宗教哲学文选》，生活·读书·新知三联书店1996年版，第1057页。

⑤ 季广茂：《隐喻视野中的诗性传统》，高等教育出版社1998年版，第12页。

需要指出的是，尽管中国传统文化里的隐喻也存在以此喻彼的两类事物，但运用诗性智慧的人却与西方文化有鲜明的区别。中国先民取喻、类比，遵循的是"以善统真"的思维法则，不仅以己之善移用到客观事物上，而且从客观事物"真"的基础上发掘出"善"，然后做到自然人格化，使之成为道德的对象物。这样客观之物与主体之人，在伦理的、道德的统率下实现天人合一、民胞物与的境界。

## 第三节　诗性智慧与人的诗意存在

人如何回到精神的故乡？借助什么样的思维方式确定自身的存在？尼采认为，艺术的本质始终在于它使存在完满，它产生完美和充实，艺术在本质上是肯定、祝福，是存在的神化。因此，探究诗意德育的基本内涵，还必须进一步探究诗为何以存在，诗人为何人，进而探讨诗性智慧与人存在的关系。

### 一　人的存在与存在方式

所谓存在方式，就是事物的本质的表现和现实化。人的存在方式，就是指人的现实生活的表现样式，是人表现和实现现实生活的具体的相对稳定的形式。① 任何事物都有自己的存在方式，人也有自己的存在方式。人的存在方式与一般的事物有什么不同？人凭借什么而存在？在工业化、理性主义日益窄化人类生存空间和精神自由的时代，人类最有价值的存在方式又是什么？

古人曾言："天地之间，人为贵。"人的存在和存在方式是全部人学研究由之出发的一个前提性问题，也是诗意德育研究逻辑起点首先必须面对的问题。思想史上关于人的存在有各种不同的理解，其中影响较大的界定有：以黑格尔、笛卡儿为代表的理性主义哲学大都认为人以理性的形式而存在；以拉美特利、卢梭为代表的自然主义哲学认为人以自然性方式存在；现代非理性主义或人本主义思潮，从人活动的创造性本性来理解人的存在，认为人是自为的存在；现代文化哲学认为人是文化的存在。不管受什么思想引导，人的存在总是历史地变革自己和重塑自己的存在。人如何

---

① 万光侠：《人的存在方式的哲学阐释》，《济南大学学报》2005 年第 5 期。

变革和重塑自己呢?

马克思认为,"整个所谓世界历史不外是人通过人的劳动而诞生的过程,是自然界对人说来的生成过程"。① 他把人的存在界定为实践的存在,从而提供了关于人存在的总体性把握。按照马克思实践哲学思想,人通过劳动而生成,通过实践而自立,实践是人特有的"自由自觉的活动"。这种实践存在说为诗意德育理论构建和实践提供了基本的思想方法。从主体实践的范围和层次看,人的实践是人以自己的感性的自然,并通过物质工具的中介,去改造客观的物质世界的活动。这可以引导德育工作者把教育对象看做自然存在、社会存在和精神存在的结合体。从实践的方式与手段看,人必须借助劳动工具、精神或符号去认识自然、社会、自我,因此人的存在划分为类存在、群体存在和个体存在三种形态。这三种存在浓缩到个体身上,分别表示着人的个别形态、特殊形态和一般形态。这有利于指导教育者把握德育工作的共在性与独特性、现实性与可能性。从实践的过程与结果看,人能够按照"人的尺度"和"物的尺度"去认识客观世界,正如马克思认为的人"懂得按照任何一个种的尺度来进行生产,并且按照美的规律来建造世界";而动物活动只生产自身,其生产具有片面性,"只是按照它所属的那个种的尺度和需要来建造"②。这也可引导教育者认识德育对象的主体性以及他们德性发展的自觉性与创造性。从总的发展趋势来看,人的实践是逐步由自在走向自觉,由他在走向自由与创造的活动,在活动的过程中,人的自主性与主体性不断增强。因此,德育也应该处于开放性的存在状态,处于合乎规律性与目的性统一的创造旅途。

人的存在之所以不同于动物的存在,就在于人能创造性地进行实践活动,实践是生成人的本质与追求生存价值的根本途径。无论人是自然存在、社会存在还是精神存在,都离不开实践,实践的目的、态度、内容、方式以及手段决定着人存在的方式与样态。人在实践中成就了自己,而成就了社会。然而在物质文明高度发达的时代,人的存在正如浪漫派诗人荷尔德林所说"充满劳绩",在精神危机日趋加重的时代,人最终获得全面解放与自由必须依赖实践这一根本途径,同时也必须将实践引向诗意的境

---

① 中共中央马恩列斯著作编译局译:《马克思恩格斯全集》第42卷,人民出版社1995年版,第131页。

② 马克思:《1844年经济学哲学手稿》,人民出版社2000年版,第58页。

界，使自己成为诗意的栖居者。"人是诗意的存在者"的原理对诗意德育研究具有世界观和方法论意义。

## 二　理性的存在与诗意的存在

从本体论上来说，每个人的生活态度不同而具有不同的世界。奥地利宗教家、哲学家马丁·布伯（Martin Buber，1878—1965 年）按人的生活态度将世界分为"被使用的世界"和"我们与之相遇的世界"。前一个是主客体二元对立理性思维造成的"我—它"的世界，后一个是超越主客体二元对立诗意智慧形成的"我—你"世界。在理性主义的视阈，人们是在"逻各斯"的制约下进行思想和行动的，即在"逻各斯"的指引下去探索存在的本体论、认识论、价值论以及方法论，进而形成对知识的崇拜，以普遍的经验作为普遍遵循的价值规范。理性的经验既是人们的思想和行为的目的，还是人们思想和行动的手段，更是判断人们的思想和行为是否符合价值论的标准。知识经验不仅决定了人的存在，而且决定存在的价值，它对人的思想和行为具有"规定"和"否定"的双重规范作用。拥有相应的知识才拥有与此照应的存在地位以及存在的空间。到了工业化、市场经济时代，日益尖端的技术与工业成就造就物质文明的同时也造成人类精神生活的窄化——它反过来动摇着人类对自身存在能力的自信并且导致了普遍的、挥之不去的精神焦虑。即一种由于非对象性的诗性生活被遮蔽而又不得不直面缺乏精神指向的无根的生活现实的精神焦虑。

从认识论上来讲，任何人凭借理性智慧，在线性思维的发展轨道上，无法同时知觉到无穷无尽的万事万物，无法让"在场"与"不在场"的信息同时出场。理性智慧这一局限性促使许多人生美丽的风景、许多真理均被阻挡在人们应有的视野之外。如何才能完整地把握世界？或者说使世界的本体存在自身显现出来呢？如何唤醒迷失物欲的诗心，振奋折戟尘世的双翼？帕斯卡尔主张只有依赖"情感"、"爱"，人才能找到安身立命之所[1]；康德认为只有张扬人的想象力，才可以使不可见的存在的理念，比如天堂、永恒、创世等，在感性可见的具体之中得以实现，才可以超越经验世界的樊笼，使人在超验的世界自由飞翔[2]；尼采在忧思上帝缺位的同

---

[1]　刘小枫：《诗化哲学》，山东文艺出版社 1986 年版，第 7 页。

[2]　[德]康德：《实用人类学》第 1 卷，邓晓芒译，上海人民出版社 2002 年版，第 113 页。

时，指出人应该是酒神的诗性与日神的理性的综合体，只有这样才能够直面人生，冲破现实的羁绊，让自己的存在成为主体的存在，构造出人生美妙的现象与风景。① 席勒指出，人类要获得真正的解放，达到真正的自由，必须改造自身。② 现象学进行了积极的探索。它提出的口号是"回到事物自身"，其主旨在于指引人们借助人类原始的"素朴状态"下的"现象即本质"和"未始有分"去进行这种"回到事物自身"的工作。因为，"在素朴状态中，起初明证性似乎是一种纯粹直观，是精神的无本质的观察，到处都是一个、同一、并无自身区别的存在；直观所直观的就是事物，事物简单地存在于此并且存在于意识的真正明证的直观中；而直观就是简单地直观它们"③。人类怎样才能使自身在"我—它"有限的对象化世界里无限起来？不同的哲学流派给出的路径尽管有些许差别，但殊途同归，其归途都指向诗意，期待人类能够诗意地栖居在大地上。存在主义哲学家海德格尔认为"诗意的栖居意味着：与诸神共在、接近万物的本质"④。诗意的栖居不是浪漫化的栖居，而是一种本真性的、本原性的栖居，即精神的栖居。

## 三　诗性智慧与人的诗意存在

### 1. 诗与诗性智慧

诗何以存在？在第二章的论述中，诗似乎依据人的劳动而存在。诗是劳动的产物，但人的劳动仅仅是为了肉体的生存吗？如果缺乏或者丧失精神的支柱，人不过是"一根苇草"，是自然中最脆弱的东西。随着科学意识的诞生和发展，人成为"思想的芦苇"，在思想的空间，人的主体意识逐步得以凸显与强化，"过理性生活"成为人类思想启蒙的一面旗帜。在理性精神的感召下，上帝死去了，人成为意志的对象物，世界变成了人的意志，自然也开始了人化，人类还把时间、空间、因果完全当做普遍有效的绝对规律，在征服自然、征服自我的路上"主体—客体"的鸿沟渐行渐远。人作为"芦苇"的本质毕竟是脆弱的，当人类面临时间长河，尤

---

① 赵敦华：《现代西方哲学新编》，北京大学出版社 2006 年版，第 19—20 页。

② 刘小枫：《诗化哲学》，山东文艺出版社 1986 年版，第 23 页。

③ ［德］埃德蒙德·胡塞尔：《现象学的观念》，倪梁康译，上海译文出版 1986 年版，第 16 页。

④ 朱立元、张德兴：《西方美学通史》第 6 卷，上海文艺出版社 1999 年版，第 478 页。

其是生存竞争中造就的不可胜数的冲突、斗争、痛苦和万象的毁灭，导致人类成为灵魂的异乡人，成为无根的飘忽"芦苇"。在打破了和谐与宁静的原初生命状态之后，人类如何重新链接诗意的精神去架构超越"主体—客体"的新的人与世界的和谐关系？老子开的药方是"返者道之动"；卢梭竖立的旗帜是"回归自然"；胡塞尔倡导抖落理性主义的灰尘，"回到事物本身"。尽管立足的文化各异，其路径大致是相同的，那就是凭借诗性智慧的翅膀凸显那被遮蔽了的存在，"返"或"回归"到自由、阔大、闲适的家园。而诗是精神家园最好的载体，诗人最大的职责就是通过诗进行审美观照，导引脱离了生命之轨的人返回原始的故乡。

法国哲学家雅克·马利坦谈到诗的时候，反复强调诗"不是存在于书面诗行中特定的艺术，而是一个更普遍更原始的过程：即事物的内部存在与人类自身的内部存在之间的相互联系，这种相互联系就是一种预言（诚如古人所理解的拉丁文'vates'一词，既指诗人，又指占卜者）。在这一意义上，诗是所有艺术的神秘生命；它是柏拉图所说的'音乐'（mousikè）的另一个名字"。① 诗，从本体论上讲就是生命力意志的存在形式。海德格尔在《诗人哲学家》里提出："歌与思，皆是构诗的枝干；它们诞生于在，又入达在的真理。"诗的产生与发展终极原因是人，是人的需要、潜能和人类社会的经济、政治、文化和科技等实践（劳动），而将这一切统一起来的根本原因又是思，因此，凡属诗性的歌吟都是运思之诗。

诗之存在离不开诗之思。诗何以思，诗之思何以成就诗？据《尚书·尧典》记载：

> 夔，命汝典乐，教胄子。直而温，宽而栗，刚而无虐，简而无傲。诗言志，歌永言，声依永，律和声，八音克谐，无相夺伦，神人以和。②

夔通过教授音乐，可以使王室子弟变得正直而又温和，宽厚而又严肃；刚毅而不残暴，简约而不傲慢。而"诗言志"之"志"是达成胄子

---

① [法] 雅克·马利坦：《艺术与诗中的创造性直觉》，刘有元、罗逸民等译，生活·读书·新知三联书店1992年版，第15页。
② 《尚书·尧典》，转引自儒家经典编委会编《儒家经典》，团结出版社1997年版，第432页。

理想人格培养的关键。夔的基本策略是借助诗的语言，配上歌唱的形式，加上声律的配合，变成旋律优美的歌，再加上多种乐器（"八音"）和谐的演奏，配之以舞蹈，这样就会产生巨大的艺术力量，达到"神人以和"的终极目的。《礼记·乐记》："诗言其志也。"《庄子·天下》："诗以道志。"《楚辞·悲回风》："介眇志之所惑兮，窃赋诗之所明。"《荀子·儒效》："诗言是其志也。"诗之思产生的根本原因与终极追求都是因为内心有"志"。所谓"志"指的是意志、志向、愿望、理想等，它是在人生历练中获得的情意与观念，代表着人生的感受与未来的发展的方向，自然奠定了中国诗学的根基。但人不仅是思维的芦苇，同时也是情感的芦苇①，百忧感其心，万事劳其形。《乐记》："君子反情以和其志。"情动而辞发，故"情"与"志"相伴相随。《毛诗序》说：

> 诗者，志之所之也。在心为志，发言为诗。情动于中而形于言，言之不足，故嗟叹之；嗟叹之不足，故咏歌之；咏歌之不足，不知手之舞之，足之蹈之也。②

所谓"情"，即性情、情感、情绪，属于感性的成分，往往触物而发，随境而迁，变化万千。在诗歌中，志是诗歌的灵魂，往往表现为诗的主题或思想倾向。"情"是催化剂，促使"志"喷薄而出。"志"与"情"并不能够完全包括诗全部的内涵，使"志"与"情"发生联系且能融合的关键因素还在于"思"。缪斯女神赋予诗以爱智的本意与权利，从这个意义上来说，诗是某时代民族情感水平和智慧水平的标志。

既然人是思想的芦苇与情感芦苇的合金，而诗之思恰好不同于纯粹理性之思的地方就在于它强调图景的想象与描画，重视直觉等非理性思维因素的功能，主张发挥隐喻的暗示作用，从而超越主客体二元对立的思维局限。这种思维特质体现在中国传统诗性文化基因里，集中表现在赋、比、兴的运用上，可以说这是中国诗学里诗性智慧精华所在。所谓"赋、比、

---

① 法国哲人帕斯卡尔认为"人不过是一根苇草，是自然界最脆弱的东西，但他是一根能思想的苇草"。刘士林分析中国诗性文化认为人还是"有情感的芦苇"。参见刘士林《中国诗词之美》，海南出版社2006年版，第8—10页。

② 《毛诗序》，转引自赵则诚、陈复兴、赵福海《中国古代文论译讲》，吉林人民出版社1984年版，第1页。

兴"，历代哲学家、诗学家均根基自己的价值诉求给予或功利、或纯粹艺术化的诠释。比如东汉郑玄诠释"赋、比、兴"就是从道德教化的高度，以美刺立。其言曰："赋之言铺，直铺陈今之政教善恶；比，见今之失，不敢斥言，取比类以言之；兴，见今之美，嫌于媚谀，取善事以劝喻之。"① 这就是说，无论是"赋"还是"比、兴"，都离不开道德的诉求，他看到了诗之德育的根本价值，当然没有深入探究诗何以具备道德教化的功能，更没有阐明"赋、比、兴"之思维机制。朱熹从纯粹的诗之艺术入手，把"赋、比、兴"的诗性智慧看做一种做诗的技法。其言曰："赋者，敷陈其事而直言之也。""兴者，先言他物以引起所咏之词也。""比者，以彼物比此物也。"从艺术手法的角度看，朱熹的诠释无疑是有创见的，但只是看到表面的形式而忽略了内在的道德价值取向的内容也是有失偏颇的。宋人李仲蒙看到了诗之情与理、物与情的辩证关系，恰到好处地诠释了"赋、比、兴"的诗性智慧的运行机制。其言曰："叙物以言情，谓之赋，情物尽也；索物以托情，谓之比，情附物也；触物以起情，谓之兴，物动情也。"② 在他看来，诗性智慧的运用离不开诗人的"情"、"志"等主观因素的作用，而客观之"物"具有原型启发、凭借、依托的作用。

现代主义哲学家、艺术家认为包括"诗"之艺术创作是"纯精神的无意识活动"，是"在完全没有理性的控制下，在摆脱一切美学和道德的影响下"记述思想。③ 他们的学说高度肯定了诗性智慧的直觉性、顿悟性与灵感性。就拿馨园学校 11 岁小朋友曾子晴的诗为例："你带着星星沙子一起去看未来的长度/一起去看希望的大树/你向我们轻轻地招手/我们就试着穿上未来/穿上希望（《指南针》）。""10 年前的一个夜晚/一声哭声打碎了月下的湖泊"（《小时候》）。"鹤群单脚独立，笨拙地站在楼顶的电线上/断裂了，剩下的一块臭骨头/被狗顺利接住了/一口一口吃掉忧愁的黄昏/吐出一阵废烟，埋在了乌鸦的屋前/狐狸站在屋前，设下陷阱/乌鸦再次掉落/可笑的笑话还在上演"（《庭院小景》）。这些小诗具有浅白、朴实、口语化等特点，体现着诗性智慧的跳跃、空灵，达到了布勒东等现

---

① 《周礼·春官·大师》。
② 转引自诸葛志《中国原创性美学》，上海古籍出版社 2000 年版，第 123 页。
③ ［德］沃尔夫冈·韦尔施（Wolfgang Welsch）：《重构美学》，陆扬、张岩冰译，上海人民出版社 2006 年版，第 119 页。

代派艺术家所推崇的诗"纯自由精神化"的效果。需要指出来的是阅读这些小诗，粗看确实是子晴小朋友在"理性智慧缺位"或者说抽象的"理性智慧"还不成熟的情况下创作的，似乎有一种这样的感觉：这些小诗都是小诗人信手拈来的东西，就像一个久在沙漠里徒步跋涉的旅客，不经意地看到一棵小草，冷清清地站在那里，给人一种意外的惊奇。但是细细品味，深藏于语言符号背后的意蕴，则如入口的青橄榄，耐人寻味。小诗人运用诗性智慧去运用语言符号承装自然的生活，背后透露的是追求善美、崇尚纯粹的诗意。因此，诗是诗性智慧作用的结果，更是诗人运用诗性智慧的结果。

2. 诗人与诗性智慧

诗是诗性智慧的结果，是情感与智慧的结合物。诗之思何以存在？这就需要我们把握运思之人的本质特征。下面请看两个教学片段。

**片段1：感受诗歌魅力**

师：同学们，你看到的、感受的诗是怎样的？

生：诗是很优美的。

师：仅仅是优美吗？能用"又怎样又怎样的"话说吗？

生：诗是又柔美又阳刚美的。

生：诗是又缓慢又跳跃的。

生：诗是又平常又超常的。

生：诗是又熟悉又陌生的。

生：诗是又熟悉又神秘的。

生：诗是又童真又不童真的。

生：诗是又形象又抽象的。

生：诗是又写现实又写内心的。

师：同学们说得真精彩。是啊，放眼世界，问问心灵，生活是丰富多彩的，诗自然也是丰富多彩的。①

**片段2：树村**

生（黄上康）：老师，林嘉樑的诗句中有一个低级的错误，"树

---

① 引自馨园学校叶才生新诗教学案例《感受诗歌的魅力》课堂实录。

村里有一棵松树"应该是"树林"而不是"树村"。

生（林嘉樑）：我没写错别字，是树村。

生：老师，你把投影投到诗歌的前半部分。让大家一起看看。

（叶老师移动纸张，同时按动实物投影仪的放大功能，真是写成了"树村"！全班惊讶了）

师：是林嘉樑粗心还是黄上康细心呢？大家思考思考。

（叶老师刚说完，大家将目光投向了两位同学，目光中分明写着一个问号）

生：我是有意写成"树村"的，我是有用意的！

（"嘘——"大家的嘲笑里分明带着嘲讽）

生：真的，我是有意写成"树村"的。大家想一想，我姓什么？难道我连自己的姓也不会写吗？写成"树村"是比喻的写法，大家看看我的整首诗歌，我是始终把树林当做一个村子来写的，而松树是村子里的一个孤独者，追求者。

第一个片段学生对诗的感受，或者说认识吧，很明显没有经过多少纯粹理性的判断、推理，同学们从自己的生活直觉对诗进行妙趣横生的解读，看似杂乱无章，实质上正反映天生具有诗人气质的中小学生的特质：质朴、真诚、敏锐、无拘无束。第二个片段又生动地诠释了"诗人"是如何发挥诗人特质的，尤其是诗性智慧的特质：形象、隐喻、直觉、富于个性化表达。诗何以发生？简单的回答就是取决于诗人。追问下去，诗人何以存在？或者说，诗何以在这群孩子身上发生，而不在另一群孩子身上发生呢？关于诗以及诗意的发生问题后面的章节会做详细的研究。回到问题的本身，其实，需要解答的就是诗人是如何运用诗性智慧进行创作的。

关于诗人的来源，根据第二章的论述，可以做出这样一个结论：诗人最初都是由劳动人民担任的，随着原始宗教的诞生，诗人一职由专职祭祀的"寺人"担当，后来演变为特定阶层宣讲道德箴言的角色。无论是何种角色，需要研究的是诗人何以为诗，诗人何以运用诗性智慧？尼采认为艺术之所以为艺术根本原因在于"艺人"们发挥阿波罗的日神精神和狄俄尼索斯的酒神精神。所谓"日神"指的是光明与希望；"酒神"指的是本能和放纵。或者由于所有原始人群和民族的颂诗里都说到的那种麻醉饮料的威力，或者在春日熙熙照临万物欣欣向荣的季节，酒神的激情就苏醒了，随着这激情的高涨，主观逐渐化入浑然忘我之境。① 尼采把酒神的精神实质理解为艺术的"醉境"，用诗学的术语来表达就是"神与物游"、"天人合一"的境界。追索前人的脚步，既然诗来自于劳动、来自于祭祀，劳动的最高境界莫过于兴奋得忘乎所以的地步，而祭祀是讲究仪礼的。在农耕时代的仪礼是讲究狂歌醉舞的。这就表明诗人之创作，需要借助诸如"酒"、"仪式"等外在事物的刺激，同时更主要的在于激发创作主体的情感，化内在的主观愿望为表达的需要，把内在的情感迁移到客观事物上。

"用芳香代替血腥/用笑声代替枪声"，"让芳香，让笑声/飘满每一个春天每一寸土地"。在这个生机盎然的世界还有"另一个灰暗的春天"，"楼后藏着一挺机关枪/直直盯准了正在嘻嘻哈哈的小孩"，"一个黑影在墙角上蔓延"，"空气里飘着血腥的味道"，在这"墨镜外的风景"里，尽管"和平离我们最遥远"，小诗人仍执拗地带着质朴的幻想，愿意"潜在枪杆的血迹中"，"又试着走在拥挤的人群中"，企盼着"正在沉睡中的美好生活"。读一读孩子们写的诗，不难发现，正是诗性智慧促使他们从任何一个当前在场的有限之物出发，唤醒沉睡的心灵，把无穷无尽的未在场的信息从遮蔽状态拯救出来，让它们和在场的有限物综合为一体，使有限的生命获得无限的意义；它还可以编织历时与共时的网络，赋予万事万物以人的尊严，使各种不相同的东西相互融合成一个整体，即达到天地万物之间的相通、相融。陆机指出："精骛八极，心游万仞"，"笼天地于宇内，挫万物于笔端"②，刘勰认为："寂然凝虑，思接千载；悄焉动容，视通万里。"③ 施勒格尔认为，人类只有依靠诗人才作为完整的个性出现，诗人通过现在把过去和未来联结起来。④ 事实上，诗人能够突破有限变得无限起来，能够进入超验的诗意境，凭借的就是诗性智慧。只有诗性智慧才可以让诗人对接自然、社会，使自己的生命突破时间和空间的限制，使不在场的在场，使有限的无限起来，使自我凸显出来。这固然带有一种理想化的成分，但在物质化社会，人的对象化沦为物质的时代，从追求崇

---

① ［德］尼采：《悲剧的诞生》，周国平译，生活·读书·新知三联书店 1986 年版，第5页。

② 陆机：《文赋》。

③ 刘勰：《文心雕龙·神思》。

④ 刘小枫：《诗化哲学》，山东文艺出版社 1986 年版，第 32—33 页。

高、塑造精神生命的角度去审视，诗性智慧不仅是写诗人的需要，更是芸芸众生的需要。

3. 诗性智慧与人的诗意存在

在理性智慧的桎梏下，人的存在成为理性狭窄的存在物，不仅如此，人们习惯用主客体二元对立的方式去看待人性，人与人、人与世界以及人与人之间的关系，致使人生的激情以及对生存的理解都消融于本体论、认识论与逻辑推演方法论所构成线性思维的机械划分和生硬的必然性的判断中。

在与诗的沟通中，诗性智慧的价值重新得到确认。即使奉理性智慧为圭臬的德意志民族，诺瓦利斯、施莱格尔、叔本华、尼采、狄尔泰、海德格尔、马尔库塞等思想家，敢于突破理性智慧的樊笼，重新估价并张扬诗性智慧的价值。比如，海德格尔在《诗人何为》一文中，借用荷尔德林的诗句"……匮乏时代，诗人何为"批判当代西方社会诗意的匮乏性。当代西方是科技统治的时代，在这个时代，人总是凭借理性智慧将自己的意识投射为对象，通过客体来自我确定，这样就造成了存在的封闭。在把自我"对象化"为客体的技术和经济活动中，人随时都会丧失"存在"，被异化为物，又受物的支配。"人性正是在这种人成为物和商品的异化社会中毁灭的，这就是当代西方文明的匮乏性。"① 而在《人，诗意地安居》一文中，海德格尔提出了人类有价值的存在方式：诗意地栖居。尽管这是源自荷尔德林的诗句，但海德格尔凭借他的诗性智慧进行富有主体性、合理性的诠释，使之成为他对抗理性主义的核心命题。什么是诗意地栖居？在张世英先生看来，海德格尔所谓的诗意栖居有两重含义：其一，栖居是人的存在的本质；其二，诗意使栖居成为栖居。对于第一重含义，我们不难理解，从本源上而言，人类的栖居原本是理性与非理性、激情与理想圆融的整体，在这个整体的存在中，人类既是一个现实的存在，同时也是一个非现实的、超越性的存在。而对于第二重含义，海德格尔明显地强调了在当前理性化的时代，人类回到原初的富有诗意的世界，单凭理性的思是难以实现的，因此，只有借助诗性智慧，人才可以沉思自己的存在，并由此领悟世界的存在，最终跃入恬然澄明的心境。因此，诗性智慧使人诗意地栖居。

---

① 程孟辉主编：《现代西方美学》（上编），山西教育出版社 2003 年版，第 389 页。

诗性智慧使人性复归最初的美善圆融的非对象性存在状态，使人生样态丰盈完美，这种观点也非海德格尔专美。打开富有深邃理性之思的马克思主义哲学著作，我们不难嗅闻到诗意的芬芳。在《政治经济学批判·导言》中，马克思把人类掌握世界的方式分为思维的、艺术的、宗教的和实践—精神的等不同类型。所谓艺术地掌握世界，马克思并没有直接给出定义，但在本章第四节中，他通过介绍古希腊的神话特点，肯定"任何神话都是用想象和借助想象以征服自然力，支配自然力，把自然力加以形象化"。① 从这里我们可以窥探马克思对诗性智慧的重视。显然，在理性智慧的视阈里，古希腊神话都是荒诞不经的，没有任何存在的价值，马克思却认为，这种运用想象和凭借想象艺术地掌握世界的方式能够给我们以艺术享受和永恒的魅力。宗教地掌握世界，与艺术掌握世界有相似的地方，它们都不是依从理性的"逻各斯"，从逻辑的角度，通过严密的判断与推理去触摸世界的本质。与艺术地掌握世界相异的地方在于，艺术的方式是通过想象，把主体自身强烈的"思想、情感、态度、价值观、趣味"等主观因素整体地倾注到"物化"的对象中去，因而能够获得一种精神上审美的满足；所谓的宗教地掌握世界，主要凭借的是幻想，体现了人们对现实生活的恐惧，因而期待一种虚幻的安慰。对"实践—精神地掌握世界"的方式，马克思用一个连接符号将两个概念拴在一起，显然这种方式不同于艺术与宗教的特殊领域，它将视角转向了平凡的日常生活，转向了人对世界的"整体"把握。马克思认为，人的实践活动超越于动物活动的地方，表现在人不仅懂得按照任何一个种的尺度来进行生产，而且懂得怎样处处都把内在的尺度运用到对象上去，亦即人也按照美的规律来塑造对象世界。② 因此，人对世界的把握除了理性的思维方式之外，还有熔铸诗性智慧精神的艺术的、宗教的以及实践—精神的把握方式。

有学者据此认为，"所谓实践—精神的掌握方式，应该理解为同具体实践直接地、紧密地联系在一起的一种认识世界的方式，亦即人们日常生活实践中应用的思维方式，或称因常思维"。③ 李泽厚先生认为，"日常思维中既包含有抽象思维（逻辑思维）的成分，也包含有形象思维的成分，

_____

① 中共中央马恩列斯著作编译局译：《马克思恩格斯全集》第 2 卷，人民出版社 1995 年版，第 113 页。

② 马克思：《1844 年经济学哲学手稿》，人民出版社 2000 年版，第 58 页。

③ 夏放：《美学：苦恼的追求》，海峡文艺出版社 1988 年版，第 36 页。

既有概念、判断、推理，也有表象、意象、想象的活动，它们经常渗透混合在一起"①。而刘士林先生在《文明精神结构论》一书中将二者的关系颠倒过来，成为"精神—实践"方式。这种方式既不是先验固有的理性存在，也不是与生俱来的自然本性，它是马克思"实践—精神"方式在主体存在上的反映，即人类制造工具和进行生产实践活动的积淀物，也可称作人化自然的产物，它表现为意识形式、精神结构的能动性，表现为文化的主体性存在。在这个意义上审视中国的传统文化，其实这种掌握世界的方式就等同于诗性智慧。②

从上面的论述我们可以初步地得出这样的结论，诗性智慧不仅是维柯所断言的原初先民的混沌的智慧，它也是现代文明进程中一种不可或缺的掌握世界的方式，这种方式是"整体"的、直觉的、超越二元对立理性思维认识、反映、体验和改造世界的特殊方式。这是一种超越符号、逻辑以及一切科学实证的美妙的想象以及直觉的把握。在理性思维的左右下，"理性人"在地球上行走，并不知道生命来自何方，将往何处？而"诗人"凭借诗意智慧可以构筑一个理想的"王道乐土"、"世外桃源"。在那里有的是人与自然的两情相悦，有的是人与人之间的真诚友善。当理性人还在为日心说、地心说争论不休的时候，"我心即宇宙"，"诗人"们早已披上嫦娥的羽衣，在月球种上了芳香的桂花树。"不敢高声语，恐惊天上人"、"把酒问青天"、"吴刚捧出桂花酒"，这一切无不让人浮想联翩。理性思维不可企及的地方，就属于诗。诗性智慧可以促使人们从任何一个当前在场的有限之物出发，唤醒沉睡的心灵，把无穷无尽的未在场的信息从遮蔽状态拯救出来，让它们和在场的有限物综合为一体，使有限的生命获得无限的意义；它还可以编织历时与共时的网络，赋予万事万物以人的尊严，使各种不相同的东西相互融合成一个整体，即达到天地万物之间的相通、相融。在这种智慧的影响上，孔子可以"从心所欲不逾矩"；老庄可以"抟扶摇而上九天"，探寻"天地的大美"而不言；我们这些凡夫俗子也可以按照美的规律来把握自己的世界，"塑造"自己的人生，从而成为一种"自在"而又"自为"的"自由"的存在，即"诗意"地居住在大地上。

---

① 李泽厚：《美学论集》，上海文艺出版社 1980 年版，第 270 页。
② 刘士林：《中国话语——理念与经验》，上海三联书店 2006 年版，第 83 页。

## 第四节 诗性智慧与诗意德育

在探讨诗意德育研究逻辑起点的同时，需要解决这样一个问题：从伦理学与存在论统一的视阈看，德育是为人和人为的，人既是德育的出发点也是归宿；它以人的存在价值为归属，也为这种存在提供了某种担保，并以人的存在的完善为终极根据。因此，"诗意德育何以必要"与"诗意存在何以可能"这双重提问就交织在一起。也就是说，探讨诗性智慧对诗意存在的作用机制的同时也必须厘清其对诗意德育的效应。如果说诗意的存在是凭借诗性智慧去圆融自然、社会、自我及其彼此之间关系的存在，是一种淡看云卷云舒、不计个人得失的自由存在，是个体生命与外在世界和谐共处的存在，是在自我努力、自我提升的过程中一步步走向圆融、臻于美善境界的存在，那么这种存在也是德育的存在，是诗意德育的存在。

### 一 学生诗意德育个案研究

2007 年 10 月 11 日星期四，笔者来到馨园学校进行调研，在校长办公室与校长座谈，话题离不开诗意德育课题深化研究的事宜。正在谈话的兴头，初中部德育干事匆匆跑来报告："初一 3 班学生家长打起来了。"笔者和校长急忙赶到中学楼三楼。原来，下午放学，该班林志杰同学与张义文同学因为洗澡发生摩擦而引起家长之间的纠纷。

### 【事件背景】

馨园学校是一所距离市区有 50 里的民办学校，学生来源有如下几个特点：其一，学生的家庭背景比较复杂：离异家庭的学生占 15.7%，约占 16.7%，其中单亲家庭孩子又占 9.8%，组合家庭生活的约占 5.9%；留守学生与多元异化家庭学生①分别占 17.6%、1.7%；更主要的是父母忙于工作，无暇顾及教育孩子，把孩子送到学校的占 54.3%，另外还有从各镇区选拔的优秀生占 10.7%。其二，学生父母职业背景多元：个体

---

① 馨园学校尽管处在我国经济发达的华南地区，但咸淡水文化的特质，促使许多家庭多元化。有的父母长期在外经商，也有港澳台及海外回国人员与大陆女子组合的新家庭，导致孩子跟随祖父母、外祖父母、其他亲属生活以及生活在异化家庭里。

户及私营企业占58.7%，公务员占25.6%，私营企业雇员占5.7%，中小学教师占4.3%，周边村民占2.9%，其他占2.8%。从这些数据看，学生来源的主体是个体户及私营企业家庭、公务员家庭。相当一部分是由于家长忙于工作，没有时间或没有精力照看孩子。大多数学生来自比较富裕的家庭，生活优裕，受到家长过分溺爱，养成了某些不良行为习惯。因此，"如今的学生难教"，已不是少数教师的感受，而是大多数教师的共识。许多执教多年的教师感到，现在的学生"软硬不吃，太不听话！"特别是那些来自富裕的离异多元异化家庭的学生，则更是如此。其三，学生学习成绩两极分化日趋严重。馨园学校每年通过夏令营、冬令营培训，竞赛，幼儿园园长、小学校长、教办主任推荐以及学校派招生专员下到各中小学蹲点等方式招收特等以及一至五等奖学金的同学，其中特等奖学金学生每年大约100名，属于公费生，一等奖学金获得者每年免交学费1万元，二等奖学金免交8000元，以此类推，一至五等奖学金的同学大约200名。奖学金获得者占每年招生总数的24.79%，其余学生虽然入学时也要参加一定的考试，但大多只要交钱就可以进来。入学考试语、数、英三门功课每门学科以100分计，总分300分，考试总成绩不足50分的占6.4%。[①]从以上统计的数据可以看出，该校学生大部分来自富裕家庭，相对富裕的环境以及父母疏于管理，导致大部分孩子学习习惯、行为习惯不好，个人优越感比较重，集体观念淡薄，不知道如何与同学、老师相处，组织纪律性较差，生活自理能力比较差等。学校实行的是寄宿制管理，每班配备一定数量的生活老师照看孩子的生活起居。中学生活老师一般一个老师要负责一个班级的男生或女生，而对生活老师的考核，学校实行的是量化管理的规则，并辅以问责制度。因此，生活老师也给学生的生活表现予以量化，赋予学生表现以具体的分值，根据学生的奖惩分评定学生品德的优劣以及确定奖罚的尺度。

**【事件回放】**

中学生宿舍一般是8个同学一间，但由于馨园学校办学声誉日隆，家长踊跃地把孩子挤进学校，在生活设施一时难以为继的情况

---

① 由于涉及学生隐私，笔者采取查阅馨园学校2007年10月的有关报表，找生活部主管以及生活老师访谈的方式落实相关数据。

下，宿舍调整为 12 人一间。盥洗室只有两个用于洗澡的莲头。学生人数过多，生活老师只好排定洗澡的顺序。轮到小杰洗澡的时间，但由于小杰在外面玩耍，忘记该自己洗澡了。排在后面的小文便进了洗澡间，小杰猛然记起洗澡的事情，火速赶到宿舍，小文正在脱衣服准备洗澡。小杰刚开始的时候是急不可耐地在门口请小文出来，而小文认为小杰不按时排队，理所当然应该靠后，于是坚持继续洗澡。见此情景，小杰破口大骂，出言不逊，小文一边洗澡一边与之对骂。5 分钟后，当小文从洗澡间出来时，小杰顺势出拳相击，小文随即还手，一拳头打在小杰的眼镜上，导致眼镜破裂，刺伤了小杰的眼角，顿时流下不少鲜血。两人扭打在一起。

宿舍同学随即叫来生活老师，生活老师一边与同学护送小杰去了医务室包扎，一边通知双方的家长来学校商讨善后工作。小杰的母亲先到，一副气势汹汹的样子，揪住小文就是一顿乱骂；当觉察自己孩子动手在先理亏的情况下，又将矛头指向学校的管理、指向生活老师的责任。小文的伯父（监护人）刚来的时候，并没怎么发威，只是一味地道歉，当他得知是小杰挑衅在先的时候，在小杰母亲狂轰滥炸式的刺激下，也开始勃然大怒，于是，出现了开头的一幕。

笔者和校长赶到的时候，正处于吵架的高潮。

校长把相关人员请到办公室，作了如下处理：首先，根据学校的问责制，对生活老师、班主任以及主管德育工作的中层干部给予相应的处罚；其次，要求德育处根据《中学生行为规范》和校纪校规给予打架的小杰与小文记过处分；再次，让双方家长分别写出处理意见，然后学校协调解决。好在小杰伤得不重，只是划破眼角皮肤而已，在学校的协调下，小文赔了一点医药费，这件事就这样平息下来。但故事还没有完。小杰与小文的娇、骄二气以及乖张跋扈的行为并没有因此吃一堑而长一智，经常为一些小事和同学发生摩擦，甚至故意和科任教师、班主任、生活老师作对。

**【采取的策略和辅导过程】**

在处理这件事情的过程中，笔者注意到几个细节：其一，自始至终，小杰的母亲一直处于不依不饶的状态，既没有认真察看小杰的伤情，也没有细声的抚慰，更没有作为一个母亲对孩子应有的亲昵的动作，比如摸摸头、拉拉手什么的。小杰一直勾着脑袋，没有用正眼注视母亲，任凭母亲发威，待在一旁，一副事不关己的样子。其二，小文对待伯父态度也比较冷漠，见面连招呼也不打。其三，生活老师在家长们的夹击下，一直处于被动状态，当被校长问责的时候感到委屈，眼角都不自觉地流下眼泪。基于以上情况的了解，笔者建议班主任程老师以家庭教育为切入口，根据个别教育与集体教育相结合的原则，采取心灵契约与自主体验以及反思践履等方法，对小杰、小文以及班集体进行诗意德育活动。

**第一阶段：班主任了解家庭教育状况**

班主任程老师①是一个富有诗性智慧的优秀教师，她能够把孩子当成自己的子女看待。但是对待小杰与小文这样的学生刚接手的时候也是束手无策。用程老师自己的话说："作为班主任的我，总是强迫自己心平气和地做他们的思想工作，强迫自己听他们的诉说，强迫自己相信他们所谓的理由……时间一长，我真的无法平静地对待他的所作所为了。站在讲台，我多么希望55张脸，都没有外界的浮华与躁气，有的只是明澈的双眸、纯真的笑脸、灿烂的阳光；没有外界的嘈杂与喧闹，有的只是琅琅的读书声、银铃般的笑声、赤诚的心声。可是小杰和小文为什么如此游离于我们的群体之外呢？为他们的过错、遭遇我要怎样去承担、怎样面对？换言之，我拿什么来爱小杰与小文呢？我问自己。小杰与小文怎么如此无记性呢？刚说过的话又忘记了吗？他们为什么对同学有如此大的仇恨，非得把同学打得见血才肯放过呢？是什么促使这两个孩子的内心充满仇恨而要不停地宣泄？望着他们大而茫然的眼睛，毫无血色的脸，瘦小的身体，我几乎没有再同他谈心的兴趣了，已经不记得这是多少次了。思想品德教育？关心他人教育？尊重他人的生命？团结同学，搞好人际关系？或者威胁再要犯错误，立即把他转到别的班？望着哭哭啼啼的小杰眼角的疤疤以及小文手臂上的血痂，再看看那捏得铁紧的双拳，那双充血的眼睛，那张被仇恨、暴力扭曲的脸，分明在向我示威：就是要打人，看你们能把我怎样？我回到了办公室。冷静下来，这两个孩子一定有别的原因，他们不可能为一些芝麻绿豆的小事就对同学无缘无故地下毒手。"经过程老师的努

---

① 程樱老师是馨园学校创办之初就来就职的优秀教师，该案例是由程老师实践并收集整理相关资料。

力，基本摸清了小杰和小文的家庭教育状况。

**小杰的故事：**

　　小杰的父亲是内地一间工厂的工人，恰逢改制，成了下岗人员，母亲是中学政治老师。2000 年年初，小杰的母亲独自先来沿海一所重点学校应聘并获得成功，小杰与父亲在家里相依为命。父亲尽其所能自谋职业，干过很多苦力，生活十分艰难，但父亲给予小杰无微不至的关爱，小杰也很爱自己的父亲，这从小杰的作文《我父亲的鞋子》看得出："星期天大清早爸爸就摆摊去了，看着父亲佝着背推着板车远去的背影，我觉得一阵辛酸，原本英俊潇洒的父亲在生活的重压下，似乎成为一个老人……我应该为父亲做点什么，于是把父亲换下的衣服投进洗衣机，然后拿起父亲的皮鞋刷起来，还没有刷几下，咯噔一下，手似乎被什么东西割破了，掀开鞋垫一看，父亲的皮鞋早就开裂了，父亲用几个钉子胡乱地钉了一下，想起父亲就是穿着这样的鞋子行走在风雨中，我不禁又辛酸起来……最后，我拿起钉锤敲打起来，好让爸爸穿着舒服一些。"一年之后，小杰与父亲也来到了中山。小杰被安排在母亲所在单位附近的一所小学读书，父亲到处找工作，要么找不到，要么做不了几天就不做了。由于长期处于这种生活状态，小杰的父亲开始变得有些反常：经常沉默不言，抽烟，在家里走来走去。在小杰妈妈的帮助下，父亲开了一个小网吧。从此，父亲不回家，由于经营不善，一年后，小网吧关闭了。家庭争吵急剧上升，母亲坚决要求离婚，并强行要求小杰的爷爷把不肯离开的父亲接走。母亲与父亲将不良情绪带给了小杰，小杰理所当然地成了他们的泄气对象。父亲也不再关心小杰的生活与学习，妈妈一心扑在工作上，也无暇顾及小杰的学习与生活，更别提顾及小杰的心理感受了。小杰慢慢地学习散漫了，成绩一降再降，不爱学习，字迹非常潦草，从不主动完成作业。态度也蛮横起来，经常打架骂人，损坏同学的东西，故意与人作对，满口脏话，行为举止粗俗，脾气暴躁经常攻击同学，而且还是攻击个子高大的同学。课堂上故意捣乱，爱举手回答问题，借此胡言乱语，以此为荣；不但如此，还打扰其他同学上课，故意碰同学的手，打同桌的头，扔左邻右舍的学习用品，似乎自得其乐。

**小文的故事：**

　　小文，13 岁，香港人。一个自卑、忧郁、偏激且内向的男孩子。听不懂而且也不会说普通话。小文生下来不久母亲就跟别人跑了，父亲在外经商几乎不回家。两个哥哥长期处于失控状态，成为问题少年。小文与年迈的爷爷一起生活，今年 6 月爷爷去世后，他随退休的伯父一起回到中山市三乡镇生活，伯父把他送进馨园学校就读。刚来的时候，小文一副桀骜不驯的样子，似乎对什么都不在乎。老师找他交谈，他也爱理不理的。不太愿意和男孩子一起交往、玩耍，却乐意与女孩子沟通，经常把自己的经历遭遇讲给女孩子听，以博得她们的同情为乐。没人答理的时候，又常常自言自语，课堂上也是如此。每逢星期三下午许多同学的家长来校看望，他一个人就坐在墙角落里默默流泪，当老师走近他时，他就赶快跑开。痛恨别人谈到有关母亲的话题。不爱学习，学习成绩很差。字迹也相当潦草，很少好好地写一次作业。

**日记摘录一：**

　　今天，我非常非常伤心，我一直都是躲避和忍受内心的伤心与激动。到了现在，我真是真是忍不住了。程老师你一直都跟我说，有不开心的事情就跟你说。但是我一直都骗你说没有。其实，我是一个胆小软弱的男孩子。每到晚上睡觉时，我就在床上哭，说真话，我这三个月都很痛苦。到了今天真是忍不住要跟你说："我真是非常不开心，三个月前爷爷死了。我多么悲痛。妈妈生下我不到一个月就不要我了。四十天的我就跟着爷爷，一直到五岁。爸爸在中山工作，一年回香港一次，住几天就走了。爷爷去世了，再也没有亲人了。程老师，谢谢您，希望您看完（日记）后，再也不要开解我了。"

**日记摘录五：**

　　读完《母亲》这篇文章，我产生了很多疑问。第一个疑问的地方是这句话："母亲，她就是生活的一切。她是悲痛时的慰藉，绝望时的希望，软弱时的力量。她是怜恤、慈悲、同情、宽容的源泉。谁失去了母亲，就失去了枕靠的胸膛，失去了祝福的手臂，失去了捍卫的眼睛。"我觉得这句话很有问题。它说母亲是生活的一切。从这句话看来，我们能活到现在，给你们一切慰藉的都是母亲，但是没有了父亲，也就没我们，没有我们，母亲的慰藉岂不没人给了？第二个疑问是很多孩子一生下来，母亲就不要他了，那么那些孩子是不是不能生存下来？是不是都会死掉？其实不然，那些孩子是没有什么问题的，可能没有了母亲还会比有母亲的孩子坚强多了。第三个疑问是，这个世界只有母亲颂，为何没有父亲颂、哥哥颂、姐姐颂、爷爷颂？除了母亲还有其他亲人也在关心你和爱护你。既然说到母亲那么重要，为何不全都是女的，这个世界有男必有女，有女必有男，可却不公平……

我看完这篇文章真是令我既激动又气愤，同时觉得这个世界实在是美中不足啊。

**第二阶段：心灵契约式谈心**

掌握了具体情况，该怎样对小杰与小文这样的孩子进行教育呢？尽管他们发生打架的事情早已解决，但真正涉及他们个人的心理与思想品德问题仍旧没有解决。美国现代管理大师彼得·德鲁克曾指出："对于企业来讲，靠什么来凝聚成员的精神呢？答案可能有多种，但其中最重要的是企业员工对企业使命的共享程度。"同样的道理，教育学生单纯靠惩处学生的行为治标不治本，表面的驯服并不代表心结打开，必须把德育落实到学生的心坎里，变外在的行为制约为内在的心灵契约。

具体操作的程序是这样的。首先，班主任分别与小杰、小文谈话。

程老师：小杰、小文，我知道你们肯定不是故意要打架的，也不是故意要和老师作对的，你们的表现一定是有原因的，今天，我决不要求你们写任何检讨书，可以把内心最想说的话写出来，比如你们的委屈、烦恼、渴望统统都写出来，如果要保密，你们可以不给我看；如果相信我，看看老师能不能帮你俩解决心里的困惑。

半个小时后，小文交上了自己的感想，而小杰也写好了，但没有给老师看。

**小文的感想：**

我是一个成天只会没事惹事的孩子，同学们都恨我，而自己却无法知道自己的不足。老师说过的话只当耳边风，成天打架，无法控制自己的行为，老师找我谈了一次又一次，心里好像想通了，然而一下子又忘记，从没铭记在心，因为我从不在心里认错。认为自己是正确的，是老师偏心，经常从心底里骂老师，咒骂同学，他们都不接纳我，我从没融入这个群体，从没把别人放在眼里。我在写这篇文章时，有说不完的恨意，我没当别人是人，只认为自己就是人，他们都没有用，只能听我的。我要他们做什么，他们就得做什么；如果不按我说的做，我就想把他打死。然而我却不知道别人有自己的权力，可以不听我的，所以我就真的不开心……其实我想让同学关爱自己，不要对我不好，我也是人，我知道自己的想法不正确，但不敢说出来，我真的想与大家一样，被同学排斥的感觉真令人心痛，我想以牙还牙来报复同学，以为拳头能让同学明白我的心，谁知同学越来越痛恨我，我想停下来，不再与同学战斗。可是，从前的仇恨在我心里，我自己停不下来，一见到某个同学，心头之恨又升起来，老师的话全忘记了，只有仇恨，只想打死他……过后，老师只从这件事来谈，我又被批评……我觉得自己无药可救，进入了一个黑暗的洞穴……没有了头，从来不用脑面对问题，我的大脑已经僵硬，没头没脑地活动着，不能回到现实的社会中，不能回到这个群体中。谁也不知道我已经把这个班当成了自己的家，写"班"字时往往就写成了"家"，在这个大家庭里，我是多么的与众不同，他们都是有家的人，我没有家，没有人关心，是个多余的人，父母不爱我了，连同学们也不爱我了。我仇恨一切……

尽管没有看到小杰所写的感想，程老师仍把小杰和小文一起叫到了办公室。

程老师：我相信你俩都是善良的孩子，假如不打架，好好设想一下，你们会怎样相处？你们会成为朋友吗？

小杰：我俩是同学。

小文：我俩可以成为朋友。

程老师：那我们就订一个口头协定，程老师是甲方，你俩是乙方，然后请你俩找一位班上最信赖的同学或科任教师做丙方作为监护人，咱们约定一个星期内，你们都尝试不打架，如果打架，我就找你们的监护人，如果要处罚，我会先处罚你俩的监护人。好吗？

小杰与小文沉默了一会儿，点头表示同意，并真的找到班上信赖的同学做监护人。

一周之后，小杰与小文果真没有打架。

表3—1　　　　　　　　　　　　　心灵契约谈话表

| 今天是我成长记录的第　　　　天。　　　　　　年　　月　　日 |
| --- |
| 今天我做了一件事（简述事情经过）： |
| 假如不这样做，我应该通过这样的方式去改变： |
| 我保证做到以上几点，我申请＿＿＿＿＿＿＿（好朋友或科任教师）做我的见证人 |
| 甲方（班主任签名）：　　　　乙方（签名）：　　　　丙方（见证人签名）： |
| 通过这件事，我感受到： |

**第三阶段：亲验式的体验活动（撕纸与端水）**

尽管小杰与小文思想有所触动，行为有所收敛，但其他的毛病仍旧没有彻底改变，况且班上与他俩相似经历的同学还不少，小杰与小文不过是一个典型代表，要发挥"为了集体在集体中进行集体主义"的教育效应，程老师还把富有生活情境的片段功能性地引进课堂，设计了以下一系列的体验式活动。

在班会课上，程老师首先带来一只大菜碗，指着大碗对小杰说："请你帮我打半碗水来好吗？"并在半碗水的地方比划给他看。

五分钟后，他端着半碗水进来了，满头大汗。

"你再去打碗水来吧。这次要满满的一大碗。"程老师面无表情地倒掉他打来的水。小杰十分困惑，脸色略有不悦，但还是去了。

三分钟后，小杰再次端着水进来了。

"为什么端半碗水的时间比端一碗水的时间花得多些呢？"程老师轻描淡写地问。

"半碗水虽然轻些，但晃得厉害，我怕把水洒了，走得慢些；满满一碗水虽然重些，但不晃荡，所以走得快些。"他果然是聪明的学生，明白了老师的初衷。

接着，程老师展示了芦苇和稻穗的图片。

除此之外，程老师还设计了一个"撕报纸"的游戏，要求每位同学闭上眼睛把手里的报纸撕碎，同学们尽管有些茫然，但还是照做了。霎时，教室里雪花片片，学生自然不自然地把心中的失意与怨气发泄在一张张碎片上。接着程老师让同学们睁开眼睛，把随手扔下的碎片一一捡起来，然后发挥想象，设计成理想的图画或手工艺品。同学们一听都很兴奋，于是各种各样的作品便出现了，其中的一辆"自行车"，格外引人注目，引来全班同学羡慕的目光和热情的掌声。原来它是小文做的。程老师及时地引导他们："其实，只要有心，每一张碎片都是有用的。"在接下来的讨论中，同学们敞开胸怀，畅谈了理想与人生，小杰先是沉默了一会儿，后来将身子挺直，站了起来，深深地朝程老师和全班同学鞠了一躬，"程老师，同学们，我错了。我决不能像芦苇一样头重脚轻根基浅，无论什么时候，都要像子粒饱满的稻穗一样，谦逊、谨慎，像我们班的吴志强成绩那样好，他从不骄傲，还乐意帮助人……"同学们都露出了久违的笑脸。

### 第四阶段：成立帮扶小组，为每个学生建立特色成长档案

在班级管理中，班主任为了加强班级管理，常常制定量化考核评价制度，给学生的行为表现量化打分。比如，迟到一次扣1分，顶撞老师一次扣2分；主动打扫公共区卫生一次加3分，给广播站写稿加2分，家长写感谢信记5分。这种评价将学生的德性数字化，注重的是结果而不是过程，生硬的数字化比较代替了充满灵性的评价，自然导致学生关注的不是德性本身，而是德性以外的分数。而馨园学校倡导评价主体多元化、评价

过程体验化以及评价方法的多样化，要求各班主任为学生建立特色成长档案。具体做法是：班主任统一印制成长册，封面上端写着的是"立一个好品德、成一套良习、练一种特长、学好一门外语、写一手好字、爱好一项运动"，下端写有"今天，我们是一棵成长在旷野的小树苗，明天，我们必将成为民族的桢干，国家的栋梁！"成长册由人生规划、《日进表》与《月策表》组成。《日进表》是让学生每天把自己品德、学习和生活上的进步记载下来，《月策表》是对一个月情况的回顾，然后制定奋斗目标及相关措施。接下来，发动学生根据自己的实际情况自主结成学习、生活、品德发展的对子（见表3—2）。本着学生的进步让学生看得见的原则，班主任创设许多学生展示的机会，教室后面的张贴栏里开辟一块攀登高峰专栏，张贴学生的优美的语段、绘画作品、手工制作、书法作品、考试试卷等，督察小组则由班委会负责，这个制度长期有效。

表3—2　　　　　　　　　　　**周策表之学生用表**

亲爱的同学：

　　经过这一周认真学习，你一定会有许多感动与发现。现在请把你这周的收获写下来，让老师和父母对你的表现有一个更全面的认识。同时鼓励自己获得更大的进步。

本周最大的收获有：

　　1.

　　2.

　　3.

　　4.

　　多和父母沟通，多体谅父母，多尊重父母是你人生中必修的一门功课，请把你在学校里获得的感动与体会向父母诉说（切忌说毫无意义的空话和套话）：

　　下一周我的奋斗目标（写一句自己的名言鼓励自己）：

表3—3 周策表之家长回音

| 尊敬的家长： |
| --- |
| 　　您的孩子在各位老师的诗意引领下，已经完成了本周的各项任务，在这周中，他（她）获得了许多感动与独到的体会，请您牺牲一点点时间倾听孩子的声音！ |
| 　　同时，也请您把想对孩子说的话写在这里，以激励他更大的进步。或者您也可以针对班主任的教育方式提出您的看法。再一次谢谢您的配合！ |
|  |
|  |
| 家长签名： |
| 　　年　　月　　日 |

**【个案教育效果】**

一个月过去了，两个月过去了。同学的周记里出现了这样的句子："其实小杰是个非常善良的同学，他很乐意帮助别人，经常帮同学打扫教室。""我没有吃饭，他给我打好饭带到宿舍。老师还表扬他的内务做得很好呢。""今天下午是体育锻炼，全班同学直接回到了宿舍或饭堂，值日的同学也没回教室，只有小杰一个人在打扫教室，他不是今天的值日生。""小杰上课表现特别积极，不停地回答问题，作业也写得很认真。""看到小杰的变化，我暗暗担心，他会成为我的竞争对手，我不能再这样懒散了。""真想不到，小杰进步那么快，一下子前进352名。如果再不努力，我可能就被小杰甩在后面了。"……

期中考试，小文的成绩也来了个惊人变化，在班上的倒数第二名，一下子进入班上的三十几名，在年级排名前进了271名。无论是思想品德还是个人内务都得到同学与老师的一致好评。

## 二 诗意德育学生个案分析

民办学校生源质量相对比较差，"没人管"和"管不了"的学生占了相当大的比例。而民办学校办学要站稳脚跟，求得发展，就必须把转化这些特殊学生的工作放在首位。民办学校该如何对这些学生进行德育呢？按照理性德育的做法，给学生制定严格的行为规范，然后按照其行为的外在表现给予量化评比，确实可以获得秩序、行为规范等方面的即时效应，但这种有条件的、外部行为禁止性的德育真的能够促进学生德性的发展，或者说，让学生自主地走在自我发展的道路上？从馨园学校小杰和小文的故事可以看出，小杰之所以对小文大打出手，追本溯源，破碎的家庭固然是造成其乖张性格的必然因素，但家庭、学校以及社会的功利化给小杰的影响何尝不是重要的原因呢？

从道德哲学上审视，人的道德境界分为"正当、不当和应当"等层次。所谓的"正当"，指的是个体或群体履行了自己的职责，所获得的权益等于付出的义务，即所得与所求是相等的；所谓的"不当"，即个体或群体未能履行自己的职责，思想行为不符合社会通常约定的规范，所求往往大于付出的义务；所谓的"应当"，个体或群体超越了应负的职责，所获得的权益小于付出的义务。这种观点其实还是从功利的角度来审视道德境界。席勒曾感叹，"在崇高中，我们感到崇高"①。中小学学校倘若只是从理性的角度，站在功利的境界去审视学生的德育问题并对学生进行德育，那么学生获得的只是功利思想。正如小杰的思想意识，既然安排我处在固有的程序洗澡，即使我不在，小文没有征求我的同意，也是侵犯了我的权益，因此，我有权利对小文进行谴责；而在小文看来，小杰没有按时赶到，自然就放弃了自己的权益，而小杰匆忙赶到并发出请求又与我正履行的职责发生冲突，责任在小杰，于是心安理得地享受自己的权利与义务。以馨园学校为个案的中小学在处理类似德育问题的时候，往往依从二元对立的理性思维模式，把学生、生活老师、班主任都视为德育的客体，而不是可以自我发展的主体，把精力放在"不当行为纠偏"和"正当行为的维护"上，注重分数的量化而忽视或者不够重视学生"应当"道德境界的引领与提升。"不当行为纠偏"和"正当行为的维护"只是他律性的德育，而"应当德道境界的提升"是发展自律道德的活动。

人的德性如何由"不当"上升到"正当"，甚至达到"应当"的境界？罗素的感悟是这样的：个人的存在应该像一条河——开始很小，局限在狭窄的河床内，汹涌奔腾，经过巨石，越过瀑布；渐渐地，河面变宽，两岸后撤，水流平缓，最后融入雄浑浩博的大海。斯宾诺莎也有相同的感

---

① ［英］席勒：《论崇高》，转引自刘小枫《诗化哲学》，山东文艺出版社 1986 年版，第23 页。

慨："一人企求幸福，企求行为正当，企求合理生活，总是同时希望行动，希望生活——换言之，希望真正存在。"① 人的存在是"自在"与"自为"的结合体。"自在"的状态自然避免不了"不当"的思想与行为；而"自为"又决定人是有理想的存在，为了理想，人可以朝向"应当"的境界奋斗。马克思也认为，"人的存在方式恰恰就是不断自我创造、又不断自我否定的开放的存在方式"②。这其实告诉我们，人的存在永远都是"是其所是"又"非其所是"，学生尤其是中小学生是一个未完成的结构，又是一个生动活泼的动词，永远走在不断发展、创新、超越的成长路上。但如果让学生只是生活在他律的道德境域里，通过"德育—数字—世界"的外在规范活动，学生只能成为单向度平面发展的人。而通过提升学生的道德境界，开展以学生为主体的内外互化的活动，那么才可以导引出学生的可能性与充分展开学生的丰富性，他们才会真正"是其所是"。从这个意义上来说，德育就是解蔽、澄明与绽放，就是人之生命的生成、生命之诗意精神的引出与闪耀。"德育"本源地与人的生命成长、与人的诗性智慧联系在一起，成为人的生命不可分割的一部分。

一定思维方式下的人的存在方式决定着相应德育的存在形式；同样如此，不同的德育存在方式也导致不同的思想境界、人生的态度和存在的方式。诗意的存在需要诗意的智慧，诗意的智慧自然形成诗意的德育。

德育知识主要是一种"非科学的知识"或"意会的知识"。③ 在中国哲人看来，学生品德的获得不是像西方诸如柏拉图所宣扬的需要借助"爱智"的逻辑推理，那样的话，反而损害德性。张载认为，"'不识不知，顺帝之则'，有思虑知识，则丧其天矣"④。只有借助诗意智慧，让学生通过自身的道德生活去体验，德育才可以突破时间和空间的限制，其德性发展才会使不在场在场，使有限无限起来。

### 三 诗意德育发展诗性智慧与培育诗意精神

从小文、小杰的个案来看，当未成年人处于转型时期的复杂化社会造

① *On the Improvement of the Understanding*, *The Ethics Correspondence*, Dover Publications, Inc., 1955, pp. 201-104.

② 高清海：《人就是"人"》，辽宁人民出版社 2001 年版，第 127 页。

③ ［美］B. M. 加涅：《学习的条件和教学论》，皮连生译，华东师范大学出版社 1999 年版，第 47—49 页。

④ 张载：《正蒙·诚明》。

成家庭多元化、道德感弱化而茫然不知所措的时候，我们需要追问的是：在传统价值雪化冰消、信仰沦亡、诸神缺席的时代，诗人何为？在物质主义、消费主义、世俗文化已成为意识形态主流的当今社会，教育何为？对诗人和教育者来说，真正的诗人，无不立足于人类关怀的大悲悯，直视外在洪荒世界的虚无背景，用诗的形式而为人的价值、人的意义努力营建诗意栖居的绿洲；真正的教育者，无不直面周遭冷漠弥漫的黑夜，担当复活灵性、复活生命的责任，用诗性的智慧去塑造富有诗意精神的民族品格。对当代受教育者来说，必须面对的问题不是生存到另一个世界中去，而是要对当下身处的这个世界有更高远的视界，以发现前人未曾领悟到的生存之道。诗性智慧是理解复杂多变的人与自然、人与社会、人与自我的关系并在其中健康生存和发展下去的主体素质。而诗意精神则是摆脱了狭隘、无聊、恐惧等理性精神的种种羁绊而使"内在尺度"真正发挥作用的基本条件。"诗性智慧"是诗意德育研究的逻辑前提，而诗意精神则是诗意德育的旨归。如何培养学生的诗性智慧与诗意精神？陆机"诗缘情而绮靡"口号的提出，为文学发展之路撑开一面鲜艳旗帜，同时给诗意德育培养学生的诗性智慧与诗意精神以有益的启示：缘情者，情灵摇荡者；绮靡者，绮纷披者。质文相生，文情并茂，动人的内容与优美的形式和谐统一，这就是复活诗意精神的奥秘。

1. "民胞物与"观念的树立

人的存在不是独立于自然与社会的"自在之物"，它是人与自然、人与社会、人与自我相互交融的产物。马克思指出，"人直接的是自然的存在物，人类的历史是人的真正的自然史"①。自然既是人的生存根基，又是人精神的寄托，是人的物质与精神生活的家园。如何处理人与自然的关系？如何赋予自然以诗意情怀？北宋时期的思想家张载提出来的"民胞物与"的思想为诗意德育提供了很好的思想基础。"乾称父，坤称母，予兹藐焉，乃混然中处。故天地之塞，吾其体；天地之帅，吾其性。民，吾同胞；物，吾与也。"② 在他看来，乾坤是天地的代称，"乾父坤母"强调超越性的天地对于人的存在富有本体论的意义，即人与万物之间有了广泛意义上的伦理关系、伦理责任，人应该与天地为友，与万物相随，将天地

---

① 马克思：《1844 年经济学哲学手稿》，人民出版社 2000 年版，第 122 页。
② 张载：《西铭》。

万物视为亲密无间的朋友，把人的伦理道德、感情拓展到自然万物上面。因为天、地、人三者混合，处于宇宙之中，都是"气"聚而成的物，天地之性，就是人之性，人之品性与自然万物的本性是一致的。

近年来，由于受西方哲学"人类中心论"思想的影响，人与自然的关系逐步从主客一体的关系嬗变为主客二元对立的关系。自然成为人类征服、利用的客体，人成为自然的主体、自然的支配者和统治者，自然界的一切必须服从于人类的利益和需要，这就导致了对生态环境的破坏，以及由此而引发的各种灾难，甚至危及人类自身的生存。诗意德育倡导的诗意情怀，适用在人与自然关系的处理上，即不要把他人他物看成是物，而要用对待人一样的精神对待他人他物，建立一种类似马丁·布伯的"我—你"关系，而不是侵略与被侵略、征服与被征服的"我—它"关系。

诗意德育中要使学生树立"民胞物与"的观念，就要摒弃狭隘的"人类中心论"思想，使学生认识到人类只是自然大家庭的一名成员，与其他成员之间只能是和睦相处，互相爱护与关心。唯有这样，教育才能真正切入学生的心灵，学生才能使自然物拟人化，从而与之相遇、交流和对话。比如学习李白的《早发白帝城》，如果没有"民胞物与"的观念，学生眼中的白帝、彩云、流水、猿猴、船只都只是客观自然之物，这些物的组合也仅仅表现三峡流水之湍急、风景的殊异。其实，在李白眼中，急速的流水与遇赦归来的畅快心情是水乳交融的，二者"一气流通"，无有间隔。推而广之，如果在日常的教育中，哪怕是爱护环境教育，如果教育者注意把"民胞物与"的观念迁移到校园的方方面面，学生在能够使"太阳月亮、高山流水、苍松翠柏、巨石小草、绿叶红花、春风秋雨、夏云冬雪、晨钟暮鼓、流云飞絮等等都浸润上人的情思，使'一枝一叶总关情'"①，自然爱护学校的一草一木。

2. 诗意意识的唤醒

诗意精神不是天外之物，它其实就隐藏在教育对象的内心深处。教育要复活诗意精神，至关重要的是拯救人的内心。要使教育对象具有诗意精神，从而诗意地栖居在教育的语境乃至生活的语境，必须以诗化的内心世界为先决条件。贫乏的内心，必然造成贫乏的生活世界。海德格尔认为，"在我们的先辈们的眼中，一幢'房屋'，一口'井'，一座熟悉的塔尖，

---

① 李明泉：《尽善尽美——儒家艺术精神》，四川人民出版社1995年版，第146页。

甚至连他们自己的衣服和长袍都依然带着无穷的意味，都与他们亲密贴心——他们所发现的一切几乎都是固有人性的容器，一切都丰盛着他们人性的蕴含"①。过去，我们的先辈凭借内在诗般的灵性从在场之物看见不在场的情感、态度、精神与价值等构成的诗意，赋予生活以诗意的意蕴。而现在，生活在技术时代中的人们，忙忙碌碌于物质的建造，自然的占有，结果，人内心中与生俱来的诗的灵性逐步被遮蔽起来，诗意在遗忘中沉睡下去。人们的物质生活日渐丰富，而心灵却在物质的左右下日渐贫乏起来。

"不可见之域的诞生，必然要依赖于人的一种内在的感受性，一种可以称之为灵性的东西。"② 如何唤醒沉睡的诗意？首要的策略就在于复活人内心的灵性。何谓灵性？要在心理学、教育学甚至社会学上给予一个科学的概念，实在是一件费力不讨好的事情。在中国诗意文化的传统里，灵性得到了广泛的瞩目与推崇。沧浪所谓"夫诗有别材，非关书也；诗有别趣，非关理也"③；禅宗反复教导众人"自心是佛"。诗论家重视灵性，认为灵性是诗之魂，诗之精粹。佛家认为，灵性是求佛、成佛的关键。"菩提本无树，明镜亦非台；本来无一物，何处惹尘埃。"卑微的慧能之所以超越学识渊博的神秀成功接下五祖的衣钵，让禅宗从此走下神坛，直指内心，就在于他具有"除胸中粘滞，虚心纳物，澄心静虚，达到应感之会，通塞之纪"的灵性。这种非"滞者、熟者、木者、陋者"的内在精神气质，非学问、知识、义理所能企达，而更多的是一种真声、童心、赤子婴儿之韶乐般的东西。④

在教育的场景，我们过于注重背景材料的介绍、教学步骤的安排，按照知人论世的方法，为学生铺设达到教育教学目标的通道，这样学生只能在老师设置好的跑道里求知了。教育说到底是心灵与心灵的对话，能否复活学生的灵性，可能更多地取决于他们的天性，但教育教学陌生化，教师让教育回归学生感性的生活世界，让学生在自我探索，感悟自然、社会、人生的过程中保有一份机敏、一份纯真、一份热情，自然成为一个审美的

---

① ［德］海德格尔：《林中路·诗人何为》，孙周兴译，上海译文出版社 1997 年版，第274 页。

② 刘小枫：《诗化哲学》，山东文艺出版社 1986 年版，第 210 页。

③ 严羽：《沧浪诗话·诗辩》。

④ 刘小枫：《诗化哲学》，山东文艺出版社 1986 年版，第 211—214 页。

人，充实的人，诗意的人，一种不为外部世界所累，却能创造出一个有诗般意味世界的人。没有灵性，就不会赋予世界真正的爱，更不能使生活焕发生命的亮光。

3. 全纳世界"心境"的培养

潜藏的诗性智慧是否得到诱发或唤醒，在于受教育者是否具有全纳世界的"心境"。所谓全纳世界的心境指的是学生要拥有一种对自然、对社会、对自我的开放、虚静、全身心沉浸的心态。这是诗性智慧发挥作用的最佳准备状态，是学生能否捕捉生活中的诗意，从而美感云涌的关键环节。我们看一个禅宗故事，自然就了解它的重要性。

> 雪峰道："实在说，参禅以来，我一直心有未安啊！"
>
> "果真如此，你把所见的一一告诉我。对的我为你印证；不对的我替你破除！"
>
> 雪峰就把自己修行的经过说了一遍。岩头听了雪峰的话后，便喝道：
>
> "你没有听说过吗？从门入者不是家珍。一切言行，必须都要从自己胸中流出，要能顶天立地而行。"
>
> 雪峰闻言，当即彻悟。[①]

世间的知识，甚至科学，往往凭借理性智慧从外界现象上去了解的，而诗意，则是从内心本体上去证悟的。故事里的雪峰禅师久久不悟，难以登堂入室，一方面是因外境的森罗万象，在心中还有所执取，无法止息妄念；另一方面尽管他有强烈的"入室"愿望，选择的路径却是从外而入。岩头棒喝"从门入者不是家珍"，除了启示雪峰禅师要能"从心流出，才是本性"之外，对我们从事教育工作不啻一剂良药。我们的教育太多地注重在枝末上钻研，太多地关注教学技艺和教学形式，太多地把精力放在理性智慧的打磨上，对学生的学习心态关注不足，容易忽视从"心"、从"内心"的根本上立根，容易忽略教学内容、教学意义乃至旨归的透彻领悟与诠释，导致我们的门徒只能得到教育的形，而不能悟神，此可谓登其门而不能入其室也。

---

① 星云大师：《星云禅话》（2），现代出版社 2007 年版，第 20 页。

古今中外的思想家们早已注意到它的重要性，在中国传统文化的视阈，孔子把"仁"与"乐"合一，达成"中和"之境；而《管子》主张悬置主观成见，循自然之理的"静因之道"；荀子认为只有专心致志，"虚一而静"，才可以坐于空室而纳四海；老子强调以"致虚极，守静笃"之境去应对变化多端的世界；庄子发展"无己"、"心斋"、"坐忘"；佛教称之为"空"；诸如此类。集儒、道、佛于一体的大诗人苏轼特做诗一首，表明内心虚静全纳世界的重要意义："欲令诗语妙，无厌空且静。静故了群动，空故纳万境。"在他看来，要把握玄妙复杂的世界，前提条件在于认识主体拥有一个"空"、"静"的主观心态。"静"可制"动"，"空"可纳万物之"境"。在西方哲学的视阈，胡塞尔主张排除一切超越之物的"悬置"（或称为"括弧"），"还原"为纯粹之思①。英国当代心悟训练专家大卫·冯塔纳认为："心悟是庄重的实践，能够产生最佳效果，但需要全身心投入"，需要"凝神静气，全神贯注"②。朱小蔓教授在《情感教育论纲》一书中指出："教育过程应该是逻辑—认知与情感—体验共同构成完整的教育过程。"③ 推而广之，从思维的角度审视教育，德育的过程同样是"理性—非理性"与"诗意—非诗意"圆融的过程，德育同样需要培养学生虚静的心态。这样才可以让他们在社会转型阶段主动接纳诸如家庭变故、文化差异以及环境迁移等带来的异于自己的事物，主动消除心里的困厄、恼怒等不适应感，从而使自己融身到自然与社会之中，成为一个具有咸淡水文化特质的包容、豁达的积极上进的人。

4. "直觉"习惯的养成

直觉一词源于拉丁文"Intuition"，不同流派的哲学家、心理学家分别从唯心主义和唯物主义的角度予以解读。在逻辑学盛行的西方，康德、柏格森、克罗齐、卡莱曾创造了用逻辑的形式表达关于直觉的理论。普拉特、彭加勒、哈达马、坎农、华勒斯等都曾对直觉现象作过描述。谢林、叔本华、尼采、弗洛伊德、克罗齐等从反理性的角度进行诠释。在理性主义的视角，直觉就是大脑在理性智慧的作用下透过现象对事物内在本质的

---

① ［英］索珀：《人道主义与反人道主义》，廖申自、扬清荣译，华夏出版社1999年版，第53—55页。

② ［英］大卫·冯塔纳：《心悟：宁静、内省和顿悟的艺术》，王晓秦译，吉林摄影出版社1999年版，第9页。

③ 朱小蔓：《情感教育论纲》，南京出版社1993年版，第25—26页。

直接把握、迅速理解和瞬间判断。而在非理性主义的视角，直觉是直接用心来理解现实的所是，而不是通过知觉或者概念，也不是通过观念或者理性的对象来把握现实。相比之下，苏珊·朗格的直觉理论则显示了西方直觉理论的进一步发展与完善。它主要表现为如下三点：其一，直觉是对事物的直接洞察力。它不同于推理，不借助概念，却又包含着情感、想象和理解。它是基本的理性活动。其二，直觉是逻辑的开端，是语言和艺术产生的根源。其三，直觉不能离开经验，"它以全部人类精神为基础"①。

尽管人们对直觉内涵、作用机制的认识存在巨大的分歧，但无论是在强调逻辑和推理的科学领域，还是在强调感知、体验的文艺与教育领域，直觉扮演着关键的角色。著名的物理化学家和哲学家迈克尔·坡兰尼对科学上的发现做了广泛研究，他指出："我们都知道，科学家制造问题，产生预感，然后对自己的预想激动不已，去研究、探索，实现这些预想。……这儿我们可以认识到活跃的直觉的力量。"② 直觉与理性并不相悖，二者互为补充。在科学创造过程中，直觉起着选择创造目标、提出科学预见、建立创新假说等重要作用。而在文艺与教育领域，直觉凭借它的无意识性、非逻辑性、整体性、迅速性和或然性，使文艺与教育富有灵性与生机。在中国诗性文化里，从先秦诸子的寓言、《诗经》的比兴开始，直觉就如影随形，它伴随诗性智慧相继完成宗教世界之理性化（秦汉）、经验世界之心灵化（晋、唐）、对象世界之人文化（宋）、人文世界之自然化（中、晚明）的嬗变。布鲁纳指出："直觉思维，预感的训练，是正式的学术学科和日常生活中创造思维的很被忽视而又重要的特征。机灵的预测、丰富的假说和大胆迅速地作出的试验性结论，这些是从事任何一种工作的思想家极其珍贵的财富。"③ 诗意德育的任务就是要引导人们掌握这种"财富"，将直觉纳入日常的教育教学活动中，使学生养成直觉的习惯。

当然直觉习惯的培养，固然离不开教师的教导，但起决定作用的还在于学生主体的努力，因为直觉能力的源泉和动力源于人的内心深处。这就需要教育者在教育教学过程中，一方面营造一种宽松、愉快的学习气氛，

---

① ［美］苏珊·朗格：《情感与形式》，中国社会科学出版社1987年版，第439页。
② ［美］法朗西斯·沃恩：《唤醒直觉》，罗爽译，新华出版社2000年版，第144—171页。
③ 尚新建：《重新发现直觉主义——柏格森哲学新探》，北京大学出版社1999年版，第33页。

设置富有生活情趣的情境，让学生彻底消除心底的压抑和束缚，整个身心处于一种极其轻松、和谐的状态，思维不被干扰，不中断，直觉就获得自由的充分的表现机会；另一方面重视引导学生通过观察生活、体验生活去获得并保持猜测与预测的兴趣。在学生的学习活动中，他们如果对学习材料保持下意识想法的直觉兴趣，就越愿意从内心深处来面对自己潜在的一切感知，自然就越能真实地走向生活。

5. 诗意观世法的运用

诗意德育除了养成学生全纳世界的心境、直觉世界的习惯，还要培养学生诗意的观世法。所谓诗意的观世法，即采取一种物化与人化的手法使自然拟人化或人物自然化。使自然因人的情思投射而具有人的特质，自然万物一花一鸟、一树一石、一山一水都负载着人的深意、深情；使人具有自然一般的特质与本性，人的一举一动、一言一行与自然之物比德。缺乏这种诗意的观世法，学生眼中的梅兰竹菊不过是花草树木，人也不过是直立行走的动物。这无助于促使学生赋予自然"民胞物与"的诗意情怀，也无助于人与自然对接并且发展出一种人与物的和谐关系。

例如，在一堂认识自我、介绍自我的班会课上，传统的课堂，教师习惯用理性的智慧引导学生打量自己、评价自己，学生的自我解剖由于理性智慧的束缚，往往变得单调乏味。如果采用物化与人化的观世法，学生可以将自己的生命与自然之物对接，甚至圆融，借自然物之口发表自我剖析的宣言。请看张文迪借《刺猬的独白》①所作的不同一般的解剖：

> 我很抱歉，我没有演绎好自己的角色。
>
> 我是一只过于自爱的刺猬，害怕受到别人的伤害，而自己却总是有意无意地用身上的刺伤害了他人。
>
> 我很上进，似乎天天努力地去美化自己，美化与自己接触的人群，但我过于理想化了。深知世事如棋局局新，却想把它捏造成单纯的模样，用我自己的手，按我自己的想象。
>
> 就这样，我伤了人。我的所作所为、所思所想，不是伤人身体，而是人身心。我被人如此伤过，深知那种烫割的痛楚。
>
> 我身边的颜色在我看来是那么单一，又是那么模糊，于是犯下了

① 张文迪，高一学生。《刺猬的独白》一文系笔者指导的一篇习作。

如此复杂而又清晰的错误。

我多虑了，但这世界的不真实容不得我不去多虑，因为我是一只过于自爱的刺猬。

其实我一直都在替自己狡辩，妄图以躲入厚壁的掩体来隔离与自己息息相关的星星雨雨。我在作文里曾这样描述习惯——"城市罪恶的污染源"，当时写下这句话时只是一时的感触，现在想来却是一矢中的。

我所看到的世界，大都是灰色的，或许有时能偶遇绚丽的斑斓，但很快，它又会融为一堆不知所谓的荒凉。

叹息吧！为我自己打自己嘴巴，为我自己往脸上贴创可贴。罗列一堆堆排着队等我去解决的毛病：疑心、急躁、怯弱、自负、没有毅力。

停！停！停！停！

面临的重大问题实在太多了。艰苦奋斗的精神若能在此刻发扬，那么一切问题也就能迎刃而解了。可是，我很羸弱，提不起有分量的劳动工具。

我正渐渐失去许多祖宗的美德，我已经想象得到一头撞在坚硬冰冷的水泥地时，头骨与地面"亲密接触"所发出的清脆而撕裂的声音。

渐渐失去重心。伸手只触到外墙的冰冷，我在滑落！猛然地发现我在飞速地滑落。

瞬间，脑浆四射，在鄙夷的目光下"嚓"的一声，利剑般撕碎污浊的空气。一阵清新的血腥味扑面而来。不过也就一阵罢了，余下的只是供路人肆意地践踏。身上那些天生用来保护自己的刺反而插入自己的身体，千疮百孔，形同废墟。

一只刺猬就这样 over 了生命！

落幕，没有掌声。

月牙挂上朗空，看不到一粒星星。

一幕戏完了，但故事还没有完。如何去改变应改变的颜色？即使变色龙的社会已不复存在，但从变色龙生长的大自然到染缸云集的印坊，社会的外形虽然作了革新，现在面目全非了，变色龙却在不断暗暗地滋长着。

故事还没有完，我正在演绎着——

直到真正的落幕……

张文迪同学将自己的性格刺猬化，或者说将自己的情感投射到刺猬身上，充分发挥诗性智慧隐喻性功能，巧妙地将自己的志趣、缺点、愿望借刺猬之口予以生动表达，达到曲折有致，弦外有音的效果。当然诗意的观世法不仅适用人与物之间，同样适用物与物以及人与人之间，比如把蝴蝶与花朵放在一起，学生会发现"蝴蝶是一朵会飞的花朵，花朵是一只不会飞的蝴蝶"，会发现"蝴蝶是一座浓缩的花园"等；把儿童和老年人放在一块儿，学生自然感悟"心灵童年的灿烂"与"岁月在老年人脸上镌刻的往事"。培养运用诗意的观世法，能够让学生触类旁通，从彼物看到此物，从表象看到实质。

6. 协同双脑想象力的发展

"思维以把握事物间的相同性、同一性、普遍性为己任；想象以把握不同事物间，即在场的显现的事物与不在场的隐蔽的事物间的相通性为目标。对后者的追求并不排斥对前者的追求。"[1] 张世英先生强调的思维通常指的是左脑依靠语言为主的分析、判断和抽象概括的理性智慧；而想象主要是依赖右脑进行的形象思维。科学家们预言，两脑相比，右脑存在的潜力约为左脑的 10 万倍。无论是天文的、艺术的，还是科学的、技术的发明与创造，都与双脑协同联系在一起。左右脑所起的作用是各有千秋的，但从整个阶段看，它们总体来说是协同作战的。真正创造性的突破都是右脑直觉的结果，而直觉本身在未能得到语言和逻辑的确证和描述之前，是没有什么价值的。人们必须运用左脑逻辑分析才能证明顿悟的真理性。同样，由于逻辑和语言结构的严密性，如果没有右脑的创造性突破的灵活性，也不会产生灵感与直觉。一切创造活动是形象思维和逻辑思维的统一，是左右脑的协同。许多研究也显示，事业成功者大多是左右脑协同的功能得到较大程度开发者。纯粹的左脑和纯粹的右脑的独立创造活动，是罕见的，也是不可能的。二者的有机结合，才是创造力产生的真正基础。正如美国学者希莱克利斯所说："一个人能用非语言思维产生观念而

_____

[1]　张世英：《进入澄明之境——哲学的新方向》，商务印书馆1999年版，第109页。

用言语思维来证实它们，那他就能增长创造力。"①

在诗意德育中，教育者要培养学生诗意的观世法，必须注意培养学生的左右大脑协同的能力，而左右大脑协同的关键在于发挥学生借助右脑进行想象的能力。从存在论上来讲，世界万物无穷无尽，它们是一个无穷无尽的相互关联之网；从认识论上来讲，我们不可能同时知觉到无穷多的万事万物，不可能让万事万物都同时出场，但我们可以从任何一个当前在场的有限之物出发，通过想象把无穷多未在场的东西包括实际世界中认为不可能出场或出现的东西与在场的有限物综合为一体，或者换句话说，我们可以在想象中让无穷多未出场的万事万物与在场的有限物综合为一体。因此，借助想象，学生可以冲破现有的界限，于在场与不在场之间、显现与隐蔽之间自由翱翔。比如，笔者教授柳宗元的《江雪》"千山鸟飞绝，万径人踪灭。孤舟蓑笠翁，独钓寒江雪"一诗时，采取左右大脑协同的策略，让学生自由地想象，获得意想不到的效果。

> 师：作者的心情和寒江雪景一起，构成了一幅生动的画面。同学们，请大家闭上眼睛，让我们走进江雪的境界。（播放音乐《命运交响曲》）画外音：此时，座座山峰，白雪皑皑，看不见飞鸟的形影；条条小路，雪花片片，也没有人们的足迹。整个大地茫茫无际，一个穿着蓑衣、戴着笠帽的老渔翁，好像也成了白雪世界里的一座雕塑，乘着一叶孤舟，在寒江上独自垂钓。请大家慢慢睁开眼睛。透过诗句，你看见了什么？你听见了什么？你闻到了什么？你觉得他真的是钓鱼吗？
>
> 生：我仿佛看到了一个孤傲的柳宗元，他在享受孤独的宁静。
>
> 师：你能把作者孤傲的心情通过朗读表现出来吗？（师指名读）
>
> 生：（朗读，自然地做出孤傲的神情，惟妙惟肖）
>
> 生：我仿佛听到柳宗元在告诫自己：坚持就是胜利。他在磨砺坚强的意志。
>
> 生：我仿佛闻到了春天的气息，他在引钓明亮的春天。②

---

① ［美］希莱克利斯：《创造力与右脑》，《国外社会科学》1987年第10期，第20—23页。
② 该案例系笔者听完一小学教师上课后，尝试运用诗意德育理念，重新备课，然后在馨园学校报告厅中为中小学教师上的示范课。

单从诗人所描述的景物来理解，这首诗无非描写的是蓑笠翁雪天独自垂钓的画面。然而联系到诗人创作时的生活境遇，通过想象，我们仿佛可以看到作者柳宗元谪居异地时，面对雨横风狂的现实境遇而泰然自若的情景，体会到他那种遗世而独立的孤高的人格和境界。这就是想象的作用，它引导我们从在场的东西联系到不在场的东西。陆机讲"观古今于须臾，抚四海于一瞬"[①]，正是生动地描绘了想象力的特殊作用。

诗意德育，离不开右脑的形象思维。而形象思维又是建立在形象感受和形象分析的基础上的，形象是征象、姿态、容貌、心象的意思。诗是"想象的表现"，而想象不能凭空产生，它是以记忆表象为原材料加工改造而成的，为了使学生的想象活动能够顺利进行，教师应该想方设法，把诗性智慧的培养渗透到教育教学的每一个环节，除了引导学生从书本上去发现诗意、感受诗意之外，还可以创造性地把音乐、美术、戏剧、美育等内容融入教育教学之中，选取学生喜闻乐见、具有生活色彩的题材内容，通过幻灯演示、竞技活动、师生表演等直观教学手段将生活情景直接或功能性地形象地引入课堂，通过教师散文化、诗意化的语言描述，学生闭眼静思默想等多种形式，营造课堂浓厚的诗情氛围，诱导、唤醒学生的想象。学生进入这样的学习情境，以亢奋的心理状态，心驰神往于诗般的意境，敏捷地把"意"和"境"沟通起来，把语言形象转化为视觉或听觉形象，如见其人，如闻其声。

## 第五节　诗意德育内涵的初步揭示

所谓诗意德育，指的是以使德育焕发诗意魅力为出发点，以提升学生道德境界为价值取向，充分尊重学生的主体地位，运用诗性智慧，采取"诗"一样的言说方式和意蕴进行道德教化的主体化、生活化、审美化的活动。这种德育不同于西方"问理"的德育，而是属于"问心"[②]的德

---

① 陆机：《文赋》，转引自《中国美学史资料选编》（上册），中华书局 1980 年版，第156 页。

② 美学家朱光潜曾将道德划分为"问理的道德"和"问心的道德"。他认为"问理的道德"迫于外力，"问心的道德"激于内情，西方道德由于遵循的是理性主义发展道路，问理而不问心；东方尤其是中国古代道德教育侧重问心。参见阎国忠《朱光潜美学思想及其理论体系》，安徽教育出版社 1994 年版，第 20 页。

育。即教育者从人与自然、人与社会、人与自我相互依存、和睦相处和互惠共生的诗意存在观出发，凭借"诗"的精神实践方式，赋予自然、社会、自我及彼此之间关系以审美的观照，注重德育主体内心的体验与感悟，促使受教育者在获得审美愉悦的同时，又获得道德理性的认知、道德情感的升华，从而完善其人格品质，提升其思想境界。它是一种更贴近群体和个体生命完整发展需要的应用型德育理论与实践模式。

## 一 德育的主体化

在理性逻各斯的范畴，主体是与客体相对的概念，没有客体就无所谓主体。这是典型的二元对立思维的结果。因此，所谓的"主体"，指的是人在自然人化与人的社会对象化过程中从事一定工具实践或精神实践的主导者。而"客体"是指主体认识和实践指向的对象。就"德育"而言，在规训式德育视阈里，由于主导德育目标内容、方法途径乃至评价的均是教师，因此，教师就成为德育的主体，而学生成为德育的对象，自然是德育的客体。这无疑否定了学生道德学习的主动性以及自觉性，更主要的错漏还在于把学生等同于没有血肉灵魂的自然存在物，致使学校德育以"合法"的名义进行非人性的、非道德的教育。

美学家王朝闻先生认为："人类改造世界的实践活动，是一种事先即有着自觉目的活动。但人所要改造的客观世界，却是不以人的意志为转移的客观存在。在社会实践的过程中，人对客观现实与主观目的的关系形成了善的概念。一般说来，在实践上合于人的目的的东西就是善的，反之就是恶的。"① 德育同样是一种实践活动，不过其对象不是客观的没有灵魂的自然存在物，而是活生生的人，因此，衡量一种德育实践是不是善的，主要就看德育的目的性是否与其规律性相统一。诗意德育尊重学生"自然存在物"与"社会存在物"的历史事实，更依据诗性智慧，赋予学生"诗人"的角色与地位。作为"诗人"，学生具有先天"善"的本性，对自然之物、社会之人拥有"民胞物与"的观念、全纳世界的"心境"、对接天地的直觉习惯以及对自己的人生与生活充满旺盛的想象力，赋予有限的物质世界以无限的精神生命，不仅直接地将自身拥有的各种本质力量对象化到自然存在物和社会存在物上面去，而且从它们身上直觉地汲取德性

---

① 王朝闻：《美学概论》，人民出版社 1981 年版，第 33 页。

的力量，使之成为与己平等的有精神生命的存在。在这里，学生善的本质其实就是个体德性发展自为性与自然、社会本身所具有的德性元素自在性的统一。学生不仅具有德性发展的主体地位，客观存在物也具有人的本质力量，学生这些"诗人"可以从它们身上反观自身，从而认识自我、塑造自我，乃至成就理想的自我。因此，德育的"主体化"其实就是以满足学生德性自我发展需要为出发点，按照学生的自然天性，在德育的组织和实施中，调动和激发学生的自主性、能动性和创造性。

怎么确立学生的主体地位呢？对学生主体性的认识是确立学生主体地位的关键。在漫长的主体思想求索的过程中，主体性在康德、黑格尔等人的视野里被当做思辨、精神的理性存在，而在诸如叔本华、尼采、谢林等浪漫主义哲人的研究中又被认为是作为情感、欲望等的非理性主体存在。所谓自主性是指在德育实施活动过程中，作为主体的学生在教师的引导下积极参与和践行道德活动、亲历体验道德成长的时候所表现出来的功能特征。学生主体对自己的德性活动对象和学习的进程具有支配和控制的权力与能力，也有对自身行为的支配、调节和控制能力。他能够自主地审视自我与自然的关系、自我与社会的关系，在审视自然、社会的同时对自我进行自由的、能动的、自主的塑造；在德育活动中能够自我调节、自我监控、自我评价，即进行自我教育。所谓能动性指的是学生始终处在德育的轴心地位，并在德育过程中表现为能动地认同德育观念、能动地接受德育内容、能动地认同德育方法等自我塑造的特性。所谓创造性就是学生是在德育活动中自主、自觉地凭借诗性智慧，富有创造性地提出问题、分析问题和解决问题，自主选择生活、改善生活、创造生活的特性。

## 二　德育的生活化

诗意德育的"诗化"不是德育的"虚空化"，而是"生活化"。所谓生活化，就是师生双主体以立足于现实与可能生活的行为经验与规则做基础，通过诗意文化这一导体的多元互动过程，共同蕴蓄人生激情，积淀人生哲理，构建诗意人生的生命活动。它直接面向实然的"生活世界"，也指向应然的"理想世界"，既注重编码化明示性信息的言语表达，也注重非编码化隐含经验类缄默信息的内在体悟，是"诗情、诗思、诗理、诗语"与"德知、德情、德意、德行"的高度融合。

德国哲学家胡塞尔认为，人的生长世界可分为生活世界和科学世界。

那么，学生的德育也就由生活世界的德育和科学世界的德育构成。生活世界是构成学生各种道德素材的主要来源，是促使学生融会道德知识、建构道德意志、涵养道德情感、实践道德行为的内在动力。受理性思维模式的影响，人们过分关注人的科学世界，相对忽视生活世界对学生德性养成的意义与价值，致使德育目标脱离青少年的生活实际而变得过于理想化、成人化；由于德育是在相对封闭的状态下进行的，缺乏生活的情境性，致使灌输式、说教性的德育手段和方法大行其道；德育内容虚空成抽象的规则与条例，致使学生在德育过程中缺乏参与的主动性、积极性。

众所周知，生活是学生德性发展的主阵地。诗意德育立足学生的生活世界，以学生在生活中遭遇的、体验到的问题作为切入点，让学生在诗化的生活情境感受"人有悲欢离合，月有阴晴圆缺"的世事哲理，顿悟"孤舟蓑笠翁，独钓寒江雪"的独思卓立以及习得"采菊东篱下，悠然见南山"的融合与超越，让学生在获得精神归宿的同时投射给世界、给自然、给人类以诗美的光辉，使之在自然的人化与人的对象化过程中永葆童真、童趣，闪耀着生命的智慧。这意味着德育由祛魅的"科学世界"返回到灵动的"生活世界"；意味着学生合情合理合法的需要与社会需要及客观规律的和谐；意味着学生的思想道德素质在诗性思维与理性思维融通互摄中得以和谐生成。

### 三 德育的审美化

所谓德育"审美化"，就是指德育主体通过艺术化的手法与手段，对德育客体、德育导体、德育过程进行艺术性的改造，把德育内容美、德育活动美、德育形式美的欣赏和创造和谐统一起来，引领学生浸润在诗意的道德情境与氛围之中，深刻体验道德情境所包含的道德意蕴，从而在德育过程中进一步确证学生的主体地位以及精神力量，升华学生的道德境界，促进学生的思想道德品质和谐健康成长。

由笛卡儿时代建立起的知识与价值、科学与宗教分离的"二元对立"的科学理性分析思维模式，在推动人类现代化的发展进程，促进科学、技术高度的发达和物质财富的极大丰富等方面起到了积极的作用，但伴随着物质文明的飞跃发展，人们始终有挥之不去的精神焦虑，这种焦虑主要表现为物质的、技术的、功利的价值追求取代了精神的、审美的和超功利的价值追求。作为开启和传递人类智慧和文明的德育，也因工业文明的逼仄、生存竞争的严酷而异化，滑到了将要丧失天理良心这最后的心理防线。人们成为注重实利而相对忽视意义的单向度发展的平面人。

诗意德育以培育完整人格或全面发展且具有自由个性的人为目的，在这里，德育不再是道德的生硬灌输，而是用诗般的情感唤醒人们沉睡的诗性，尊重每一个受教育者的活生生的人生体验和智慧，尊重他们独立的认知、情感和价值选择的自主性。它所追求的是超越了传统德育活动中片面的实际功利，摆脱了现实功利主义价值追求的羁绊，它使得德育能够更深刻地介入和把握人生，因而它总是同一个学校的总体审美意识与精神、教师与学生群体的理念和审美理想紧密相连的，是同多数人的志向、崇高的思想境界、文明善良的精神风貌和高雅的审美情趣相结合的。诗化的德育不只是单纯的娱乐和个人情感的宣泄，而是教育者与受教育者在诗意情境里的理性升华和崇高精神的凝聚。

# 第四章　德育的诗意本质与德育的言语实践本体

　　事物的概念之所以能够成立，是由于它存在某种形式的结构以及符合事物本身的规律和人们认识事物的习惯，是人们在长期的实践过程中发现和体验的，且与人的心理结构有某种对应或应和的关系。"诗意德育"的概念命名，从文化学的角度来说，具有存在的合理性；而诗性智慧逻辑起点的确定，又使这种合理性增加了"可行性"。但是，这一概念之所以能够成立的关键，还在于诗意德育是否具有诗意的本质属性以及使该属性存在的本体。

## 第一节　德育的诗意本质

　　从上文的分析可以看出，尽管"诗意"这一概念较多地运用在诗学的范畴，但其内涵和外延不局限于此。无论是先秦儒家的实践，还是古希腊圣贤们的探索，无一不表明，"诗意"同样与德育具有某种对应与应和的关系。概念是对事物或现象特有属性的反映。需要科学而准确地回答德育是否存在诗意以及诗意德育能否建构等一系列问题，必须进一步探究诗意是否属于德育的特有属性。

### 一　德育本质研究的理论样态

　　关于德育本质的研究，理论界从不同的视角提出了上层建筑说、生产力说、多因素属性说和本质规定说等观点，其理论研究的视角分别可以概括为哲学的视角、逻辑学的视角、教育学的视角、德育学本身的德育过程视角以及多学科的视角等。

　　本质（essence）在哲学上与"现象"（phenomenon）相对，组成辩证法的一对范畴。本质是事物的内部联系。它由事物的内在矛盾所规定，是事物的比较深刻的和稳定的方面。现象是本质在各个方面的外部表现，是事物的比较表面的零散的和多变的方面。人们对事物的认识过程是"从现象到本质，从不甚深刻的本质到更深刻的本质的深化的无限的过程"①。根据这个解释，我们能够推导出事物的本质是指事物的根本性质，是组成事物基本要素之间的内部联系。

　　如何探究德育的根本性质？从哲学的角度出发，首先必须探究人的存在与德育的关系，而德育是社会存在的产物，因此，探究人与社会的关系，就成为探究德育本质的首要选择。人是自然存在物，具有吃、喝、性行为等自然属性，这是客观事实。但这种自然属性与一般动物的自然属性不同，具有社会的表现形式；或者说是经过人的社会化改造。因为人的这些自然需要无一不和其他活动保持紧密的联系，尤其受生产劳动的制约。马克思指出：如果这些自然的机能脱离了人的其他活动，并使它们成为最后的和唯一的终极目的，那么，在这种抽象中，它们就是动物的机能，人也就沦落为一般的动物。因此，人的本质是"一切社会关系的总和"②。与其说人是自然的存在物，不如说人是自然人化的动物，是社会的存在物。由于人的存在受社会劳动生产的制约与影响，因此，探讨生产力与生产关系对德育的影响也就成为探究德育本质的重要内容。

　　从这个基点出发，人们认识到德育与教育一样难以和生产力发生直接的联系，它必须通过经济基础的中介而发生作用，因此，德育的本质是属于精神生活的，具有上层建筑的性质。而与之相对的观点认为："社会人的实质就是不同层次不同类型的劳动力，教育的基本功能就是劳动力的再生产，教育的内容就是传递生产经验，教育与社会生产实践存在客观的、本质的联系，而生产力不仅决定教育的内容、方法、手段，还制约教育培养劳动力的规格。而德育与教育一样产生于人类的社会生产实践，其主要内容尽管离不开社会道德规范与规则的解读与建构，促使个人完成道德上的社会化，但这一切离不开生产力经济基础的支持，因而，德育的本质就是生产力。从人的社会性存在去探究德育的社会性本质，有助于人们认识

---

① 《列宁全集》第　卷，人民出版社 1987 年版，第 191—192 页。

② 中共中央马恩列斯著作编译局译：《马克思恩格斯全集》第 42 卷，人民出版社 1995 年版，第 94 页。

德育和社会的关系，认识社会发展对个体德性形成与发展的作用，但由于德育作用的讨论有可能陷入社会本位和个人本位的论争之中，许多德育本质的讨论往往会因偏于社会或个人本位从而使人误解德育的本质。"① 比如，在神谕文化时代，神学家们依从上层建筑的本质属性，赋予上帝以道德的崇高地位：上帝是一种永恒存在，它的意旨就是最高的道德标准，万事万物必须按照上帝的尺度去约束乃至建构自己的日常行为。这无疑否定了人类德性发展的自为性，钳制了人类社会化的自主性。随着人类文明进程，尤其是神谕文化向人伦化嬗变的过程中，人德性发展的主体性逐步得到彰显。比如，人本主义哲学从"人是人的最高本质"出发，赋予人是世界存在的根本价值；而从柏拉图、笛卡儿到黑格尔、康德，从经验主义、理性主义到实证主义乃至科学主义，人们更是在"知识即美德"的命题上把德育本质的研究推进本质主义的思辨活动中，形成本质主义的思维范式：其一，相信"本质"与"现象"的区分为人类观察万事万物提供了基本概念图式；其二，科学认识的根本任务就是透过现象发现本质；其三，揭示事物的本质是知识分子的崇高职业和学术使命；其四，反映了事物本质的知识才是"真知识"，没有反映事物本质的知识都是"伪知识"，甚至"谬误"；其五，事物本质把握的唯一正确的途径就是通过思辨和经验的证实；其六，本质就是真理，揭示了事物的本质就是占有了真理。② 依从这个思维范式，反映在德育本质的认识上，由于"事物的性质不是处于同一个平面或同样的地位，其中有一些性质对于事物来说是'本质的'（essential）方面，而另外一些则是'非本质的'或'附属的'（accidental）方面"③，那么，区分德育本质的属性与非本质的属性就成为德育的首要任务。而区分的标准就在于找到最科学、最终极的"知识"，这就导致德育成为传授永恒的、抽象的德育规范、规训知识的活动。不仅割裂了本质与现象的联系，而且更主要的局限还在于造就了受教育对象的分裂人格。德育对象生活的生活实际与教育者传授的先在的德育规范发生生活的、逻辑的双重背离，自然他们的德性也就在规训式的教化和生活体验的双重作用下游走、抗争、屈服，从而畸形发育。现象学哲学

① 檀传宝：《学校道德教育原理》，教育科学出版社 2000 年版，第 23 页。
② 魏传光：《批判与探索：当代德育本质主义思维方式分析》，《南京社会科学》2006 年第 2 期，第 119—123 页。
③ Edward Craig, *Encyclopedia of Philosophy*, Routledge, 1998.

希望"悬置"沉重的认识论、本体论或形而上学的本质主义思维范式，回到"事物本身"，主张通过在"直观"的"看"中，在"充分发挥了的直观中获得明证性"。反映在德育本质认识上，德育的本质不是先在的，更不是想当然存在的东西，而是人在实践中通过活动不断形成的东西。德育的本质就是正在直观当下的德育情境，关注日常生活经验的基础上去关注学生的生命存在、主体间的平等交往、学生生命的当下需要。

德育与智育、体育等一样，无疑也是一种教育活动。自然，德育与智育、体育的本质区别在什么地方，就成为探究德育本质的分界点。另外，从逻辑上而言，只有先把握教育的本质，才会更好地理解德育的本质。对教育本质的不同认识必然影响到人们对德育本质的认识。基于这两个方面的原因，人们从教育学的视角去开辟探究德育的本质的途径，焦点就聚集到德育本身具有的特殊矛盾上，也就是说，德育的本质是组成德育的基本要素之间发生联系时的特殊矛盾决定的。德育内部具有什么样的矛盾呢？其特有的矛盾在哪儿？"德育的本质即德育过程的特殊矛盾，它是教育者、思想言行规范、受教育者三要素之间的相互联系的矛盾运动的统一体，是教育者将社会提出的思想言行规范转化为受教育者个人品德的矛盾运动过程，只要矛盾过程存在，这个矛盾运动就始终存在。"[1] 构成这个矛盾运动离不开三个主要因素的作用：其一，教育者的主导作用；其二，思想言行乃教育者教育学生的依据与凭借；其三，受教育者受教育的客体作用以及个人品德修养的主体作用。这种观点辩证地指出了德育矛盾的特殊因素，并初步厘清了其关系，但矛盾是如何产生的呢？其作用机制如何发挥？教育者以一定的品德规范要求受教育者，同受教育者原有品德基础发生矛盾，即德育的特殊矛盾。这个矛盾的解决，就是教育者将品德规范要求转化为受教育者的品德。所以，德育是教育者将品德规范转化为受教育者品德的教育。德育的特殊矛盾的不断产生、不断解决，就是受教育者品德水平的不断提高。只有当受教育者自觉地选择、消化、吸收、运用教育者对他提出的品德规范，并转化为个人需要，形成个人品德的时候，德育的特殊矛盾才能解决。所以，德育的本质就是教育者培养受教育者一定

---

① 李道仁：《德育本质问题的探讨》，《华中师范学院学报》1982 年第 6 期，第 108—110页。

的品德。①

　　有专家接续："德育的实质说到底就是把一定社会居于统治地位的统治阶级的人生观、政治立场和态度以及道德规范通过教育转化为受教育者个体品德的一种活动。今天社会主义学校的德育，就是要有目的有计划地把我们党和国家对青年一代在道德、政治、人生观、世界观等方面的要求，根据教育学、心理学的原理，加以科学的组织和教育，使之转化为他们的品德活动。即社会主义社会的意识形态的个体化过程。这个过程就是社会主义社会的意识形态同受教育者原有品德水平之间的这一特殊矛盾产生、斗争、统一到再矛盾、再斗争、再统一这样一个不断循环往复的过程。正是这个特殊的矛盾，才把德育与智育、体育、美育等全面发展的其他组成部分的教育区别开来。"② "德育是有目的地培养受教育者思想品德的活动。从对德育活动诸要素及其内在联系分析，德育的矛盾是教育者提出的德育目标（德育要求）与受教育者思想道德状况之间的矛盾。在这一意义上，我们可以说德育是在社会发展与个体发展的条件下进行的。"③ "德育的特殊矛盾就是教育者提出的德育要求与受教育者原有的品德方向和水平之间的矛盾。"④ 这些专家的观点不仅指出了德育内部特殊矛盾的构成要素，而且指出这一矛盾的基本运行机制。它不仅受社会的政治、经济、文化等上层建筑发展需要的制约，还要受到一定生产力发展的水平的制约，更要受到教育者教育水平的影响以及受教育对象的品德形成发展规律的制约。但教育学的视角，只是初步厘清了德育的社会性、阶级性以及受教育者思想品德规律性等本质属性的关系。这些教育的本质属性是不是就等于德育的特有的属性？这一系列问题引发人们逻辑学上的思考。

　　从逻辑学的角度看，研究德育的本质，就是要揭示德育之所以为德育的质的规定性。而研究的思路基本集中在对德育概念的认识与逻辑分析上。德育概念反映的是德育特有的属性或本质的属性。然而德育存不存在本质属性，特有属性能否反映德育的内涵？本质和属性是什么关系？这一系列问题就成为德育本质研究的一个聚焦点。德育的属性是其固有的特性，是和智育、体育、美育等其他教育相互联系中所表现出来的性质。由

---

① 华中师范大学教育系等编：《德育学》，陕西人民教育出版社1986年版，第17—19页。
② 余光：《德育原理研究对象初探》，《华东师范大学学报》1987年第4期，第23—28页。
③ 胡守棻：《德育原理》，北京师范大学出版社1989年版，第36页。
④ 孙喜亭：《教育学基本问题概述》，天津教育出版社1989年版，第305页。

于联系的广泛性，德育可以具有多方面的属性。德育的质是区别于其他教育的内部规定性，它隐藏在德育内部，通过属性表现出来，德育的属性是德育质的外在表现。有学者概括，德育的质是各式各样德育的各种固有属性的统一，而并不是作为整体所特有的属性统一。德育有许多不同方面的质，德育的质是十分丰富的。而德育的本质则是德育各要素之间的内在联系，它从整体上决定着德育与其他事物的根本区别。① 这样就形成了探究德育本质的两条途径：其一，在了解德育和智育、体育等其他教育相互联系中去认识德育的属性，从而抽象概括德育的质；其二，无须通过与智育、体育等教育的联系去认识德育的质，而是认识德育内部要素之间必然的联系，从而把握德育的根本性质。无论是第一条路径，还是第二条路径，均需要在概念上把握德育的内涵与外延。

在逻辑学上，给德育下概念就是要找到德育的属与不同于其他教育的种差，属与种差就构成了德育的特有属性。历史上很长的时间里，德育的概念与教育概念混同在一起，或者与教育的概念等同使用，再加上德育与智育、体育等教育保持千丝万缕的联系，因此，德育的属自然归结到"教育"。《辞海》中《教育心理分册》认为德育是"向学生进行政治思想和道德品质的教育"②。德育不同于智育、体育等学科教学，有着严密的知识体系以及测量尺度，它对学生思想品德的形成是一种潜移默化的影响，基于这个特性，有专家把德育的属归类到"影响"。比如，"德育是在组织儿童的各种活动过程中，为了形成儿童的道德行为、道德的概念和信念以及性格特征而施加的一种有计划的影响"③。正因为德育的内容不像语文、数学等学科那样狭窄，它是我国全面发展教育的一个重要组成部分，它的外延不仅包括社会意识形态的哲学、政治、法纪等内容，而且包括个人的思想、道德、心理等内容，可以说一切影响人的品德发展的活动都是德育的外延，因此，德育的属又被归结到"活动"。比如，"德育是学校按照一定的社会要求，有目的、有计划、有步骤地培养受教育者，使其具有一定的政治、思想和道德品质的活动"④。德育活动不同于人与自

---

① 冯文全：《多学科视角下对德育本质的反思》，《教育研究》2005 年第 10 期，第 11—17 页。

② 《辞海·教育心理分册》，上海辞书出版社 1980 年版，第 2 页。

③ ［苏］伊·阿·凯洛夫总主编：《教育学》，人民教育出版社 1957 年版，第 222 页。

④ 李景先、肖约之、李庆善：《大学德育学概论》，湖南人民出版社 1986 年版，第 8 页。

然及其他生产式的单边活动，任何社会政治、法纪等意识形态以及伦理规范都必须通过受教育者的内化作用，因此，德育的属又被归结为一个内化（或转化）过程。比如，"德育的实质归根结底就是把一定社会的思想观点、政治立场和态度以及道德规范转化为受教育者个体的品德。我们社会主义学校的德育实质，就是把党和国家对青年一代在道德、政治和思想素质方面的要求转化为受教育者的品德。简言之，即'个体品德的社会化'"①。

从逻辑学的角度认识，德育的内涵是指德育本质属性的总和，是对德育本质属性的抽象和概括；而德育的外延是指根据德育内涵来确定的特殊范围。除了分清德育的"属"之外，人们努力在德育的内涵和外延上下工夫，期待德育本质研究的突破。在内涵的理解上，我国受历史条件的影响，经历了一个艰难曲折的历史变化过程。20世纪50年代强调以"爱祖国、爱人民、爱劳动、爱科学、爱护公共财物"为中心的"五爱"教育，德育的内涵主要理解为"富有社会主义特质的思想品德教育"；60年代与70年代受阶级斗争需要的影响，德育的内涵局限在政治教育尤其是阶级斗争教育的范畴内；改革开放以来，德育内涵的理解出现百家争鸣的现象：一因素说，即认为德育就是道德教育的简称。二因素说，即德育是思想教育与政治教育的合称。三因素说，即德育就是政治教育、思想教育、道德教育。政治教育主要指党的基本路线、纲领以及形势政策等政治立场和信仰教育；思想教育是对学生进行世界观、人生观、价值观等思想观念方面的教育；道德教育是处理各种社会关系、人际关系的道德品质教育，包括人的道德意识和道德行为中表现出来的相对稳定的特征和倾向。四因素说，在三因素的基础上再加一项法纪教育，即对学生加强法律法规教育。五因素说，即在四因素的基础上加上心理健康教育构成"大德育"观念。在德育的外延理解上，人们根据内涵的规定性析出外延上的认识，主要体现在德育广义和狭义的理解上。从广义德育看，所谓德育的外延就是学校德育、家庭德育、社区德育、社会德育等。从狭义德育看，指的就是各种类别的学校德育，其外延是小学德育、中学德育、高校德育等。

从逻辑学的角度去探究德育的本质能够使人清楚地看到德育之所以为德育的根本属性，但由于属的不确定，或者至今难以确定，自然导致对种

---

① 赵翰章主编：《德育论》，吉林教育出版社1987年版，第3页。

差认识的不确定，因此，难免在逻辑上出现以现象代替本质，以局部属性涵盖整体属性的弊病。比如，"德育旨在形成受教育者一定思想品德的教育。在社会主义中国，包括思想教育、政治教育、道德教育"①。这个定义罗列了部分外延，体现了德育目的性的特性，但还没有很好地揭示德育对象的作用机制，即对德育的规律性重视不够。"德育是教育者按一定的社会要求，有目的有计划地对受教育者心理上施加影响，以培养起教育者所期望的思想品德。"② 这类定义在鲁洁教授看来，仅仅揭示了德育是社会与教育者、教育者与受教育者之间的活动，而对活动的性质缺乏对象性思考，并且除了培养教育者所期望的"思想品德"之外，都是教育的一般本质的重述，也并未能完全揭示德育活动区别于其他各育活动的特殊本质。③

逻辑上研究的缺陷促使人们将视角转向德育学内部，即从德育过程视角去研究德育本质，其基本思路也是通过认识德育过程的基本矛盾或特殊矛盾去审视其特殊属性，进而研究德育的本质。但由于研究的理论根据来源不一，于是对德育过程的认识也出现各自的差异，形成各种各样的学说，主要有以下几个方面：

第一，主导观，即强调教育者在受教育者思想品德发展方面应发挥主导作用。教育者应自觉选择符合社会规范、伦理道德的德育内容，采取有效的形式，有计划、有目的地对受教育者进行教育。比如，"德育是教育者按一定的社会要求，有目的有计划地对受教育者心理上施加影响，以培养起教育者所期望的思想品德"④。

第二，内化观，即强调受教育者德性发展的主体性，任何道德规则、伦理规范只有发挥受教育者的德育的主体性与德性建构的主动性，才会达到德育的效果。比如，王道俊等专家从思想品德教育过程与思想品德形成过程这两个既相互联系又有区别的概念辨析中指出："教师组织与领导的德育过程，只是学生品德发展的一个外在的重要条件，而不是学生品德发展过程本身。品德的发展过程是学生自身的心理品质的发展过程，它有自己的规律，这些品德发展的规律不是德育过程的规律，只是进行德育的依

①　顾明远：《教育大词典·教育》，上海教育出版社1990年版，第97页。
②　南京师范大学教育系编：《教育学》，人民教育出版社1984年版，第230页。
③　鲁洁、王逢贤：《德育新论》，江苏教育出版社2002年版，第93—96页。
④　南京师范大学教育系编：《教育学》，人民教育出版社1984年版，第230页。

据。"进而指出："教师对学生的德育影响，必须经过他们的主体选择、吸收与能动的实践活动，才能转化为他们的品德。"①

第三，整体影响观，即强调学生的思想品德发展不仅是其他精神、心理等的因素综合作用的结果，也是师生交互作用的结果，还是社会政治、文化以及社会对个体、国家对公民的要求综合作用的结果。比如"以政治教育、思想教育、道德教育为中心的整体影响"②。

第四，知情意行形成观，即德育过程是教育者有目的地施加影响，使受教育者知情意行之间相互作用、相互促进的过程。比如，王逢贤先生早在1979年曾撰文指出："德育过程，简言之即教育者根据受教育者思想品德形成规律，对受教育者的知、情、意、行几个方面进行有组织有计划的影响，使他们形成一定德育任务内容所要求的思想品德的过程。"③

第五，复杂作用观，即认为德育过程是一种相互作用的诸要素复合体，是运用思想教育力量，促进由于教育目的通过教育对象现实状态的差异而引起的矛盾不断转化，趋向并达到一定的教育目标的一种比较复杂的社会活动系统。比如，"德育的接受效果很大程度上取决于德育主体、德育接受主体和接受客体诸要素间的互动。其中接受主体和接受客体构成接受关系的两极，在接受主体与客体这两极的关系中，有许多社会环境媒介，各因素相互联系渗透，形成复杂的作用过程"④。

另外，湖南师范大学涂光辉教授认为，一个完整的德育过程应该包含相互作用的"三个基本要素"、紧密相连的"三个阶段"和缺一不可的"两次转化"。"三个基本要素"指的是教育者、受教育者、社会要求的思想品德规范。紧密相连的"三个阶段"是：①教育者将一定社会成员的思想品德规范灌输给受教育者，受教育者根据自己的需要，有选择地接受社会思想品德规范的要求，内化为个体品德意识；②受教育者个体头脑中的品德意识形成动机，支配或调节自己的行为，反作用于社会的思想品德规范要求，外化为个体品德；③在教育者和受教育者的共同努力下，将个体品德行为所产生的社会效果通过反馈联系和行为判断，进一步调节自己的行为，产生反馈过程，出现教育者对受教育者的再教育，意味着新的德

---

① 王道俊、王汉澜主编：《教育学》，人民教育出版社1998年版，第363页。
② 冯忠汉：《德育实论》，教育科学出版社1990年版，第183页。
③ 王逢贤：《学校德育过程特点初探》，《教育研究》1979年第3期。
④ 陈福生：《论德育的内涵解读与夯实》，《社会科学战线》2004年第3期。

育过程开始。"两次转化"是社会的要求转化为个人的思想，个人思想转化为个体品德行为，前者称"内化"，后者叫"外化"①。

近年来，除以上视角以外，多学科交叉研究的视角研究德育本质崭露头角：语言学开始涉及道德概念、道德判断和推理以及语言伦理规范的研究领域；考古学、人类学、神话学对研究德育本质起源起到了固本开源的作用；宗教学成为德育本质研究比较中不可忽略的重要资源；文化学、历史学、民俗学、法学、社会学等社会科学更为德育本质研究提供了多学科的参照资源。比如，"根据逻辑的、哲学的、教育学的、德育学的理论抽象与概括，关于德育的本质，似可以作如下的定义表述：德育是教育者将一定社会所推崇的品德规范与要求转化为受教育者个体的品德的一种教育"②。

无论从哪个视角去探究德育本质，德育的本质是德育的根本性质，是由德育本身所固有的特殊矛盾所决定的，而特殊矛盾又是由构成这个矛盾本身的因素及其关系决定的。因此，从德育的目标看，德育就是要培养受教育者的思想道德品质，而不是其他学科教育所要求的传授系统的科学文化知识或提高基本能力以及增进体质；从德育的内容看，德育就是要向受教育者进行社会伦理道德、社会品德规范的教化；从德育的形式看，德育是自觉地、有计划地、有目的地对受教育者施加影响的活动；从活动过程看，德育的过程是教育者、品德规范以及受教育者交互作用的过程。③

## 二　人的生成性本质与德育诗意的生成

从德育本质研究的理论态势可以看出，德育作为一个系统的教育活动，其本质不是概念推演出来的，而是在德育实践中逐步显现，从而被人们认识和理解。作为德育系统的矛盾，既有系统内部与外部政治、经济、文化等上层建筑的关系处理，也存在吸引内部德育目的内容、方法途径、管理评价及其关系的处理，而系统内、外交合离不开德育教师、学生和德育内容三个核心的要素，其特殊的矛盾自然围绕着三个核心要素展开。其特殊矛盾可以概括为：德育教师一定生产力与生产关系的社会要求和学生

①　涂光辉：《论德育过程的基本规律》，转引自瞿葆奎主编《教育学文集·德育》第7卷，人民教育出版社1989年版，第254页。

②　冯文全：《多学科视角下对德育本质的反思》，《教育研究》2005年第10期。

③　参见刘惊铎、权利霞编《德育学教程》，陕西师范大学出版社1992年版，第30—32页。

德性发展现状与需求的矛盾。德育过程就是这个矛盾不断产生和不断解决从而使教育对象的思想品德不断发展的过程，这个特殊矛盾也就是德育在本质上区别于其他各育的根据。① 如何看待这三者之间的关系，就是把握德育本质的关键。

基于以上的思考，鲁洁教授等专家把德育的概念确定为："德育是教育者根据一定社会和受教育者的需要，遵循品德形成的规律，采用言教、身教等有效手段，在受教育者的自觉积极参与的互动中，通过内化和外化，发展受教育者的思想、政治、法制和道德几方面素质的系统活动过程。"② 这个定义既尊重了施教和受教互为主体的地位，揭示德育过程中两个主客体的统一性和转化的两极性，也指出了德育目的性与规律性统一的基本原则及实践路径；既肯定外化的作用，也肯定学习者内化的机能发挥；既有塑造又有改造，辩证地处理了德育特有的矛盾。更深刻的含义在于，该定义没有把德育看做一个德育知识静态的传输活动，而是师生、生生多元主体同体共生的促发活动。因此，德育的本质属性就具有生成性的特质。

德育为什么具有生成性的特质？德育生成什么？学校德育是一种培养人的社会文化活动，有着鲜明的应然指向性，这是得到大家认同的。德育终归是起于人，又指向人的，德育总是人的德育。人所具有的德性不是与生俱来的，而是由他自己在教育者的影响下习得的。人在社会化的过程中充满着随机性、复杂性和偶然性，他的德性化活动不可能按照任何预制的模型去锻造，也不可能只是对社会规则的简单接受。"自然把尚未完成的人放在世界中，它没有对人作出最后的限定，在一定程度上给他留下了未确定性。"③ 人以自身的不确定性和"自然、社会与自我"这三个世界进行碰撞、融合、发展，自然会生成许多新的不确定性，正是这些新的不确定性因素才使人成为生活世界的斗士，时时充满生命的张力去处理"人与自然、社会、自我"的关系，去适应社会对他的期待和要求，同时又对社会规则进行创造性的解读，追求更新的不确定性，期待到达相对理想的境界，成为理想的自我存在。因此，人的"生活世界"原本就是生成

---

① 初明利、范书生：《高校德育新视野：高校德育的创新与实效》，天津社会科学院出版社2004年版，第5页。

② 鲁洁、王逢贤：《德育新论》，江苏教育出版社2002年版，第128页。

③ ［德］朱切尔·兰德曼：《哲学人类学》，张乐天译，上海译文出版社1988年版。

性的。这意味着那种试图用纯认知的方式去审视、梳理"生活世界"中的德育事件，提出统摄性的要求、条理、规则去规范、控制学生行为的时候，都可能出现使学校德育应然变成"当然、当是"的局面。人的生成性意味着德育的生成性。

根据这个思路，我们进一步审视我们的德育对象。从空间的维度看，在诗性智慧的观照下，学生不仅仅是一个不成熟的人，一个发展中的人，而且还是一个具有"自然性"、"社会性"、"自主性"巧妙融合的"独特人"。这就是说，学生首先是一个"物质人"，具有"自然性"。作为"物质人"，是在23对染色体编码控制下生成的生物个体，普遍具有由一定细胞、器官、组织等构成的生物结构，并相应地显示出新陈代谢、呼吸和饮食、性欲和生殖、个体发育等生物本能或功能。除此之外，学生还是"精神人"，具有"社会性"。人作为物质人的存在不可避免地依赖各种自然条件，而人的发展终归不是一般的自在存在物，他总是处在与对象物的各种关系之中，不仅受到自然条件的陶冶，还受到社会等条件的制约，成为社会对象化的存在。而人的社会化过程即形成"一切社会关系的总和"，这一自然人转化为社会人的过程，实际上是环境——社会、家庭、学校、种族、地理等因素通过个体的能动性共同作用的结果。如果说人的"自然性"指的是人自身固有的一种发展倾向，那么，"社会性"就是人作为类存在物必须受到政治、经济等因素的影响与制约而社会化。德育的目的，在某种意义上看来，其实质就是促进学生个体社会化，在这个转变的过程中，外因必须通过内因才能起作用，学生个体对活动内容、活动过程既有支配与控制权利，也有对自身行为的支配、调节和控制能力。这就是"自主性"。一个具备了自主能力的人，能够合理地利用自己的选择权利，有明确的目标，能够作出正确的评价，在活动中能够自我调节、自我监控，在生活中能够自我教育。正是这种与生俱来的"自主性"，促使学生走在德性自我发展的道路上，他不仅能接受社会化的道德规范、规则，而且把这种规范、规则加以个性化的理解，从而化作成长的有益元素。这样在社会对象化的过程中，他才成为唯一的"一个"，而不是消解自我的"一类"。从这个意义上看，由于学生有着独特的个性，有自己独特的内心世界、精神生活和内在感受，有着不同于成人的观察、思考和解决问题的方式，有强烈的主人翁意识，敢于独立探索，积极寻求发展机会，而且能够自我调节、自我控制，追求最大限度地发挥自身潜能的"独特人"，那么，德育就应该尊重儿童的发展规律，为每一个学生的发展提供机会，为学生的终身发展奠定基础。德育既要发挥规范现实社会人与人关系的功能，也必须承担起个体发展与社会发展的导向功能。如果忽略德育的生成性以及未来的指向性，一味地将德育境界指向生活的实然境界，或者忽略德育的生活性，一味地将德育境界指向理想的应然境界，未免失之偏颇。

从时间的维度看，学生是"历史人"、"现实人"、"未来人"整体融合的"完整人"。"历史人"指的是学生不只是两条腿直立行走没有羽毛的动物，而是带有历史积淀和早期经验的人。作为"历史人"，学生大脑里保存了人类从古至今500万年进化基因的全部信息，它包含了人的生活所必需的最重要的本能和自律神经系统的功能，以及道德、伦理观念乃至宇宙规律等人类所获得的全部信息。美国心理学家桑代克认为人的智慧80%决定于遗传基因，17%决定于训练，3%决定于偶然因素。辩证唯物主义哲学在肯定后天决定作用的同时，也认为先天因素对人的智慧和个性的形成有影响作用。学生作为"历史人"具有巨大的发展潜力和发展空间。"现实人"指的是学生是在现实中尚未成熟正在发展的人。作为"现实人"意味着学生是一个不成熟的人，是一个正在发育成长的人。学生的发展是立足于"历史人"的基础上，在遗传、环境和学校教育等因素的共同作用下使其心理和身体等方面都产生量和质的变化的过程，学生的发展是自然的客观过程，又是社会历史文化过程，是自然性与社会性的高度统一。在学生德性发展过程中，我们应把学生当做一个"现实人"来看待，不应求全责备，学生的缺陷和不足是正常现象，而十全十美则不符合学生的客观实际。把学生当做一个"现实人"来看待，我们教育工作者就应该理解学生的缺陷和不足，允许学生犯错误，在帮助学生改正错误的过程中，促进学生不断地发展、不断地进步。"未来人"指的是学生经过德育熏陶在理想中将要成熟发展为理想式样的人。任何德育活动均有它的指向性。毫无疑问，我们的德育必须面向21世纪、着眼于21世纪人才规格的要求，培养的学生必须适应未来的挑战和要求。作为"未来人"的形象，它与我国德育的目的是紧密相连的。

"历史人"是基础，"现实人"是成功的关键，而"未来人"则是应达到的目标，三者的整体融合，学生才是"立体人"、"完整人"。要把学生作为"完整人"来对待，就必须反对那种割裂人的完整性的做法，既要肯定学生潜藏着巨大发展能量的事实，也要正视学生的不足，更应还学生完整的生活世界，丰富学生的精神生活，给予学生全面展现个性力量的时间和空间，从而促使学生自主生成"理想自我"。

另外，从德育内容的维度看，"道德，作为人类的一种精神活动，它是对可能世界的一种把握。道德所反映的不是实是而是应是。它不是人们现实行为的写照，而是把这种现实行为放到可能的、应是的、理想的世界中去加以审视，用应是、理想的标准来对它作出善、恶的评价，并以此来引导人的行为"①。这其实就是告诉我们，任何社会规则、伦理道德都只是一定社会群体某一历史时空共同利益、要求和意志的抽象概括，而超越这一利益集团或这个特定的时空，并不一定具备延续性和普适性。德育如果仅仅是对特定利益集团现有社会伦理道德规则的掌握，那么有可能造就个体对所属的利益集团利益的顺从，但无疑也容易造就特定集团的自私。比如，美国根据资本主义扩张的特性，需要在伦理上获得支持，于是，所谓的个人冒险主义成为一定历史时期的道德风向标，但对于受其资本侵袭的伊斯兰世界而言就意味着一场灾难，这也是美国和伊拉克、阿富汗纠缠的症结所在。另外，即使是作为具有普遍性意义存在着的一定历史时期特定的利益集团的社会道德指令，也只有为个体所接受和内化，并转化为具体情境下个体自我完善的道德活动，才会促使受教育者既道德地面对当下的生活，同时也道德地对待即将到来的可能生活。因此，德育的本质不应当仅仅是"制约"，还应当具有生成的特性，促使受教育者在接受一定社会历史时期伦理道德规则的基础上去生成对自然、对社会、对自我的道德理解。如果说"现实性与理想性、有限性与无限性、确定性与超越性、历史的规定性与终极的指向性"② 的矛盾统一是人存在的本质，那么，德育的本质也应该是适应性与享用性、现实性与理想性、有限性和无限性、制约性与超越性的矛盾统一。

除此以外，从德育内部矛盾的教育者角度看，教育的主导者对一定历史时期社会伦理道德规则的理解与运用，从来都不只是充当知识的容器和传输器的作用，他们从事德育工作，其实是合目的性与规律性的创造性活动。正如马克思所言，动物只是按照它所属的那个物种的尺度和需要进行塑造，而人则懂得按照任何物种的尺度来进行生产，并且随时随地都能用

①　鲁洁：《道德教育：一种超越》，《中国教育学刊》1994 年第 6 期，第 2 页。
②　孙正聿：《哲学通论》，辽宁人民出版社 1998 年版，第 229 页。

内在固有的尺度来衡量对象；人也按照美的规律来塑造物体。教育者不像一般的动物只是按照"物种的尺度"对社会伦理道德规则进行机械的传输，而是按照"所属的那个物种的尺度和需要"，即从"美的需要"与"善的尺度"进行个性化的诠释与解读。他们对受教育者的教育不仅仅是促使他们适应现有的生活需要，其主要着力点或者目标指向仍在受教育者德性潜能的挖掘以及德性人格的塑造上，并且根据学生"历史人"、"现实人"、"未来人"发展的趋势，努力引导受教育者创造性地运用言语符号，大胆开拓进取，塑造一个既符合现实人需要又具备未来人特质的理想的"道德人"。

因此，从人本身的生成性特质分析，无论是教育者还是受教育者，他们的生命活动都是一种自由自在的活动，他们的德育实践也应当是创造性的活动。而一定历史时期的道德规则，其作用在于使他们获得自尊的地位，同时使他们产生尊重的情怀。这样，人类才会以自身的诗意创造为起点，或理解、或同化、或顿悟社会的话语语境、人文语境乃至物质语境，不断地把诗意向着自己存身其间的天地自然和社会人生诸方面拓展，极力让诗情充塞天地，让诗意洒满人间，达到动机、情感、态度、价值观与社会、自然等对象物的融通与发展。那种把"应是的、理想的"道德标准（或称为"道德尺度"）建立在脱离生活基础上的德育，其结果就会导致德育主体的僵化、生硬，德育客体的被动、疲乏，德育导体的单调、枯燥，使我们对德育应然境界的设想，因为过于认知、过于理性、过于抽象，往往变成孤芳自赏，空中楼阁。反之，那种仅仅满足一定历史时期德育规则和知识灌输与接收的德育，由于不能触发教育者和受教育者的生命感动，自然也会由于面广的狭视而导致德育故步自封，而使人自身、人类社会发展停滞不前。因此，从人的生成性本质的原点审视，德育富有诗意的本质属性，或者说诗意是德育的本质属性之一。

### 三 德性的建构性与德育诗意的超越性

人之所以追求诗意的生存，一方面缘于人类"自在"的境域。人一生下来就无可避免地面对一个先在于己的历史性的"他在"，它赋予"自在"以实然性，受到这种实然性的制约，使"自在"遭受精神的和物质的、生理的和心理的各种痛苦及艰难，作为实然的存在物，一定程度上而言，人的"自在"是一种有缺陷的存在。另一方面，人的本能要求人排除各种于己不利的缺陷和不足，避免或挣脱各种危险和威胁，超越对象物和各种对象关系的羁绊，创造出理想的对象物和对象关系，从而使"自在"变成自由的存在。人的这种非对象性活动使不在场之物生动在场的创造活动，突出地表现为人所特有的德育活动。人要完善未确定性，成为相对完善的人，需要借着德育的力量，获得对作为人的对象化事物和自身生命意义的感觉、领悟与升华。

德育产生于人类改造自然、改造社会的劳动生活之中，并对人类处理"人与自然、人与社会、人与自我关系"的行为进行规范，具有服务现实的适应性和规定性，这是德育的实然价值。规范人行为的道德规则是人们经过生活实践抽象概括出来的。它以社会生活之真作为提炼的基础，以人类具有普遍意义的善为抽象的根据，相对于个体来说是外在的。但是，德育在对实然的社会生活进行规范的同时，根据人和社会完善不确定性的需要，构想理想的生活境界并引导社会和人为之奋斗，具有生成性和超越性，这是德育的应然价值。德育的实然价值是其应然得以实现的基础，应然是实然的理想目标。德育不可能跨越实然而追逐其应然，也不可能被实然所困，使教育本身失去生机和方向。实然与应然的矛盾统一，决定了学校德育事业，必然以诗意为基础，又以诗意为归宿，引导受教育者不断地完善自我和更新自我，以诗意的人生态度达到诗意的生活境界。

德育何以能够实现实然与应然的超越？"德育的现实性功能和超越性本质的有机统一，则有赖于受教育者的主体性的充分发挥。"① 就学生而言，人的"主体性"指的是在德育实践活动中，在教师的引导下处理自身同外部世界关系时表现出来的自为性、自主性等功能特征。从主体性的自为性来看，学生的德性发展尽管需要社会规则等外在因素的导引与规训，但这个活动融入了学生自觉的意识活动。比如，当班主任喋喋不休地灌输校纪校规的时候，总有部分思想觉悟高的学生不以为然，埋头做自己的事情，似乎对老师强调的规则充耳不闻，其实，这些学生早已具备了这些规则意识，而且在现实生活中能够很好地遵循规则的约束。这就表明，学生既能以观念的形式把握外在于自己的社会规则、伦理道德，又能把这些规则包容于自我意识之中，使对象化世界成为自我"个性力量的确

---

① 刘惊铎：《德育：在适应中超越》，载《道德教育论丛》第 1 卷，南京师范大学出版社 2000 年版，第 207 页。

证"。从主体性的自主性看，作为主体的学生，其行为尽管要受社会规则和伦理道德规范的约束，但他们对自己的学习活动对象和学习的进程具有支配和控制的权力与能力。尤其是遇到社会规则与自为的目的性与方向性发生冲突的时候，他们会创造性地根据自己对规则的理解做出合目的性与规律性的选择，确定符合社会需要的行为方式。在这里，很明显，人作为应然存在的意义不是知性的，不是知性解构，而是诗性的，是诗意的建构。因为知性仅仅表现为对象性和有限性，是客观精神与对立精神的反映；它只是适合于表达对象性的、外在性的、有限性的东西，而诗意活动更益于表现非对象性、内在性与无限性，更益于反映个体的差异性与整体的共在性融通一体的生活价值，因而，德育的建构性在本质上就是诗意对应然境界的忠实表达。

从道德发生学的角度分析，人是一种不满于自然状态而不断创造自身，并以自身为基点，把诗意创造的范围拓展到生活世界的生存者；人的诗意创造，是在完形理想指引下的一种为不完善的人生进行完善补充的实践过程，这一过程使有缺陷的人生逐步趋向完善；人所进行的诗意化的完形创造活动，是人积极地介入共在的人群之中，取得做人的资格的必备条件，而共在中积极的创造性交往又把人引入更强劲的诗创造之中。"生活是散文与诗之间连续不断地相互联系，散文代表如实的物质生活和实际行动；诗借以指思想活动和精神生活，两者的结合才达到自身实现的人格教育。"① 人只能以实然为起点和初始条件，在思想和理想等应然因素的指引下，发挥自身的主观能动性，去超越自身的实然状态，实现应然的状态；实现了的应然又被人否定为实然，不断生出其他应然，在生生不息的转变、超越中以有限的时空限制获得无限的发展，人类社会也在人的实然与应然的两重性推动下，进入无限发展的轨道。

但是，现实的复杂性或者复杂的现实性使德育出现实然性迷失，而对应然状态的指向更多的是一种乌托邦情结。无论是西方德育，还是东方德育；无论是传统德育，还是现代德育，一直在实然或应然两极之间寻找有力的支撑点，其间批评之音不绝于耳，改革之声甚嚣尘上，但一直处于混沌、无序状态。其实，就人的生存状况而言，人的存在"不仅有一个实

---

① 黄雪梅：《实然与应然统一：科学教育与人文教育融合》，《重庆大学学报》（社会科学版）2003 年第 6 期，第 45—46 页。

然向度，还有一个应然的向度"①。德国浪漫派诗人荷尔德林曾经格外深情地说："充满劳绩，人诗意地栖居在大地上……"海德格尔在他的《荷尔德林和诗的本质》中指出，"人原本就诗意地栖居在大地上"。显然，这诗句所传达的是人类应以诗的本真对抗现代社会的工具理性，以诗意地栖居来达到人类生存的理想状态。

从这个意义上说，学校德育工作的着力点应该是在肯定人的对象性存在的同时建构人的非对象性存在的整体关怀，把人的诗性的精神活动也理解为一种基本的生存事实，从而实现实然境界的超越。如果学校德育更多地停留在"规范"、"条例"、"原则"的话语框架体系之中，更多地采用知识性、抽象性、结论性的言说方式，它容易与真实的学生的心灵情境产生某种隔阂、疏离，自然失去了德育的魅力。作为诗意的德育，它蕴蓄着人生激情，饱含人生哲理，是"知、情、意"与"真、善、美"的巧妙融合。它以立足于现实与可能生活的行为经验与规则做基础，以熏陶率真的情感为关键，以培养高尚的情操为目标，遵循规律，不故弄玄虚，塑造优美的情境，调动学生动力、毅力因素，获得的是"春风化雨，润物无声"的理想实效。苏霍姆林斯基在《教育的艺术》中指出："我一千次地确信，没有一条富有诗意的感情和美的清泉，就不可能有学生全面智力的发展。"有了诗意，就有了知、情、意、趣，就有了德育的魅力。

## 四　诗意属于德育的一种本质属性

既然德育本质是生成性的存在，那么，应该如何认识这种存在呢？诗意如何与德育发生联系呢？

诗意固然与诗有密切的关系，或者说诗这种文学体裁最能充分表达诗意的意蕴。但是，就诗意所涉及的内容与凭借的载体而言，远非诗所能概括。从生态学的角度看，人所面临的世界分为自然、社会和自我三个层面，因而人其实是生活在自然生态、社会生态和自我生态的圆融互摄中生成理想的自我。那么，诗意从其来源来说，不外乎自然生态、社会生态和自我生态。所谓自然的诗意，就是自然生态所呈现出来的力量、和谐、雄浑、温婉等触发人类内心感动，带给人类恩惠的情意。亚里士多德认为"自然诸生物与我们既较相近又较相亲"，"整个生物界向我们表达着某些

---

① 鲁洁、朱小蔓：《道德教育论丛》第 1 卷，南京师范大学出版社 2000 年版，第 3 页。

自然的美妙。在自然的最高级的诸创作中绝没有丝毫的胡乱，殊途而同归，一切都引向一个目的，而自然的创生与组合的目的就是形式的美"①。人是从自然中诞生的，自然界的一草一木无一不和人的生活息息相关，自然的律动和人类生命律动保持一种本然的应和。孔子从山的高大巍峨感知到君子仁德的宽厚；从水之活泼灵动体验到智者智慧的洒脱。席勒感受到大自然的养育和抚慰，用热情的笔调和饱满的激情唱出最美的赞歌。华兹华斯号召人们丢弃陈腐的书本，到充满瑰丽色彩的夕阳下去散步，到宁静的林中倾听大自然美妙的歌声："太阳已落到那边山头上，／鲜艳而柔和的光彩／在这漫漫的绿色田野上／把黄昏的金辉铺开。／读书可是件没完的苦事／来听听林中的红雀／它的歌唱得有多甜！确实，／歌中有更多的智慧。"② 梭罗置身于瓦尔登湖畔，与禽兽为邻，与飞鸟为伴，心灵和阳光起飞，生命与雨丝飘逸。在自然的天地一切都是"瓦尔登湖水中的动物化了的核或晶体"③。自然的诗意唤起人的激情，赐予人以智慧和力量，更担当起人类"心灵的保姆、向导和护卫"的责任。其实，山水虫鱼，风花雪月，这些自然之物本无所谓情感、态度与道德之善，它们之所以能够和仁德智慧勾连起来，人把善的道德本质对象化到自然中去，是在自然"真"与"美"的基础上熔铸了人的本质力量。自然的诗意，其实质就是自然的人化。其形式表现的是"真"与"美"，内容实质仍是"善"，因此，自然诗意里离不开人本质德性的力量。

所谓社会的类诗意，就是人与他人、个体与群体、国家与国家、民族与民族及其相互之间呈现出来的认同、信任、互赖、支持等触发人内心的感动或心灵共鸣的情意。如果说自然诗意展现的是人的本质力量的自然的人化，在自然真的基础上的向善化，那么社会的诗意侧重作为社会对象化的人对其族类关系的领悟和把握。比如，当四川汶川大地震摧毁了原生态的山川田园，但谭千秋用手撑起的讲台、小郎铮废墟中举起的队礼、温总理穿梭的身影以及无数双援助的手，这一幕幕无一不感动国人的心，无一

---

① ［古希腊］亚里士多德：《动物四篇——动物之构造、动物之运动、动物之行进、动物之生殖》，吴寿彭译，商务印书馆1985年版，第35页。

② ［英］华兹华斯：《转守为攻》，载《华兹华斯抒情诗选》，黄杲译，上海译文出版社1986年版，第74—75页。

③ ［美］亨利·戴维·梭罗：《瓦尔登湖》，徐迟译，上海译文出版社2004年版，第264页。

不展现社会族类之间的本真、至善与纯美；在 2008 年南方冰灾肆虐的时候，暴风雪消弭了自然的诗意，却催生政府与民众、人与人相互温暖的真情意：冰雪可以阻塞交通，阻断回家的脚步，却无法阻挡众志成城的必胜信念；再如，当一对白发苍苍的老夫妻相濡以沫，携手走在暮秋黄叶翻飞的村道上，你的内心自然会涌现一丝甜甜的诗意。正如茅盾在《风景谈》里所反映的，内生活极其丰富的人才会在物质条件贫乏的时代，焕发出浓烈的生活气息。然而，在物质文明日益昌隆的时代，诗意的心灵空间逐渐被商品填塞，人们习惯为柴米油盐酱醋茶奔波，既不抬头仰望灿烂的星空，也不留意身旁人世间的真情故事。是生活中诗意从此不再，还是我们根本就缺乏感悟诗意的情怀？有学者认为："现实生活世界的中心是人，生活着的人，诗意化的世界，实质上应是诗意化的人；人的诗意化，世界才能最终诗意化。"[①] 诗意是人内心的一种感动，一种与自己生命连接起来的反思性表达。从这个意义上而言，所谓的内诗意，就是人带着积极、平和、公正的心态寻求心灵世界与外部世界平衡、和谐而生发的情思、意旨。

基于以上的理由，综合有关学者的观点，所谓的诗意，其实质就是人的本质力量的自然的呈现，是人的自然化和自然的本真化，人的社会化与社会的向善化以及自然与社会的审美化。即德育在自然人化的基础上回归自然的、社会的本真状态，在自然和社会呈现人的"善"目的的基础上采用审美的方式赋予自然、社会之"真"、"善"、"美"。"其形式是'善'，其内容是'真'，是以'善'的形式显现'真'的内涵。"[②] 德育的诗意实质就是从形式上说，它接近于自然美；从内容上讲，它主要突出社会美；但从实质上说，它又是人的社会目的之"善"合于自然之"真"、"美"，以圆融了人的"善"、"美"的自然之"真"为其本质。

## 第二节　诗意德育的本质

中国是一个诗的国度，历代教育家十分注意用挖掘中华民族文化的诗

---

① 刘小枫：《诗化哲学》，山东文艺出版社 1986 年版，第 36 页。
② 参见徐碧辉《从实践美学看"生态美学"》，《哲学研究》2005 年第 9 期，第 107—113 页。

意元素教化学生或子弟。孔子认为"不学诗，无以言"；当代著名教育专家朱永新先生呼吁"教育需要诗意，需要洋溢着浪漫主义的情怀"。作为传承中华民族文明的学科，德育回归诗意，让学生从小经受诗意文化的熏陶，给他们心灵以诗意润泽，使之蕴蓄人生激情，坚定人文信念，不仅有利于发掘中华民族文化的深层意蕴和生命之根，张扬汉语的魅力，还有利于提高德育的效率，使学生的德育素养得到全面而和谐的发展。在日常生活中，诗意无时不在，当你用诗意的眼光审视周围世界的时候，诗意就在路边的一朵小花、一棵小草里藏着，就在你身边匆匆而过的熟悉与不熟悉人的脸上挂着。就德育而论，先秦繁星闪烁着哲理的诗意，汉宫秋月倾泻离愁的诗意，屈子泛舟吟诵求索的诗意，祖逖舞剑书写报国的诗意。在德育的世界里诗意无时不在，无处不在。那么，什么是诗意德育的本质呢？

## 一 归真的德育本质

20 世纪是一个物质与精神极度失衡的时代，在唯经济主义、唯科学主义等浪潮的催发下，在工业革命机器轮盘的带动下，教育指向外在于人的经济、政治等社会功用价值而不是人自身，教育成为失真的教育，成为缺乏独特地位与反思建构能力的躯壳。1903 年，"癸卯学制"颁行后，正式设置了"读经讲经"，这代表着现代学科意义上的德育课程的真正独立。但是德育学科从诞生之初起就把封建主义的"义理"和教条主义的"政治"作为根本目的与终极关怀，导致德育从整体上就摆错了方向，成为一种工具理性操作下的功利主义教育，自然丧失本真的意义。马克思认为"人类全部力量的全面发展成为目的本身"。[①] 德育的本真在于将教育目的与终极关怀指向学生自身，使学生在创造性运用语言符号的过程中学习一切有利于自身发展的东西而自主成为理想自我的人。德育的归真主要体现在如下几个方面：其一，德育回归实然状态。所谓实然就是学生所存身、立身的真实的生活，生活不仅是德育的外延，而且是德育的本身，回归生活能够使学生个体的德育学习获得真实的生活感受，从而产生热爱生活、热爱德育的激情。其二，回归学生纯真的本性。所谓"真"，诗意德育遵循的不是西方知识论，尤其是科学知识意义上的"真"，而是我国传

---

① 中共中央马恩列斯著作编译局编译：《马克思恩格斯全集》第 46 卷，人民出版社 1995 年版，第 486 页。

统文化价值论意义的价值诉求。在先秦儒家看来，这种"真"，其实就是"忠信"与"真诚"。"君子进德修业，忠信，所以进德也。修辞立其诚，所以居业也。"① "诚者，天之道也；诚之者，人之道也。"② "忠信"与"真诚"不仅是天道的本性，更是为人的基础以及最高的境界。道家贵自然，把"真"理解为"朴"，而"返朴"、"守朴"，即恢复人的自然本性就成为道德修养的最高的"善"。"朴"的最高境界，在老子看来，就是"恒德不离，复归于婴儿"③ 的状态。诗意德育追求"归真"，就是将德育目标指向学生的"真心实意"、"诚心诚意"优良品质的培养，也是尊重少年儿童天生就是"诗人"的本性。他们作为"诗人"的特质主要表现在感受语言的节奏、韵律的敏感性和亲近性上，主要表现在对自然、对社会、对自我抱有积极幻想的同理性。归真到这种本性，诗意德育可以促使学生凭借这本性，发现目力以内世界更隐蔽的精彩和目力以外世界更广阔的天地，进一步升华其精神境界，优化其人文品质，从而使自己的内心世界更加辽阔、清醒、充实。其三，回归德育的自然状态。多年来，由于德育不是指向教育者自身，导致德育课成为教师成人化的单信道传输的活动，德育失去了生命的活力与应有的真实，成为表演课、说教课，乃至工具训练课，教师把学生一味当做学习工具来对待，德育成为程式化的生产流程，促使学生言不由衷地贴几张成人化的标签以迎合教师或者矫情地说些废话以应付尴尬，久而久之，自然形成虚假的人格，德育课堂变成造假的场所。诗意德育强调真实的表达，强调学生心灵的自然感动，因此，归真的德育是诗意德育应有的状态。

## 二　求善的德育本质

在哲学上，"善"是古今中外哲学家、思想家们讨论最多的一个范畴。其含义有广义与狭义之分。狭义上的善，即伦理学上的善，是对符合一定社会或阶级的道德原则和规范的行为或事件的肯定评价。广义上的善，即合理的利益，凡是利他性的言行，都是善。④ 追本溯源，孟子的

---

① 《周易·文言传》。
② 《中庸·二十章》。
③ 《老子·二十八章》。
④ 张正江：《真善美教育及其实施构想》，《沈阳师范大学学报》（社会科学版）2004 年第 5 期，第 24—27 页。

"性善论"堪作代表，他认为"恻隐之心，仁之端也；羞恶之心，义之端也；辞让之心，礼之端也；是非之心，智之端也"①。"端"即开端、萌芽之义。其意在于指明每个人的内心都具有"恻隐、羞恶、辞让、是非"等善性的因子，都有可能形成仁义礼智等美德，当然，这只是仁义礼智的萌芽状态，而非最终完成状态。正如冯友兰先生认为：每个人生下来，在其本性里面，都自然有善的因素，或者说原则。②又如当代学人檀传宝教授认为，由于人类整体社会实际的作用，人类个体已经先天地拥有某种对个体来说是先验但对人类整体实践来说是后天的社会性文化心理结构的遗传存在。③如何将人先天具有的善性保持且发扬光大，如何才能使学生在人的社会化与自然的人化过程中弃恶扬善？诗意德育的求善在于将教育的旨归指向塑造学生的积极人格，使学生能够用诗意的眼光审视周围的世界，在合规律性与目的性相统一的活动中建构学生的诗意情怀。其内容主要体现在如下几个方面：其一，德育的基本使命和主要任务在于引导和促进学生通过平等、诚挚的多元互动对话，形成个性化的体验，以期最终发现那条发展善性、成就善性的独特道路；其二，注重挖掘文本、生活中的诗意元素，注重用典雅的诗意文化滋润学生心灵；其三，在德育过程程序的设计上，教师将自身的生命感动以及人生的美丽风景采用合乎生活本质以及学生学习本质的方式，逐步展示在学生面前，促使学生在自己的人生道路上自主践履诗意化的行为法则。

### 三　至美的德育本质

如果说德育是一个以语言为核心的包括伦理道德、法纪法规、心理健康以及我国独特的、思想政治教育的多元体系，那么就语言而论，存在主义哲学流派认为"语言是存在的家"，与其说人是文化的动物，不如说人是语言的动物。语言是任何教育不可缺少的媒介，任何民族精神、人生理念、政治思想的传达只有依托语言且借助语言的力量，才得以实现。语言不仅储藏了历史、文化和传统，而且昭示了民族的智慧。学习语言，其实就是学习民族历史、文化和传统，学习民族建立"人与自然、人与社会、

---

① 孟轲：《孟子》，王立明译注，吉林文史出版社 2004 年版，第 50 页。
② 冯友兰：《中国哲学史新编》（上卷），人民出版社 2003 年版，第 5—6 页。
③ 檀传宝：《德性只能由内而外地生成——试论"新性善论"及其依据，兼答孙喜亭教授》，《清华大学教育研究》2001 年第 3 期，第 19—23 页。

人与自我"意义关系的方式与方法，在此过程中去建构自己的精神世界、物质世界和自我世界。语言是通向世界的门户。汉民族语言和西洋语言强调句法、重视"知"积累的法治系统完全不同，它属于表意语言系统，注重意会，讲究神韵，强调以神统形，侧重感受、体验和践行。这就决定了我们的德育必须用审美的方式致力于语言的品味、意蕴的咀嚼和内在规则的体认，必须追求至美的境界。所谓至美，即基于美，追求美，臻于美。诗意德育的至美主要体现在如下几个方面：其一，美在沟通实然与应然的境界。诗意德育根据学生自我觉解与建构的能力，使学生以自身的实然创造为起点，或理解、或同化、或顿悟社会的话语语境、人文语境乃至物质语境，获得自尊的地位，同时用诗意的情怀赋予自己有限生命以无限的意蕴，不断给生活创造新的节律、色彩和图像，促使学生的德育学习乃至生活永远处于生生不息、新新不已的应然境界。其二，美在诗意情感场的营造。诗意德育利用德育的人文性、现实性和创造性，发挥汉语诗性言语、声响、形象等"在场"信息的作用，更注重发挥内隐的人格、个性、意识形态等"不在场"信息潜移默化的影响，使德育形成一个链状的、循环的互动情感场，让在场的学生在德育学习的过程中对现实永远保持一种新鲜活泼的情感体验，养成一种纯正高雅的审美情趣、乐观向上的人生态度，对汉语产生深深的迷恋感情。其三，美在汉语的典雅。辜鸿铭指出："汉语是一种心灵的语言、一种诗的语言，它具有诗意和韵味，这便是为什么即使是古代的中国人的一封散文体短信，读起来也像一首诗的缘故。"[1] 汉语的诗性首先体现在以具象为核心的形与质的层叠式的图景建构上，每一个汉字都是立体的画与活着的生命，德育工作者的责任在于让学生感受汉语的典雅美，在典雅汉语的熏陶下，具备博雅学识、文雅情怀、高雅气质。其四，美在师生主体间平等而真诚的交往。诗意德育以主体与客体、主体与主体之间的互动共生为基点，强调教与学是师生间主体指导性的审美化活动，即以审美为根本性的维度，涵盖了历史上伦理化理想和理性化理想的合理成分，使真与善、伦理与理性在更高的层面上即真、善、美的真正统一中实现其价值，因而促使德育向一切生命体开放，使德育成为生机勃发的德育，成为一首天籁之音，一幅具有生动表情的画卷，一泓洗涤污浊魂灵的清泉。

---

① 辜鸿铭：《中国人的精神》，海南出版社 1996 年版，第 106 页。

总之，德育的终极关怀与价值取向是为人的，德育的本质也是人在德育实践中逐步显现，从而被人们认识和理解的。人与生俱来的不确定性以及在与"自然、社会、自我"三个世界的对象化的碰撞、融合、发展过程中决定人具有诗意生成性本质。传统德育对其本质的认识，遵循的是逻辑学的定义规则，从教育本质的一般属性出发，厘定德育具有服务现实的适应性、规定性等工具属性，最终确定德育既定性的本质属性。除此以外，德育还具有引导受教育者不断地完善自我和更新自我，以诗意的人生态度达到诗意的生活境界创造性和超越性。这自然也决定德育具有诗意生成性的本质。诗意德育是以促进学生德育素养和谐发展为目的，根据汉语特有的诗性本质、学生学习的需要以及社会发展对德育学科提出的要求，在课内外广阔的时空里，让学生在诗意文化的熏陶下，涵养诗情、发展诗思、形成诗感、积淀诗语的归真、求善、至美的德育。德育，本质而言是属于诗意的，或者说诗意应是德育的本质属性。

## 第三节　德育本体论研究的回顾与反思

### 一　德育本体论研究问题的回顾

从上一节的研究中，可以得出这样一个基本的结论：任何时期德育本质的研究其实都受制于这一历史时期对德育价值取向的分析与判断，而价值取向分析与判断的根据是离不开一定历史时期德育本体思想的建构，也离不开在德育思想指导下的德育实践所构成的德育事实。因此，研究德育本质自然在聚焦到德育价值判断的同时，还必须探究德育本体思想及其实践。

中华人民共和国成立以来，我国的德育事业在德育本体思想建构与践履的双向互动作用下，在理论视野拓展、德育观念更新、德育内容丰富、德育手段与方法创新等方面取得了重大的思想研究成果，德育本体思想实现了从传统向现代的嬗变以及德育实践实现了从规训向教化的超越。回顾和总结新中国成立 60 年来我国德育本体研究发展的历史进程以及不同历史时期德育思想建构与践履的成果，对于汲取传统德育有益的经验，进一步探究诗意德育思想建构的历史基础与现实意义具有重要的意义。

根据新中国成立 60 年社会经济、政治乃至文化变动的历史轨迹，德育亦可划分为四个阶段。第一阶段：从新中国成立到 1957 年社会主义改造的完成，为新中国成立初期德育创建时期。第二阶段：从 1957 年年底到"文化大革命"的爆发，是我国探索社会主义发展道路的重要时期，也是德育促进全面社会主义建设时期。第三阶段："文化大革命"的十年，是我国道德思想严重异化时期。第四阶段：十一届三中全会至今，道德教育的传统逐渐恢复，并取得不断的发展，逐渐走向制度化、科学化。①

綜观新中国成立 60 年德育思想与实践发展的历史，无论是德育目标内容的建构，还是德育方法途径的拓展以及管理评价的更新，其背后无一不隐含对德育本体的假设与追求。探究德育思想与实践的嬗变，其终极关怀仍离不开德育究竟以什么为"本"的思索。德育的本体何在？以何为本体才可以真正促使德育走上健康发展的道路？人们立足不同的历史时期的价值判断以及对德育本质的思考，自然形成不同的德育本体观。在新中国成立初期，为了巩固新生的无产阶级政权，需要发挥德育的政治作用，借以实现使人们从旧教育、旧传统道德观念的束缚下解放出来，德育自然成为改造旧道德，倡导新道德；改造旧教育，倡导新教育；改造旧知识分子，培育新知识分子的工具，而这个工具的运用离不开德育知识的传授。大力倡导新中国的新思想、新风尚基本上是依托政治教育课程进行的。1949 年 10 月，华北人民政府高等教育委员会颁布《大学专科学校各系课程暂行规定》，分别规定各年级必修"新民主主义"等课程。1951 年，教育部颁布条规，规定从初中一年级到高中三年级，分别设置"中国革命常识"、"社会科学基本知识"、"中国人民政治协商会议共同纲领"以及"时事政策"等课程，并要求各教育部门要把政治教育作为必修业务课，针对学生的思想实际，进行系统的政治理论教学。1952 年后，基本建立起从小学到大学的思想政治教育体系。② 德育工具本体又隐含着知识唯上的价值取向，为后来的政治教化以及规训埋下了伏笔。在社会主义建设乃至"文化大革命"时期，德育工具本体功能窄化为阶级斗争，阶级斗争的主要内容表面看就是"斗私批修"，其实质就是借助德育进行人与人之间的斗争，换言之，即通过大规模的群众运动发动与己方思想立场一致的人对与己方思想立场相左的人进行思想政治斗争，以期获得统一的公共话语的表达。阶级斗争本体化的实质就是代表占据统治地位公共话语霸权的

---

① 参见孙少平编著《新中国德育 50 年》，福建教育出版社 2002 年版，第 11—265 页。

② 同上书，第 17 页。

诞生。这不仅直接导致"文化大革命"德育政治斗争的异化，而且在相当长的历史时期影响和制约学校德育观念，导致在实际的德育工作中，教师成为德育的主宰者，自然出现教师本体的现象：不管教师是不是具有高尚的道德，教师都可以凭借社会赋予的本体角色以及对德育知识的优先占有而掌握了德育目标制定、德育内容诠释以及德育行为规训与裁判的主导权，牢牢地操纵和控制着学生的话语和思维，使德育成为教师的独白活动或者单信道传输德育知识的活动，自然出现人学的空场。

改革开放以来，由于德育指导思想实现了"以阶级斗争为纲"到为全面培养人才服务的转变，催发了德育思想建构的百家争鸣现象，思想上的繁荣自然推动了德育实践的发展，学校德育出现了从德育目标内容到方法途径的更新与嬗变：从关注知识传递到更加关注、尊重和鼓励学习者作为主体的道德生活实践；从关注认知发展到更加关注情感与德性品格的发展和培育；从关注单向度的教导到更加关注双向沟通、对话、伦理和代际交往。生命叙事模式、理性对话模式、行动亲历模式、生态和谐模式、践约展诺模式等德育实践范式层出不穷。德育本体研究出现多元化繁荣的局面。

首先，从德育价值维度看，德育本体的理解出现回归人性的趋势，人文本体成为一种时代的强音。本真教育是既授人以生存的手段和技能，又导人以生存的意义和价值；既使人懂得何以为生，又使人明白为何而生，拥有人所特有的意义世界。① 因此，德育返璞归真——德育的人文化或者人本化才是德育的根基所在。即德育不应该成为政治、阶级斗争的工具与附属物，而应该归属于人的意义世界，发挥其教育人、引导人、提高人本然的功能。在此基础上，有学者进一步提出"育德"才是德育的本体功能。② 因为有这个功能的存在，因此，人们在人文化本体论的思想指引下，进一步发展成为生命德育本体论。生命既是德育的终极关怀，更是德育的根本目的，德育必须转变规范式道德观念，认识生命在道德中的本体价值，确立道德的生命性，并以此为基础，使道德教育成为生命化道德教育。③ 从学生生命出发，尊重学生生命的多样性、独特性和能动性，成为优质自己，是生命道德教育的一种价值期望；关爱生命，是生命道德教育

---

① 钟海青主编：《时代发展与道德教育新问题》，广西人民出版社 2008 年版，第 7—11 页。

② 班华：《现代德育论》，安徽人民出版社 2005 年版，第 9 页。

③ 冯建军：《道德的生命性与生命化道德教育——基于尼采道德哲学的启示》，《道德教育研究》2005 年第 3 期。

的主题；生命叙事，是生命道德教育的主要存在方式。不仅可以促使学生在感悟生命意义、价值的同时获得德性发展的自主权，而且会让德育回到生命之中、遵循生命之道，从而关爱生命，焕发生命的活力。①

其次，从德育内容建构的维度看，德育本体的研究逐渐跳出政治工具本体的樊笼，德育内容出现生活化本体的发展趋势。正如德育本质一节所论述的，德育内容由最初的思想政治教育一因素说逐渐扩展成为"政治思想、法纪、道德品质、心理"等内容的组合，但这些元素只有附着真实的生活才会形成德育的意义。另外，人是完整的存在，人的德性无论从内容维度，还是形式维度看都有完整的结构②；课堂教学只是学生生活的一个组成部分，课堂生活并不是自足的、自成目的的。只有建构起课堂生活与课外生活之间的良性生态关系，课堂才在严格意义上称得上是"生活"，否则，它只能是生活之外的什么东西。③ 德育是一种生活，德育为了生活，德育源于生活且证之以生活。因此，生活本体论认为，生活是德育的本体。

再次，从德育认知方式的维度看，德育本体论研究跳出理性认知的限制，主张发挥情感、新感性以及体验的本体功能。长期以来，在"知识即美德"的指引下，德育本体限于工具范畴的解读，人们借助"理性这一达到真理的惟一的自然的手段"，④ 通过理性认知去判断、推理、分析、论证获得客观性、必然性的有关德育的知识，借此去达到理解自然、控制自然，进而解读社会、融入社会的目的。由于过分追求以精确化的语言将标准化、程式化的道德知识传授给学生，人为地割裂了从知到信、从信到行转变的规律，致使德育消解了情感等感性认知的功能，学生的德性发展成为不完整的存在，由此，需要德育从知识本体、工具本体向情感本体，乃至体验本体的回归。在20世纪90年代初，李泽厚先生就指出：教育学的任务之一就是要探究和建设人的心理本体，作为美学内容的美育，从工具本体的建设转向情感本体的建设，正是未来人类发展的方向。人类在获得空前的物质上的巨大成就的同时也导致了人们精神家园的荒芜，导致了

① 刘慧：《生命德育论》，人民教育出版社2005年版，第40—42页。

② 高德胜：《知性德育及其超越——现代德育困境研究》，教育科学出版社2003年版，第167—168页。

③ 鲁洁：《再论"品德与生活""品德与社会"向生活世界的回归》，《教育研究与实验》2004年第4期，第1—7页。

④ 陈麟书、田海华：《重读马里坦》，四川人民出版社1997年版，第50页。

与自我、他人、自然、我们本该敬畏的对象的疏离。① 他把情感本体视为心理本体的组成部分，而实践的基本路线就是要发挥情感以及审美感性的机能，通过以美启真去存善、扬善。表现在德育领域，朱小蔓教授将人的情感发展作为重要目标的德育过程，在"生理—心理"、"社会—心理"、"精神—文化"层面，使学生分别获得安全感、共通感以及道德崇敬感与道德尊严感。② 而认知的方式主要回归体验的本体价值，让学生在自主的、富有情境的道德体验场通过体验唤醒心灵、生成反思、主动实践，圆融自然生态、类生态以及内生态及其彼此关系，从而成为美感云涌，生命样态丰韵的存在。③

最后，从师生关系的维度看，德育本体的研究逐渐从教师的单一视角转向师生多元的视角，主张突出学生德性发展的主体性。从 21 世纪开始，德育本体研究继承前人的传统，站在人的立场，主张发掘和提升人的价值，甚至将"以人为本、尊重人的发展"的思想写进了党和国家关于加强德育工作的有关文件。华南师范大学的郭思乐教授通过一系列实验，提出了"生本"观念：学生是教育的对象，更是教育的资源，德育必须纠正知识本体、能力本体、工具本体、教师本体带来的认识论上的偏差，而转向以学生为本位，在价值论的高度必须落实"一切为了学生"的理念，在伦理上应该高度尊重学生，而实践论上又要全面依靠学生来进行教育，把教育的全部价值归结到学生身上，以学生的发展为本。④ 也有博士研究生以此为主题进行专题研究，认为现代德育学生本体论的合理内涵即现代人本德育应以"现实的人"为出发点，以人的"全面"而"自由"的发展为终极目的，并在德育过程中贯彻"以人为本"的原则。⑤

## 二 德育本体论研究问题的反思

新中国成立 60 年以来，德育本体的认识呈现循环往复螺旋上升的状态，先后诞生了政治工具本体论、公共话语本体论、人文精神本体论、生

---

① 李泽厚：《美学三书》，安徽文艺出版社 1999 年版，第 496 页。
② 朱小蔓：《情感德育论》，人民教育出版社 2005 年版，第 54—57 页。
③ 刘惊铎教授把生态分为自然生态、类生态、内生态三个维度，本书受此启发，把诗意确定为自然诗意、社会（类）诗意、自我诗意。参见刘惊铎《体验：道德教育的本体》，《教育研究》2003 年第 2 期，第 53—59 页。
④ 郭思乐：《教育走向生本》，人民教育出版社 2001 年版，第 1—3 页。
⑤ 杨超：《现代德育人本论研究》，中山大学，博士论文，2005 年，第 135—136 页。

活本体论以及道德体验本体论等学说。然而，当今的中国，正处在社会转型时期，青少年的道德成长的环境受到了多方面的冲击。在理性主义、知识中心主义主导下的政治工具本体、公共话语本体受到普遍的质疑，而人文精神本体、生活本体、生命本体乃至道德体验本体的合理性也需要理性的反思与谨慎的实践验证，由此，梳理这些学说与正确认识其存在的问题，对把握德育本体的内涵以及从本体出发建构德育理论体系乃至指导德育实践均具有重要的意义。

即使目前对何谓本体仍然没有一个统一的认识，但自德育诞生以来人们从没有停止过对德育本体的探索是不争的事实。不同历史时期诞生的德育本体学说不仅一直在导引人们思索德育何以存在以及因何存在的本体问题，更在指导德育实践发挥航标灯的作用。研究德育本体问题，首先面临的就是如何确切地理解"本体"一词的含义。

"本体"一词是源于古希腊的 ousia 及其各种后续词汇而创造出来的。它原来是希腊文动词 eimi 的阴性分词 ousa，巴门尼德《著作残篇》中的分别用这个动词的不定式、第三人称单数和分词用作动名词来表述"存在"的含义。① 巴门尼德用这个词提出了"存在物的存在是可能的，非存在物的存在则不可能"② 的著名命题。认为"思维与存在是同一的"③，即只有存在才能被思想，非存在是不能被思想的。而在柏拉图看来，该词有事物的本性、本质等含义。④ 西方学者如理查德·罗宾逊（Richard

---

① 姚介厚：《古代希腊与罗马哲学·西方哲学史》第 2 卷上，凤凰出版社 2005 年版，第 213 页。

② 北京大学哲学系外国哲学史教研室编译：《古希腊罗马哲学》，商务印书馆 1961 年版，第 51 页。

③ 同上。

④ 关于 ousia 一词的含义，有专家对柏拉图的著作做过专门的研究，列出了该词在古希腊语中的各种含义：①指专属于一个人自身的东西，包括其实体或性征（that which is one's own, one's substance, property）：《国家篇》551B；②指事物的本性（phusis）：《国家篇》359A—B，《蒂迈欧篇》29C，《智者篇》232C，《法律篇》996E，《泰阿泰德篇》185C；③实体（substance），本质（essence）：《尤息弗罗篇》11A；④某一个具体事务的真正本性（true nature of that which is a member of a kind）：《裴多篇》65D、92D，《国家篇》509B，《斐德罗篇》245E；⑤指对上述本性的占有：《国家篇》509B；⑥具体地在背后从本质上支配一切变化和过程的本原性的基质（in the concrete, the primary real, the substratum underlying all change and process in nature）：《智者篇》246A，等等。从其中所列柏拉图与亚里士多德对同一个词的用法还可以看出，虽然柏拉图使用这个词的意义也多能在亚里士多德的著作中见到，但亚里士多德比柏拉图更多地从上述第⑥种含义来使用这个词，此外又发展出一些新含义，如将它用在逻辑上，指一种具有主词地位的实体。请参见方朝晖《"中学"与"西学"重新解读现代中国学术史》，河北大学出版社 2002 年版，第 63 页。

Robinson）理解成一个事物永恒不变的本质。英文可以翻译成 essence、nature、reality、being 等。而亚里士多德则改写为 ousia，赋予其首要的、第一意义上的 on 的含义①，被列为十个范畴的首要范畴。然而，亚里士多德本人在不同的时期对本体的看法是有很大变化的。比如，在《范畴篇》中他认为，"实体（ousia），在最严格、最原始、最根本的意义上说，是既不述说一个主体，也不存在一个主体之中，如'个别的人'、'个别的马'"②。按照这个标准，个别事物才是第一本体，"人"、"动物"等具有普遍性的属和种则只是第二本体；但在《形而上学》第7卷中，他又提出："可分离的东西和这个，看来最最属于实体"③，这样一来，形式就成了第一本体，个别事物则变成了第二本体。正是由于亚里士多德对本体认识的不确定性才导致后世人们从不同的角度赋予了这个词以各种不同的含义，把本体等同了本身、本性、本质、本原、本源、存在，等等。德育本体论认识也不例外。

由于人所面对的世界是一分为二的：人的感觉所认识的是现象界，这是变动的多样的非真实的非存在，人们从中只能获得意见。人的理性所认识的是本质，这是不变的完满的真实的存在，人们从中才能获得真理。④由于亚里士多德对本体的认识存在不确定性，因此，人们根据巴门尼德开辟的二元结构的思维方式探究德育本体，由于思维的角度不同，自然会产生不同的本体观。尽管如此，亚里士多德从逻辑学和本体论两个范畴确定了本体存在的两个原则：其一，要求本体只能是被表述的，而不可能用于表述别的东西；其二，要求本体不能依存于其他的事物，而必须是独立存在的。按照这两个原则，郝文武先生认为，教育本体是德育统一性的终极原因和实践的最高追求或终极关怀，是教育一切"在者"所以为"在者"之"在"，或一切"是者"所以为"是者"之"是"，是教育形成的终极原因或统一根源，是生成和建构本质的根本原因。⑤借助这个原则，我们可以对新中国成立60年以来有关德育本体论认识进行初步的反思与现实的把握。

---

① 苏宏斌：《文学本体论引论》，生活·读书·新知三联书店 2006 年版，第 68—71 页。
② 苗力田主编：《范畴篇·亚里士多德全集》第 1 卷，商务印书馆 1997 年版，第 6 页。
③ 苗力田主编：《形而上学·亚里士多德全集》第 7 卷，商务印书馆 1997 年版，第 156 页。
④ 李维武：《20 世纪中国哲学本体论问题》，湖南教育出版社 1991 年版，第 3 页。
⑤ 郝文武：《教育哲学》，人民教育出版社 2006 年版，第 74 页。

1. 语言的工具性等于德育的本质属性吗

新中国成立的第一个阶段的德育本体论研究首先面临的就是如何处理德育、语言与政治的关系问题。什么是政治？"政者，事也；治者，理也。"① 所谓"政"就是指事务；而"治"就是管理，政治就是对事务或人民的治理。亚里士多德认为，政治是管理城邦的知识。孙中山也认为："政治两字的意思，浅而言之，政就是众人的事，治就是管理，管理众人的事就是政治。"② 依据马克思阶级政治理论，所谓政治是建立在一定经济基础上的上层建筑，是根据一定的阶级利益以国家为基础处理民族、阶级、各社会集团以及国家与国家相互关系的活动。那么，政治是如何与语言发生联系的，进而影响到德育的？"夫政者，事也。志者，言也。天下盖有言之斐然，而不得于其事者矣；未闻言之尚无条贯，而其事转能秩然得叙者也。"③ 代表一定阶级利益的上层建筑在治理日常事务与调整各利益集团关系的时候需要借助语言使政令通畅，这样语言就成为统治阶级进行政治活动的主要工具。而德育作为与政治同属于历史范畴的社会现象，尽管反映的是人与人之间的关系，主要依靠社会舆论、传统习惯和人的内心信念来维护，是人的自觉行为。但政治可以控制道德规范和道德信念的传播，变德育为"我"所用。早在1934年，叶圣陶在《教育与人生》中从本体论的高度明确认定了教育（含德育）的工具本体论思想："教育是人类存在与发展的方式，教育是人类获得生存资料和经营生活的一种工具。教育本身并非目的，而是工具。这种工具，大而言之可以挽救国家社会。小而言之可以指导个人，改造个人的错误，实现个人的本能，它的作用是很大的。"④ 正因为这样，语言的工具性与德育的工具性就有了融合的空间。

所谓语言的工具性，正如《现代汉语词典》所言，语言是人类所特有的用来表达意思、交流思想的工具，是一种特殊的社会现象，由语音、词汇和语法构成一定的系统。语言是什么呢？马克思主义经典作家对语言的内涵与本质曾作过不懈的探索与精辟的论述。马克思认为"语言是思

① 《礼记·经解》。

② 孙中山：《孙中山选集》（下），人民出版社1956年版，第661页。

③ 马跃东主编：《龙之魂：影响中国的一百本书》第36卷，中国戏剧出版社2000年版，第739页。

④ 《叶圣陶教育文集》第2卷，人民教育出版社1994年版，第57页。

想的直接现实"①；列宁曾经说过"语言是人类重要的交际工具"；斯大林在《马克思主义与语言学问题》一文中指出，"语言是手段、工具，人们利用它来彼此交际，交流思想，达到相互了解"，他否认"赤裸裸的思想"，认为没有质料也没有形式的空灵玄妙、难以捉摸的思想是不存在的。②叶圣陶先生认为，"思想决不是无所依傍的，思想依傍语言。思想有它的质料，就是语言的材料，就是语汇。思想有它的形式，就是语言的规律，就是语法。无论想得粗浅的，想得精深的，都摆脱不了语言的质料跟形式。无论这个民族的人，那个民族的人，他想的时候都摆脱不了他那个民族的语言的质料跟形式。一个人学会了旁的民族的语言，他也可以依傍旁的民族的语言来思维，可不能一种语言也不依傍，脱离了语言就没法思维"③。同样的道理，德育无论是德育观念的发生与推行，还是德育内容的选择与教化都离不开语言的工具作用。总之，语言是人们日常工作、学习和生活交流思想、表达感情的工具，是人们对自然界、人类本身以及理性认识的思维工具，还是承载德育思想、进行伦理教化以及实现统治阶级意志的政治工具。

所谓德育工具性，即德育能够提高受教育者的思想道德品质，促使他们从内心深处认同并内化社会政治、经济、伦理等规范的基础上，外显为自己的道德行为，从而表现为社会政治、经济、文化等服务的工具价值。从某种意义上说，就是统治阶级把德育看做维护利益，或者培养符合统治阶级利益人才工具。追本溯源，这种学说源于儒家"君子喻于义，小人喻于利"，对待"君子"强调发挥内心的"仁"，而对待小人则强调外在的"法"。各朝各代均重视德育工具性作用的发挥，借助语言工具制定各种规范以维护统治阶级的利益。因此，德育工具性其实是统治阶级目的性的不断生成、实施、发展过程的表现属性。而西方自亚里士多德把知识看做美德的必要条件以来，导致德育规训的工具价值得到彰显，直至杜威把科学知识应用于道德，将科学视为道德的工具。尽管维护德育的科学性发挥了一定的作用，但把德育当做教条、原则、规范的传统一直是弥久难消的痼疾。德育根本属性除了目的性之外，还应有德育个体德性萌芽、生

---

① 中共中央马恩列斯著作编译局译：《马克思恩格斯全集》第3卷，人民出版社1995年版，第525页。

② ［俄］斯大林：《马克思主义与语言学问题》，人民出版社1953年版，第20页。

③ 叶圣陶：《语言和语言教育》，《光明日报》1953年10月11日。

长、成熟的规律性。注重工具性的作用，其实是统治阶级对德育干预的结果，自然制约着德育根本属性的凸显。这其实就是德育首要作用难以发挥的根本原因。

从形式逻辑的角度看，德育政治工具本体论的提出及发展遵循的是前提推理法则。由于语言是人类最重要的交际工具，德育的主要任务是培养学生的政治思想品质，而思想的凭借与实现都离不开语言的作用，因此，德育的本体就是政治工具。这种学说肯定工具性是德育的本质属性。其推演的思维路向主要有如下内容：首先，语言是思维的工具，是思想的直接现实。人们进行思维活动，只有借助语言这个工具才有可能，也只有借助语言才能反映现实，表达思想。其次，语言是交际的工具。人们借助语言这个工具传递信息，交流思想感情，进行生产劳动和各种社会活动。学生学习德育，首先必须掌握好语言这个工具，借助语言的工具认同并消化德育观念，从而更好地适应政治并为政治服务。最后，德育处于首要地位，学习任何学科文化知识，必先落实德育的渗透功能，而且德育决定了各门学科的方向。总之，语言的工具性决定了德育的工具性，这是德育最基本的属性，也是它的本质特点。

黑格尔认为，本质映现于自身内，或者说本质是纯粹的反思；因此，本质知识自身联系，不过不是直接的，而是反思的自身联系，亦即自身同一。根据是同一与差别的统一，是同一与差别得出来的真理——自身反映正同样反映对方，反过来说，反映对方也同样反映自身。根据是被设定为全体的本质。① 语言工具本体根据语言的本质属性厘定德育的本质属性，我们姑且不论工具是不是语言的本质属性，单就根据而言，德育与政治不是同一概念，德育只是部分反映政治的要求，而不等于政治的全部，语言尽管是政治与德育的凭借，或者说是一个重要的因素，其工具本质也许可以反映语言与德育、与政治的自身联系，但只能部分反映或局部反映彼此之间关系的本质属性，从语言与政治的个别属性直接推断德育这个系统的本质属性，其同一与差别难以统一，因此这种学说缺乏逻辑的必然性。

2. 德育应该重视公共话语，还是个性话语

话语（discourse）是语言学、社会学范畴一个重要的概念。所谓"话语"是人们说出来或写出来的语言。公共话语是一个群体或国家根据群

---

① ［德］黑格尔：《小逻辑》，商务印书馆 2003 年版，第 247 页、第 259 页。

体或国家利益制定的约束个体言行的、整齐划一的语言，包括道德规范、政治理念、文化习惯等。公共话语表面上看是一个语言现象，其实质是一个政治现象。代表统治阶级集团利益的管理者往往会借助话语的"权威"把本阶级的道德规划通过公共话语的方式进行公共预设，然后通过各种途径予以强化，作用个体心理，促使个体在进行道德思考时，即使运用自己的理性、情感和直觉，也会遵从公共话语的规定。政治工具本体与其说是德育的政治化，不如说是德育的公共话语化。政治本体某种意义上就是公共话语本体的质性表达。所谓公共话语本体，指的是德育把公共行为法则作为立足点，教化学生学习并接受群体或集体的道德规范、政治理念、文化习惯，引导学生去"说"群体的、标准化的"话"。它具有如下几个方面的特点：其一，中心化宏大叙事。由于公共话语本体是适应政治大环境的要求而产生的，因此，它的展开并产生作用主要是围绕不同时代的社会政治、道德教育、文化习惯等重大主题进行的，具有宣教中心化、宏大化主题的特质。其二，消解个体性。德育的中心任务主要是教化学生学习并掌握群体化、标准化的话语，通过整齐划一的言说方式的变化消解富有个体生命特征的话语模式，促使学生的言语和行为乃至思维逐步格式化，从而改变学生的生活方式，使之成为类的存在物，导致个体性话语的缺失，个体个性的同化，个体性教育言说失去了生根的基础与可能。其三，脱离现实生活与学生的实际。由于外在的共同性的教育话语需要通过控制个体日常教育生活实践而发挥作用，那么，德育逐步狭隘化为传输单一思想政治教育理念的工具，德育的主要任务也就变成对学生进行灌输性、强制性的"崇高思想与精神"的"思想教育"，相对忽视学生的生活实际以及自身的情感体验，德育课成为训育课，一元化的公共话语侵蚀了学生的生活空间，游离于学生的心灵之外。

公共话语在不同的时代，因为统治阶级的教育目的与要求不同而呈现出不同的格调。例如，在前德育时期，由于德育尚未独立设科，德育融合在文史哲中。奴隶主或封建统治阶级为了巩固自身的地位，将伦理道德的教育置于至高无上的地位，任何个人的言论或行为都严格地受统治阶级所认定的公共道德价值话语的制约与钳制。因此，德育成为宣传、教化统治阶级公共话语的传声筒，正如《学记》："古之王者，建国君民，教学为先。""君子欲化民成俗，其必由学乎？"随着儒家学说成为封建统治阶级的核心价值观，儒家经典就成为公共话语的载体与摹本，"四书"、"五经"是官方所定的蒙学之后的主要课本，八股文成为公共话语表达的固定模式。再如，1949 年至 1966 年，由于中华人民共和国刚刚成立，巩固新生政权、适应新民主主义革命和社会主义改造的要求、高度重视为政治服务、重视政策的宣传教育成为德育新时代的必然选择。"文化大革命"倡导一元化的公共话语更是达到了登峰造极的地步。直至今天，我们许多教师固守教师本体观念，习惯运用一套"公共话语"来表达一种"公共意识"，推广一套"命令—服从、强制—接受"的说教德育模式，使德育步入僵化的轨道。

任何教育都是有目的的行为，德育也不例外，因此合乎时代的价值取向以及社会政治、经济、文化的制约，这是德育发展的先在条件，但是德育合乎目的性要求的同时应该做到合乎德育以及人自身发展的规律。学生是德育的对象，促使学生德性全面而和谐地发展是德育的出发点与根本目的，德育应该是合目的性与规律性的高度统一。德育固然有维护政治、发展经济乃至鼎盛文化的功能，归根结底，它终究是培养人的活动，由于其教育对象是富有鲜明个性的个体，那么，德育的话语应是五彩缤纷的"个体话语"，是充满生命激情与创造活力的典雅言说，不应该也不可能仅仅是整齐划一的"公共性话语"。如果把千姿百态的学生纳入公共话语框架之中，去"说"群体的"话"，"说"政治的"话"，学生只能成为单向度发展的平面人，而不是具有生命活力的立体人。

3. 科学精神、人文精神是德育的本质，还是德育的本体

长期以来，德育应该以科学精神为本体，还是以人文精神为本体一直处于胶着的状态，以致不同的历史时期各有侧重，各自发挥不同的作用。我国传统德育是一个以儒学核心价值体系建立起来的伦理道德教育范式。其主要特征就是重视修身、齐家、治国、平天下的"内圣外王"的人文精神培育，相对忽视科学技术精神的教育，这与欧洲文艺复兴以来倡导的科学主义精神教育产生了一定的距离，尤其在 19 世纪中叶斯宾塞举起科学主义大旗，大力倡导"科学的学习最有效"的理念，西方道德教育的研究更是走上科学主义的范式。1840 年鸦片战争突破中国几千年来固守的精神堡垒后，科学主义范式的德育本体观逐渐被国人重视，但固有的人文精神家园自然坚守已有的阵地，于是引发了 20 世纪 20 年代有关科学精神与人文精神的论争"科玄论战"。论战中，以丁文江为首的"科学派"着重强调科学方法的全能，把科学等同于知识，论证了知识在控制人们情

感和建立人们信仰中的决定性作用，从而导出人生观应由科学来决定的结论。而以张君劢为首的"玄学派"恰恰相反，他们坚守着感情、信仰等方面的人生问题是科学所不能解决的观点。① 随着"五四"运动的钟声以及杜威实用主义教育思想的引入，德育开始走上科学主义的发展道路，科学精神的培育成为德育的重要内容。比如，中华民国成立后，教育部公布的教育宗旨指出："注重道德教育，以实利教育、军国民教育辅之，更以美感教育完成其道德。"（《教育部公布教育宗旨》）再如，自20世纪80年代初期开始，我国对"文化大革命"造成的异化的德育进行拨乱反正，提出了"科学技术作为第一生产力"、"经济建设为中心"的观念，德育疏解政治工具本体论，树立科学化、规范化，乃至系统化的新德育理念。

我国改革开放以来，科学主义德育沿革至今，尽管其德育理念、德育模式表现形态越来越多样化，其核心主张就是要运用自然科学的范式或借助自然科学的理论去研究道德问题，从而发挥自然科学对道德实践的指导作用。当科学主义声称道德问题要用科学方法来加以解决时，那就意味着价值观、人生观的问题以及德性发展的情感、意志乃至行为等涉及人文精神层面的内容都必须安置在其语境下，意味着这一切只能以科学的方法来解决。这也就催生了以标准化考试以及分数量化为特征的德育方法论出现。其局限性自然招致广泛的批评。"科学主义对现代教育与现代德育的影响首先在于对其人性论的改造，使人性'缩水'为理性和知性；其次是科技教育在学校教育中支配地位的获得；最后也是最深刻的影响在于现代教育深层的教育价值取向的知性化。"② 而改革的路径自然指向了久违的人文精神本体。

"人文"是指人类社会的诸多文化现象，是文化与人的联系。所谓人文精神本体，即全面贯彻以人为本思想的德育，指的是德育以人的存在和全面而有个性发展为理论基础、教育目的、逻辑前提和出发点，促使学生在德性发展的过程中充分开发人的潜能，张扬人的个性，培养人格力量从而培养人的主体精神。从人的发展角度看，德育是培养人生命活力的教育活动，是在人与自然、人与社会、人与自我的关系中进行建构主体精神的

---

① 刘卓红、钟明华等：《开放德育论》，人民出版社2008年版，第185页。
② 高德胜：《科学主义与现代德育的知性化》，《当代教育论坛》2003年第7期，第41—43页。

教育活动。但是，在政治工具本体的背景下，德育只关注德育工具的价值，忽视了蕴涵其中的人的因素，忽视了德育所蕴涵的人的精神、人的生命、人的文化，导致德育等同于锄头、镰刀那样的纯技术的机械的工具训练；在公共话语本体的背景下，德育关注的社会道德的价值取向，使德育成为政治的传声筒，视学生为接受道德知识的容器，使原本富有生活情趣与生命张力的德育活动变成单调乏味的说教课。有鉴于此，德育界有识之士大声疾呼：德育回归人文本体。

有学者认为，当代学生人文精神的缺失是高校德育面临的最大挑战，而人文精神是人之为人的灵魂，是道德的基础，因此，人文精神的培育是德育的关键点。[①] 其实，在西方，人们高擎科学主义旗帜的同时，仍然有大批的学者与之呼应地坚守人文精神本体的阵地。文艺复兴时代的哲学家尹拉士莫斯（D. Erasmus，1466—1536 年）就从人文精神培育的角度一针见血地指出"教育不应强迫，而应辅导"。德国文化主义代表斯普朗格（Eduard Spranger，1882—1963 年）更认为教育的核心所在"正是在于它是一种人格心灵的'唤醒'"[②]。

科学精神与人文精神本体论都有符合德育规律性以及德育发展趋势、正确合理的一面，但各自的局限性也是显而易见的。这使得对立双方不断从对方思想中汲取养料，形成相互整合的发展趋势。我国许多有识之士指出："素质教育需要德育创新，德育创新要倡导科学精神和人文精神相结合；弘扬科学精神和人文精神也必将推动德育创新，促进科学精神和人文精神的融合，全面推进学校素质教育的进程。"[③]

事物的本体是不变的，事物本质是变化的，本质是本体的展开、充实、限定和具体化。从德育本体论的高度来认识科学精神与人文精神的主张，科学精神与人文精神固然是德育的本质属性，但它不是亘古不变的，随着时代的发展，科学精神与人文精神的内涵及其内容的建构也是随之发生变化的。在民族危难时期，导引学生崇敬民族精神的坚韧不拔和浩然正气是时代的主旋律；在外来文化强势入侵的时期，引导学生亲近母语，热

---

① 杜月菊：《人文精神培养：高校德育的关键点》，《河南师范大学学报》（哲学社会科学版）2008 年第 5 期，第 231 页。

② 冯增俊：《教育人类学》，江苏教育出版社 1995 年版，第 87 页。

③ 邱伟光：《德育呼唤科学精神与人文精神相结合》，《中国德育》2002 年第 11 期，第 20—22 页。

爱母语，领悟民族语言的生动优美和无限魅力，感受民族文化的丰富多彩和博大精深，自然成为德育的主要任务；而在开放的知识经济时代，让学生在接受民族文化的浸润，保持对民族精神的敬畏、尊重和传承，同时以开放的心态接受异族多元文化的冲撞与洗礼，以严谨的科学态度去应对时代的挑战，以精深、精细的学习、工作作风去学习一切有利于祖国繁荣昌盛的科学文化知识，从而成为一个具有独立人格、生命律动、灵魂升华以及严谨作风，即科学与人文精神兼备的文化品格完善的人，这自然是科学与人文精神的现时表征。另外，科学与人文精神也不是德育唯一的属性，或者说是德育唯一的本质（人文精神同样是智育学科诸如语文、数学、历史等学科的本质属性）。因此，尽管科学精神、人文精神这一本质与德育本体有着必然、普遍、内在和稳定的联系，但是，用德育的部分本质取代德育的全部本质以及用科学精神、人文精神本质取代德育本体，这既犯了"只见树木，不见森林"的错误，也犯了"本末倒置"的错误。

另外，从德育的目的性层面分析，科学精神与人文精神只是德育的结果。科学精神抑或人文精神本体论把追求科学精神或人文精神作为德育的立足之本，其意义主要体现在如下几个方面：其一，重视德育的独特个性，为德育体系的构建，提供了比较符合德育本质的理论参照与实践思考；其二，将德育指向人的生命活动，使德育成为生命活动的有机组成部分，而不是外在于生命活动的存在物，突出了德育的不可替代的作用和不可或缺的地位；其三，促使德育尊重学生德性发展的自我性、主动性与主体性。但是，我们也应该看到，首先，逻辑学的研究结果表明，任何概念都是同一类属事物共有属性的抽象化，任何事物的共性是以具体感性的个体为基础的。无疑"科学精神"是一切具体"科学现象"的共性抽象，它诞生于科学，是科学的运用法则，又通过具体"科学现象"表现出来，同样的道理，人文精神也是一切人文现象的抽象化。因此，脱离抽象依托的现象进行所谓纯粹的科学精神或者人文精神的培育，其结果难免是另外一种形式的根据训练，这也是值得商榷的。其次，本体是世界万事万物形成的终极原因或统一根源，是生成和建构本质的根本依据。马克思的实践哲学认为，世界既不统一于人的思维和超人的精神，也不统一于独立于人之外的物质，而是统一于人的实践。人的所谓科学精神与人文精神只能在实践中产生和发展，它只能是德育的终极追求与最高目的，但绝不是构成德育体系的终极原因或统一根源。

4. 德育本体研究的逻辑起点是来自德育实践本身，还是源于外部的规定性

怎样才能克服本体与现象的分离呢？怎样才能克服德育本体研究的二元化思维带来的困惑呢？马克思通过对宗教异化的批判揭示了解决这一哲学难题的途径："一个人，如果想在天国的幻想的现实性中寻找一种超人的存在物，而他找到的却只是自己本身的反映，他就再也不想在他正在寻找和应当寻找自己的真正现实性的地方，只去寻找自身的假象，寻找非人了。"① 这就要求我们研究德育本体不应该去追求超验的实体，而回到德育自身，回到德育之所以为德育的原点去寻找、发现德育的存在。

海德格尔曾以凡·高的名画《农鞋》为例分析艺术作品的本体，分析艺术作品的大地与世界的关系。凡·高所画的这双鞋，没有鞋的主人，也没有鞋存在的背景，似乎四周空无所有。但是，从鞋之磨损了的、敞开着的黑洞中，我们可以看出劳动者艰辛的跋涉；在鞋之粗壮与坚实中，可以透视出生活的多元色彩：它承载了辛勤劳作后无言的喜悦，承载了人生旅途中的生命足音，承载了对未来美好生活的憧憬与希冀，也许还是大地在冬日田野之农闲的荒芜中进行神秘冬眠的象征。从凡·高的这幅简单而又不平凡的画里，我们可以透视德育本体存在的玄机。鞋子不过是布料或塑胶的构造物，但我们不能说布料或塑胶就是鞋子的本体，因为就算布料或塑胶制成了鞋子，如果没有人的实践，它不过是一件器物而已。只有农夫或农妇穿上这双鞋，走在生活的大道上，它才发生意义。同样如此，德育产生发展的终极原因是人，是因为人需要德育，人的本质体现在人所创造的符号中，人的自主性表现在能创造和使用符号，因此，与其说人是创造并使用劳动工具的动物，不如说人是创造性使用符号创造文化的动物。

从人的符号本质上看，德育本体论主要研究德育的"存在"问题，是探究和思索作为"存在者"的德育何以"存在"的理论，是人的思维对德育现象进行还原后在此基础上构建起来的逻辑构建物。德育之所以发生、发展，其原因是多方面的，既有人的潜能、需要、愿望等内在要求，也有人类社会经济、政治、文化等外部规定性的推动，而这些复杂的原因综合发生作用的根本原因在于德育实践。德育实践是何种实践？其本质的

---

① ［德］马克思：《黑格尔法哲学批判·导言》，引自余源培主编《时代精神的精华·马克思主义哲学原著导读》（上），复旦大学出版社1992年版，第24页。

内部规定性是什么？这是厘清德育本体的关键所在。我们知道，人与世界存在着人对自然、人对社会以及人对自我的三种实践关系。人对自然的实践，凭借的是物质化的工具去认识、征服、改造自然，对象化成果就是造就人的"工具智慧"与获得征服自然、改造自然的人类精神，可以称之为"工具实践"；而人对社会与对自我的实践很显然与"工具实践"不同，它凭借是人类的精神去认识、理解、融通社会，造就的是"精神智慧"，可以称之为"精神实践"。德育实践显然不是创造并运用生产工具，改造自然对象，以获得物质生活资料的活动。那么，它只能属于精神实践的范畴。问题是德育通过什么和自然、社会乃至自我发生对象性的关系呢？哲学解释学与存在主义哲学提供了独特的思维路径：人不仅是创造并运用劳动工具的动物，还是创造性运用符号创造文化的动物。人创造的符号不仅是精神实践的工具，而且人通过符号把自己的物质生命对象化为社会的存在物，从而实现功能性地处理人与自然、人与社会乃至借助符号反观自己，使自己成为道德性的社会存在物。德育精神实践凭借的就是这种符号，而这种符号指的是什么呢？语言学家索绪尔（Ferdinand de Saussure，1857—1913 年）认为，"语言"（language）指的是某种特殊的语言系统，是任何一个时刻语言的可能性或潜力的总和。而"言语"（parole）则是指个别的语言行为，是语言的实际使用，是语言潜力的个别和部分的实现。① 这个符号正是语言，而创造性运用语言的活动就是言语实践。

语言符号是言语实践的凭借，科学精神与人文精神是言语实践的主要内容以及自然的结果，公共话语是言语实践运行的形式之一。如果把言语实践运行的内容或方式作为事物本体，要么使德育走上形式主义即工具训练的道路，要么就会使人们的视线集中在形式的研究上，而忽视了德育本质问题的研究；同样把言语实践的结果当做德育的本体，也会使德育只注重结果而忽视过程，使德育成为单信道传输语言规则、道德规范等的活动，这正是我国德育难以焕发生命活力的真正原因。另外，人是一种可能的存在，德育将教育对象塑造成理想的自我形象，同样取决于教育者和受教育者主体间的言语实践以及受教育者自主的言语实践。只有在言语实践中，人才会体验、感悟乃至融通言语、语言所蕴涵的内在规则、人文精神以及变公共话语为自我的生命。我们将目光转向欧阳修的《卖油翁》，老

---

① ［瑞士］费尔迪南·德·索绪尔：《普通语言学教程》，商务印书馆1980年版，第30页。

翁"酌油"之所以出神入化，不在于他掌握了多少卖油的知识、涵养了多少卖油的人文情怀，也不在于他是否具备卖油的智慧，用他的话来说"唯手熟耳"，德育亦无他，培养学生的德性，唯言语实践到熟能生巧罢了。

作为一种存在，德育本体的规定性不是从德育概念的界定中获得的，不是来自德育活动的外部，而是来自德育及德育实践本身。言语实践是统一诸多德育原因、形成德育活动、建构德育本质、实现德育本质的根本原因与终极原因。

## 第四节　言语实践本体的坚守与诗意德育德性的提升

德育言语实践本体论告诉我们，人是语言的存在物，德育是言语实践对象化的结果。在哲学解释学与存在主义哲学的视阈里，语言不再是传统哲学中的一种指称性、意义性的存在，而是存在本身。而创造性运用语言符号的活动其实就是成就人德性的活动。在马克思辩证唯物主义诞生以前的唯物主义，以自然界为本体，依据物的尺度进行自然人化的工具实践活动，试图把人文精神还原为自然，用自然来解释人类的精神现象；而唯心主义则以人的精神实践为本体，依据精神尺度开展社会对象化的精神实践活动，试图把自然界还原为精神，用人类的精神来解释自然现象。在言语实践本体观照下的工具实践和精神实践，人和人之间的沟通，主要凭借语言文字。所以语言文明是做人的基本品行，一个人的伦理道德，在很大程度上是在语言文字运用过程中体现出来的。德育不是外在于人而存在的，语言不仅仅是德育言说的工具，它同样也是德育的主体，德育只有在"人—语言—德育"主体间进行平等的对话，德育才真正化作人的生命，语言也获得了本体性的存在意义。

【案例】
### 以诗的名义给世界重新命名
**第一环节　以名切入，激发诗情**

师：（板书教师姓名）同学们，你们能猜猜我这个名字的含义或者说说我的长辈寄予了什么希望吗？

生：你的父母希望你拥有大山一样的身躯，拥有钢铁般的意志。

生：我认为老师名字的含义就是"铁打的江山"，表明你的父母希望你报效祖国，做一个保卫国家的钢铁战士。

师：同学们都有名字，你们愿意把自己名字的含义和大家分享吗？

生：愿意。

生：我叫张安琪，他们希望我像天使一样漂亮。

生：我叫梓浩，我不太喜欢，因为总有人把我的名字叫成"辛浩"，可爸爸说"维桑与梓，必恭敬止"，"梓树"是父母种的，对它要表示敬意，"浩"是广阔无边的意思，以"梓浩"为名是爸爸妈妈希望我心胸开阔、知识渊博、孝敬父母、服务家乡，做一个对社会有益的人。

师：我们人人都有正名，父母给我们命名都寄予了深厚的感情和殷切的期望。除此以外，在不同的时候、不同的地方因为扮演不同的角色，我们也会有不同的别名。比如，我读大学的时候，图书馆的阿姨就给我取了非常有趣的日本名字。那时，我喜欢去图书馆看书、借书，学校规定我们一次只能借三本，而我几乎天天去借，所以她们就叫我"三本一天"。大家愿意介绍自己的别名吗？

生：我特别喜欢看动画片，尤其喜欢《聪明的一休》，有时也像一休哥一样总是问一些稀奇古怪的问题，所以，妈妈就叫我"一休"。

……

师：（投影："五柳先生"、"六一居士"、"青莲居士"）大家猜猜这些别名分别指的是谁？回答问题时请别忘了告诉大家你是怎么知道的。

生："青莲居士"是李白的别号，"五柳先生"指的是晋代诗人陶渊明。这是我在背古诗的时候看注释知道的。

生："六一居士"是宋代文学家、政治家欧阳修晚年给自己取的别号，用他自己的话说就是：吾家藏书一万卷，集金石遗文一千卷，有琴一张，布棋一局，而常备酒一壶，以吾一老翁，于此五物之间，是岂不为"六一"乎？这是我上网查阅资料时知道的。

师：同学们学习的态度和习惯很好，遇到自己不懂的问题，知道想办法自己解决。其实，人物也好，事物也好，他们都有自己的别名。今天，我们一起来给世界命名，给万事万物命名。

[评析]：上课伊始，老师以学生最熟悉的名字作为话题，设计了"猜读师名—感悟生名—理解诗人名"三个教学环节。"猜读师名"是基础，目的在于直接将学生带进"自探自究"的学习情境，让学生在强烈的好奇心驱使下，在好胜心的感召下，产生急切的探究欲望，同时也拉近了师生的距离，摆正教师的角色。"感悟生名"是关键，教师让学生大胆地阐释正名、解读别名，有利于营造一种民主、平等、和谐的教学氛围，让学生处于轻松、和谐、愉快的学习状态中，容易对学习内容产生顿悟与激发学习灵感，学生滔滔不绝地讲述自己名字的含义，其实就包含了学生对生活、对做人等方面进行德性的思考。"理解诗人名"是教学的拓展与升华，其目的不外乎为后面的学习"蓄势"，借名人之名给学生以榜样观照，进一步激发学生的学习兴趣，增强学生自我探究的信心。

**第二环节　呈现专题，开启诗思**

师：大家请看这块石头，发挥自己的联想和想象，把与石头有关的名称找出来。

生：我想到了祖母绿，它是世界上最珍贵的钻石之一。

生：我想到了奉献，因为石头粉身碎骨后化成石灰、变成粉笔，成了我们知识的向导。

生：我想到《红楼梦》里的宝玉，因为他就是块玉石的化身，整个《红楼梦》的故事也是因石头而引起的。

师："祖母绿、长城、粉笔、宝玉"等就是石头的别名，从这些与石头有关的事物、人物中，大家发现了什么呢？请小组讨论。

生：这些事物虽然都是与石头有关，但名字和内涵发生了根本的变化。

师：（小结）给事物重新命名，正是我们人之为人的"秘诀"之一。（师板书，要求学生齐读三遍：诗——就是给事物重新命名。）

[评析]：诗歌的形成一般需要三种原料，首先是作者的主观情绪，即一颗活泼善感的不死之心；其次还需要有能感动诗人，使之心动的客观外物和具体事件，即"感心之物"；除此之外，还需要具备能够把"心"

与"物"结合在一起的"黏合剂"——语言、结构、章法、韵律等表现形式与技巧。德育最关键的就是如何选择和给予学生"感心之物"。教师选择石头这一常见之物作为开启学生诗思大门的钥匙,可谓独具匠心。因为感觉是进入审美经验的门户。学生对熟悉事物容易引起注意,产生惊羡的感情,引发一系列后续积极的心理活动,变感知为认知,变认知为审美,从而使道德学习成为自己内在的需要。学生在内驱力的鞭策下,容易体验到一种独到的情怀,感悟到一种别致的哲思和一种新鲜的诗美。

### 第三环节　自读自悟,感知诗意

(投影《苹果》"苹果是太阳的孩子/它是一个爱脸红的小胖子/苹果是一个小火炉/把美好燃烧/苹果是树枝上的一只鸟/它把一句话藏在肚子里/那就是甜蜜"。)

师:请同学们用自己最喜欢的方式自由朗读这首小诗。想想每一句话应读出什么味道?你是怎么读的,为什么这么读?

生:我喜欢读第一句,因为苹果是一个害羞的孩子,它有着胖乎乎的脸蛋,可爱极了。我是带着快乐的心情去朗读的,读出小胖子可爱的味道。

师:下面我们用快乐的心情读一读这句诗。

(生读)

生:我喜欢读最后一句,我觉得这里的苹果就像"落花生"一样朴实无华,它不像喜鹊那样有了一点成绩四处张扬,生怕别人不知道。

师:大家有没有与众不同的感受,你觉得同学们的感受有没有道理呢?

生:我也喜欢这一句诗,但我认为应读出调皮的味道,因为苹果这只小鸟,就像一个爱捉迷藏的孩子,甚至希望小朋友和它做游戏。

生:我喜欢第二句,作者把苹果写成了富有生机和活力的小火炉,让我感到十分温暖。(学生一边朗读,一边做动作,表演惟妙惟肖。)

师:为什么作者可以给苹果命名为"小胖子、小火炉、小鸟"呢?

生:"小胖子、小火炉、小鸟"与苹果有相似的地方。

师：这是因为人把自己的感情移植到了苹果身上，移植的感情不同，给事物命名也就不一样。（板书，给事物命名的秘诀：抓特点，融感情。）

（出示若干诗歌印证上面的结论，并让学生说说怎样理解这些"重新命名"？）

生：这首《照片》诗里，将爸爸、妈妈分别命名为"诗、弦、绿叶、大树"，而小女儿分别是两首诗中的标点、两根弦儿中的歌曲、两片绿叶中的红花、两棵大树上的果实。多么美妙的命名啊，我感受到了母子亲情、父子友爱。

生：在《摇篮》这首诗里，作者给蓝天、大海、花园、妈妈的手都命名为"摇篮"，很有创意。蓝天给白云一个成长的空间，大海给鱼儿一个游戏的天堂，花园营给花朵造一个温馨的环境，妈妈的手无所不包，无所不能，她引导我们茁壮成长。

**[评析]**：教育哲学指出，学生是发展中的人。这意味着学生是有待成熟的人。面对这些不成熟的个体，我们的教育必须提供适合学生语言情境的"原型"，提供学生熟悉的言语和思维材料，让他们根据自己的经验世界去对照、去类推、去重组，从而达到自主创造的目的。教师对这个环节的处理有几点是值得借鉴的。其一，选择的学习材料富有生活情趣，符合孩子的心理特征；其二，直接要求学生用自己喜欢的方式自读自悟，尊重学生的主体地位，尊重学生对学习材料的多元反映；其三，在读书的方法上，注意把握学生感受的直接性和灵敏性，及时要求学生一边探究一边展开想象，以亢奋的心理状态心驰神往于新诗作品所创造的意境，敏捷地把语言形象转化为视觉和听觉形象，使学生初步地感受到作品中的整个生活场景形象地呈现在眼前；其四，适当地给予学生以恰当的指导。

### 第四环节　尝试创作，积淀诗语

师：同学们都有自己独到的理解。世界上的事物多姿多彩，变化无穷，但总逃离不了我们心灵的捕捉。"给事物重新命名"，就是让世界由我来命名。根据上面的方法，请给"石头、雨、雷"等你喜欢的事物重新命名。

生：我给"眼睛"命名为"天空"，因为"星星在我眼里，我的眼睛就是天空"。

生：我给"古井"命名为"母亲"，"古井是村民高尚品格的源泉，是哺育村民成长的共同母亲"。

生：雨/云的女儿/欢笑着从天飘落/天姐姐的秀发/拂动着小河的流淌/大地挥发的汗珠/为树木添了一丝绿/雨是春姑娘给万物的奖赏/鼓励着生机盎然。

生：石头/你是历尽沧桑的勇士/不管风吹雨打/一动不动/你是大地的日记/记载了千万年的历史/你是地球思考的结晶/见证了她的过去、现在和未来。

生：秋天/秋天是一幅画/大雁是秋天的使者/丰收是秋天的心愿/落叶是秋天的蝴蝶/果实是秋天的彩灯/金灿是秋天的衣裳/我愿作秋天的画师。

师：世界，我给你命名。同学们会发现世界真的很美妙，真的很精彩。

（出示教师作品投影，要求齐读：生活，幸福的源泉/诗歌，人生的支柱/唱吧，唱起歌的汉语/让我们的日子阳光灿烂/让我们的生活春暖花开/让诗歌走进课堂/走进我们的生活。）

师：让我们用诗意的眼光审视富有诗意的生活吧！课后——不，从现在开始，就用"诗意的眼光"，去发现、去感悟、去创造一个完全不同于以前的美妙的世界。

（布置作业：诗歌自助餐，请你选一款享用：下列事物可以从哪些方面、哪些角度重新命名？1. 童年多彩的生活；2. 秋天灿烂的景色；3. 家里各种情景；4. 书籍的陶冶启迪；5. 校园的美好生活；6. 阳光的多重含义。）


[评析]：在收束阶段，教师以典雅的语言和优美的文字去开辟学生的情感世界和思维空间，用理想的形象和真诚的情感敲击学生的心扉，用饱含智慧的哲理塑造学生的心灵，升华学生作为世界主人翁的情感意蕴。给人以"言已尽而意无穷"之感，收到了画龙点睛的效果。

这个课例是笔者和中小学教师叶才生、谢荣斌老师进行合作开发的结果。最初是两位老师把它设计为简单的新诗学习课：通过介绍名家诗歌作品，然后让学生模仿创作。把诗歌教学当成一种简单的技术训练课，尽管学生也能依葫芦画瓢写出几首诗来，但他们写出的作品缺乏思想的高度和生活的温度，表现形式也比较刻板，缺乏鲜明的个性。笔者尝试引入言语实践的概念，遵循学生语言能力和德性发展"实践—理论—实践"不断循环深入的规律，设计"激发诗情—开启诗思—感知诗意—积淀诗语"教学过程。特别注意发挥学生的主观能动性，变教师的"教"为学生"学"：首先尽量让学生分辨自己熟悉的"师名、生名、名人名"，然后分辨实实在在的事物，由此尽量激发学生的想象与联想，接着由呈现实例给学生以理性启迪。经过这么一番由实到虚、由浅入深、由表及里、由说到读、由读到写的逐步迁移，学生不仅体验到了学习的快乐，更主要的是在体验的过程中增强了作为世界主人翁的自豪感、使命感。从这节课学生所呈现的状态以及最后的学习结果可以看出，学生在自主的言语实践给事物重新命名，能够自致其知，自启其智，自悟其理乃至自健其行（德行）。

在馨园学校，把这个"给世界重新命名"的言语实践活动德育系列化，每个学期组织学校给自己的班级、学校的道路楼宇，尤其标牌性的提示语进行个性化、诗意化的命名，在命名过程中学生融入了自己的感情和价值判断及价值解读，这些命名就成为学生德性发展的导引语。2009年3月，小学部要求每一个同学设计校园温馨提示语，采取班级竞赛、年级竞赛层层选拔最后民主投票选出学生认同度最高的提示语，制作成标牌。比如，上下楼道的提示语言有"上下楼道靠右行，你谦我让脚步轻；上下楼道有礼貌，不学猴子乱蹦跳，要学大象迈步静悄悄；互谦互让，右上右下"等；花草树木的提示语有"花是不会飞的蝴蝶，请不要碰我；小草微微笑，请你绕一绕；小草也在上课，请勿打扰；带走照片，留下微笑"等。为了将德育延伸到家庭，随即又开展了家庭提示语设计大赛活动，孩子们用稚子的童心，带着诗意的眼光审视世界，给父母的提示语，往往让忙碌的父母感动。比如，孩子放在母亲梳妆台上的提示语："妈妈，您去上班，别忘记带走您另一个心爱'儿子'——手机"；再如，写在父母卧室门口的提示语："爸爸妈妈：冷战不要超过三分钟。"在给班级命名方面，有的班级注意挖掘名人的德育思想，化作班级的精神支柱，所以馨园学校诞生了许多像"毛泽东——领袖班"、"陈毅班——坚毅班"这样的特色班级。命名给学生以精神指引，提示语又让学生发挥德性建构的主动性以及辐射性功能，融洽了学校、家庭教育的和谐关系。

不仅如此，言语实践还成为学科课堂教学提高德育渗透乃至教学有效性的核心理念：朗言朗心，导言导行。"朗言"指学校注重以言立心，以言立人。既能亲近母语，说典雅的汉语，做堂堂正正的中国人；又能对接外语，全纳世界，做具有全球视野的世界人。"朗心"学校注重育人育心，使师生在自我反思中做具有"明察之心、光明之心"的现代人。"导言"、"导行"就是所有教师都注意用典雅的现代汉语进行教学，每一节课都注意积淀教材、教师、学生生成的具有德性光辉的"名人名句"去导引学生日常的行为。为此，学校各班级特设置"诗意语言擂台赛"，每一天都要求学生写几句富有教育意义的典雅的话——"诗语"，教师组织学生张贴在教室后面，或走廊专栏里，让全体学生学习、评价，选出每一周的"经典名句"。入选之作者可以成为"擂主"，结合日常行为的考核评选出星级"标兵"，及时表彰。为了有助于学生言语表达水平的提高，尤其发挥典雅汉语的德育作用，学校从小学一年级到初三年级特开设"演讲"校本课程，聘请专职教师把典雅汉语能力训练系统化、科学化。

自 2003 年首届毕业生毕业开始，学校各项小升初与中考各项指标都遥遥领先于公办学校，升学率连续五年获得冠军。2007 年，馨园学校所在的地级市教育局，鉴于馨园学校给各公办学校造成的巨大压力，采取公民办学校两条线单独评价的机制，而且对民办学校更加重了素质教育、德育管理等内容的比重，在政府部门的大力扶持下，部分原来非寄宿学校也实行寄宿，而且对民办学校招生作了严格的限定。在这种公民办、素质教育与应试教育等的博弈中，馨园学校因为坚守言语实践本体，抓住德育甚至教育的本质，让学生在大量的自主言说、自主表达、自主塑造的语言实践中去圆融自我与学校、家庭、社会的关系，去处理融通知识、能力、德性的内涵，2007 年至 2011 年各项指标又名列全市第一。

在中小学开展以"朗言朗心，导言导行"为核心的言语实践活动，倘要评述并追寻它的意义，笔者认为这种活动不仅能够导引学生带着诗意审视生活，接续中国诗教的传统，更深远的意义还在于亲近汉语，维护汉语的主权，维护中华民族挺立的脊梁。

## 一 言语实践寻找"家"的灵魂

在西方 2000 多年的哲学传统中，语言一直被看做思维凭借的工具，看成人内在情感的有声表达，语言成为人的奴仆，成为存在的对象物。海德格尔认为，这种语言观浸透了作为主体的人对作为客体的自然的征服、统治和利用，语言沦为单纯的表达工具和碌碌营营的手段，人的本质生存在这种传统语言观的统治下失去了光彩和活力。他从语言与存在的关系来审视人与语言的存在，直接提出"语言是存在的家"①。海德格尔指出："语言，凭借给存在物的首次命名，第一次将存在物带入词语和显像。这一命名，才指明存在物源于其存在并达到其存在。"② 语言使世界得以命名，使万物得以区分，使万物从遮蔽状态走入澄明之境。不仅如此，语言最大的贡献还在于张扬了人的尊严，提高了人的地位，使人从蒙昧的遮蔽状态中走向独立，使人成为富有主体意义的自我的存在。人拥有语言，事物就向人显现，世界向人敞开，人的自我也同样敞开。正因为这样，人能够凭借语言认识、理解、建构人与自然、社会、自我的关系，凭借语言通过自然器官与世界发生自然的关系，而且特殊地通过自己的文化与世界发生"属人"的关系，在关系的建构与建构过程中不断确证作为人的自我力量，实现人的自在向自为的转变。当然，人不是语言的产物，但人的存在必须凭借语言而使其与世界发生联系，在与世界的联系中认识、生成、确信自我的存在。因此，人的存在其实是语言的存在，语言是人存在的本身，是人生存的境域。

但是，语言毕竟是"社会约定俗成的符号系统"和"人们使用的交际工具"。德国语言哲学家威廉·冯·洪堡特（Wilhelm von Humboldt，1767—1835 年）从内在语言形式的角度分析指出："语言从不指称事物本身，而是指称事物的概念，这种概念是由精神在语言创造过程中独立自主地构成的。"③ 他所说的语言创造过程其实就是言语实践过程，它包括语言规则和不受规则控制两个部分，这种活动归根结底是一种生命活动："语言和生命是两个不可分割的概念，学习一种语言意味着进行生命的再创造。"④ 很显然，他注意到了语言和运用语言的根本区别，即语言是内在结构，而言语是外显行为。瑞士结构主义语言学家索绪尔把运用语言创造生命的活动言语实践活动干脆分成"语言"和"言语"两部分。语言

---

① 《海德格尔选集》，生活·读书·新知三联书店 1996 年版，第 377 页。

② ［德］海德格尔：《诗·语言·思》，彭富春译，文化艺术出版社 1991 年版，第 69 页。

③ Humboldt，Wilhelm von，*On Language*：*The Diversity of Human Language Structure and Its Influence on the Mental Development of mankind*，Translated into English by Peter Heath，Cambridge and New York：Cambridge University Press，1999，p. 91.

④ Ibid.，p. 93.

是言语活动中的社会部分，它不受个人意志的支配，是社会成员共有的，是一种社会心理现象。言语是言语活动中受个人意志支配的部分，它带有个人发音、用词、造句的特点。也认为，语言是一个语言社团共有的一种抽象体系，是一套普遍原则，它决定着每个人的言语形式，而言语是表现出来的语言，反映了讲话人的特点，与具体环境联系密切。乔姆斯基则以语言能力（linguistic competence）和语言运用（linguistic performance）来区分语言的两个不同方面：语言能力是语言规则内在化的体系，语言运用是人们对语言的实际运用。根据前人的研究成果，我们可以这样看待语言和言语的关系，所谓语言，就是一代人传给下一代人的约定俗成的语言系统（System of language），包括语音、语法、词汇，是一种代码（code）；而言语是说话者所说的具体内容，是一种信息（message）。

海德格尔沿用维特根斯坦的学说视语言为存在的家，并且认为语言是最切近于人之本质的。① 然而，人类如何找到回家的路，如何在语言的召唤下成为诗意的栖居者？海德格尔给出的路径就是"语言说话"。而说话不仅是现实世界表象的再现，而且是人的内在心灵运动和指导这种心灵运动的世界观的表达。这种语言说话的活动其实就是言语实践活动。海德格尔引用 G. 特拉克尔的诗歌《冬夜》来阐明语言说话的基本原理。"冬夜/雪花在窗外轻轻拂扬，/晚祷的钟声悠悠鸣响，/屋子已准备完好/餐桌上为众人摆下了盛筵。//只有少量漫游者，从幽暗的路径走向大门。/金光闪烁的恩惠之树/吮吸着大地中的寒露。//漫游者静静地跨进；/痛苦已把门槛化作石头。/在清澄光华的照映中/是桌上的面包和美酒。"② 在这个言语实践活动中，诗人借助语言符号把人自身带进了一个神秘的冬夜，尽管有雪花、晚祷的钟声，我们仍然难以确定这是谁的冬夜，是哪里的冬夜，但"雪花"与"钟声"又成为一种召唤的指引物。雪花引领着冬的寒冷，也许还是人生磨难的象征，但人毕竟从幽暗的路径走向回家的大门，带给人有几分温暖的"钟声"鼓舞在路上"漫游"的人赶路，急切地赶路。一路走来，为（wéi）人的辛酸与为（wèi）人的艰苦，使属人的世界荆棘丛生，标志在与非在、现实与非现实的门槛也因为不堪负荷的

---

① ［德］海德格尔：《在通向语言的途中》，孙周兴译，商务印书馆 2004 年版，第1—2 页。

② ［奥］特拉克尔：《冬夜》，转引自［德］海德格尔《在通向语言的途中》，孙周兴译，商务印书馆 2004 年版，第6 页。

痛苦石化了,但人毕竟成为"在者",成为餐桌上"面包和美酒"物化的对象。无论是做诗人还是读诗人在言语实践中都表达了自己,或者都说出了心灵的现实印迹、未来理想希冀,都有了一次冬夜神秘的语言之旅。

规则化的语言在言语实践中圆融为人存在之旅的表达与活动,而言语实践使语言在场,在言说人的本质的同时使人去寻找存在的灵魂。

## 二 诗性语言言语实践的诗意生成

亚里士多德认为语言除了表示真和假(逻辑)的叙述句之外,还有既不表示真也不表示假(逻辑)的语句,这种语句是诗和修辞的表达,是心灵的所属。[①] 维柯在《新科学》里把这种"心灵的所属"的语言确定为"诗性语言"。他从人类学的角度探讨原始初民诗性智慧的同时指出支撑诗性智慧运行的是有着丰富感性特征、包含着神话的"诗性的词句"与"诗性的文字",这些初民本身就是运用诗性语言说话的"诗人"。[②] 鲍姆加登认为特殊的表象是最高度富有诗意的,而构成这个特殊表象的不确切的措辞,特别是比拟、隐喻、提喻等不确切的措辞是极富有诗意的。[③] 根据这些哲学家、美学家的研究,有学者将人类的语言大体分为逻辑性语言与诗性语言两类。[④]

所谓逻辑性语言指的是根基于严密的逻辑思维之上的建立人与世界工具意义或概念意义准确性、简洁性、针对性的语言。西方自古希腊时代,受"理式"、"逻各斯"、"理性"等的影响,语言朝向逻辑化方向发展,成为交际、交流与思维的工具。当语言沦落为工具的时候,人凭借这一工具就可以改变人与世界的直接关系而演变成为以语言为中介的间接关系,从而建构一个"人—语言—世界"的指陈关系,语言自然成为人认识、理解、沟通世界的中介。"语言给了我们第一个通向客体的入口,它好像

---

①  [意]克罗齐:《作为表现的科学和一般语言学的美学历史》,中国社会科学出版社 1984 年版,第 17 页。

②  [意]维柯:《新科学》(上),朱光潜译,安徽教育出版社 2006 年版,第 182 页。

③  [德]鲍姆加登:《诗的感想——关于诗的哲学默想录·缪灵珠美学译文集》第 2 卷,中国人民大学出版社 1998 年版,第 92 页。

④  边利丰:《论文学语言的诗性逻辑》,《内蒙古师范大学学报》(哲学社会科学版) 2006 年第 1 期,第 109—113 页。

一句咒语打开了理解概念世界之门。"① 在语言的中介作用下，人不仅可以从自然界的奴役下解放出来，成为一个主体的存在，而且凭借语言工具编织的便捷、间接、严密的逻辑系统，对世界的认识、体验由最初的幽暗不明、神秘莫测上升为一种自觉反思、自我理解，在反思与理解的过程中逐渐厘定语言的习惯、规范与规则。这就促使人自然采取抽象化、概念化的手段不断对人与世界进行规训、教化，从而对世界的认识越来越精确和科学。但正是这些逻辑严密的习惯、规范与规则的介入，然后与之相伴随的是这些语言的习惯、规范与规则也成为控制人的一种力量，它可以使人在某种程度上获得对世界的精确性的认识，但精确不能够代表认识的全部。世界原本是丰富多彩的，而经过逻辑性语言的过滤、抽象，世界就不能够以"本真"的面目直陈于人的面前，世界的自然性、语言的神性以及诗性就这样被遮蔽了，人与语言的关系也就成为"我—它"的关系，语言往往成为与人毫无关涉的"他在"符号。人尽管成为主体性的存在，但至少不是立体的、完整的存在。人使用逻辑性语言的同时也受到了它的钳制。这种钳制不仅割裂了人与世界的整体联系，而且窄化了人的精神空间，导致物质文明越是昌隆，精神上越缠绕着挥之不去的痛苦。在日常生活中，卖蔬菜的商人，其语言流露出隆重的蔬菜的味道；开药房的人家，其语言自然充满了药味；印度狼孩与狼群为伴，其语言自然像狼一样咆哮。当人们把语言视作交际交流、指陈或宗教工具的时候，异化的语言只能培养异化的人，规训的语言只能使人成为规训的存在。

最早发现这个问题的是维柯，他通过分析世界民族初民的诗性思维特质入手推导出原始语言如同希腊人和拉丁人神话故事一样一定就是些"真正的象形文字，或神的文字"，是诗性语言②，富有神性与感性特征。初民们借助这些语言与世界建立的是"人—语言—神"的关系，把世界万事万物视作神灌注生命与意识的存在物。卡西尔从语言与神话的共同起源以及长期不可分割的纠缠关系也认识到了语言的神性，而语言的神性是由直觉支撑的。③ 语言与人的关系即"神—人"关系。原始时期，语言与神相同一，神又与世界万物相同一，人与语言、与世界的关系均处于

① ［德］伽达默尔：《真理与方法》（下），生活·读书·新知三联书店 1996 年版，第575 页。

② ［意］维柯：《新科学》，朱光潜译，安徽教育出版社 2006 年版，第 221 页。

③ ［德］卡西尔：《语言与神话》，生活·读书·新知三联书店 1988 年版，第 67 页。

"人—神"关系之中。① 在神的左右下，语言不能作为事实世界出现，人也不能通过语言自身对世界进行直接的把握。尽管这种语言是诗意的，但这种诗意是属于神的，而不是属于人的。缺乏了逻辑性，世界坠入幽冥之中不可知；缺了神性，世界成为抽象的规则与理性的"逻各斯"。即逻辑性语言阻隔了、遮蔽了非理性的世界导致人类生存空间的窄化与认识的单调贫乏，而原始初民的所谓诗性语言对接了世界但由于神的作用而使人的心灵沉入晦暗不彰的暗箱。因此，解决现代人逻辑性语言带来的精神上、语言上的困厄，其途径不可能回到"希腊"。这就促使人们从另外的向度来思考语言的问题。

海德格尔首先对 logos 一词进行系统的考察。在他看来，早期的希腊，logos 就是"说"的含义，亦即"让某种东西显现"。然后，对"诗"的言说进行考察，诗与 logos 一样都是"说"，但与之有根本区别的地方在于，诗的"说"贵在独一性。衡量"诗"道出、显现的标准在于：诗人在何种程度上被托付给（anvertraut）这种独一性，从而能够把他的诗意道说纯粹地保持于其中。② 追求规范、规则的逻辑性语言尽管保持了词语的严密性，但却使言说成为一种被动的选择，一种机械的服从，这种不能保持诗意的语言，在他看来：词语破碎处，无物可存在。③ 什么可以让物纯粹地言说？答案是"做诗"。因为诗人做诗其实就是在倾听，就是作为灵魂的异乡人前往别处，走在去往……的途中，也就是创造性运用诗性语言符号进行语言实践而使世界、使物，甚至使语言"显现"。在这个活动中，诗性语言不再是逻辑的附属物，也不是神的附着物，而是具有主体性的存在。人与语言的关系也就演变为马丁·布伯所宣称的"我—你"关系。

从上面的分析，我们可以对诗性语言下一个基本的判断。所谓诗性语言，指的就是在建立人与世界的工具意义、概念意义或人神关系的基础上凸显人的自我价值、语言价值以及含蓄蕴藉、耐人寻味等审美效果的语言。它是情感的语言，也是图景的语言。它借积极崇高的精神、圆融互摄的思维、真挚朴实的情感以及形象化的手段，打破日常逻辑性的"人—

① 马大康：《诗性语言研究》，中国社会科学出版社 2005 年版，第 17 页。
② ［德］海德格尔：《在通向语言的途中》，孙周兴译，商务印书馆 2004 年版，第 30 页。
③ 同上书，第 152 页。

语言—世界"的指陈关系或"人—语言"的交流关系以及"人—语言—神"的宗教关系，建构一种直接对话的"人—语言—人"关系，即"我—你"关系，让人与语言处于一种和谐、开放、自由、平等的理想关系之中，处于一种臻于美善的境界之中。于是语言也成为独立的主体，成为诗意的存在，充分展示意蕴的丰富性以及功能的创生性，造就一个诗意氤氲的精神空间，召唤人与世界共同进入诗意的境界。人在诗性语言的指引、召唤下进行做诗、读诗以及思与诗对话等言语实践活动，自然就进入物我相融的境域，在采菊的东篱下收获生命的"南山"，在"荡胸生层云"的泰山勃发奋斗的志气。人重新回到最丰盈的状态，回到自己的精神家园。如果说语言是存在的家，那么诗性语言就是人类精神之家的灵魂。语言的状态与人的存在状态是互为表里、互为因果的关系。人诗意的存在决定了语言的诗性，自然而然，诗性语言也决定了人存在的诗性。

### 三　诗性汉语言语实践的德性升华

语言不仅决定人的存在样态，而且还是任何教育不可缺少的媒介。任何德育理念的传达只有依托语言且借助语言的力量，才得以实现。古希腊哲学家德谟克里特在《著作残篇》中指出："智慧有三果：一是思虑周到，二是语言得当，三是行为公正。"孔子认为："不学诗，无以言。"这些哲人的话无不道出一个朴实而又令人深思的道理：德育需要恰当的言说方式，而给人心灵以深远影响的语言不是别的正是诗性语言。

中国的汉字是一种脱胎于图画的文字，是基于主体对于客体的直感的、形象的、整体的把握，语言也就体现了主体对于客体的感觉、体验与选择，颇具诗的意味和审美的意味。借用北大教授辜鸿铭先生的话来讲，"中国的语言也就是一种心灵的语言"，是诗性的语言。作为诗性的语言，汉语不像西方的拼音文字那样建立在理性的分析和规定之上，而是建立在心理感受的基础上，具有以神摄形的特点。早在90年前，孙中山先生感怀中国的贫弱破败，撰写《建国方略》，提出了建设"现代中国"博大而宏富的系统理论，其中用了整整一章阐述汉语的重要性：汉语蕴蓄着巨大的潜能，它是维系和促进民族凝聚与祖国统一的巨大"自然力"。

古往今来世世代代的中华儿女，诵《诗经》，摇曳情感的芦苇；阅《庄子》，乐观扶摇之大鹏；读《史记》，接踵汉武之步伐；习《唐诗》，承继李白之豪迈。困厄之际，跟随岳飞的衣袂，在爱国求真的路上，不堕青云之志；劳顿之时，摇动嵇康的竹影，回归精神的故园，不改鸿鹄之志；品茗宋词，即使早生华发，也要醉卧沙场；还有夜半钟声敲击的佛音，望梅止渴导引的智慧。凡此种种，典雅的汉语，洋溢典雅的风流，彰显中国人的尊严，鼓舞中国人的自信，更造就了中国人的脊梁。

诺贝尔奖获得者聚首感言："如果人类要在21世纪生存下去，必须回首2500年去吸取孔子的智慧。"孔子的智慧在哪里？就在我们的汉语里。"不学诗，无以言"、"情信辞巧"、"修辞立其诚"、"言之无文，行而不远"。语言典雅，则心灵优雅；语言粗俗，则心灵粗鄙。粗鄙的心灵难以承继汉语的典雅，但典雅的汉语却能诗化日渐粗鄙的心。即使《诗经》随着岁月的年轮一页页泛黄，《离骚》与屈原一同沉入汨罗江底，羌笛呜咽，关山阻隔，小桥流水不在了，人面桃花也换了容颜，只要汉语的话语权还在，那些本已流逝的意境以及精神可以随时在汉语的问候声里复活。如果你的内心镌刻"惟有牺牲多壮志，敢叫日月换青天"的气概，如果你的记忆留有"天下兴亡，匹夫有责"的精神以及"富贵不能淫，贫贱不能移，威武不能屈"的品质，你一定会"先天下之忧而忧，后天下之乐而乐"，舍小家为大家，化小我为大我，投身社会，献身国家，汇集涓涓细流为民族进步、国家兴盛的滚滚洪流。谁又能说典雅汉语不是中华民族文明延续的故乡，不是中国人提升德性的脊梁？

拥有数千年历史的汉语言在行进的路上虽然屡遭变故，但仍然保持着诗意的底色，富有典雅美的特质。德育之所以发生、发展，其原因是多方面的，最根本的原因在于学生创造性运用语言符号进行言语实践活动。学生的德性不是老师"满堂灌"教出来的，是学生自己在教师的引导下自主运用语言符号进行言语实践中融会贯通的。在德育活动中，在诗性语言的指引下，让学生在猜谜、仿句的言语实践活动中体验到"人与自我、人与自然、人与社会"三重生态的和谐存在与圆融互摄；在与文本、与同伴甚至与生活的对话中陶冶情趣，心性宁静；在获得一个又一个的感动中，实现一个又一个学习目标中美感云涌，产生"亲近母语，热爱母语"的感情；在有限与无限合一的无穷极处不断拓展生命的时空，涌现生命的奥妙。德育可以兴、可以观、可以群、可以怨；德育可以自在、可以同在、可以超在。教师、学生与德育圆融互摄，在言语实践中充分享受德性发展、成长的乐趣，这难道不应成为我们孜孜以求的境界吗？

# 第五章　诗意言说的导引与诗意
# 德育内容的构建

诗性语言在人的德性成长中扮演着重要角色，这就启发我们从两个向度考虑德育的实效性问题：一方面，当前的学校德育究竟为受教育者的德性发展提供了怎样的言说空间？另一方面，符合时代发展需要的学校德育究竟需要什么样的言说方式？诗意德育内容如何构建？

## 第一节　诗意言说的基本理念

目前，国内外专家、学者对德育言说方式的研究呈现出"教育的精神性"、"体系的综合性"、"视角的多样性"等特点，逐步改变生硬灌输道德的规训方式。但是，现有研究仍存在诸多不足：其一，注重批评现状而忽视问题对策研究；其二，注重移植国外理论而忽视本土文化、传统教育思想的梳理与利用；其三，从诗意存在的本体论高度去探讨更新言说方式的基本原理及操作机制的成果尚不多见。

### 一　言说和言说方式

德育具有诗意本质，而这个本质是依托言语实践的。那么，在德育过程中，不管是言教还是身教，任何道德价值观念和规则以及民族精神的传承都必须依赖言语实践，而言语实践是以语言为凭借且在言说活动中实现的。这就需要进一步追问：什么是言说？如何言说？

关于什么是言说问题。海德格尔认为："语言是语言。语言言说。如果我们堕入这句话所指称的深渊，那么我们就没有掉入虚无。我们落到一个高度。它的威严敞开一个深度。此两者为发现人之生活的居住跨越了一个居住点，在这一居住点中，我们似乎就在家园之中。"① 在他看来，由于语言的本质就在于语言的言说。而言说就是显现，而显现可以是自在的显现，也可以是自为的显现。拓展开来，无论是自在的还是自为的显现，可以是有声的，也可以是无声的；可以是在场的，也可以是缄默的。这就是说，言说显现什么既取决于言说者的价值判断、诉求，更取决于倾听者的接受与理解。在中西方 2000 多年的哲学传统中，尽管语言与德育的相关性不约而同地得到重视，甚至在西方哲学的初始时期，人们对言说的重视几乎到了迷信的程度。但人们不约而同地将言说指向了理性的"逻各斯"。逻各斯是理解最终实在的最高范畴。② 西方哲学的中心问题是 Ontology，这个名称的中心语素"Onto –"恰恰是古希腊语系动词"to be"的变位。它既表示系词，也表示存在的动词内涵。巴门尼德最早提出了 being 的问题，将言说引向了存在之路。他认为凡存在都是可以被思想和言说的。柏拉图提出"共相"的概念对 being 进行诠释。亚里士多德通过逻辑进一步追问"世界何以这般"，即"being"之为"being"的原因，并最终建立以"是者之为是者"为研究对象的科学。③ 因此，如果说西方道德的本位是从人开始的，那么这种开始是以对逻辑的、理性的言说关注作为基点的。

同西方一样，中国古代哲学的道德命题一开始也高度重视言说的地位与道德发展的作用。但与之相异的是先秦儒家，尤其是孔子的言说是一种自为的言说，是一种含有强烈的伦理道德价值判断与诉求的言说，他不是指向理性的逻各斯，而是存身的生活与世界。请看下面两则材料。

> （哀）公曰："敢问何谓敬身？"孔子对曰："君子过言则民作辞，过动则民作则。君子言不过辞，动不过则，百姓不命而敬恭，如是则能敬其身。"④
>
> 子夏曰："民之父母，既得而闻之矣，敢问何谓五至？"孔子曰："志之所至，《诗》亦至焉。《诗》之所至，礼亦至焉；礼之所至，哀

---

① ［德］海德格尔：《诗·语言·思》，彭富春译，文化艺术出版社1991年版，第167页。

② 徐友渔等：《语言与哲学：当代英美与德法传统比较研究》，生活·读书·新知三联书店1996年版，第3页。

③ 郝文武：《教育哲学》，人民教育出版社2006年版，第67—69页。

④ （东汉）郑玄注、（唐）孔颖达正义：《礼记正义》，中华书局1980年版，第1612页。

亦至焉。哀乐相生。是故正明目而视之，不可得而见也。倾耳而听之，不可得而闻也。志气塞乎天地，此所谓五至。"①

在孔子看来，"立言"尤其"言不过辞"是修身的第一课，是君子成贤、成圣乃至立德、立功的基础。他以《诗经》作为教材，提出了"雅言"、"慎言"、"情信辞巧"、"修辞立其诚"、"言之无文，行而不远"、"辞达而矣"等一系列的关于语言与修身的关系命题，无一不表明孔子对通过"立言"来"立人"的现实关怀与价值追求。与孔子"自为"的"正名"的思维路径不同的老子却在"在自在"的"无名"的追问中体现言说与德性的相关性。尽管他大谈"大音希声，大象无形"而"处无为之事，行不言之教"，但是老子是借语言来言说那不可以言说的《道德经》。这表明老子并不是否定言说对道德发展的本体价值，而是追问"名"之所以命"万物"的依据以及"万物之所以存在的"根本原因是什么。与孔子以"实"求"名"不同，他不过是顺"道"求"名"而已。

关于如何言说的问题，其实就是探讨用什么方式言说的问题。中西方"言说"价值取向或者说哲学理趣不同自然导致言说方式也不尽相同。西方偏执于理性逻各斯的追求，其言说方式大多流于严密的概念、判断、演绎、归纳的范畴。就拿让世人称道的"产婆术"来说。苏格拉底每提出一个道德上的问题，其诘难的过程就是逻辑推演的过程。儒家文化是中华民族传统的主流文化，是中华民族的根。探讨中华传统文化言说方式首先必须聚焦到先秦儒家的言说方式上。而先秦儒家所处身的历史文化语境乃是礼崩乐坏的时代，统一的思想意识、社会秩序已不复存在，因而他们企图用一种诗意的言说方式去构建一套行之于社会的意识形态，通过整理并重新诠释传承下来的文化遗产，从中开拓建立起新的意识形态话语，达到其为现实社会生活立法的目的。所谓的诗意言说方式，指的是言说者为了有效地进行德育活动，往往努力冲破逻辑化、言说方式的限制，采取"托古言志"、"以诗言志"、"比德喻志"等形象化手段去导引倾听者用整个身心去体悟社会秩序、伦理规范乃至人生的道德境界，从而激起受教育者内心深处的感动与共鸣的言语实践活动。诗意的言说，由于语言的在

---

① 《礼记·孔子闲居》。

场，更由于这种言说是言说者和倾听者进行的一种"我—你"之间的言语实践获得。它敞开了世界，呼唤万物现身，并与人相关涉、相亲近；在它的召唤下，德育变得可触摸、可歌咏、可亲近；教育者和受教育者凭借语言认识、理解、建构人与自然、社会、自我的关系，并在关系的解构与建构过程中不断编织着生命的意义，塑造着道德关系中的道德自我，也展现着自我的道德存在。

当然，中西文化的比较中，我们不难发现：如果把中国文化比做一面打磨光亮的铜镜，那么西方文化就是一面背面镀水银的水晶镜，尽管两者折射光线的原理并无二致，观物的品格却并不雷同。① 铜镜无法取代水晶镜，水晶镜也不能因为具有华丽的外表而取代铜镜的古朴与典雅。理性的逻辑的言说方式自然也有他独特的魅力。

## 二　诗意言说方式的导引

哲学家海德格尔经常引用诗人荷尔德林的"人诗意地栖居于大地之上"诗句描述人的存在。德育如何使人诗意地栖居在大地上而不是匍匐在大地上呢？马克思给出的答案是："任何一个存在物只有当它用自己的双脚站立的时候，才认为自己是独立的，而且只有当它依靠自己而存在的时候，它才是用自己的双脚站立的。"② 人们都有主观作为人存在的愿望和要求，而客观上人又是自己生存于自然无条件之中。如何让处在自然无条件之中的"物质人"成为社会化的"精神人"，乃至自我存在的"灵魂人"？佛陀主张"戒人欲"、"破法执"等的层层修炼，方能"心造万物"，获得"无我"的正果。而儒家开出的药方是"天命之谓性，率性之谓道，修道之谓教"③。在儒家的药方里突出了道德教化的作用，一个道德高尚的人，其生命可以与天地齐寿，或者说最高的道德境界就是人的生命能够进入天地的无限之境。然而，我们需要追问的是道德教育以什么为凭借促使受教育者进入这种"与天地合其德"的境界呢？尼采在这个问题上有一个新颖的建议。他在论诗的起源时曾这样说道："没有诗，人什么也不是；有了诗，人几乎就成了上帝。"④ 借助诗的力量让人自己

---

① 张节末：《纯粹中国美学话语：何以可能》，《思想战线》2007 年第 2 期，第 7—12 页。
② 马克思：《1844 年经济学哲学手稿》，人民出版社 2000 年版，第 91 页。
③ 《中庸》。
④ ［德］尼采：《快乐的知识》，黄明嘉译，中央编译出版社 1999 年版，第 82 页。

"思"，在"诗"与"思"对话中，人学会用自己的双脚栖居在诗意的大地上。这一建议得到了德国浪漫主义哲学家施勒格尔的赞同。他也认为"诗"的任务就在于维护自由的永恒，去反抗物质化、功利化社会造成的生活"散文化"的局面，让人生成为"诗"。需要指出的是这些哲学家所提出的诗不是诗的艺术作品，而是指作为理想的、自由的生活态度以及由这个态度所赋予的生活方式。

诗意德育尊重人追求真善美圆融"诗意境界"的价值选择，更主张德育应富有"诗"的魅力。这就决定了其言说方式只能是属于"诗"的，属于"诗意"的，凭借"诗意"的言语符号进行教育者和受教育者情与理的沟通，创造一个有意义而且美好的世界，促使教育对象用诗意的感觉把握世界，从而达到诗化心灵的目的。在馨园艰难的探索与抉择中，达成共识的是运用诗意的言说方式进行思想道德教育活动。为什么确定诗意言说是增强德育实效性的有效手段？馨园是如何达成共识的？

馨园限于民办学校的特质，根据"让才华创造业绩，让业绩提升才华"师资队伍建设理念，鼓励人才脱颖而出，与之相照应的就是"优中扶优"奖励措施。根据老师对学校贡献的大小分别给予科优、级优、部优、校优以及首席教师的待遇，首席教师和科优教师工资相差3000—5000元。这无疑助长了老师的"经济人"意识，导致教师教育教学急功近利，对待学生缺乏春风化雨的耐心以及细致入微的责任心，体罚和变相体罚的现象屡见不鲜，反映在教育学生的语言上显得过于急躁、生硬，言说方式基本上是禁诫性的。这种状况引起了学校的注意，制定了诸如发现体罚学生现象实行一票否决等制度，但言说方式的粗暴、简单并没有得到很好的改观。这种言说方式不仅体现在教师身上，也体现在学校管理者的身上。就拿会议而言，学校的大小会议成为各级管理干部训人的平台，难以从心灵深处打动教师，久而久之，教师拒"会"于千里之外。

2007年临近寒假，笔者来到馨园参加学校校长主持的一个学期总结大会。校长尽管很有激情地回顾一个学期来所取得的成绩以及展望来期的工作，但参加会议的老师明显缺乏心灵的呼应。笔者安排信息中心的工作人员通过摄像头悄悄地对会场的情况进行统计。结果如下：会议开始后15分钟内，中学部有3位教师发短信，5位老师翻阅试卷（大概是在审视试卷评分是否有错漏）；小学部有2位老师听MP4，6位老师玩手机。一个小时后，中学部有16位老师玩手机，有的发信息，有的浏览网页；20

多位老师跟前后左右的老师交谈；小学部情况差不多。在会议进行到一个半小时的时候，办公室主任进行了会议纪律的整顿，并且几乎是威言厉色，收效甚微，安静了半个小时左右，会场纪律又恢复到"嘈杂"的地步。随后，笔者把观测的数据和校长进行交流。校长是一个很仁慈的人，对老师的表现并不在意。他认为，只要老师把事情做好就是好老师，老师一个学期很辛苦，在会上讲讲话也无妨。这引起笔者反思，会议是如此，老师平时的工作如何呢？

笔者在中小学部对 100 名教师进行抽样调查。命名为"我对学生常说的 5 句话"以及"老师对我或我们常说的 5 句话"。具体的导引语如下：

**【小调查】："我对学生常说的话"**
亲爱的老师：

　　为了深化诗意德育研究，促进精品课程建设，本着求真务实的精神，请您把平时经常对学生说的话，根据使用的频率，依次记载下来。该调查仅作为研究参考用，绝不涉及教师考评。谢谢您的合作，感谢您对教育事业的支持！

"诗意德育"课题组

全体老师还是很自然地做好这项工作，接着随机对学生也进行类似的调查。将老师和学生的答案进行"合并同类项"，发现教师的言说方式基本上是规训式的，但大同里有小异。老师规训式的言说方式存在如下几种类型：其一，禁诫型。言语充满威严，言语内包含命令式行为。比如，"上次考得那么差，还不好好学习！""不许和 5 班的李阳玩，要玩就找学习好的同学去！"带有禁止性的命令与告诫性的行为，倾听者没有任何分辨、思考的余地，只有听从。其二，胁迫式。即教师凭借自己的职权与威严，在命令、告诫的基础上加上惩罚性后果的预设，比如，"你再和 5 班的李阳玩，别怪我不客气，别进我的班"，或者"叫你父母领回家去"。倾听者尽管不情愿，但在可怕的后果面前也不得不暂时收敛自己的言行。其三，诉苦式。即老师的言说采用柔情价值诉求，但言内所包含的指示性行为是不容辩解的。比如，"老师教你们很辛苦"、"老师整天都围绕你们转，喘口气的时间都没有"。这些话语表面上"能指"的是教师在诉苦，实质上"所指"的是学生的行为令老师不满意，言语里所指的行为仍然在于维护教师的利益。其四，比较式。这种言说方式大多教两个班，常常在甲班比对乙班，在乙班指斥或褒扬甲班；或者在生生之间、师生之间进行比对。无论怎样比对，其言说的话语里都包含着一种对在场倾听者的不信任与不满足。比如，"你看人家甲班，学习的时候，安安静静，哪像你们吵个不停？"其五，训斥式。这种言说方式里除了宣泄老师不满的情绪外，其言内与言外行为里都含有强烈的指斥性，而且以侮辱学生人格为代价。比如，"你（或你们）怎么这么笨，教你这样的孩子真倒霉！""你蛋白质吃多了，考得这么差，将来要饭去！"其六，建议式。即言说里含有明显的价值指引。比如，"近朱者赤，近墨者黑，你应该多和小辉玩。小辉听话，学习好，又是班干部，你应该多向人家学习。""多一事不如少一事。别班的同学打架，你应该离得远远的啊！你还去拉架，要是把你打伤了怎么办？"这种言说方式表面上带有协商性质，但实质上教师占据了言说的霸权，强制性行动是不容置疑的。这些耳熟能详的话语真的有效吗？学生在规训式德育制服下的表面有效合"理"吗？如何让老师明白有效的德育从言说方式的改变开始呢？笔者决定汲取生态体验德育的精髓，采取诗意言说的方式进行一次"馨园教育的荣光与探索"的专题活动。

2008 年 3 月 1 日，在馨园报告厅组织中小学教师、生活老师参加活动。活动共分三轮。活动的规则是，参与活动的人必须严肃认真，观众不能出言提示。第一轮，小学部、中学部各推出一男一女共 4 名教师上台，小学部是邱运来与李春华，中学部推出的是丁洁与张溯要夫妇。邱运来与张溯要分别扮演学生，丁洁与李春华扮演老师，并在主持人手里抽取教师言说方式卡片，丁洁抽中的是"训斥式"，李春华抽取的是"禁诫式"。首先，由邱运来与张溯要蒙眼自主尝试探索走过由矿泉水瓶子设置的 S 形的馨园人生之路。邱运来和张溯要好不容易走完这段艰难的人生旅程，矿泉水瓶被撞得东倒西歪，当他们好不容易到达目的地的时候，李春华和丁洁按照"训斥"或"禁诫"的话语进行规训。"你怎么这么笨？""你天天和××混在一起，能有多大出息？""今天你做不出这几道题目，就别想回宿舍。"只听得台上一阵呵斥声，台下则是几百号老师们发出的哄堂大笑声。第二轮，中小学各选一人参加活动。在大家的推选下，一对夫妻教师走上台来。男教师扮演老师，来自中学部；女教师来自小学部，扮演学生。扮演学生的同样要求蒙眼。不同的是，"学生"还未开始步入她的人生之路，"指导者"厉声呵斥的规训就如倾盆暴雨一阵又一阵袭来。结果"学生"在台上茫然不知所措，完全偏离轨道，在台上乱走一气，人生之路变得黯淡无光，走了老半天才到达终点。台下早已笑得前仰后合。第三轮，在大家的一致要求下，校长上台扮演"老师"，而生活部的一中层干部扮演"学生"。在此环节，笔者没有让"老师"再抽签，而是要求用诗意言说的方式——充满鼓励，满怀期待，用心引导。于是出现了戏剧性的场面。

　　"老师"：在你的人生路口，有两个选择：一是由我牵着你顺利地走过人生之路；二是你自己决定走自己的路。

　　"学生"：我选择走自己的路，不过在遇到障碍时，请求您给予帮助。

　　于是学生自信地上路。走了三步脚下遇到"雷区"——碰倒了一个"矿泉水瓶"，戛然止步。

　　"老师"：现在遇到了一点挫折，请相信自己，也相信老师。请向右转45度，对，就这样，步子迈大了点。再向左转150度。你很棒！请再往前直走两步。

　　学生按照老师的指引继续往前迈步，但不小心还是碰到了"雷区"。

　　"老师"：没关系，这只是一个小挫折，你前面的路很平坦，继续探索，路在你的脚下……

　　学生顺利抵达胜利的彼岸。

　　笔者随机对参与活动的老师进行现场访谈。

　　笔者："同学"，当你蒙住眼睛，你的感受是什么？

　　"同学"：我觉得S形的路其实就是人生之路，这条路很难走，一不小心就会遇到雷区，需要老师的热情鼓舞。

　　笔者：可是鼓励没有如期而至，相反遭受的是"老师"的厉声呵斥，这时你的想法又是什么？

　　"学生"：这样的老师真不称职。

　　……

活动结束以后，笔者通过 QQ 继续进行个别访谈。很多老师在 QQ 里坦诚地谈出自己的感受与体验。

邱老师：今天参与了这个活动，得到很多启示。新学期的工作有了新的思考。我决定改变我自己的言说方式，做一个 20 年后还被学生记得起来的老师。

卜老师：我就是第二组的那个"学生"。当主持人问我为什么步伐凌乱方向偏离时，我有些默然，然后回答：这一切让我重温了旧梦，也让我更加明白，作为学生在遇到困难的时候，需要的不是老师的大声规训，而是引导与支持。这种规训只能徒增学生内心的烦扰，引起情绪上的大起大落，让孩子找不到前进的方向。

张老师：短短的几句话，真的有那么强大的力量吗？这个答案是肯定的。就拿我来说吧，读初中时，班主任是当地有名的特级教师，每个家长都以孩子送到她手中读书为荣，因为她教的学生成绩特别棒。但那三年竟成了我最叛逆的时日，原因很简单：班主任特别擅长骂人，要羞辱到我们体无完肤为止。别的孩子也许骂一两次就怕了，可我哭了一次后便再也不肯为她掉泪，反而昂起头一脸叛逆地对她，好多次弄得她课也上不成。更可悲的是大多数学生毕业后从不去看望她，聚在一起便是谈论她当年给自己留下多少伤痕。可以说这个老师是爱我们的，但因为她语言修养上的欠缺让自己的爱大打折扣，不能被学生接受，甚至还造成了学生的精神创伤。我选择教师这一职业，与她有极大关系：我要成为一名和她不同的老师，要善待我的学生。于是乎，从教多年的我坚持了每天的笑容，坚持了每天将对孩子的爱转换成平和镇定的语言为孩子构建一种和平的氛围，也坚持了将每天与孩子们朝夕相处的生活变成欢乐的海洋。学生的积极性自然会比天天挨骂挨打要高得多，很多时候把我当成知心朋友，信任我，爱戴我，执行我们共同拟定的规章制度，将自己最美丽的一面呈现出来。即使他们犯了错，我也只是笑一笑，温和地询问事情的经过，充满期待地告诉他们我相信他们不会重犯。慢慢地，我变成了带所谓"差班"的"专职教师"，也没让大家失望：我不仅成功地将孩子们带出那种惶恐无依的心理状态，一年过后学业成绩也往往会有显著提高。这一切，我都应归功于我的那位老师，因为她，我才真正了解孩子心中最需要的是什么。

馨园最大的改变在于开始把尝试用"诗"的言说方式进行教育。甚至学校领导开会也开始注重诗意的会议文化建设，会议的效率也提高了。校长的讲话变得有"温度"与有"文采"了。

让我们再看看当前的教育现实：某些教师习惯用"语言暴力"对学生说一些讽刺、责骂、侮辱的话语，结果对学生的心理造成极大的伤害，造成精神病和心理障碍甚至自杀。[①] 语言是真理发生的场所，我们生活在语言之中。苏霍姆林斯基说过，"教师的语言修养在极大的程度上决定着学生在课堂上的脑力劳动的效率"，并深信"高度的语言修养是合理地利用时间的重要条件"，因而竭力主张"把语言修养"放到头等重要的位置上。毋庸置疑，任何言说活动都是具有行为指引性的。为什么规训式言说招致学生不满、失效？言语活动的有效取决于言说者和倾听者双边相互配合、交互作用的和谐程度。一个成功的言说活动，从言说者的角度分析，他的言说至少包含三个要素：言语意图、言语手段以及有效的传递。言说意图取决于教师的世界观、人生观等方面的修养以及对言说对象的价值判断，言语手段取决于教师语言艺术的运用，而有效的传递则需要教师发挥情感、态度以及自身的诸如声音等生理条件的作用。从倾听者的角度分析，他对言说者言说意图的解读是有效言说的关键。通常有效的解读包含三个要素：言语行为、言外行为、伴随言语行为。比如"叫你父母领回家去"这句话。

教师本身的言语行为指的是"你们要好好读书"，言外行为指的是"不要让老师和父母着急生气"，伴随言语行为指的是"你们不好好读书，老师没办法教好你们"。学生的解读中往往变成这样：

言语行为：老师说要我父母领我回家，不让我读书了。
言外行为：老师认为我不值得他教，认为我不应该待在这个班。
伴随性言外行为：老师肯定对我印象不好，我也没理由对老师好。

---

① 蒋理：《老师：您的语言也能杀人——教师"心罚"不容忽视》，《生活时报》2003 年 8 月 11 日。

从以上的分析，我们很容易发现问题的症结所在，无论是诉苦式，还是威胁式，只要是规训的言说方式，言说者往往处于言说"霸权"地位，或者正如福柯所言，话语是一种意向性表达，而处于"霸权"地位的言说者往往把言说当做一种控制的工具，自然忽略倾听者的主体地位以及心理感受，再加上教师威严厉色，不注重言说手段和有效传递的运用，学生在规训中难以正确辨识言说者的言说意图，导致言说让人生厌。而诗意的言说不是这样的：其一，它善于用诗意的语言为倾听者描绘一个理想的蓝图，这个蓝图是切合倾听者道德发展需要的，是可以通过自己努力实现的目标；其二，诗意的言说富有乐律性，这种乐律性尽管达不到诗学里合辙押韵的高度，但它和倾听者内在的生命律动保持了一致，因而富有亲缘性与感染力；其三，诗意的言说善于运用比拟、比喻等形象化手段作为传递的工具，能够从自然物、社会对象里寻找到一种言说的象征物，使之成为倾听者接码、解码的参照，虚实相生，尊重了倾听者德性自我发展的主体地位。因此，本质上而言，诗意的言说是主体间一种心灵的沟通，一种民主、平等的对话。无论是言说者还是倾听者对言说的言内行为、言外行为乃至伴随性的言外行为解读均能符合言说的意旨。

德育是培养人的工作，教育者若希望自己的教育对象能够与自己心灵相通，情意相融，就必须追问言说的本质问题，尊重汉语的诗性本质，运用诗意的言说方式，这是增强德育实效性的价值选择。

### 三 诗意言说的基本功能

一切的言说都是言说者为了特定的目的让倾听者乐于接受并准确理解自己所欲表达的意旨。按照传统的语言观，语言只是思维的工具，仅仅用来表达抽象的思想，不生成实际的意义，言说和行为是风马牛不相及的事情。而英国哲学家奥斯汀（J. Austin，1911—1960 年）的"言语行为"理论却认为，任何言说不管其是否含有行为动词，都包含有"说"的成分和"做"的成分，即言内行为、言外行为和言后行为（perlocutionary act）。[①]人的言说不仅提供描述事实和状态的信息，而且还意味着生成现实中或意愿中需要完成某些其他行为的意义。而意义生成的核心在于言外行为的理

---

① J. L. Austin, J. O. Urmson, Marina Sbisa, *How to Do Things with Words*, Harvard University Press, 1975, p. 174.

解与诠释，因为它具有言外之意，真正体现了言说者的意图。倾听者应该撇开言说者直接的言内行为以及言后行为，根据言说的文化语境，揣摩其所表达的言外意义作出反应。诗意言说是建立在对诗意文化的理解上，它尊重言说者与倾听者双方的主体地位，按照以善统真、以美促善的原则去设计真诚、平等、对话的言语实践活动，达成语言和德性同构的目的，因而具有不同于一般的功能。

【案例】

### 孩子心中的秘密

万娟老师本是一名音乐教师，后改教小学低段语文并担任小二4班班主任。在"三八"国际妇女节来临之际，为了让学生学会感恩，要求小朋友星期天帮母亲做几件事情，祝母亲节日快乐。话音刚落，教室里的同学七嘴八舌议论开了。有的小朋友决定"帮妈妈按摩"，有的小朋友想"帮妈妈做点家务活"。孩子们稚嫩的童音童言让万老师十分开心。正当教室里的讨论声此起彼伏，孩子们兴趣高昂的时候，教室里突然冒出一句不和谐的声音："我才不做这么无聊的事情，真没劲！"寻声望去，原来是淮显小朋友。这是个平时很乖的小孩，各个方面表现都很优秀。父亲是一家公司的老板，母亲是一名公务员。依常理，这样家庭出身的孩子应该是十分幸福的。"他怎么竟然说出这样的话？"万老师心中充满了疑惑。为了不影响接下来的兴趣，要求孩子们继续讨论。下课后，万老师随即把淮显领到了办公室。正准备用高八度的音量好好训斥他一顿，突然想起学校上次的培训，要求对孩子进行诗意的言说。《孙子兵法》也说："攻城为下，攻心为上。"对于这个功课优秀、脾气倔犟的孩子，万老师采取的策略是拿起校本教材《弟子规》，让淮显小朋友和她一同背诵起来："父母呼，应勿缓，父母命，行勿懒……"孩子背诵得很流利，小眼珠子也滴溜溜地观察着老师的动静。接着，万老师给这个孩子讲了动物报恩的故事，并且小声地、很有感情地唱起《跪羊图》的歌曲。唱着唱着，淮显小朋友的眼圈红了，慢慢地流下了眼泪。

万老师唱完歌曲，接着就回忆起与淮显母亲交往的点滴事情。

万老师说："孩子，你知道吗？母爱是这个世界上最伟大的爱。淮显，你知不知道你妈妈昨天打电话问我，你的作文现在写得怎么样了，还说回家要帮你辅导呢！还有上一次，你在秋千上玩，不小心受了点伤，我给你妈妈打电话，电话那头的焦急，让万老师听了都觉得心酸。现在，老师要求你只是帮妈妈做几件小事情，为什么不行呢？"

孩子突然倒在万老师怀里，哇地大哭起来。一边哭泣，一边断断续续地说："我妈妈回老家了，爸爸妈妈离婚了，现在我和爸爸、后妈住在一起，爸爸总是要我叫她妈妈，可是，我心里只有一个亲妈妈。爸爸要我在学校保守秘密，后妈也不让我跟老师说。万老师，这个秘密，憋在我心里，让我好难受、好难受。"

万老师后来跟我叙说这个故事，庆幸自己没有劈头盖脸地粗暴批评学生。原来，在这个转型期的社会，未成年的学生都有难以启齿的秘密，幼小的心灵也要承受难以承受的生命之重负。事情发展到这个地步，作为一名普通的小学教师无法去改变孩子的现实问题，唯一能够做到的就是采取诗意的言说，让孩子改变自己的心态，学会用欣赏的目光去看待后妈，看待自己当前的生活。于是，万老师和淮显小朋友开始了如下的对话。

"淮显，现在说出了自己心中的秘密，舒服一些了吗？"万老师一边抚摸孩子的脑袋，一边温和地问道。

淮显抽泣地点点头。

于是，万老师慢慢推开躺在怀里的淮显，很认真地对他说："那你的后妈对你怎么样？"

淮显犹豫了一会儿，小声地说道："这个嘛，她对我也还不错，经常辅导我的学习，生活上也时常关心我。不过，我总是觉得她赶走了我的妈妈……"

"淮显，你是幸福的，你有两个妈妈爱你。后妈也是妈妈，你只要肯叫她妈妈，她一定会像亲妈妈一样爱你。她也是女同胞嘛，男子汉大度一点，祝妈妈节日快乐，相信，她会非常开心的。"

淮显带着怀疑地口气问："会吗？她会在意我的祝福吗？"

"她一定会的！"万老师斩钉截铁地回答。

"嗯！"淮显凑近我的耳边，悄悄说："万老师，以后我心中有什么秘密，可不可以都告诉你？"

"没问题！万老师永远是你忠实的听众！保密工作一定做得像保

密局。"

……

从这个小小的案例来看，采用诗意的言说不仅让孩子敞开了心扉，而且让孩子坦然面对自己的生活。在这种富有温情，同时又具有积极意向性的言说导引下，淮显小朋友第一次叫后妈"妈妈"，也从此拉近了和后妈的关系，在学校里的表现显得越来越优秀。由点及面，馨园学校诗意言说成为师生、学校与家庭、领导与老师沟通对话的法宝。其功能体现在如下几个方面。

1. 诗意言说的导向性功能

对人性的基本预设决定了道德的认知方式与效应。道德认知是人们对是非、善恶、美丑的认识、评价和判断，它是德育过程其他三要素的基础和先导。与西方传统文化预设的人性是有缺陷的存在不同，"人之初，性本善"，先秦儒家诗教倡导者赋予人性以积极的价值观。在这种人性基础的导引下，诗意德育尊重人是社会存在物和地地道道的自然存在物的根本事实，赋予教育对象德性发展的自主性与自为性，用诗意的言说方式直接塑造人的文化心理，形成健康积极的文化意识。这种言说方式的形成使教育者和受教育者能正确地评价社会和认识自我，超越各种给定的对象性关系，对未来生活理想作出正确的判断和选择，而不至于在遭逢其他文化冲击和人生挫折时受到影响乃至偏离原定选择或一蹶不振。

2. 诗意言说的动力性功能

孔子："人其国，其教可知也。其为人也，温柔敦厚，《诗》教也。"（《礼记·经解》）所谓的"温柔敦厚"其实质就是指受教育者经受《诗》的文化润泽以及"诗"的认知方式的熏陶，其性情会变得柔和，其为人会敦厚而守礼。其作用机制，西汉的刘向是这样概括的："夫诗思然后积，积然后流，流然后发，诗发于思，思以胜怒，以思相感，则情深而气乎矣。"[1] 诗意言说遵循生命发展的内在本性，让教育者与受教育者在充分感受形象、体验情境的基础上进行多角度的反思透视，成为一个自我发展的主体人和独特人。诗意德育不是把外在于人心灵异质的道德知识框架

---

① 焦循：《雕菰楼集之群经疏补自序·毛诗郑氏笺》卷十六，转引自漆永祥《乾嘉考据学研究》，中国社会科学出版社1998年版，第253页。

"灌输"到心灵中去，而是从人的生存事实出发，谋求师生双主体间的心灵的敞亮与对话。因此，诗意言说注重情境的创设、诗意体验性活动的开展以及知识的陶冶和智慧的激发来使人的生命本身得到观照而充实、和谐、光明，人的生存境界得以提升。也就是说，教育者和受教育者以自己的精神亲临现场，以彼此内在的心灵情感去理解对方、感受对方、陶冶对方。这样，由于尊重交往双方的主体性，师生之间所确立的就不再是一种"我—它"的关系，而是一种生动活泼的"我—你"关系，在各自的视野中，对方都不是作为对象的物和远离自己的"他"者，而是倾听着、感受着心灵波动的对话者。这样一来，诗意言说就具有内在的张力，给言说者和倾听者留有自我生存的空间和时间，尊重并保护了他们的主体意识，促使他们在"自由"和"安全"的文化氛围里成为一个主动发展而富有独特个性的人。

3. 诗意言说的凝聚性功能

传统的"规训式德育"以"主宰、主持、包揽、处理、处罚"的方式直接地、强制地去干涉和左右被教育者的行为，他们对受教育者以及教育的内容至少是缺乏热情的。与之相反的是，诗意言说追求"以形动人"的审美效果。诗意言说注重从客观的自然、社会世界里选取言说的象征物，注重发挥隐喻、象征、拟人等形象化手段的暗示、导引功能，使言说增添了想象、创造的空间，让学生在充分感受形象、体验情境的基础上进行多角度的反思透视，使之自觉地与社会伦理规范连成一个不可分割的整体。它不是以规则规训人，而是以潜在的规范性促使倾听者在诗意言说所营造的"情感场"，让教育者和被教育者朝夕相处，发挥各自的品格因素、能力因素、知识因素、情感等非权力因素形成"情感场力"，促使主动追求生命完善的过程中获得追寻生命存在的意义；又由于注重自我修养，把外在的道德要求和学生内在的道德需要结合起来，尊重倾听者德性发展的自我性与创造性，这就有利于发挥教育者、被教育者的自主性和自控性，有利于涵养领导、教师、学生作为"学校主人"的角色意识，有利于营造一种相互信任、相互支持、宽松民主的人际关系，有利于形成科学、民主的学术研究氛围，增强德育的凝聚力。

4. 诗意言说的超越性功能

诗意言说还追求"以情动人"感染效应。情感是生命的推动力，是创造力的源泉。在诗意言说营造的和谐、充满关怀性的场景中，学校领导通过强化教师的内在的情感体验，教师又把这种体验巧妙地传达给学生，极大地引发了学校德育系统的负熵流，使德育系统的总熵值减少，由原来的无序的混乱状态转变为一种时间、空间或功能新的有序状态，在"平衡—不平衡—新的平衡"的过程中不断变化，从而使德育显发生机与活力。另外，情感又可以调节一个人的需要。在一定条件下，言说者的情感可以感染倾听者，当言说者的情感指向德育价值取向时，倾听者的情感就会有所回应，产生情感共鸣，在他的情感感召下，聚集个体精力，自觉地调整自己的行为，履行应尽的责任与义务，创造性地开展学习、生活、工作活动，为实现诗意德育的价值而奋斗，从而实现可能性对现实性的超越，自由性对规定性的超越，精神性对物质性的超越，无限性对有限性的超越，使自己成为一个责任人和创造人。

## 第二节　实施诗意言说的基本策略

诗意言说的作用机制不是遵循"刺激—反应"行为主义的规则，把德育内容分解成上百个知识点、能力点，然后围绕这些"点"设计大量的习题，再让学生反复机械地做练习；相反，它遵循建构主义的法则，还原学生学习的主体地位，变主客体对立的教师主导教学为主客体消融的学生自主体验与习得。学生获得的不仅仅是语言的惊奇与突飞猛进，更主要的是在自主的言语实践活动中获得诗意的情怀、诗性的智慧与践履诗意法则的能力。这种言说不仅是自在的，也是自为的。"自为"与"自在"是存在主义哲学家萨特发明的两个专有名词。所谓"自在"指的是意向性未被意识之前存在的状态，具有自由与向外扩展性；而自为则指的是"向外"的意向性与外物联结后存在的状态，诗意言说可以是自在的存在，也可以是自为的存在。因此，从方法论的层面分析，进行有效的诗意言说也应该在这两个方面下工夫。

### 一　自为的诗意言说

1. 给班级以诗意的命名

所谓给班级以诗意的命名，就是发挥"托古言志"、"以诗言志"、"比德喻志"等诗意言说的导向性、动力性、凝聚性、超越性功能，让各班级物质、制度乃至精神文化有所寄寓，有所依托，变虚空的德育为可触摸、可感受的形象的德育。馨园学校办学强调"学校有品牌、学部有优势、年级有特色、班级有亮点",因此,各班级按照诗意德育的原理从名人资源里、从花草鱼虫里选取象征物命名,进而形成一整套的班级诗意德育发生机制。比如,初二17班将班级命名为"领袖班"①。之所以命名为"领袖班"一方面取决于馨园学校是为纪念世纪伟人孙中山而创办的,学校的办学核心思想就是"中山精神+诗意情怀";另一方面来自"松"文化的深刻内涵。由于松四季常青,寿享千年,被我国先民作为社祭的神树,是氏族的保护神;再由于松有助人长寿、坚韧不拔等美德,于是被人们称为"百木之长"、"树木之王"、"木公",有王者之尊。"公"是领袖,是大人。而领袖与大人就应该具备不同凡人的人格特征。人来自于自然,其躯体蕴藏着自然界的各种物质人;又高于自然,他是自然的真理,是自然万物的尺度。因此,借鉴"比德喻志"的诗意言说方式,赋予松树以领袖的人格特征。何为领袖?领袖是"博闻强识而让,敦善行而不息"②之人,是坚持学习,不断进步,追求完美的人;"君子口里没乱道,不是人伦是世教。君子脚跟没乱行,不是规矩是准绳。君子胸中所常体,不是人情是天理"③。君子自我向善且自我为善,其行为通达无碍,光明磊落,天地可鉴;"天行健,君子以自强不息;地势坤,君子以厚德载物"④。"岁寒,然后知松柏之后凋也。"⑤领袖有坚强的道德意志,自我奋斗,坚贞不屈,终生行"仁"不违;"波浪沄沄去,松柏在山岗"⑥。领袖有特立独行、高雅的气质;"草木秋死,松柏犹在"⑦。领袖有坚定的道德信念,哪怕仓促之间,颠沛之际,"怀德"求"仁"而不行不义之事,不取不义之利,处处以内在的道德规范来要求和约束自己。总之,领袖重视道德修养,重视人我关系的处理,也重视把自己的能力与社会需要结合起来,积极参与社会实践,积极出世,积极为社会尽自己应尽义务的品德、意志、智慧与才能和谐发展之人,是治国、平天下的中坚,是维持社会秩序的基础。班级建设把松树般领袖的人格特质挖掘出来进行形象定

---

① 参见曾月姗《中山有个领袖班》(http://www.jzsx.com/news_ view.asp? id = 1750)。
② 《礼记·曲礼上》。
③ 《续小儿语·杂言》。
④ 《周易》。
⑤ 《论语·子罕》。
⑥ 《韩愈·条山苍》。
⑦ 《说苑·谈丛》。

位，以松喻人，意味着传承中华民族文化精髓，同时根据时代的需要赋予领袖以开拓、创新等现代人格元素；意味着德育从庸俗、琐碎的规训走向道德境界的提升与人格的完善；意味着总体上把握学校的精神面貌与物质形态，不但可以使德育指向更明确、工作精力更集中、团队精神更强，对内可以激发倾听者凝神聚力奋发向上，而且对外能够更好地提高班级学生的社会感知力和认同度，可以在公众中留下鲜明印象，提升自己的核心竞争力，成为一个富有鲜明文化气质的人。

2. 给行为以诗意的指引

要想除掉旷野里的杂草，最好的方法就是在上面种上庄稼。同样，要想让灵魂无纷扰，最好的方法就是用美德的行为去占领它。而美德的行为需要诗意言说做导引。因为言说诗意，则心灵诗意；言说粗俗，则心灵粗鄙。夸美纽斯曾指出，教师的嘴，就是一个源泉，从那里可以发出知识的溪流。不仅如此，教师的嘴还应喷薄出德性的浪花。诗意言说构成了道德行为发生与创造的一系列内在法则，不仅将受教育者的行为引向合目的性与规律性统一的道德境界，更赋予人与人关系以德性的光辉与诗意的魅力。比如，笔者曾和陈静、唐玲娟等老师打磨并执教人教版教材《阳光》这一课，课后唐玲娟老师有感而发写了一首小诗《孩子，你们是老师的阳光》送给学生："清晨，校园里传来琅琅的读书声，/那是同学们爱学习的阳光。//走廊上，甜甜的一声：'老师，您早！'/我听到了声音里礼貌的阳光。//课堂上，你们挺直的腰杆，专注的眼神，/那是一缕多么认真的阳光。//操场上，你们矫健的身姿，坚定的步伐，/那是一缕青春勃发的阳光。//作业本上，工整的书写，正确的答案，/那是坚持天天进步的阳光。//下课了，你们会心的微笑，真诚的祝福，/还有，/你们用温柔的手，/掸去老师衣裳沾满粉笔的灰尘，/老师真正感受到了你们心里的阳光。//孩子啊，/你们就是老师心中的阳光！"在这首诗歌的导引下，孩子们不仅养成端端正正写字等良好的学习习惯，更自觉形成文明礼貌待人的品行。笔者受此感染，特作一《老师，您是孩子心中的"阳光"》小诗以示鼓励："清晨，/迈着轻快的脚步走进校园。/春风拂面的微笑，/那是一缕散发和善的阳光。//课堂，/带着鼓励的眼神登上讲台。/笑语盈盈的指导，/那是一缕洋溢慈爱的阳光。//课间，/踩着欢乐的节拍融入操场。/中规中矩的示范，/那是一缕演绎认真的阳光。//还有，成功时您那舞动的教鞭，/分明就是前进的号角；/犯错时您那智慧的点睛，/俨然就是导航的灯塔；/失败时您那温柔的抚摸，/轻轻弹去我们的胆怯和沮丧。//老师啊，/您就是孩子心中的阳光。"

诗意言说一改以往以理性占主导的德育言说方式，采用具有直觉性、表现性、超越性、形象性的诗意语言进行言说，导引倾听者说典雅文明的中国话，写方方正正的中国字，做堂堂正正的中国人。不仅有利于发掘教育言说的深层意蕴和生命之根，张扬中国典雅汉语的诗意魅力；还有助于基础教育阶段教师在日常教育教学活动中带着诗意的、欣赏的、激励的目光看待学生，最终成就学生典雅的语感，使之成为一个有根的民族人，有情的现代人，有义的高尚人。

3. 给语言以典雅的训练

英国诗人雪莱认为："诗是神奇的东西。它既是知识的圆心又是它的圆周；它包含一切科学，一切科学也必然溯源到它；它同时又是一切其他思想体系的老根和花朵，一切从它发生，受它的润饰。如果害虫摧残了它，它便不结果实，不生种子，不给予这荒芜的世界以养料，使得生命之树不能继续繁殖。……"① 少年儿童天真未泯之时，最需要教导，也需要倾听。用什么东西教导，用什么方式言说，这是摆在我们教育工作者面前的现实问题。如果我们在他们心灵最纯净、记忆力最好、想象力最富有的时候接触最具智慧和价值的诗篇，或者就以诗为楔子训练学生的典雅语言，借助诗，让学生在读、写诗的过程中观察、体验生活，学生潜藏在内心深处德性就会得到激发、点燃并焕发夺目的光彩。馨园学校不仅开设专门的"新诗进课堂"、演讲等专门训练典雅语言的校本课，而且将诗意言说贯穿到教育教学管理的全过程，要求教师成为典雅语言的代言人，所有学科，尤其是人文学科教学要设计以言语实践为本体的典雅语言训练题。

学生的言语实践不是在真空中进行的，而是依靠特定的时间、地点和背景等要素所构成的情境中展开的。为了有助于学生言语实践的顺利开展，馨园学校教师善于将线性的知识图景化，设置贴近学生需要的情境，学生才会产生言语实践的兴趣。比如教授《月光曲》一文时，如果采用理性的线性言说方式，这篇课文的学习只能停留在字词句与语修逻文的串讲上，不但消磨了课文的诗意魅力，更容易消磨学生学习的灵性。有位老

---

① ［英］雪莱：《为诗辩护·古典文艺理论译丛》第 1 卷，人民文学出版社 1963 年版，第 105 页。

师利用多媒体课件，营造了一个融画面与声响于一体的立体的情境，尤其教师善于把散文化的教材整理成富有诗意的图景化的语言："贝多芬轻轻地按着琴键，音乐轻幽、舒缓。藏在大海深处的明月偷偷地从海底钻了出来，在水天相接地方升起，海面上微微泛起层层波浪，银光闪闪，好像晶莹的泪光。月亮越升越高，天空出现了一缕缕轻纱似的微云。音乐气势逐渐增强，曲调出现了波折。忽然，海面上刮起了大风，卷起了巨浪。音乐骤然响起。浪花翻腾，气势凶猛，音乐高昂激越，节奏越来越快，如同激昂的战鼓，声声振人心魄。"

言语是德性的载体，德性是言语的内涵。如何让学生走进文本的德性世界？如何让文本所包含的德性光辉散发出迷人的芬芳？德性不是教师讲出来的，而是学生在自主的言语实践中自主感悟、理解、内化、融通形成的。就拿鲁迅的名篇《拿来主义》而言，这是一篇饱含爱国主义思想内涵的文章，而鲁迅的文章往往由于语言的艰深、内容的深邃而成为中小学教学的难点。《拿来主义》诞生的时代背景距今天已有70余年，文中的"拿来"、"送去"、"送来"等关键词是理解文本的钥匙。如果按照通常照本宣科的做法，将重点放在这些关键词"内涵"的讲授上，尽管可以完成预定的教学任务，但很难对学生进行德性的培育，爱国主义教育流于形式。笔者指导王彩阁老师利用言语实践原理，化艰深的语言为典雅的言语实践，结果学生在"对话—陶冶—表达"的言语实践中，自然领悟到文章难以言明的思想内涵，心灵得到净化，精神受到熏陶，更主要的是语言得到典雅训练。

**【案例】**

### 《拿来主义》教学片段

师：同学们，在那样一个任外强宰割的屈辱年代，在那样一个军阀混战使国家和人民陷入灾难的年代，在那样一个民不聊生、硝烟弥漫的年代，幸运的是，鲁迅先生是清醒的，他用自己的笔吹响了唤醒民众的号角，告诉中国人不能再一味地送下去，不能再一味地卑躬屈膝下去，因为别人的奖赏不是善意的，不是由衷的，不是发自内心的，而是怀着野狼之心目的送来的。让我们看一看外国人都给我们送来了什么！（教师动情地说）

生（归纳、板书、齐读）：鸦片、香粉、小电影、日本的"完全国货"的小东西。

师：不仅如此，它们还送来了什么东西？

（教师出示言语实践训练题：它们还送来了废旧的枪炮，鼓舞中国人在自己的家园燃放内战的硝烟……）（教师示范朗读，声音缓慢、低沉）

师：聪明的孩子们，请拿起你手中的笔，仿照这样的句子，也像鲁迅一样，写下你对列强的控诉。（学生拿笔练习，教师巡视课堂，指导学生写作）

师：同学们写完了吗？哪位同学能够与同学们分享一下自己的发现。

生1：他们送来了印着"完全国货"的商品，鼓舞中国人把自己的钱财送进他们的腰包。

生2：他们送来了"鸦片"，鼓舞中国人倾家荡产地购买、吸食，沦为东亚病夫。

生3：他们送来了所谓的"民主、自由"观念，鼓舞中国人销蚀、抛弃自己的传统文化。①

学科教学可以如此事半功倍，更主要的还在于专题的读诗、写诗训练。在学生诗样年华的阶段，引导学生饱读古今中外的经典名诗，学生自然会在"临行密密缝，意恐迟迟归"的诗句里领会父母牵挂的心情，在"春种一粒粟，秋收万颗籽"的吟诵中播下奋斗的种子，涵养"人生自古谁无死，留取丹心照汗青"的浩然正气，进而化作"春蚕到死丝方尽，蜡炬成灰泪始干"的不懈追求。而写诗的过程就是让学生链接生活、链接未来、思接千古、视通万里、情泻江河、聚意点睛的活动。比如，曾子晴同学所写的《天天蓝蓝》："每天新的生活进入我们的欢笑/一个天空/一块草地/一片大海/组成了一幅彩画//花里的芳香在不停地打闹/我躺在绿油油的草地上/抚摩着风姐姐与她交谈/山里的回声/一个比一个高/在我心中/自由的鸟声是全世界最高的了//雪的痕迹渐渐融化了/春来了/现在的花朵/已不是花朵的花朵/天好蓝好蓝/云朵摆弄出新的面孔/一块坚硬的

---

① 王彩阁：《用生命唱响〈拿来主义〉壮歌》，转引自方铁民主编《诗意让我们如此美丽》，珠海出版社2009年版，第49—60页。笔者指导设计。

石头落在地上/心灵醒了/醒了///我曾经对一棵花说过/你藏起了一个美好的家/在蓝蓝的天下。"① 子晴写诗作文是一种纯自然的表现,她从具象出发,凭直觉逼近生命的本原,实现平面思维之场的突破,从而进入理性与感性自然糅合的诗性思维的境地。她写诗作文从本质上来说,就是与自然、与社会、与自我的直接对话,是对生命本原、自然本原和宇宙本原的直接感悟。

根据马斯洛的人本心理学的研究成果,我们可以得知,如何满足学生自我价值实现的需要是教育教学取得实效性的关键。人栖居在地球上,离不开人与人的交流,离不开人与自然、与社会乃至与自我的对话,而这些人际交往和对话是凭借语言进行的,这就是说,学生的言语水平与实践能力也只有在交际与对话中才能实现。主要的措施就体现在每班开辟班级诗语栏。在班级的黑板或墙报中开辟一角为班级诗语栏,每天要求学生把自己写的富有诗意的儿歌、童诗、新诗、古诗甚至几句话,自己贴上去,然后要求所有的同学进行互动评价,对自己欣赏的语句,画上赞赏的小星星,教师的职责就是把获得小星星最多的作品提出来,进行集体品评,其作者自然成为擂主,拥有挑战班级任何同学的权利,如此循环,人人自然就步行到诗化汉语的道路上。学校的宣传窗也可以专门腾出一窗用来展示半月来学校中涌现的优秀诗作、文作。对荣登诗语擂台的同学在升旗仪式上进行表彰,允许他们对全校同学挑战。还可以开展出版诗报、建立诗意德育网站、布置新诗画廊、评选校园诗歌奖、举办校园诗歌节等活动推进汉语的诗化。因此,借助伙伴的力量,开设言语实践擂台赛,就会激发学生好胜的本能,因为好胜而去养成主动学习、主动参与、勤于动手、乐于探究的习惯;主动参与全体或群体的言语实践活动,学会在实践中学习,在合作中学习,以及在实践、合作中逐渐养成与他人共处、与他人合作和交流的良好品质。

4. 给德育以动人的乐律

在传统诗意言说的方式,还有一种别致的方式,那就是"成于乐"。诗与乐是相伴而生的。在"兴于诗、立于礼、成于乐"的比照中,孔子

---

① 曾子晴,馨园学校学生,写《天天蓝蓝》一诗时10岁。在各期报刊发表诗作100余篇,11岁推出个人诗集《新诗班里的一支芦笛》,笔者特作序《唱吧,自由快乐的芦笛——为新诗班曾子晴喝彩》以鼓励之。参见曾子晴《新诗班里的一支芦笛》,香港金陵出版社2004年版,第1—8页。

认为"乐"的言说应该是最高的层次，或者说是最高的道德教育境界。孔子闻韶乐，三月不知肉味，沉醉在音乐的境界中而不能自拔。"乐"也是一种言语符号，这种符号与"诗"有所不同的是它具有乐律感："乐文同，则上下和也。"（《礼记·乐记》）好的"乐"，直接诉诸人内在的感受，作用人心灵的净化，把人的心灵升华到一种超越自然、功利、道德的境界，使人在其乐融融的沉醉状态中受到诗意情怀的熏陶，在音乐的启迪下，打开思想的翅膀，从而获得一种崇高的道德感。从2005年开始，馨园学校为了落实诗意言说的理念，要求每个班级要针对自己班学生的特点，在课余时间培养全班同学对某种艺术的共同兴趣，"插花特色班"、"口琴特色班"、"二胡特色班"纷纷脱颖而出。"四年级2班"班主任张普老师平常的一节语文课上，意外发现他们班的大多数学生很喜欢葫芦丝音乐，于是便开展了大规模的"葫芦丝"学习，成为学校独特的"葫芦丝特色班"。试想一下，在月光如水的夜晚，几十个孩子，或斜倚榕树、或蹲在湖旁，手捏一管葫芦丝，双眼轻眯，神情自在而安闲。那如泉的乐曲就在他们的唇边指尖流淌，顷刻，尘世的喧嚣都化作天籁之音……这是多么优美的意境，这是多么和谐的乐章。音乐这种言说方式不仅可以陶冶学生的情操，开发学生的智力，还可以让学生找到自信，提升班级的凝聚力。

## 二 自在的诗意言说

"教育本质上是充满情感的，然而现代教育工具理性的泛滥导致人文情感的缺失。"① 利用情感机制，营造"诗意情感场"，形成同步、共鸣、共振的诗意校园文化，是诗意德育"自在"的诗意言说的主要方式。它能够让富有道德情感的诗意自在地出场，让言说者和倾听者、德育环境与德育目标、内容、途径、方法、管理、评价诸要素通过诗意文化的作用而形成"道德生活磁场"，使德育活动全程、全面、全员化，形成"人人是教师、处处是课堂、事事是教材、时时都育人"的良好氛围，因而能够使言说和倾听融通与超越种种对象物的关系，用诗意的情怀赋予自己有限生命以无限的意蕴，在场内潜移默化地受到诗意的感染，从而成为德性的自在的存在。

---

① 朱小蔓：《育德是教育的灵魂、动情是德育的关键》，《教育研究》2000年第4期。

1. 诗意情感场的基本理念

所谓"场"，本是物理学术语，最早由格式塔学派在心理学领域运用。格式塔心理学家认为，像电场、磁场、引力场一样，人类的心理活动也有一个场。心理场是由人与现实环境、主体与客体、情与景相契合而形成的"具有一定疆界的心理生活空间"。爱因斯坦认为"场是相互依存事实的整体"①。勒温则强调"任何一种行为，都产生于各种相互依存事实的整体，以及这些相互依存的事实具有一种动力场的特征"②。因此，场具有共变关系的依存性、进行能量交换或传递的动力性、事物影响的现时性以及行为导演的心理性等特征。

诗意德育所说的"诗意情感场"，主要是指与"以知为本"、"以物为本"的传统德育模式相对的"问心"的德育模式。学校是一典型的"场"环境，在学校里教师的情感信息、学生的情感信息、德育者的情感信息以及学校物质形态所包含的信息相互作用，形成一定的张力作用，构成了一种空间、一种物质运动的特殊形态。这种情感信息所辐射和作用的时空称为情感场。学校德育的重要功能之一就是让学校永远处于一个动态的发展之中，使学校的人力资源的物理状态和心理状态也都处于一个不断流变的过程中。如何保证学校的人力资源有效而长期地为学校的发展服务，不至于随着教育者的变动而发生人心离散，这是学校德育的目标，也是学校文化建设的价值所在。学校如果在把握办学方向、制定总体目标、进行宏观决策的同时，注重加强领导与教职工、教师与学生的情感联系，使领导与教师、教师与学生之间以及领导、教师与学生之间的情感进行交互沟通，达到感情共鸣，那么学校就会形成一个链状的、循环的互动情感场，在"场"的作用下，人的心理需要容易得到满足，创造潜能容易得到激发，学校德育中的各要素自然就形成了和谐诗意、共存共荣的校园文化。我们把这种以情感为核心，引导领导、教师、学生进行交互性、连续性和网络性互动，促使教育者和被教育者相互理解、相互尊重、相互信任、相互支持，从而创设诗意共生校园文化目的的德育模式，称之为"诗意情感场"。"诗意情感"的"元"即"要素"，是指跟学校教育有关而又能相互作用的各种因素，包括领导、教师、学生、学校环境等。

---

① J. Sllengberg, *Mastersof Social Psychology*, Oxford University Press, 1978.
② 杨清：《现代西方心理学主要派别》，辽宁人民出版社 1980 年版，第 313 页。

诗意德育是一项直面生命并以提高生命价值为目的的活动。诗意情感场的核心理念是对生命的关爱，从生命的整体性与生成性看这种关爱，有三个基本要素：①对成长的宽容。让被教育者在成长中沐浴人性光辉，以宽容的态度来对待成长所存在的问题，但不是纵容。②对主体的尊重。把教育者和被教育看成真正的人，尊重主体的自由与个性，让主体学会"为（wéi）人"，然后"为（wèi）人"。③对事业或学业的真诚。真诚是一种心灵的开放，这种真诚体现在不断地完善自我中。①

"诗意情感场"存在的价值在于它是一种潜在的教育力量，不但发挥教育者的形象、言语等"在场"信息的作用，更注重内隐的人格、个性、意识形态等"不在场"信息潜移默化的影响。

2. 营造诗意情感场的基本策略

马克思曾在《关于费尔巴哈的提纲》一文中，提出了以人为本的基本哲学理论，他指出：人是一切社会关系的总和，人的主体性、能动性是由人的社会属性决定的，因此，要从社会性的角度去激发人的首创精神，并最终为人服务。马克思主义认为：人既是手段，又是目的。② 从这一经典哲学命题出发，诗意言说自然就是充分认识并遵循人的主体性、能动性、创造性原则，在"情感场的营造"、"我与你共生关系建构"以及"自主体悟—内化—成就德行"的内化机制中进行。馨园学校诗意校园文化建设也经历了从朦胧到清晰、从自发到自觉、从实践到理论、从理论到引领、从引领到实践的过程，最终依据诗意德育价值取向以及基本理论致力于在浓重的城市现代化建设氛围中挖掘并张扬中华民族诗意的精神底蕴，使校园成为诗意的"绿洲"，成为现代都市的"田园"。

（1）设境兴志，营造诗意文化的情感场

道德教育从过程而言，其结构也应该包含道德认知、道德情感、道德意志以及道德行为。规训式言说注重理道德认知、意志与行为的训导，唯独忽略道德情感的作用，因而呈现认知的生硬性、意志培养的不确定性以

---

① 吴小鸥：《课堂"关怀型"情感场对大学生品格建构的影响》，《江苏高教》2004 年第 4 期，第 82—84 页。

② "从前的一切唯物主义——包括费尔巴哈的唯物主义——的主要缺点是：对事物、现实、感性，只是从客体的或者直观的形式去理解，而不是把它们当作人的感性活动，当作实践去理解，不是从主观方面去理解。""环境正是由人来改变的，而教育者本人一定是受教育的。"中共中央马恩列斯著作编译局译：《马克思恩格斯选集》第 1 卷，人民出版社 1995 年版，第 16—19 页。

及行为导引的变动性和不均衡性等特质。诗意言说利用情感机制，将学校里教师的情感信息、学生的情感信息、德育工作者的情感信息以及学校物质形态所包含的信息营造成富有诗意特质的校园文化情境，自然构成一个链状的、循环的互动道德教育情感场。让言说者和倾听者超越种种对象物的关系，用诗意的情怀赋予自己有限生命以无限的意蕴，在场内潜移默化地受到诗意的感染，从而成为德性的自在的存在。

诗意德育情境的营造需要借助一定的物质载体，尤其是在当今知识经济时代，文化信息交流具有容量大、渠道多、周期短、频率高等特点，要想道德观念融入学生的灵魂，发挥引导、规范、协调的作用，也有赖于物质载体以及先进的文化设施。主要策略有：

第一，改变学生在德育工作过程中处于接受者、被塑者的地位，营建"道德对等场"，形成道德教育的导向机制。"道德对等场"是指教育主体中的领导、师生在构建情感场的过程中的责任是对等的。也就是说，领导、师生都应养成主体意识，涵养主体情意，发展主体能力，都应该遵守相应的道德规则，且各自的行为与道德要求相对称。营造一种和谐诗意的校园文化观念场，将校级领导的办公桌移到教师的办公室，让教师和学生共同生活、学习、成长，让教育者和被教育者朝夕相处，发挥各自的品格因素、能力因素、知识因素、情感等非权力因素形成"情感场力"，有利于发挥教育者、被教育者的自主性和自控性，有利于涵养领导、教师、学生作为"学校主人"的角色意识，有利于营造一种相互信任、相互支持、宽松民主的人际关系，有利于形成科学、民主的学术研究氛围，增强学校的凝聚力。

第二，营造"教育物理场"，夯实道德教育的物质基础。营造"教育物理场"就是指对进入教育过程的各种物质资源的优化。它主要包括：教育的活动场所与设施、教育媒体、教育辅助手段以及提供师生良好的物质待遇等。比如用古今中外著名思想家、科学家的格言和肖像适当装饰校园，可以启迪学生的智慧，使其懂得人生的意义和奋斗的价值。在校园内醒目的地方布置有关校风、学风、教风建设的奋斗目标，可以使学生从踏入校门的那一刻便清楚地知道学校的办学理念，从而努力使自己的认识和行为与学校的价值观保持一致。良好的"物理教育场"为营造和谐的"和谐"情感场架设了不可或缺的平台。馨园学校将中山精神与校园物质文化协同起来，目标是建设"现代化建筑＋花园式环境＋浓厚育人氛围"

的学校，使学校成为学园、家园、乐园、成长园、发展园。力求所有的建筑透射出诗意精神和诗意文化，使校园物质文化建设与人才培养目标相融合；"功能六区明确，建筑依山就势，人工自然渗透，山水环境融合，组团空间相套"是诗意校园的建筑表征；伟人孙中山铜像与校训标牌相映成趣，是激励师生奋发进取的精神丰碑；一泓清池，两条飞瀑，给人以心灵的洗涤；动听的音乐、常鲜的花草给人以优雅的享受；宁静的生态环境里彰显出跨越发展的和谐，以及和谐的发展中处处跳跃着校园的诗意。

第三，营造"主体心理场"，建立道德教育的传导结构。所谓"主体心理场"，指的是在思想政治工作过程，树立领导、教师、学生都是教育主体的观念，充分发挥领导、教师、学生三方面的作用，使教育各要素相互协调、相互渗透，形成"人人是教师，处处是课堂，事事是教材，时时都育人"的良好氛围。在"主体心理场"中，领导、教师、学生处于场内，他们接受来自于各方面的作用与熏陶，同时又反作用于场中各要素。所谓"主体"是相对于客体而言的，是指人与周围环境是相互作用过程中的社会实践者、行为的主动发起者、改造者、控制者和活动的承担者。就领导、教师和学生的关系而言，领导的主体性主要表现在将国家的政策法规、学校发展目标及实施措施、教育教学理念以显性的言说方式呈现出来，将个人道德品质、人格魅力以非理性的方式给教师学生施加影响等方面；教师的主体性主要体现在将加工处理的教育教学内容和自身的道德、人格形象以客体的形式展现给学生的主导性和主动性等方面；学生的主体性主要体现在以主体身份对领导、教师这一客体展现的信息进行选择、判断、接受和内化的自主性、创造性、独特性等方面。学生发挥自己的主体性对学习内容主体化以后，又以新的反应作为新客体，呈现给领导、教师主体，领导、教师也会发挥他的主导性与主动性对新客体展开新一轮施教活动，也完成主体客体化或客体主体化，就这样循环往复，逐渐推进深化教育过程，领导、师生多主体就构成"主体—客体—主体"的互动关系。三鑫园学校一方面改变教师、学生在学校教育过程中处于接受者、被塑者的地位，营建"道德对等场"；另一方面建立新型的干群、师生关系，创建"互动教育场"，让每一位教师、学生均有机会参与学校日常教育，有机会和学校领导对话、交流、沟通，对各级领导均有评价的机会和权利，使原有金字塔式组织结构扁平化，逐步形成了"有形教育—无形教育—自我教育"的发展体系。不仅如此，还建立和谐的传导结构，建立"网络评价场"。在注重定量检测的同时加强定性分析评价，注重结果的同时加强过程的指导，更为有效的是采取成长档案袋式的评价方式，让学校行政、教师、学生、学生家长协同起来，有层次地制定学校发展总目标和阶段性目标，及时总结达到某一子目标的经验与教训，及时提出新的目标以引发新的行动，使得广大教师、学生不再是单纯的被动接受者，而可以有目的地参与其中，并通过评价、反馈来调整整个系统的运行。

（2）以诗言志，建构道德教育的共生性师生关系

人就其本质而言是一种关系性的存在。这种关系性存在在海德格尔看来就是与"他人"的"共在"，也就是马丁·布伯倡导的"我与你"的"共生性存在"。中小学德育工作有了情感场的情境，道德教育也就有了良好的可以依托的文化环境，但学生德育工作毕竟是需要凭借"言说"的传导结构才会深入人心。而言说者与倾听者良好的关系是言说产生效应的先决条件。如何促使学生道德工作的教育者与受教育者形成"我与你"的"共生性存在"关系？这种关系建立在言说者与倾听者超越"我"的"对象"的理解之上。比如"因为有月亮，你走远了，站在远远的路口上，看着我，我不会发光。/因为有月亮，你熄灯了，打开一扇又一扇圆窗，等着我，我不会升降。/因为有月亮，你睡着了，不再害怕自己的梦想，想着我，我将是太阳"①。顾城的诗作放在道德教育的语境，我们可以作这样的解读：如果言说者是月亮，倾听者一定会在月华的言说下带着甜甜的微笑走进宁静、平和的梦乡；如果言说者是太阳，言说者一定会把旷达胸怀、高洁品行化作开朗、明快的语言去全纳所有的学生，造就健康、开朗、有朝气的优秀人才，努力造就阳光般的事业。

在诗学的视野，"诗言志"说往往被认为是诗歌的本体或最基本的功能，即抒发内心情感愿望。而德育工作语境的"以诗言志"则是承继了传统诗教的诗谏与颂的原理，借助"诗"而又不局限于诗的本质，注重发挥诗之本体抒发情感的作用，更偏重诗之社会文化道德教育价值。确切地说，借助"诗"的形式表现道德主张以及个体或群体内心感悟的事理情思。其作用机制主要体现在以情激理，寓理于形；以理制情，寓教于乐，在审美享受中潜移默化地影响人的灵魂，达到"乐而不淫，哀而不

---

① 顾城著，顾工编：《顾城诗全编》，生活·读书·新知三联书店1995年版，第307—308页。

伤"的"思无邪"境界。主要表现形式：其一，"引诗言志"。即筛选经典道德的诗句，使之成为中小学生的指路航灯。例如，"路漫漫其修远兮，吾将上下而求索"的陶冶，会涵养中小学生养成追求真理、探索未来，以及不畏艰难的品质；"可怜身上衣正单，心忧炭贱愿天寒"的吟咏，会让中小学生心存"先天下之忧而忧，后天下之乐而乐"博爱天下苍生的情怀；在"长风破浪会有时，直挂云帆济沧海"的激发下，更会催生中小学生"天生我材必有用"报效祖国、建功立业的豪气。其二，"赋诗言志"。即把当今时代的道德教育内容用诗的形式表现出来，让中小学生接受"诗"的言说。比如，"当凌绝顶听风啸，要留无悔于明天"、"进门前抛弃杂念，入室后一心向学"、"弘扬文明新风尚，共绘校园新蓝图"、"中华文明五千年，礼仪展现一瞬间"、"勿忘礼仪之邦，牢记中国形象"等，处处体现"弘扬中华精神、涵养诗意情怀"的理念。其三，"对诗言志"，即师生交往采取写诗、吟诗的方式，学生可以咏诗表达成长的烦恼、困惑，教师也可以用诗的方式答疑、辅导。比如，林银同学向老师提出的问题："躲在世界的暗角/窥视/生命中匆匆往来的行人/看野花盛开的姿势/以及，凋谢的倩影/看演出华丽的序幕/以及，落寞的散场。"老师的回音："林——银——/圆润的鼻音/在口腔优雅地转两个身/吐出来就一定粲如春花吧//这是一片安静的森林/这是一片温暖而偓佺的白桦林/这是你的森林，你就是林中/银白色的云朵，林——银——/在森林的黄昏掠过的雁儿。"① 以诗言志让言说者和倾听者超越主客二元对立的教育者与受教育者关系，形成一种主体间的共生性关系。

（3）比德喻志，形成道德教育的内化机制

所谓"比德喻志"，就是道德教育主体通过对符号化的特定自然物的体验与感悟，把自然物的属性特征形象地比拟人的道德精神品质，从而达到"举一隅不以三隅反"、"闻一以知十"的效果，把规约化的道德他律自觉地内化为受教育者自我净化与升华德性的自律活动。孔子曾通过"知者乐水，仁者乐山"的"水"比智者的"动"与"乐"以及"山"比仁者的"静"与"寿"，使知者、仁者与山、水之间建立起一种道德关系。表面上看这种言说方式是一种语言行为，实际上，这种言说方式更是一种心理行为和精神行为。作为心理行为和精神行为，它是人内在的

---

① 引自诗意教育实验教师贺老师博客。

"志"与自然物进行同形同构的精神实践活动。

笔者指导练老师、欧老师运用这种原理，从花草鱼虫里选取象征物进行"比德"，开展"'竹品人生'——特色校园文化建设与小学生人生教育研究"德育课题研究。之所以将课题定名为"竹品人生"，理由如下：其一，从形象的认知力方面审视，竹子不仅具有节节拔高、挺拔向上的个性特征，还具有一丛一丛生长、一片一片存活的群体特性。风过处，竹海翻浪，竹叶萧萧，生机勃勃，这景色是何其盛大，这生命力何其旺盛。其二，从精神的感知力角度审视，竹子乃中国传统诗意文化中享有"四君子"美誉的植物之一。正如白居易《养竹记》所指出："竹似贤何哉？竹本固，固以树德，君子见其本则思善建不拔者。竹性直，直以立身，君子见其性则思中立不倚者。竹心空，空以体道，君子见其心则思应用虚受者。竹节贞，贞以立志，君子见其节则思砥砺名行、夷险一致者。夫如是，故君子，人多树之为庭实焉。"以竹子作为精神的感召物，既增添了德育的自然趣味，同时也体现了德育的文化亲缘性。其三，从德育的内化力角度审视，采取"以竹喻人"、"以竹育人"的方式，进而探索出"以竹起兴，以竹悟神"的德育模式，能够产生"有形景物陶冶无形精神"的教育效应。比如，当教师发现学生坐姿不端正时，不是直接地进行批评规训而是进行形象地导引："比一比，看一看，谁像竹子一样挺拔？"当发现学生排斥他人时，教师会指给他们看校园内的竹林，并触发学生自我感悟"独竹不禁风，群生方成林"的道理。这意味着道德教育既遵循德育过程规律，正确处理知情意行的关系；也意味着遵循学生道德形成发展规律，让学生在有形之物的比德下自主体悟，涵养道德情感，从而内化为正确的理想追求和道德信念，进而实践道德行为。

总之，诗意德育回归言语实践本体，采取诗意言说的方式，带领学生步入生活的丛林中，让学生从观察、体验生活入手，俯下身子关注一滴露珠的微笑，趴在草地上聆听蚂蚁的唱歌，甚至与一朵花一只蝴蝶相视一笑，如此等等。诗意在父亲的严厉的审视中流出，在母亲慈爱的关怀中倾泻，在与陌生人不经意的扶持中体会。唯有诗意的典雅的汉语的渗入，日常的生活才会焕发无限的光芒；唯有具有诗意情怀的人，才会在"看山、见水"的过程中复活许多被"山与水"遮蔽的内涵、品质、灵魂。

## 第三节　诗意德育的内容构建

德育内容是按照德育核心价值以及德育的目的性要求选择、设计和确定的德育知识、事例和活动方式的教学实施载体，它是德育目标、价值取向的具体化。德育内容构建既要受到一定的政治、经济、文化条件的制约，也要受到德育价值取向和言说方式的制约，还要受到学生的年龄特征和品德发展水平的制约。所以，弘扬诗意德育理念，当然需要与之照应的诗意德育内容构建。诗意德育不仅充分利用传统诗意文化中的德育资源，而且自觉顺应中小学学生亲近大自然、亲近社会生活的天性，积极挖掘利用生活资源中的一山、一水、一草、一木、一人、一事、一物等富含审美价值的教育资源，使德育内容极大地丰富起来。当德育与中国传统诗意文化血脉息息相通，学生的德性自然在诗意文化的熏陶下染上中国人的骨气与风采。当德育与生活的场景丝丝牵连的时候，学生就会在真实的场景中自由地编写诗意的人生乐章：他们在获得来自生活的真实感动，自然就把这种感动变作德性的行动，投射给世界、给自然、给人类以诗美的光辉，使之在自然的人化与人的对象化过程中永葆童真、童趣，闪耀着生命的智慧。这意味着德育由祛魅的"科学世界"返回到灵动的"生活世界"；意味着学生合情合理合法的需要与社会需要及客观规律的和谐；意味着学生的德性在诗性思维与理性思维融通互摄中得以和谐生成。

### 一　内容构建的基本理念

为实现上述诗意德育目标，诗意德育的内容构建主要是在自然诗意、社会诗意、自我诗意三个方面做文章。所谓"自然诗意"是德育双主体通过言语实践对自然之境中生命感动的体验与反思，侧重于对人与大自然之间工具性实践关系的领悟。而"社会诗意"是通过言语实践对人类生活世界的理解与解构，侧重于对人与其族类之间人际交往实践关系的领悟，其中包括人与他人、人与社会群体、人与国家民族、人与文化、民族与民族或国家与国家等的关系的领悟。自我诗意是人关于自己内心世界之存在境界的感受和领悟，主要是人对自我生命人道实践关系的把握与建构。因此，环境保护道德教育、人际关爱道德教育以及人道生命道德教育自然成为诗意德育的主题。

1. 环境保护——道德教育的自然诗意

诗意德育关注的焦点是人类社会发展中具有迫切性、敏感性和棘手性而尚未被人们充分领悟的重大问题——人与自然究竟是什么关系。在工业社会时代，以人为中心的主体主义思想占据了主要的地位，自然成为人类征服、改造、奴役的对象。当人类将自己的意志强加给自然的时候，当自然界不堪忍受人类掠夺和破坏的时候，人类自身也逐步丧失自己的主体性，成为自然报复的对象，甚至导致人类面临严重的生存危机：资源短缺、能源匮乏、土地荒漠化、环境污染和生态日益失衡、大片森林遭到砍伐、大量生物物种趋于灭绝……天之根本德性，含在人之心性之中；天道与人道，虽表现形式各异，其精神实质却是一贯的。天道运行，化生万物，人得天地之正气，所以能与之相通。作为宇宙根本的德，也就成了人伦道德的根源，反之，人伦道德也是宇宙天道的体现。孟子曾指出："尽其心者，知其性也；知其性，则知天矣。"① 其着眼点就在天人合一上。诗意德育奠基于中华传统美德中的朴素生态意识和生态智慧，用诗意的情怀赋予自然无限的生命，化人类中心思想为人与自然平等的"我—你"的对话关系，用更加理性、自觉、系统的架构，导引受教育者从小养成放眼世界、放眼未来，理解生命、关爱生命，学会关心可能影响整个人类社会、整个自然界的深层生态问题，使每一株野草都绽放微笑，让每一种花朵都拥有绿叶，每一片落叶都是生存信息的通知书，每一次枝折的声音都敲在师生的心弦上。诗意德育从人与自然关系入手，导引人与自然同在，把自身融汇到自然界的协调发展中去，不断提升道德修养，从而达到人与自然交融和谐的高远境界。

2. 人际关爱——道德教育的社会诗意

不论人是作为一个个体或群体的存在，还是作为自然或社会的存在，人并不是一种孤立的、自在的、既定的存在，而要受到各种各样关系的规范和制约。首先人凭借实践活动，结成一定的生产关系，然后在此基础上产生和发展出人与人之间的多种联系和社会关系。这些关系尽管因为个人的表现形态不同而呈现不同的经济关系、政治关系以及伦理关系等，但从本质上来说，他是关系性的存在物，尤其是人与人主体间关系性的存在物。在马克思主义看来，"不管个人在主观上怎样超脱各种关系，他在社

---

① 管曙光：《诸子集成·孟子·尽心章句上》，长春出版社 1999 年版，第 97 页。

会意义上总是这些关系的产物"①。由于人与人的关系不是静态的，而是处于一个不断解构与建构的、动态的生成过程，由于语言、文化、经济、政治的差异，难免产生矛盾，甚至导致代际、性别、种族等冲突，如何协调这些矛盾与冲突，建立一个平等的、真诚的、交互性、开放性的"我—你"关系，而不是侵略性的、单向性的"我—它"关系？这需要借助德育的力量。诗意德育不同于规训式德育，它注重人际关爱教育，注重导引受教育者通过用诗意的情怀观察、体验并审视历史、当下乃至未来由于文化、经济、政治等的差异导致的人际关系的危机，赋予不同地区、不同民族、不同阶层的人以同体共生、和谐共荣的诗意意识，自觉养成辨识与防止人类社会种族歧视、恐怖和仇杀而导致社会生态危机的诗性智慧；导引当代受教育者从思想深处树立起男女独立、人格平等、相互尊重等诗意意识，养成预防和消除男尊女卑、限制女性生存和发展的诗性智慧，自觉消除自我中心、自私自利观念，以便最大限度地降低我国存在的"人口素质逆淘汰"现象及中国人口自然增长上的素质整体退化危机；挖掘并培植人潜在的诗性，使人充分认识到诗性在自身人格发展中的无限魅力与价值，并以饱满的热情全身心投入到求知、做事之中去，主动超越"拜金主义、享乐主义、个人利益主义"等外在物质层面的束缚，最终目的指向社会的诗化，从而实现德育促进人与社会和谐发展的功能。

3. 珍惜生命——道德教育的自我诗意

人的和谐自由发展，是马克思关于人的发展学说的核心思想，人的自由和谐发展是人与社会、人与自然、人与人之间和谐发展的基础。生命是教育的起点，又是教育的终点。促使学生物质生态与精神生态的和谐发展是德育根本目的与终极关怀。长期以来，我们的教育以传授知识为主，以培养循规蹈矩的人为目的。漠视学生作为自我生态存在的发展需要，信奉"修剪"的做法来教育规范学生的言行与思想，这在很大程度上扭曲了学生的人格尊严，扼杀了学生精神生命的全面而和谐的发展。诗意德育基于自然生命，又在现实生命之中追求生命质量的完善，让生命在教育中自由地舒展与涌动，进而让生命诗意地栖居在教育之中，使学生不断体验并领悟生命的意义，从尊重个体生命的道义出发，将个体生命注入人类群体生

---

① 中共中央马恩列斯著作编译局译：《马克思恩格斯选集》第 2 卷，人民出版社 1995 年版，第 208 页。

命的洪流中，使自己成为人类生命接力跑中不可缺少的一棒，而个体所有的汗水与辛劳都将凝铸成奋斗的成果，汇入人类发展进步的长流中而获得永恒的意义。这样的德育其实是一种诗性的光芒，一种厚重的人文，一种写意的情怀，一种圣洁的灵魂，更是一种生命向前运动的内在动力。生命化的诗意德育指向的是人自身，其主旨在于导人以真、善、美，使人在臻于美善的境界里生活得更有意义，与他人、与自然相处得更为融洽和谐，使人得以建立更为完美、充实的意义世界。

## 二　内容实施的基本策略

诗意德育内容构架的基本理念确定了"环境保护、人际关爱、生命关爱"道德教育三个主体内容，而这些内容如何切入到民办中小学教育场域呢？如何在三大主题教育中让"自然诗意、社会诗意、自我诗意"成为学生德性成长的精神支柱呢？馨园学校限于办学条件，采取的是"拓宽途径，两手抓"的策略，所谓拓展途径，就是在用好校内智力资源的同时注意活用社会资源，尤其是家长资源；所谓两手抓指的就是一抓诗意德育校本教材建设，二抓常规教材诗意德育内容的挖掘与利用。

1. 家长资源的整合

学校教育是一个多元互动的过程，它不仅是学校教师的责任，更是家庭、社会的共同责任。对于学校来说，家长天然是教育的合作伙伴，是一种宝贵的资源。学校如能开发并利用这一资源，释放潜能，在家庭和学校之间建立起和谐、持久的互动关系，所带来的积极效应能够想象。另外，许多学校出于"安全"的考虑，纷纷取消了"户外"的春游、秋游活动，将学生与自然、外在的社会隔绝起来。如何让学生亲近自然而获得自然的诗意以及接触社会而发现社会的诗意，同时又让家长履行教育的职责？馨园学校尝试开办"家长大讲堂"，与家长携手合作，让家长不仅成为学校的参观者，而是成为"志愿者"或"义工队"。所谓"家长大讲堂"，就是将家长资源纳入诗意德育资源的一部分，通过统筹安排，采取家长进校园、学生入家园的策略，有计划地、系统地开展诗意德育活动。简言之，就是"请进来，走出去"。"请进来"，是指校方请家长走进课堂，走上讲台，为学生讲课；"走出去"是指在家长的协调沟通下，将学生带出校园，接触自然，了解社会，从而塑造自我。

其一，做好调研工作，充分挖掘家长资源。学校一般在开学初特向全体家长致专门的一封信，在信里会阐述诗意德育理念，列出"讲堂"的三大主题与"讲堂"的基本内容设计，诚挚地邀请家长报名并注明根据个人实际情况能讲的专题。其二，合理分配，统筹家长资源。学校成立了"家长大讲堂"领导小组。领导小组研究制订"家长大讲堂"工作计划，将各班收集家长反馈信息进行整合，对家长的报名数量或报名内容进行统筹编排，明确"家长大讲堂"的主要任务与职责，并对"家长大讲堂"进行过程中出现的问题加以改进以及总结、表彰。其三，坚持"三化"，搞活"家长大讲堂"。所谓"三化"，即"活动系列化"、"资源共享化"以及"德育基地化"。"活动系列化"就是把此项活动进行系统的规划分类，如"家长大讲堂之环境保护月"、"家长大讲堂之生态体验月"等；也可按各年级年龄特点，利用家长资源，重点打造某一专题，形成年级特色。"资源共享化"，即在挖掘班级家长资源后，班级针对活动内容及效果，选择性地向年级、学部上报，由班级辐射到年级甚至学部全体学生，实现各班家长资源的共享。所谓"德育基地化"，通过学校与家长进行沟通，可与部分资源丰富的家长签订相关协议，进行合作，成为学校德育基地。这样就变"一次性消费"式的"家长大讲堂"为可持续、可操作的教育活动。其四，多元互动，科学评价。如何调动家长参与"家长大讲堂"的积极性？我们在评价上下工夫：首先，学校制作专门的"家长大讲堂"活动的"纪念证书"，用于赠送家长；其次，学校分别制定班级"请进来"、"走出去"的活动流程，如计划申报、家长接待、视频录制、安全协议签订、班级总结、学生实践感言、宣传报道等，学部对各班开展情况进行评价；再次，由学校或学部领导对本学期承担"家长大讲堂"活动的家长致函、致信感谢；最后，发挥学生和教师的评价功能，每次活动后，要求师生写出活动体会与感言，这些来自师生的真实感受往往让参与活动的家长获得莫大的精神鼓励；另外，发挥家长的评价作用，我们利用家长开放日或家长学校，及时通报"家长大讲堂"的信息，尤其将参与活动的家长、教师、学生的感言择要发到每一位家长手中，带动家长参与活动的积极性，同时深刻认识到家长参与教育孩子的神圣责任。

"家长大讲堂"得到了家长的热烈欢迎。家长们各尽所能，各尽其责，要么深入学校登上各班级的讲台，讲授成才、创业、心育等专题教育，要么引领学生深入叠秀生态园、脆肉鲩鱼养殖场等实践基地，让学生接触自然、认识社会，探索父辈的足迹，从中获得自然、社会与自我的诗意，从而建构理想的自我形象。更主要的是加强了家庭与学校的联系，让家长增强了履行教育职责的主动性与自觉性。比如，一年级2班家长陈青女士来校看望孩子，发现低龄孩子有浪费粮食的现象，有部分孩子把没吃完的饭菜都倒进了垃圾桶，还有部分孩子就餐不太讲礼仪。陈女士结合自己管理威尼斯西餐厅的经验，搜集素材、备课、试讲。于是，对小学低段的孩子举办了"爱惜粮食，餐桌礼仪"的专题讲座。陈女士的讲座采取讲故事引入、在情境中演示、分组比赛等方式，并邀请部分班级的学生去她的西餐厅体验。很多小朋友在富有情境性的诗意导引中学习到了珍爱粮食、就餐礼仪等知识与美德。

表5—1　　　　　　　**家长大讲堂安排表（2009 年上学期）**

**家长大讲堂之一社会实践活动累计表**

| 日期 | 星期 | 时间 | 班级 | 实践地点 | 备注 |
|---|---|---|---|---|---|
| 3 月 11 日 | 周四 | | 二年级 | 中山市特殊学校 | |
| 3 月 16 日 | 周二 | | 六年级 13 班 | 小榄 | |
| 3 月 17 日 | 周三 | | 三年级 4 班<br>五年级 4 班 | 东升脆肉鲩鱼养殖场 | |
| 3 月 18 日 | 周四 | | 五年级 1 班 | 三乡叠秀生态园 | |
| 3 月 19 日 | 周五 | | 一年级 5 班 | 横栏可尼尔灯饰厂 | 因故取消 |
| 3 月 25 日 | 周四 | | 四年级 8 班 | 泉林山庄 | |
| 3 月 24 日 | 周三 | 14:30 | 六年级 3 班 | 三乡农村信用社 | |
| 3 月 30 日 | 周二 | 14:30 | 六年级 13 班<br>五年级 10 班 | 中山市坦洲公安局 | |
| 3 月 31 日 | 周三 | | 五年级 6 班<br>四年级 7 班 | 三乡叠秀生态园 | |
| 4 月 1 日 | 周四 | 12:30 | 四年级 9 班 | 中山市红色军事博物馆 | |
| 4 月 2 日 | 周五 | 15:00 | 一年级 1 班 | 三乡养老院 | |
| 4 月 2 日 | 周五 | 14:30 | 小学部 | 孙中山故居 | |
| 4 月 7 日 | 周三 | 13:00 | 六年级 1 班 | 小榄天朗公司 | |
| 4 月 8 日 | 周四 | 14:30 | 四年级 11 班 | 贸易公司 | |
| 4 月 9 日 | 周五 | 12:40 | 六年级 15 班 | 中山市国防科普教育基地 | |
| 4 月 8 日 | 周四 | 14:20 | 四年级 3 班 | 坦洲镇金斗湾怡乐园 | 请修改时间 |
| 4 月 16 日 | 周五 | 12:40 | 一年级 4 班 | 石岐区东明花园茶叶销售区 | 待定 |

2.《弟子规》、历史名人等传统文化德育资源的整合

"家长大讲堂"搭建了学生与自然、社会沟通的平台。学生带着诗意的眼睛审视自然与社会，既发现了自然一草一木所蕴涵的诗意元素，也亲身感受到社会生活中闪耀的诗意光辉，这一切都化作学生德性成长的有机养料。然而，德育的主阵地仍在学校，落实环境保护主题以及人际关爱主题的教育取决于学生自我内在诗意的状况和人道教育的水平。学生自我内诗意的最高境界莫过于"从心所欲不逾矩"。要使学生"不逾矩"，首先必须让学生懂"礼"并守"立于礼"。诗意德育内容如何让学生在诗书教化的过程中达到孔子"立于礼"的德育高度？这是诗意德育内容构架的重要内容。"不知礼，无以立也"（《论语·尧曰》），孔子赋予"礼"以崇高的意义，认为人只有明礼、守礼才能挺立。"礼"是什么？《说文》："礼，履也。"《左传》："礼，是所依也。"广义而言，礼是国家的典章制度，是社会的良风美俗；狭义来说，礼是个人的美德，是道德情操和精神境界的表现，是不同事物对立统一而达到的平衡协调状态。从哲学本体意义上审视，"夫礼，天之经也，地之义也，民之行也"（《左传·昭公二十五年》）。"礼"为宇宙万物的本质，是自然与人类社会得以存在的基础；从价值论层面分析，"礼"具有节制、导引、约束等作用，能够使人的放纵之心管束在公共契约的规则之下；从方法论上讲，"道之以德，齐之以礼，有耻且格"（《论语·为政》）。无论治国还是齐家，甚至修身，"礼"是处世行事的基本准则，礼是治国安民之本。"礼"是中国传统诗意文化中被广泛接受和认同的人文精神，也是当今西方社会普遍的理性追求。西方有识之士，比如，约翰·洛克就在其《教育漫话》里特别重视"礼"的教育作用，他认为"礼"可以使顽劣的孩子变得柔顺，给教育对象的精神以约规力量，促使他们在各种场合举止得体、平和、谦逊，成为文雅的"绅士"。后现代哲学思潮大多认为人不是世界的立法者和万物存在的目的，人与自然、人与社会乃至人与自我都是"我"与"你"的生命共同体，是共生共长的伙伴关系。

馨园学校所秉承的民主革命先驱孙中山先生的最高理想莫过于"天下为公"的大同之世。其思想的核心莫过于以"礼"服人，以"礼"胜人。因此，诗意德育资源的开掘体现在对传统诗意文化中"礼"文化的偏好侧重：一方面，从德育的角度对孙中山精神以适宜的解读，编写《孙中山德育读本》；另一方面，从2008年2月开始将传统思想道德经典

《弟子规》作为诗意德育系列校本教材进行研发。

在《孙中山德育读本》开发方面。首先，根据未成年人思想道德发展的普遍性与校本性相结合原则，厘定读本的核心道德价值。我们从孙中山庞大的思想体系里厘定出孙中山先生的"自强不息、建功立业的奋斗精神；崇尚德治、强调德教和修身的重德精神；刻苦钻研、博览群书的治学精神；反帝反封建，救国、建国的爱国精神；矢志不移、百折不挠的革命精神；顺应潮流、与时俱进的进取精神；求大家之利益、办大家之事业的无私奉献精神；同甘共苦、共存共荣的博爱精神"作为读本的核心价值，以此统领学生道德规范的认知、道德情感的熏陶、道德意志的建构、道德行为的导引。其次，根据德性的整体性与层次性相结合原则，确定读本具体化的德育内容。以孙中山道德修养、治国方略、科学文化、革命生涯等相关内容为横坐标，以成长中的我，我与他人的关系，我与集体、社会和国家的关系为纵坐标，理顺德育内容自身的逻辑关系，将历史与现实生活中的鲜活事例、学生关心的具有教育意义的现实生活和社会问题，具有孙中山精神特质的爱国志士、民族英雄、圣人贤者的典型事例，孙中山本人和追随者的人生格言等内容由浅入深、由低到高、由感性到理性、从现实到理想进行合理部署与安排，这样就保证了"德育内容，循序渐进；德目规范，形成序列；要素完整，层次清楚；注意衔接，螺旋上升"，做到思想性与科学性相结合，继承性与时代性相结合，使德育内容形成由低到高、由浅入深的序列，与受教育者认知过程保持同步。最后，根据德性培育的科学性与可行性相结合原则；确定读本体验式开发模式。读本的单元体例主要由"单元导读"、"中山故事"、"交流研讨"、"体验与践履"、"中山语萃"、"相关链接"等部分组成，每单元以孙中山文本、孙中山故事为根源，引出同源的今古传奇，再配以典型案例引发交锋交流，单元整合了包括"画龙点睛"、"孙中山常识测试"、"体验与践履"、"孙中山语录"等栏目，即背景的宏大，角度的实而小，暗含了"溯源求本，学以致用"的诗意理念，从五千年文化背景中神交孙中山，从成长的需求上从孙中山精神中汲取养分。全书中采用互动形式，两边配加了旁注、图片、提示等内容，呈现了多层面、立体的孙中山世界。其中"交流研讨"环节，主要是在讲述1—2个典型案例之后，再列出1—3个富有情境特点体验式的思考题，如假设学生A或学生B针对孙中山思想的某种观点与现实生活的意义进行讨论或辩论，在讨论与辩论中体验孙中山深邃的思想与哲人的智慧以及伟人的情怀。而"专家建议"则根据"中山故事"以及学生体验的启示，针对"交流研讨"中假设学生的正确、错误、模糊、极端的观点进行点评，提出我们编著者的建议或转述有关专家的意见，点评符合科学的、现代的德育理念，起到画龙点睛的作用。而"体验与践履"环节是根据学生的思想道德发展中的特点，设计一些具体的德育情境，让学生或设计方案，或解剖自己的不足，或进行实践体验，其目的在于让学生践履中山精神，把中山精神体现在日常生活一言一行中。这样就熔"动之以情、晓之以理、启之以思、导之以行"于一炉，真正做到使学生在道德学习的过程中充分发挥自己的自为性、自主性、能动性，自觉、自动接受社会的道德规范，在实践中深化道德认知，体验道德情感，以促进良好道德行为习惯的形成。

在《弟子规》校本教材的开发和运用方面。我们提出研究目标是"学《弟子规》，做有根的人"。注重运用系统科学的整体性、层次性、有序性、动态性和相互联系的理论整体设计《弟子规》校本德育体系。注重按照《弟子规》的主要内容，挖掘内含的诗意德育元素，对接学生品德发展的时代要求，将把《弟子规》1080个字分成孝、悌、谨、信、泛爱众、亲仁、余力学文七个部分，拆成113件小事以及"孝敬父母教育"、"尊师敬长教育"、"团结友爱教育"、"立志勤学教育"、"自强不息教育"、"礼貌谦让教育"、"严己宽人教育"、"求索创新教育"、"人贵有耻教育"、"勤劳节俭教育"、"爱国爱民教育"等专题。有计划、有步骤地把《弟子规》的内容落实在孩子的一言一行中，把嘴巴上会读会背的干瘪文字活化到学生生活教育的各个方面：其一，在生活中规范。从孝、悌、忠、信、礼、义、廉、耻诸多方面以经典文化的引领及落实代替了生硬的管理制度，奠立规范做人的基础。其二，在活动中体验。我们以生活情境为中心，以实践活动为中心，以主体的内心体验为中心，组织开展多种形式的学、背、演活动，为学生学习生活，快乐成长创造愉快的心境。其三，在实践中发展。通过整体规划的主题教育和社会综合实践活动，引发学生亲身体验，生成"内得于己，外得于人"的德性。其四，在文化中熏陶。在宿舍区营造典雅的书香校园，在无声的环境中熏陶学生的品格。其五，在评价中提高。根据发展性原则，坚持形成性评价和过程性评价相结合，制定《馨园学校"弟子规"生活星级评价标准》，促使学生达标。

3. 常规课程中诗意德育资源的整合

任何一种言语实践都是在一定的时间链条上展开的。[①] 诗意德育是一种时间上有连续性和广延性的言语实践活动。它自然表现为一个时序过程。在这个过程应该是具有普遍性意义的，其发生机制不会因为课程，尤其学科课程内容的变化而发生本质的改变。这样就要求在诗意德育资源的开发上进行"散点透视"，即从不同学科的内容体系中挖掘出诗意德育的元素来。基于以上研究，诗意德育实验注重每一学科、每一单元、每一篇课文，甚至每一节课都进行"诗意点"的挖掘与训练。现代教育家范祥善在《国文教授革新之研究》中说到，"宜善用教科书而不为教科书所用。教科书，死物也。教授过问，舍而用之固不可，用之不当，其害立见"[②]。我们就能试图改变"搬运工式"处理教材的方式，使钻研教材过程成为充满诗意的创造过程，同时，让自己诗意地栖居在人类的灵魂殿堂，成为人生之河的导引者。因此，"如何挖掘教材中的诗意点，设计体现诗意点的主问题"成为课题组的实践研究主攻内容。所谓主问题，就是能够涵盖全文内涵、启发学生深入思考以及推进学生创造性地进行自我解构与建构活动的关键问题。比如"儿童急走追黄蝶，飞入菜花无处寻"一句，问题可以这样设计：儿童尽管没有寻到黄蝶，他们寻到了什么？作者又寻到了什么？我们读者（同学们）又寻到了什么？所谓诗意点就是能够触发学生德性发生、发展的关键处、精美处、深刻处、疑难处、知识内容丰厚处、手法巧妙处、意义隐含处等"有嚼头"的地方，以达到陶冶诗情、启迪诗思、践行诗意的目的。比如《槐乡的孩子》一文，我们可以根据孩子喜欢大自然的实际情况，把诗意点确定为"孩子与槐树的关系"，让孩子在看槐树，闻槐花香味，讲槐树故事，充分感受槐树的文化，从而体会槐树是槐乡孩子的朋友、亲人和父母的多重关系，和槐树的情怀融为一体。具体策略如下：

（1）于教材的文体上挖掘诗意元素

为了让学生更深刻地感受教材语言文字所蕴涵的语言美、人文美、意境美，笔者常和中小学教师一道引导学生对文体进行改编，延续孩子们对教材中诗意元素的理解与感悟。如将散文、古诗改编成诗歌等。比如余运

---

① 倪文锦：《初中语文新课程教学法》，高等教育出版社2003年版，第33—37页。

② 范祥善：《国文教授革新之研究》，《教育杂志》1918年第1期，第7—10页。

群老师在执教五年级教材《阿里山的云雾》时，通过指导学生反复诵读课文，引导学生入情入境，品读文中的优美词句，尝试指导学生进行改写训练，取得了较好的效果。其中任宇昕同学是这样改写的：阿里山的云雾/时隐时现/时浓时淡/时风起，时平静/起风时，翻滚涌动/平静时，如一文静的女孩/这就是阿里山的云雾/这就是神奇的大自然。

（2）于教材的"不在场信息"中挖掘诗意元素

笔者指导教师深入钻研教材，透过文字本身，努力找寻文字背后的诗意元素。如陈静老师在执教《槐乡的孩子》这一课时，就根据槐树、槐米等在场信息呈现，将教材知识图景化，再让学生透过在场的图景去想象、揣测槐乡孩子生活等不在场的信息，让学生分析槐乡孩子热爱槐树的情感原因。并抛出"假如你是槐树，你会和孩子做什么，你会对孩子说什么"的话题，让学生左右大脑协同效应进行创造性的思维。在此过程中，学生自然地物化为槐树，与树共舞，与花同乐，成了槐乡孩子的亲人、朋友，课堂也自然成了孩子们畅游诗情画意的天堂。

（3）于教材的空白处挖掘诗意元素

诗意很大程度上取决于读者的创造性想象。因此，挖掘教材中意犹未尽或是需反复意会之处，并从这些有意或无意的空白处展开诗意教学，也应成为课题组教师的思考点和切入点。如张泽佳老师在执教《黄鹤楼送孟浩然之广陵》时就设计了这样的诗意训练点，教师先引导说："当李白站在江边目送孤帆远去的时候，他的脑海中浮现了一幅幅曾与朋友在一起的美好画面："是啊，那时的我们，一起玩耍，那时的我们，会……"学生的脑海中开始勾勒一幅幅画面："那时的我们曾一起寒窗苦读，那时的我们，曾一起把酒当歌……"和着音乐，孩子们用诗一般的语言把我们带进了诗句所不曾呈现的美好回忆当中。

（4）于教材的重组中挖掘诗意元素

在钻研教材时，如何使文本中一句句浸满着情与爱的字符，诗意地流淌进孩子的心灵也一直是我们关注的研究内容。为此，我们尝试了从对教材内容进行重组中挖掘诗意元素。如陈静老师在执教《搭石》这一课时，将课文中描写"人们走搭石"的句子改用诗歌的形式呈现出来："每当上工、下工/一行人走搭石的时候/前面的抬起脚来/后面的紧跟上去/动作是那么协调有序/清波漾漾，人影绰绰/给人画一般的美感。"教材内容呈现方式变成了诗，再配以优美的乐曲，通过多种方式的朗读，学生的情感一下子调动了起来，感悟到文中蕴涵着的"只可意会，不可言传"的美妙诗境。

（5）于文章内容的主题升华处挖掘诗意元素

在升华课文主题处挖掘诗意元素也是进行诗意教学的有效途径。它能在体现教材人文性的同时，抓住师生情绪的高涨时刻，更好地利用诗意的语言表达内心情感。如陈静老师在执教《一个小村庄的故事》时，一个被洪水毁坏了的小村庄展现在大家面前。所有的孩子都在惋惜，哀叹……此时，陈老师抓住高潮层层升华："如果历史可以改写，故事可以重来，如果你就是那个砍过树的农夫，如果你就是看着父母砍树的孩子，你会怎么做？"学生纷纷发言后，陈老师继续追索："让我们用诗意的眼睛看看，那么小村庄将会有什么？"孩子们顿时开启了诗思，迸发出诗语。有的孩子说："会有我，一株美丽的野菊花，我要把我的芬芳传播给辛劳的人们。"有的孩子说："会有我，山中的一株小草，我要将自己的绿色奉献给山村。"有的说："会有我，林中的一只小鸟，我要把自己最美丽的歌声送给善良的山村人们。"……于是，孩子们用诗意的言语燃起心中美好的期望，为那个小村庄的故事添写了富有深刻含义的一笔。

（6）于与文本的对话中挖掘诗意元素

在阅读教学中，引导学生和作者、文本进行多元互动对话，学习、揣摩、领悟对话内容，诗意元素定能自然地散发在课堂里。如黄义老师在执教阅读教材《驯养》一文时，先让学生认真品味课文重点句子的含义。接着提出"驯养容易吗，它需要什么"的问题。学生先后给出"驯养不容易，它需要耐心、仪式、责任、智慧"的答案。黄老师又让学生把自己虚拟成作品中的人或狐狸，联系自己的生活，谈论驯养的作用与效应，学生最后达成的学习结论是"如果你驯养我，/那我的生命就会充满阳光，/你的脚步声就会像音乐一样，/召唤我走出孤独的彷徨。//如果你驯养我，/那我的田园就会堆满希望！金黄色的麦子摇曳金色的梦想，/我也会聆听风在麦穗间快乐的歌唱"。

诗意德育内容构架是道德的社会规范性与德育个体主体性的动态统一过程。道德的规范往往是外在于个体的类的约定性，它以规则性行为要求引导和塑造着人的德性。而德育个体的主体性要求德育内容具有亲和性和发展性，这样德育对象才会自觉地接受内容的熏陶。馨园的诗意德育内容架构无论是《孙中山德育读本》的编写，还是《弟子规》的现代诠释，尤其是常规课程资源的开掘与利用，都体现了融合东西方文化"礼"的理念与理想，从学生需要和学校实际出发，恰当处理激发道德情感、养成道德行为和培植道德理性之间的关系，充分发掘生活经验、亲身体验、叙事素材和文化经典对于道德图式建构的重要意义；体现了站在人类诗意文化高处整合诗意德育资源的智慧。从适切性而言，用传统经典文化作凭借，以礼为依托，培养孩子成为知礼、懂礼、讲礼、行礼的未来公民。其实质就是培养孩子具有一颗善良的心。如此，"诗意"才会生根、茁壮于教育的土地，人类"天下为公"的大同理想才会奔腾于孩子生命成长的血脉中。

# 第六章　学校诗意德育的发生机制
##    与基本效应

诗意德育何以可能？通过一段时间的实验探索与理论研究，已经有了确切的定论。但是，诗意德育在实践中普遍推广，尤其是在学校德育工作中的有效运行，才是"可能"的附着之地。因此，进一步探索学校诗意德育的发生机制，是诗意德育研究的根本目的与最终追求。

## 第一节　诗意德育的发生途径与运行结构

所谓发生机制，就是诗意德育发生的途径及其运行结构。诗意德育的发生机制可概括为以诗意作为视角，以诗意文化作为实践的起点，以复活学生内在的诗意做基础，采用诗意的言说方式，着力培养诗性智慧与诗意精神，促使他们不断加强德性修养，引领他们步入诗意境界，从而建构富有中国特色的学校德育模式。

### 一　诗之"诗意"的发生机制

诗意德育的发生与诗学范畴诗意的发生同源。从诗学的角度看，诗意的发生来自于诗人的"发现"和"创造"两个途径。

诗之诗意何以"发现"？其运行规律如何？钟嵘在《诗品·序》里作了生动的解说："气之动物，物之感人，故摇荡性情，形诸舞咏。"原来"气"的本体催动了四时节候的更替，促使自然界万物勃发生机，自然之万物的摇曳多姿，在恰当的时期触发人内在的生命感动，人的思绪与性情随之激动和摇荡，于是手舞足蹈并赋诗吟诵，诗意就勃发出来。这个过程和音乐的发生有点类似。"乐者，音之所由生也，其本在人心之感于物也。是故其哀心感者，其声噍以杀；其乐心感者，其声啴以缓；其喜心感者，其声发以散；其怒心感者，其声粗以厉；其敬心感者，其声直以廉；其爱心感者，其声和以柔。六者非性也，感于物而后动。"① "凡音者生乎人心者也，感于心则荡乎音，音成于外而化于内。"② 无论是音还是乐都是由人内心生成的东西，其发生的本源在于人内心受到外物的感动。在诗意发生与音乐发生的比照中，我们不难发现，它们的相似点都在于"物、人心与音乐或诗意"三要素的作用。其中"人心"是起决定性的作用，而外在之"物"又是左右"人心"变化的逻辑前提，音乐或诗意不过是"物与人心"互动的结果而已。这样看来，"物"何以动"心"就成为催动诗之"诗意"发现的闸门，打开这个闸门，诗意就萌发衍生开来。

在钟嵘看来，物之动心的缘由在于"气"。这个"气"，既是充塞天地之间本体存在的元气，又是四季流转的现象节气。它具有使大自然成为"在者"的本体功能，又具有感于人心的意象功能，即具有使人内心性情外化象征物的功能。因此，诗意的发现机制，概括起来，就是外在的事物触发诗人内心的感动，从而促使诗人敏锐地对外在的事物进行人生经验视角的审美观照、分析、判断、提炼，迅速地注入思想和情感，最终凝结为意象而表现出来的一种"诗"的艺术。"明月松间照，清泉石上流"、"人闲桂花落，夜静春山空"、"野火烧不尽，春风吹又生"这些历来被称为"天籁之音"的富有诗意的名句，与其说是人心运行的结果，不如说是外在之物变化的结果。正因为明月、野火、春风等的外在之物自生自荣存在于天地之间，所以，诗之诗意只不过是诗人以慧眼识之，以妙手得之。自然界不乏美，而是缺乏发现；同样的道理，自然界不乏诗意而是缺乏发现诗意的眼睛与感受诗意的心灵。

诗意的"发现"说，强调的是客观外在之"物"的能动作用，当然，物之"能动"作用衍生出"诗意"是离不开人的主观作用的。因此，在"物动心摇""发现说"的基础上发展了诗意之"创造说"。苏轼写过一首《庐山烟雨》的小诗恰到好处地说明"发现"之外还需要"创造"的要义。"庐山烟雨浙江潮，未到千般恨不消。及至到来无一事，庐山烟雨浙江潮。"这首28个字的诗作，在古人惜字如金的原则左右下居然有两

---

① 《礼记·乐记》。
② 《吕氏春秋·季夏纪·音初》。

个句子是重复的。诗人何以要首句、末句完全重复呢？其诗意运行机制是什么呢？唐代临济宗禅僧青原惟信指出："老僧三十年前未参禅时，见山是山，见水是水。及至后来，亲见知识，有个人处，见山不是山，见水不是水。而今得个休歇处，依然见山是山，见水是水。"（《五灯会元》卷十七之《青原惟信禅师》章）在第一阶段，青原以凡眼看山水等世界，世界之山水万物不能促使"我"内心感动，因此，山水便成为客观的存在，"我"也发现不了山水所蕴涵的"禅意"。而到了第二阶段，他将"我"融于山水，达到物我交融、浑然一体之境界，发现山水就是"我"，"我"就是山水，于是客观存在之山水演变为"物""我"一体的"山水"。在第三阶段，他经过人生的修为，豁然领悟，山水与"我"并无关涉，"我"可以勘破现时的"山水"成为无限的存在。青原禅师"禅意"的获得的三个阶段实质上就是"无发现"—"发现"—"创造"的过程。苏轼这首《庐山烟雨》之诗意发生机制也是同样的。首句所描摹的"庐山烟雨"和"浙江潮"都是一种客观的自然现象，而这些景象恰好触发诗人内心的感动，于是豁然发现：变幻莫测的"庐山烟雨"、雷霆万钧的"浙江潮"恰好与"流离颠沛"的身世与"起伏不定"的心潮有了"未到千般恨不消"何其相似的诗意。而人生不能停留在此，诗意除了发现，还需要创造。经过"及至到来无一事"的主观努力，或者说诗人将自己凌驾在客观世界之上，即使处在"庐山烟雨浙江潮"的世界，"我"仍然可以调整自己的心态，"也无风雨也无晴"，不以风雨为忧，不以晚晴为慰，而"一蓑烟雨任平生"。[①]

关于诗意之创造，在第二章介绍诗意之内涵的时候已作了初步的探索。《毛诗序》："诗者，志之所之也，在心为志，发言为诗。情动于中而形于言，言之不足，故嗟叹之；嗟叹之不足，故咏歌之；咏歌之不足，不知手之舞之，足之蹈之也。"这就是说，诗之诗意其实就是"志"的外化，是出自于人内心的情志，是人主观努力的结果。对于真正的诗人来说，不是世界存在什么诗意才去发现诗意，而是诗人为了存在去追求诗意，乃至诗意地栖居。海德格尔认为，真理是在"遮蔽—去蔽—敞开"这样不断循环的运动中生成的。那么，诗人写"诗"就是"去蔽存真"的活动。如果说"去蔽"是对真理（等同于诗意）"遮蔽"发现的活动，

---

① "也无风雨也无晴"、"一蓑烟雨任平生"诗句引自苏轼《定风波》一诗。

那么，"敞开"就是对诗意的创造。而创造离不开情感、心志以及语言的协同作用。

读一读余光中先生的"坐莲池畔。怔怔看莲，也让莲看/直到莲也妩媚/人也妩媚，扪心也有香红千瓣"①诗句，自然会让人产生疑问：莲本来无所谓妩媚，为什么会让人怔怔地看，看得如痴如醉？余先生自己的解答是："移情作用，于莲最为见效。立在荷塘草岸，凝神相望，眸转意动，一瞬间，踏我履者是莲，拨田田之间，亭亭临风者是我，岸上和水中，不复可分，我似乎超越了物我的界限，更超越了时空。"②原来莲之妩媚是人之情感的作用，在情感的驱使下内心自然产生一种心志，而把这种情感移植到莲花上，它便成为一种植物之花与情感之花熔铸的意象，诗作就具有一种清新、甜蜜、含蓄的"诗意"。这个"诗意"的发生离不开情感，也离不开思维。诗之思不同于日常的逻辑化思维，它往往从感性入手，借助形象化手段去组合意象，从而呈现或揭示事物的本质，因而是一种艺术化的思维。海德格尔认为"诗的本质寓于思之中"。这说明"思"是诗所以为诗的本质根据。然而，语言又是诗与思发生对话的先决条件。这说明，诗意的创造离不开语言、意象、诗思等要素的协同作用。借用诗歌理论家毛翰先生的话来说，就是"葡萄美酒夜光杯"，即诗人用某种玉石（语言材料）制成夜光杯的意象，以夜光杯的意象来承载葡萄美酒的诗意。③

## 二 德育之"诗意"的发生机制

德育之"诗意"发生的途径与诗之诗意发生相似，一是来自发现，二是来自创造。德育之诗意的发现得益于对生活的心灵感动。一对夕阳下携手的老伴，一个陌生人真诚的微笑，一片翻飞的红叶，一缕穿透窗棂的阳光，都会给人以心灵的震撼，从而发现其中蕴涵的真诚、同情、体谅、友善的道德力量。德育诗意之"创造"则取决于德育主体内在的德性修养以及在德性的指引下所呈现出来的诗化的行为。

---

① 余光中：《莲的联想》，台北：时报文化出版企业有限公司 1980 年版，第 48—51 页。
② 《余光中集》第 2 卷，百花文艺出版社 2004 年版，第 8 页。
③ 毛翰：《诗美创造学》，西南师范大学出版社 2002 年版，第 36 页。

**【案例】**

### 德性编织的蝴蝶①

　　李春华老师在一个饭馆吃早餐，食物是粽子。吃完后，自然而然地收拾桌子上的粽叶，顺带也准备把同桌其他人的粽叶带走。出人意料的是同桌的朋友拒绝了李老师的帮助，轻轻地对她说："粽叶还有他用。"李老师很疑惑：剥下来的粽叶不就是垃圾吗？本想帮他人收拾垃圾展现一下中华传统文化的美德，居然有人不领情，这真是奇怪的事情。于是，将自己的粽叶丢进垃圾桶以后，站立一旁，静观他人的言行。只见就餐的许多客人很自然地按照粽叶天然的纹路将粽叶卷起来，然后，用包粽叶的绳索扎成蝴蝶结的样子，瞬间，桌上堆积如山的乱蓬蓬的粽叶一下子变得井然有序，成为至少让人看起来有几分观赏与把玩的粽叶编织的花蝴蝶，而且大大地浓缩了空间。一只只垃圾桶因为有"花蝴蝶"的存在平添几分可爱。看到这一切，李老师说："我内心自然涌出一种说不出的感动。"

　　听到这个故事，笔者也很感动：这一片片卷起来的粽叶，这一只只随手编织起来的蝴蝶真切地展现了德育的"诗意"。衡量一个人德性水平的高低，其实真的不需要来一场知识的考试，也不需要组织大规模的教育活动。一句话，一个动作，甚至一个眼神就可以透露一个人德性修养的秘密。从李老师的角度看，她分明是一个善于发现诗意的人。而编织"蝴蝶"的客人们显然善于创造德育的"诗意"。无论是德育诗意的发现者，还是创造者，她或他每说一句话，用不着搜肠刮肚去寻找华丽的辞藻；她或他每做一件事，也不用揣测他人的眼光，更不需要背诵道德规则。因为这一切都是出自内心真切而自然的同理心啊，她或他以自己本身固有的诗心自然地编织一只只德性的蝴蝶啊！她或他在举手之间就为他人营造一个彼此关怀、尊重的文化空间。笔者相信，当路人经过装满"蝴蝶"的垃圾桶时，她或他一定不会掩鼻闪过，一定会在内心喷涌出自然的感动，进而把这个感动带进自己的生活，一定也会还社会一个甜甜的微笑；笔者更相

---

　　①  每次在中小学现场，笔者都会收获许多感动，收获到诗意德育坚实的证据。他或她与我每一次对话，每一次交流，甚至什么都不说，他们忙碌的身影都会触发对探索诗意德育的感悟。《德性编织的蝴蝶》是馨园学校少先队总辅导员李春华老师给我讲述的一个故事。这是她赴马来西亚参加传统文化研习班时亲身经历的事情。

信，负责清理垃圾的工人，一定会更尊重自己的工作，甚至会哼着小曲享受工作的快乐。因为这一只只"蝴蝶"，凝聚了一个个普通人的爱与尊重。

德育之"诗意"来源于诗，或者说某种程度上而言，它依托于诗，但与之有区别的是：德育之"诗意"的目的自始至终与政治、伦理、道德教化紧密相连，富有思想性；而表现形式又注重发挥形象化手段的感染与濡化作用，富有暗示性；从内容上看"视通万里，思接千载"，富有经典性与情感性。这种"诗意"是形象思维与抽象思维、发散思维与辐射思维的辩证统一，是情感与理智的协同作用，是言说者与倾听者的心灵沟通。它不仅根植文化学、伦理学的土壤，而且切入修辞学的语域，其生成的机制可表述为："以善统真"、"以美促善。"这种机制的产生、形成与发展是与文化传统有关的。

受不同文化的影响，人类认识和把握世界的方式是不同的，因而言说的方式也就有所不同。与西方文明以纯粹理性的态度认识和把握世界相异，我国传统诗意文化的言说由于引入了召唤性语境符号——意象，这使得它能够打破纯粹理性所指与能指二维符号结构的机械与刚性，赋予言说"以善统真"的诗意特质。"并不是善的概念决定道德律令，并使之成为可能，反而是道德律令决定善的概念，并使之成为可能。"① 在康德的学说里，道德律令只能是超感性的纯粹理性形式，而善恶也不是来自对形式经验的比较、概括和提炼，只能来自先验的理性与道德律令。孔子曰："人而无信，不知其可也，大车无輗，小车无軏，其可以行之哉？"② 孔子在论述人的诚信与立人的意义之间引入当时人们常见的车之"輗"与"軏"的物象，并赋予它们以独特的比拟性。在此，所谓的"大车"即指牛车，而"小车"则指马车。它们之所以能够行进且不会发生任何差池，就因为车辕前的横木都揳入了关键的活销，"輗"是牛车横木上的活销，"軏"是马车横木上的活销，它们可使车转动自如。"岁寒然后知松柏之后凋也。"③ 春夏之时，众木枝繁叶茂；岁寒之日，万物枯萎飘零，松柏却能傲霜独立。孔子借此号召弟子无论处在什么样的环境，哪怕是恶劣的环境也不能失去君子的人格。

---

① ［德］康德：《实践理性批判》，商务印书馆2003年版，第65页。
② 《论语·为政》。
③ 《论语·子罕》。

　　车之"辁"与"轫"、松柏及其他草木虫鱼这些与人之品德毫不相干的东西为什么能够组合在一起？在先秦儒家的视野，"善"当然不是主体对客体的认知问题，而是人所具有的一种精神意志；不是借助先验的理性寻求客观世界"真"的知识，而是"直接地在人心之内寻求善和幸福"①。从修辞学的角度分析，"辁"与"轫"之于人的诚信、松柏之于人之高洁品德分属不同的事物，分别有各自不同的词义，它们之所以能够联系在一起，就在于孔子在它们之间进行了道德之善的观照。而这个观照的过程中又伴随孔子强烈的情感活动，寓情于物，借物表情，力图突破寻常的语言表达，对客观事物作超越实际的描述来突出强调客观事物人之善化的特征。这样就造成了语境意义和客观事物实际意义的差异，这种差异使倾听者阅读或聆听时也必须调动自己的精神意志，融注自己的真情实感去体验、联想并理解，才能找出句子所表达的"善"意。这一切就构成了儒家独有的"以善统真"诗意生成机制。

　　古希腊思想家、哲学家把知识看做评判价值的唯一标准，以"真"为"善"，以"真"为"美"，奉科学理性为圭臬。在中国传统诗意文化的视阈里，先秦儒家所创造的德育之"诗意"是以"善"为"美"，以"善"统"真"。他们所追求的"真"不是知识论意义上的，而是如何成为"君子"、"圣人"的实践哲学层面的价值追求，是要完成德性的理想人格。实践的过程就是"诚其心，择其善"，使自己的诚心善性得到自觉，实现德性理想人格的过程。"行之明也，明之为圣人"②，他们把"真"上升到"善"的高度，把人的主体人格的践履提到了很高的地位。从某种意义上说，先秦儒家以善统真的实践观追求的就是德性的圆满，是一种诗意审美的完成。而这种诗意审美的完成是建立在诗意文化熏陶的前提下的，而且必须以"效法圣贤"为原则。

　　追溯先秦儒家德育"诗意"发生的文化语境，我国上古的人们生活在一个人神共存的时代。从地理环境分析，中国古代先民赖以生存的是以大河为中心的大陆地理环境。复杂的地理环境以及多变的气候条件，促使人们只能选择若干易于开垦并且具有水资源的区域生存。又由于受地理与自然条件的限制，为了抵抗诸如洪水等灾害的侵扰，必然以群居的形式，

---

① 冯友兰：《三松堂学术文集》，北京大学出版社 1984 年版，第 40 页。
② 《荀子·儒效》。

集合集体的力量去应对自然的变化，从而求得人类的繁衍与生息。从经济的角度分析，由于对自然条件以及土地的依附，自然形成了以农业经济为主体的自然经济社会。就社会形态而言，由于农业自然经济社会是以顺乎天道为逻辑前提的。这就导致早期中国文明的意识形态以宗教祭祀为主，对自然与鬼神充满无限的崇敬与信仰。同时重视把血缘关系作为维系家庭与社会团体的纽带。这些特点必然导致上古直至夏商周文明时期个体或群体的言说方式侧重人与神关系的梳理。因此，神谕文化应运而生。

"人的生成是一个道德合目的的进程，人作为自然的终极目的就是人成为合乎道德目的的自由存在物。"① 殷周时期，以周公为代表的西周统治者从殷人的失败中进行反思，逐步意识到"皇天无亲，唯德是辅。民心无常，唯怀是辅"②，"德"不仅是维护统治阶级政权合法地位的价值基础，更是改造殷商天命神权文化思想的重要力量，其策略就体现在"敬天保民"转向"敬德保民"。西周时期的社会政治价值取向出现了神本向人本、祭祀文化向礼乐文化、神权政治向伦理政治的嬗变，思想文化的言说方式逐步从"神谕论"转向"人义论"。"神谕论"的言说是以蒙昧的"尊事鬼神"与"畏天敬祖"的"神性"为终极根源，而"人义论"的言说是人对人的言说，其思维路径是"以天道推及人事"，把上天的意志和民心的向背紧密衔接起来，强调推行德政，其终极根源在于"人性"。

先秦儒家德育"诗意"的诞生除了与"神谕论"向"人义论"嬗变的文化语境有关联，还与当时的社会背景有紧密的联系。春秋时期，周王室衰微，社会结构发生动摇，诸侯坐大，自然导致文化典章制度的破坏，其中在夏商时代建立的、西周时期臻于完善的礼乐制度，开始崩溃瓦解。只有天子才可以享用的"八佾舞"，鲁国大夫季孙氏居然也"八佾舞于庭"，臣弑君、子弑父的事件时有发生，更有甚者，宗庙、祭祀等礼仪不断遭到践踏与废弛。何以救世？以何为治？混乱的时局促使当时的政治家与思想家把目光转向了"人义论"。作为以血缘关系为纽带而组成的宗法制社会，人与人的关系需要一种异于人神关系神秘言说的方式来维持，君主即使以神的代言人身份向臣民发号施令，他也要以合适的言说方式与天

① 申扶民：《康德的审美认识论与合目的性》，《云南师范大学学报》（哲学社会科学版）2008 年第 2 期，第 25—30 页。

② 《尚书·蔡仲之命》。

下同姓贵族以及臣民交往沟通；臣民、臣臣之间也需要一种适用人间交流的方式表达自己的"兴观群怨"。于是言说主体自然回到了人间，言说的倾听者也由神转向了人世间的"主宰者"。作为"人义论"的倡导者与践履者，先秦儒家提出的应对之策就是通过建构以天伦为基础的人伦关系，进而恢复社会的伦纲秩序。因此，其言说必然是以诗意化和暗示性的方式去讽喻、规劝现实的统治者"法先王"以及导引其他倾听者修养德性而达到治世的目的。

　　从运行机制去分析，德育之"诗意"不是以人的自然之身为对象，而是以人的主体精神为对象，必然导向儒家按照审美的尺度去淬炼自己的德性。首先，以孔子为代表的先秦儒家善于置身于自然生态中去"仰则观象于天，俯则观法于地，观鸟兽之文与地之宜，近取诸身，远取诸物"①，从自然万象中反观自身。其次，把从自然寻找的"人的暗示"还原给自然，进而用包含人的内在思想感情的符号构成一种不同于自然原生态、不同于原始情绪的美的言说。不仅如此，还把这种言说上升为具有词达言丰、含蓄隽永等审美特质的美的境地。例如，孔子乐山乐水，通过观水，发出"逝者如斯夫，不舍昼夜"的感叹。由于他悬置了以严格逻辑程序为基础的符号表达，代之以"诗"、"乐"等形象化手段为基础的情感熏陶与隐喻式的烘托、类比、暗示去"以美促善"，使倾听者自然而然根据自己的人生体验去顿悟言说的话语意义以及内含的人生意义，由于各人的人生历练以及价值取向各不相同，他们在把玩、吟味同样言说的时候，自然根据自我的需要进行个性化的选择与诠释。孔子心中之"水"，在孟子看来，"源泉混混，不舍昼夜，盈科而后进，放乎四海，有本者如是，是之取尔"②，孔子之感叹于水，可比之于"道大有本者"表现圣人的博大与深沉。而汉代包咸却认为，"言凡往也者如川之流"③，体现了先哲敏锐的时间意识。诗意的创造者和发现者（或倾听者）都是依照自我内心的审美尺度去圆融自然生态、社会生态和自我生态及其关系，这使得德育诗意的言说优美动人、韵味无穷，比逻辑话语更能全面表达先秦儒家复杂而深沉的思想内涵与忧乐圆融的诗意情怀；而言说生成的诗意具有

① 《周易·系辞上》。
② 《孟子·离娄下》。
③ 孙景尧：《比较文学经典要著研读》，上海文艺出版社 2006 年版，第 169 页。

"天地与我并重，万物与我为一"的自然情趣以及"大乐与天地同和，大礼与天地同节"的生命律动，倾听者反复把玩，常感常新，自然愿意从内心深处去依照"志于道，据于德，依于仁，游于艺"的实践理路去"修于己"，把礼乐规范变成一种内在的道德命令。

总之，无论是先秦儒家，还是现代的教育者；无论是德育诗意的创造者，还是诗意的发现者，发现与创造德育诗意活动都是一种在具体的道德实践活动中沉浸于感情又超越于感情，以美的形式促进善之德性发展的活动。它的生成不是荡漾在字面上，而是蕴藏在字里行间，蕴藏在言外之意的文化空间。

### 三　学校诗意德育的发生机制

诗意德育是一种主体化、生活化、审美化的教育活动。放在学校的语境去审视，它自然是一种有目的、有组织的教育活动。这就决定了其发生途径与运行结构必然与德育之诗意发生机制有所不同。

人的德性究竟是从哪里来的，这是我们探究学校诗意德育发生机制首先必须诠释的问题。道德发生学说关于德性的发生诞生了"神示道德"、"天赋道德"、"感觉欲望"以及"自然起源"等学说。[①] 这些学说，无论是黑格尔的个人理性从属于宇宙理性，康德所宣称的位我上者的"头上的星空"与在我心中的"道德律令"，还是中国传统文化所宣扬的仁义道德"出于天"[②] 与"根于心"[③]，都涉及道德发生"先天"自在与"后天"自为的关系。他们要么从主观唯心主义的角度，把道德的发生指向"内心"，要么从宗教神学和客观唯心主义的角度，把道德的发生归属于上帝、上天以及天赋神职的君主，忽略了个体德性发生的主体性与主动性。马克思从历史唯物主义的角度审视社会关系和社会意识的关系问题指出"不是意识决定生活，而是生活决定意识"[④]，即社会存在决定社会意识。社会存在是一种什么样的存在？马克思从人的存在与动物存在区别中进一步分析"动物不对什么东西发生'关系'，而且根本没有'关系'；

---

① 唐凯麟、龙兴海：《个体道德论》，中国青年出版社1993年版，第95—106页。
② 《春秋繁露·基义》。
③ 《孟子·尽心下》。
④ 中共中央马恩列斯著作编译局：《马克思恩格斯选集》第1卷，人民出版社1995年版，第31页。

对于动物来说，它对他物的关系不是作为关系存在的"①。动物的存在是一种本能的存在，而人的社会存在是一种被意识了的关系存在。这种意识了的关系是何以形成的？恩格斯 1876 年接续这个话题，在其《劳动在从猿到人转变过程中的作用》一文中科学地揭示了人类关系发生的秘密，其实也揭示了道德发生的秘密：劳动是整个人类生活的第一个基本条件，劳动创造了人本身。在生产力水平低下的时代，人类为了生存需要结成一定的社会关系，从事集体的生产劳动，才可以在恶劣的自然条件下获取生存的物质资料。在生产劳动实践的过程中，为了提高劳动的效率，人们自然产生沟通、交流、交往的需要，由于彼此的交往，自然催生了自我意识以及语言，从而建立起各种社会关系；为了使各种社会关系能够比较稳定地发挥作用，人们自然从劳动生产实践中形成有关功与利、是与非、善与恶、祸与福等道德观念。道德作为一种调整人类社会关系的特殊手段，其终极关怀始终是指向指引、调控与规范个人或群体的行为，以促使社会关系和谐发展。因此，劳动实践是道德赖以发生的客观条件，而人德性发展的主体性与主动性则是道德发生的主观前提。

从上面的分析可以看出，道德发生的途径不管是"发现"还是"创造"，只能来自于生产劳动实践，或者称之为社会生活实践。而道德的运行结构是如何组合的？这需要从构成个体道德结构的要素以及这些要素作用发挥的规律去考察。皮亚杰着眼于儿童的道德情感和道德判断探究人的道德社会化或个体道德发生发展机制的心理学研究，采用临床描述技术，对儿童的道德行为进行大量观察和实验得出了这样的结论：儿童道德发生发展是自己积极思维的结果，具有阶段性与连续性，其总体趋势是由他律到自律的发生和发展过程；活动特别是富有合作性的活动是自律道德发生的根本动力。科尔伯格在此基础上将皮亚杰的儿童个体道德发生发展自律与他律两阶段论发展为"三个水平六个阶段"：前习俗水平——服从与惩罚的定向和朴素的利己主义定向两个阶段；习俗水平——好孩子定向和法律和秩序的定向阶段；后习俗水平——社会契约与个人权利定向和普遍的道德原则定向阶段。从这里可以看出，道德的发生除了有赖于个体的智力因素外，主要取决于社会生活实践，取决于后天的社会教化。道德发生与

---

① 中共中央马恩列斯著作编译局：《马克思恩格斯选集》第 1 卷，人民出版社 1995 年版，第 35 页。

认知有关，但认知不是道德发生结构的全部。班杜拉等人经过观察、实验和研究发现：决定儿童道德行为的是环境，道德行为是通过学习获得的，学习离不开一定的社会条件即社会文化、榜样、强化等。当代美国心理学家杜拉德和米勒认为儿童的道德发生也是通过学习模仿和认同成人的角色，通过道德需要、道德情感和道德行为的协同作用内化社会道德而来的。他们从不同的层面和视角对道德的发生结构进行适当的补充。因此，从前人的研究成果可以看出，道德发生的结构主要是由道德认知、道德情感、道德意志和道德行为等四个因素互相联系、互相作用、协同作用而形成。它是一定社会关系下道德意识和道德行为的有机结合。

　　道德发生来源于社会生活实践，道德关系的建立取决于"知、情、意、行"四要素功能与作用的发挥。有论者指出："道德认知是构建道德意识的智力因素，是形成人的品德的首要环节和基本因素；道德感情是构建道德意识的心理动因，是形成人的品德的主要环节和决定因素；道德意志是构建道德意识的心理过程，是形成人的品德的最终环节的过程因素；道德行为则是个人的道德意识在个人的道德实践中的表现，或者说，是个人的道德实践。"① 这四个要素从来都不是单兵作战的。这就产生了另外一个问题："知、情、意、行"是如何协调在一起并发挥协同作用的？道德发生来源于劳动生产实践，随着生产力水平的提高，人们认知水平也随之提高，原来属于道德范畴的道德关系会分崩离析，而原本没有发生道德关系的内容也会重新建立起新的道德关系。因此，道德关系并非先验存在的，不是恒定不变的，而是一个生成的过程，是一个动态的不断变化发展的关系，是"你—我"之间的一种平等和尊重关系②。人类和自然、和社会乃至和自我能够建立起道德关系既是生产劳动使然，也是个体发展社会化的需要。这种需要促使人类与自然、与社会以及与自我进行对话。道德关系的建立就是在对话中判断，判断中选择建立起来的。这样一来，我们需要继续追问的是：支撑人与自然发生生产劳动关系的是创造性使用工具，支撑人类与自然、社会、自我发生关系的途径是对话，那么支撑对话的又是什么呢？

---

① 王海明、孙英：《寻求新道德——科学的伦理学之建构》，华夏出版社 1994 年版，第405 页。

② 周作宇：《道德生成与德育选择》，《北京师范大学学报》（哲学社会科学版）1998 年第4 期，第 19 页。

无论是马克思主义者，还是现代存在主义者乃至后现代语言哲学的拥趸，都把结论指向语言。教育正是通过语言的渗透与引导而使个体在语言中并且凭借语言来配置人生，构建人生的精神历程。① 语言使人思，语言是诗与思对话的主体，是一切在者之在。而创造性运用语言符号去建立道德关系的实践活动显然与运用劳动工具进行生产劳动不同，它是一种言语实践活动。诗意德育作为一种具有中国诗意文化特色的"道德教育模式"旨在凸显其在德育传统的继承性以及德育观念上的革新性。它不仅接续诗意文化"兴于《诗》，立于礼，成于乐"相结合的教化传统，而且将三者融合到言语实践的本体中，让道德的教育者和受教育者在自我、自由的言语实践中去自动消解主体与客体的二元对立，使德育成为师生以及生生多元的合规律性与目的性的解构与建构的活动。它对语言的理解与把握突破了工具性的狭隘性，是从一个更高远、更宏大的视界去观照人的言语实践行为：教育者与受教育者凭借诗性语言创造一种诗意的氛围、诗意的言说方式、诗意的情趣、诗意的思维、诗意的文化以及诗意的境界，同时创造一种新的审美趣味和道德追求，让人们脚踏大地而又不忘仰望苍穹，直面平庸的人生而保证灵魂的高贵圣洁。这样，在纵向上将言语实践提升到人类本质存在的高度上，使人类不仅着眼当下的诗意人生，同时把握历史去追求未来生活的意义；在横向上，用诗意的语言导引并重新评价人类的行为，使之体验到：人与自然生态、社会生态以及自我生态的诗意关系，赋予自然、社会乃至自我"互惠共生"、"和谐共荣"的关系。

诗意德育遵循诗之诗意发生机制，但诗意德育毕竟不能等同于诗。这就如同德育不能等同于道德一样。作为一种有目的的教育活动，诗意德育根植中国传统诗意文化的土壤，不仅关注人与社会的关系，而且追问人与自然关系以及人与自我的道德性。这就意味其发生机制不仅要发挥道德发生的"道德认知、道德情感、道德意志和道德行为"四要素的作用机制，还要发挥诗之诗意发生的"诗知、诗情、诗意与诗行"的作用机制。简言之，诗意德育是"诗知、诗情、诗意与诗行"与"德知、德情、德意与德行"的"合金"。诗意德育的基本价值在于回归德育言语实践本体的功能，让学生在自主的言语实践中得到诗情的熏陶、诗思的启迪、诗理的

---

① 刘铁芳：《语言与教育》，《河北师范大学学报》（教育科学版）2001 年第 2 期，第 36 页。

感悟、诗语的积淀，从而实现德性有个性地、可持续地发展的目标。

### 四 诗意德育发生的基本模式

#### 1. 模式与德育模式

按照《现代汉语词典》的解释，"模式"指"某种事物的标准形式或使人可以照着做的标准样式"。由此，德育模式即实施德育活动的标准形式或使人可以照着做的标准样式。《现代汉语词典》对"标准"有两种解释：一是衡量事物的准则；二是本身合乎准则，可供同类事物比较核对的事物。德育模式中的"标准"取第二层意思为宜。

任何模式都有其内在结构。德育模式结构应该是由以下诸要素有机构成的系统：主题，德育模式赖以成立的德育思想或理论，是其他因素的理论基础。目标，即价值判断和价值诉求。任何德育模式都是指向一定的德育目标，为完成预定的德育目标而创造的，是德育模式结构的核心因素。条件，完成一定的德育目标，从而使德育模式发挥效力的各种因素，一般包括：教育者、受教育者、德育教材、工具设备、教学时间与空间等。方法，包括各种模式通用的一般方法和该模式独特的专门方法。程序，任何德育模式都有一套独特的操作程序，以详细说明该模式的逻辑步骤、各步骤完成的任务。评价，包括评价方法、标准等。

"教育模式，推上，有理论基础；推下，有操作程序。模式处于理论与应用的中介。在理论与实践之间，模式能够承上启下，所以意义重大。"① 教育模式是一种为解决教育的现实问题而建立的一种科学操作和科学思维的方法。它是教育理论和教育实践之间的"中介"，在理论和实践之间起着由下而上和由上而下的双向联结作用。即一方面，教育者在教育改革实践中通过对一些经验方法进行归纳综合，总结提炼出模式，经过实践验证，使模式具有了理论属性；另一方面，可以在理论指导下，经类比、演绎和具体化而提出多种教育模式，进而运用到实践中，以解决不同的问题。问题是否得到解决，是检验模式是否具有科学性的基本标准。诗意德育以解决德育"祛魅"问题为研究重点，是从德育本体的高度去审视德育与诗意文化的联系，德育与社会教育、家庭教育及社会发展等方面的多向联系。它从中华民族诗意文化的视角入手，采取理论构架与实践论

---

① 查有梁：《教育建模》，广西教育出版社1998年版，第13页。

证相结合的研究理路，将传统诗教与现代德性培养的时代性要求对接起来，体现了研究的科学性；它以诗意言说为价值选择，把言语实践活动观看成是德育首要的基本观点，注重活动和交往，与学生生活经验和社会实践的联系，通过学生自主参与的、丰富多样的活动扩展知识技能，完善知识结构，提升生活经验，促进正确思想观念和良好道德品质的形成和发展，增强我国德育尤其是中小学德育课程改革、创新、发展的实效性；以增强德育诸要素的合力为重点，以提升教育者的主体性和促进受教育者思想品德及整体素质和谐发展为归结，充分体现了对德育工作实效性的追求。从这个意义说，这种研究充分体现了研究的针对性和主动性，也体现了研究的时代性。它是一种更贴近社会和个体发展需要的应用型德育理论与实践模式研究。

2. 诗意德育模式

根据前面的论述，诗意德育既是主体化、生活化、审美化的活动，同时也具有归真、求善、至美的本质属性。从价值诉求方面分析，诗意德育的目标可集中表述为养成受教育者的诗意意识、诗意智慧、诗意情怀与践履诗意法则的能力，从而成就学生的积极人格以及提升他们的道德境界；从本体回归方面论述，诗意德育回归语言的本体存在，通过言语实践去处理人与自然、人与社会、人与自我的关系；从方法构建方面设计，诗意德育强调运用诗性智慧去审视德育问题、整合德育资源以及采取诗意言说的方式进行言语实践活动，因此，诗意德育模式的建构就离不开"诗意语言"、"诗性智慧"、"诗意情怀"以及"诗意行为"等关键词。由于语言决定人的存在，而诗意的语言更决定了德育主体（含教育者和受教育者）诗意的存在，那么，诗意德育模式的构建必然以此为核心，根据诗之诗意的发展机制以及德育之诗意的发展原理，进行内在结构和操作规程的探索。

落实到德育过程的研究上，所谓"诗意德育过程"，指的是在教师有目的、有计划的指导下，学生有效开展言语实践活动，从而促使学生德性素养全面而和谐发展的过程。而从诗意德育的特质看，对教师而言，德育过程的重点在于："动之以诗情、晓之以诗理、启之以诗思、导之以诗行。""动之以诗情"，重在陶冶诗意情怀，让学生在审美立美中提升境界，体验情感、态度与价值观；"晓之以诗理"，重在启发学生领悟世事物理，对自然、社会与自我活动做融通性的感悟与理解；"启之以诗思"，重在应用图景思维，领悟过程与方法，培养学生的创造性智慧；"导之以诗行"，重在引导学生践履诗意的法则。对学生而言，学习的过程在于："思考接受、活动探究、情感体验与合作交流。""思考接受"重在学习基本知识；"活动探究"重在言语实践；"情感体验"重在通过想验和亲验的方式体验自然、社会、自我三重生态的圆融效应；"合作交流"重在相互研讨、比较，把内化为自己的知识外化表达给他人以增进思维的深入与内涵把握的透彻。其直接的结果是典雅受教育者的语言，通过导言去导心、导行。在顾问查有梁教授的指导下，我们研究并形成了多样化的诗意德育模式（见图6—1、图6—2，表6—1）。该模式可以多点切入，无论是从教师活动切入，还是学生的活动切入以及师生双主体间活动切入均以诗性语言言说与典雅语言积淀为核心。比如，从教师的角度切入，如果教师的活动主要在于讲授人生道理，就可以形成"晓理—接受—积淀诗语"、"晓理—探究—积淀诗语"、"启智—体验—积淀诗语"等模式；同样从学生的角度切入，如果重点发挥学生德性发展的主体性，强调体验活动，也可以形成"动情—体验—积淀诗语"、"晓理—体验—积淀诗语"、"导行—体验—积淀诗语"等模式。

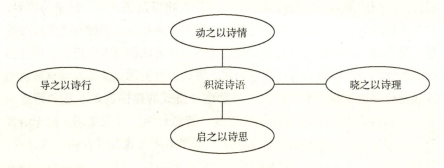

图6—1　教师主导的德育模式

图6—2　学生主导的德育模式

表6—1　　　　　　　　　　　　诗意德育的基本模式①

| 教师教学方式＼学生学习方式 | a. 思考接受 | b. 活动探究 | c. 情感体验 | d. 合作交流 |
|---|---|---|---|---|
| A. 动之以诗情 | A a "动情—接受—积淀诗语" | A b "动情—探究—积淀诗语" | A c "动情—体验—积淀诗语" | A d "动情—交流—积淀诗语" |
| B. 晓之以诗理 | B a "晓理—接受—积淀诗语" | B b "晓理—探究—积淀诗语" | B c "晓理—体验—积淀诗语" | B d "晓理—交流—积淀诗语" |
| C. 启之以诗思 | C a "启智—接受—积淀诗语" | C b "启智—探究—积淀诗语" | C c "启智—体验—积淀诗语" | C d "启智—交流—积淀诗语" |
| D. 导之以诗行 | D a "导行—接受—积淀诗语" | D b "导行—探究—积淀诗语" | D c "导行—体验—积淀诗语" | D d "导行—交流—积淀诗语" |

　　具体到一节具体的主题班会课或者德育活动，其基本过程是：第一阶段：构建一个富有"立体性、系统性、融合性"的诗意场；第二阶段：发现或建立诗意的视角，做到"合规律性与合目的性的高度统一"；第三阶段：展现人生的美丽风景与逐步形成诗意智慧，教学内容呈现尽量做到形象、生动、审美化，延续、强化和巩固审美体验，进而影响认知、情感态度价值观结构，改进行为模式；第四阶段：践行诗意化的行为法则，引导学生在诗意化的情境中反思与实践；进行反思性表达与审美观照，变欣赏诗意为立美诗意。由于注重诗性语言的导引，我们的实验要求每一个德育活动都有一个明确的主题，而这个主题一定用典雅的汉语表达出来，使之成为孩子道德行为的指南针，德性成长的座右铭。笔者深入中小学课堂，与中小学教师一道磨课，登上中小学讲台上研讨课，研讨了系列的德育精品课。"扛起你的责任"、"踏上文明的列车"等具有感召力的典雅语言成为德性发展的导航仪，导引孩子健康成长（表6—2）。

---

　　①　该实验得到查有梁教授的大力支持，他不仅为课题成果题写序言，而且提供他的研究成果供实验参考，在此表示真诚的感谢。

表6—2　　　　　　　　诗意德育磨课主题一览表（部分）

| 磨课前中小学教师的主题 | 磨课后笔者确定的主题 | 备注 |
| --- | --- | --- |
| 早恋的误区 | 一枚青色的香蕉 | 广东省首届班主任技能大赛一等奖第一名 |
| 学会感恩 | 从小种下感恩树 | 中山市精品班会课 |
| 学会欣赏 | 带着诗意审视生活 | 核心期刊发表 |
| 谈责任心 | 扛起你的责任 | 市德育现场会交流 |
| 爱惜水资源 | 水娃娃的咏叹调 | 市小学一年级精品课 |
| 讲文明、礼貌 | 踏上文明的列车 | 广东省赛课一等奖 |
| 学会倾听 | 叫醒你的小耳朵 | 市小学一年级精品课 |
| 后进生教育会 | 每一张碎片都是有用的 | 年级德育活动主题 |
| 演讲节 | 典雅汉语挺起中国人的脊梁 | 演讲节主题 |

## 第二节　诗意德育的基本效应

在言语实践本体论观照下的诗意德育对学生的德性发展有什么影响，或者说起到了什么现实的效应，这是检验与衡量诗意德育实验与研究价值的直接证据。如何检测诗意德育的效应？

关于如何检测？"德性实践的直接后果便是一种采取正确行动的选择。在《欧德穆伦理学》中，亚里士多德这样写道：'有意图的选择，其目的的正确性的原因是德性。'……德性不仅是按照某些特殊方式去行事的气质，也是以某些特殊方式去感觉的气质。恰如后来的康德所认为的那样，行善并非与偏好相对；它是出自于德性的培养而形成的偏好的行为。道德教育就是一种'情感教育'。""不过，真正有德性的人的行为是以正确合理的判断为基础的。（而不是训练出来的）"① 德性固然是内在的思想品质，而其日常的行为无一不透漏人德性修为的内在秘密。这为诗意德育效应的检测提供了可行的思维路径。现在的问题关键不是德性可不可以检测，而是检测什么。这就需要对诗意德育的德目进行研究与分类。

对于德目的确定，不同历史时期因为价值取向和诉求的不同会有不同

① ［美］A. 麦金太尔：《德性之后》，龚群等译，中国社会科学出版社1995年版，第188页。

的安排。在古希腊的时代，亚里士多德认为城邦是人类生活的德性能得到真正而充分的展现的唯一政治形式，它努力寻求的是最好城邦中最好公民的理性声音，因此，在他的德目设计中，尽管罗列了友谊、智慧、精神、恢弘大度、慷慨、战争中的勇敢等内容，但核心的德性是智慧。所谓德性就是人作为一个种类的目的，是人类的品质，是达到目的的手段，德性的践行是好生活的一个重要部分。而《新约》列出的德目表有"信仰、希望、爱、谦卑"等；简·奥斯汀强调的德目有"坚贞、友好、友善"等；本杰明·富兰克林的德目主要内容包括清晰、沉静、勤奋、贞洁、追求利益、功利、故土等。①

从以上的简单罗列可以看出，不管是蒙昧的古希腊，还是沉入幽暗之中的中世纪乃至现代社会，尽管社会的本质与内涵发生了翻天覆地的变化，但智慧、希望、爱、坚韧等德性品质具有人类共时性与历时性的价值，可以分别归属到德性知、情、意、行范畴。近年来，以塞里格曼（Seligman）为核心的心理学家对人类优良品质和美德的结构与类型进行了分析和划分。进而通过跨文化、跨年龄群体的比较研究，最终确立了24个为人们广泛认可的人格特质，并把它们划分为六大维度，命名为六大美德力量。六大力量分别为：一是认知力量，主要指智慧与知识（wisdom and knowledge），包括创造力、好奇心、开放思维、热爱学习和洞察力4个积极心理品质；二是情感力量，主要指勇气（courage），包括真诚、坚持和热情/活力3个积极心理品质；三是人际力量（主要指人性方面，Humanity），包括善良、爱与被爱的能力和社交智力3个积极心理品质；四是公民性力量，主要指公正性（justice），包括公平、领导力和团队精神3个人格特质；五是避免极端的力量，主要指节制（temperance），包括宽容、谦虚、审慎和自制4个人格特质；六是与更大的精神和意义世界建立起联系的力量，主要指精神超越（transcendence），包括审美、感恩、希望、幽默和信仰/信念5个人格特质。② 国内积极心理健康教育的倡导者之一、中央教科所心理与特殊教育研究中心主任、博士生导师孟万金教授联合美国卡内基梅隆大学官群博士、佛罗里达州立大学 John Kelll

---

① ［美］A. 麦金太尔：《德性之后》，龚群等译，中国社会科学出版社1995年版，第23—232页。

② Park N. , Peterson C. , "Positive Psychology and Character Strengths：Application to Strengths - Based School Counseling", *Professional School Counseling*, Vol. 12, No. 2, 2008, pp. 85 - 92.

教授等一批中美英心理学专家，历时 7 年，成功研发出中国中小学生积极心理健康品质量表。"诗意德育"课题组根据现有的成果，结合诗意德育理念以及中国文化传统的特质，将塞里格曼与孟万金教授研究的美德六大力量，按照"知—情—意—行—关系—境界"的品德发展规律，确定为"诗意认知、诗意情怀、诗意意志、诗意实践、诗意关系、诗意境界"六大德育人格品质。所谓诗意认知，就是超越主客体二元对立的思维模式，是不在场的情感、态度、价值观等"历时性信息"与在场的符号、文字、语言行为、图像、情境等"共时性信息"综合作用的融通式思维。该品质由"全脑贯通、意象冥想、见微知著、比德喻志"组成，分别对应开放思维、热爱学习和好奇心、洞察力、创造力 4 个积极心理品质。所谓诗意情怀，不是指知觉、感应、体验一类普通情怀，而是能够将自我感情移植到客观事物上，通过客观事物反观自己，即中国传统文化里倡导的"民胞物与"情怀，是一种艺术化审美情感的运用。主要包括"质朴节俭、乐观开朗、热情悦纳、体谅同情"等内容，分别对应真诚、热情/活力、幽默等品质。所谓诗意意志，指的是乐观、健康地去调节和支配自己的行动的心理现象。主要包括"自尊自爱、自制自立、敢为人先、持之以恒"等内容，分别对应"勇敢和自制"等自制品质。所谓诗意实践，即按照主体化、生活化、审美化的原则，在言语实践以及日常生活中去践履诗意法则，主要包括"审慎笃行、全息专注、勤学好问、扬长补短"，分别对应审慎、专注等品质。所谓诗意关系，指的是人际交往过程中能够秉承公正、求善的原则去沟通、交流以及融入集体中的品质。主要包括"平等公平、诚实守信、助人为乐、互惠共生"，分别对应公平、领导力、善良和团队精神、爱与被爱的能力和社交智力等品质。所谓诗意境界，指的是道德品质能够达到与更大的精神和意义世界建立起联系所需要的品质。主要包括"溢美流善、孝顺感恩、永葆希望、坚守信念"等，分别对应审美、感恩、希望和信仰/信念等人格品质。

本量表的指标体系的设计是以积极人格教育的基本原理及国家相关文件法规为依据，结合中小学学生的实际生活和身心特点，对学生在学校、家庭中和社会上的日常行为表现进行筛选、归类，从而确定出该量表的指标体系。

该量表的指标体系包括一级指标 6 个，二级指标 24 个，见表 6—3。

表6—3　　　　　　　中小学学生诗意德育人格发展调查量表

| 一级指标 | A 诗意认知 | | | | B 诗意情怀 | | | | C 诗意意志 | | | | D 诗意实践 | | | | E 诗意关系 | | | | F 诗意境界 | | | |
|---|---|---|---|---|---|---|---|---|---|---|---|---|---|---|---|---|---|---|---|---|---|---|---|---|
| 二级指标 | A1 全脑贯通 | A2 意象冥想 | A3 见微知著 | A4 比德喻志 | B1 质朴节俭 | B2 乐观开朗 | B3 热情悦纳 | B4 体谅同情 | C1 自尊自爱 | C2 自制自立 | C3 敢为人先 | C4 持之以恒 | D1 审慎笃行 | D2 全息专注 | D3 勤学好问 | D4 扬长补短 | E1 平等公平 | E2 诚实守信 | E3 助人为乐 | E4 互惠共生 | F1 溢美流善 | F2 孝顺感恩 | F3 永葆希望 | F4 坚守信念 |

我们根据确定的评价指标体系编写了测试题。每个指标分优良、一般、较差三个等级出题。对每个指标我们精选出两道测试题。这些测试题所测查的内容具有一定的代表性，努力做到每一测试题都用明确、外显性的描述对某一行为的评价分成三个等级状况的行为表现。

我们设计该品德评价量表的目的之一是为了让学生本人、学校教师和领导以及家长了解学生总体的思想品德和行为规范状况，因此，我们给出被试对象的品德优秀率（总分96分）86.4%，满分为96分、良好率76.8%及合格率57.6%。另外质性评价4分。

为了保证量表的效度与信度，笔者组织研究人员采取"调研—取样—试测—比对—再测"的思路，先后举行班主任集体座谈、个别访谈的方式，广泛征集班级学生人格发展方面的问题，然后进行课题小组研讨，确定"真"问题。所谓"真"问题，就是问题是学生人格发展过程中存在的，有普遍意义的问题。在此基础上，根据中小学学生的生活实际编制量表，然后举行试测。针对试测的数据进行相关度分析，对那些相关度比较低的题目，从内容到形式予以调整或更换。经过三轮的测试，6个维度的相关度均维持在0.4左右。在保证试题有比较高的相关度的基础上，我们对馨园学校初一、初二的学生随机抽出两个班进行测试，然后在本市同类学校随机抽取初二两个班级进行比对研究。

对比班的测试，我们发出101份试卷，有效试卷96份。从测试的结果看，最高分为80分，最低分41分，平均分为57.76分，标准差为7.851（见表6—4）。而实验学校随机抽取初一、初二各两个班级，发出225份量表，有效量表为217份，占总数的96.4%。最高分为91分，最低分为31分；平均分68.27分，标准差为10.865。再分别比对初一和初二的情况：初一两个班102人，平均分为67.51分，标准差为11.248；初二两个班115人，平均分68.95分，标准差为10.516（见表6—5）。

需要说明的是以上数据均不包括 4 分质性分析题的得分。

表6—4　　　　　　　　　　对比班初二年级抽样检测一览表

|  | 统计数值（statistic） | 有效数 Valid N（listwise） |
|---|---|---|
| 数量 N | 96 | 96 |
| 最小值 Minimum | 41 |  |
| 最大值 Maximum | 80 |  |
| 平均分 Mean | 57.76 |  |
| 标准差 Std. Deviation | 7.851 |  |

表6—5　　　　　　　　　　实验班年级抽样检测一览表

| 年级（Gender = grade） | 平均分 Mean | 数量 N | 标准差 Std. Deviation |
|---|---|---|---|
| 1 | 67.51 | 102 | 11.248 |
| 2 | 68.95 | 115 | 10.516 |
| 小计 Total | 68.27 | 217 | 10.865 |

从以上的数据可以看出，进行诗意德育的馨园学校学生的积极人格呈现正态分布状态，总体上是积极的，得分大多集中在 67.2—76.8 分，而对比班的得分大多集中在 49—63 分。这说明诗意德育能够对学生积极人格的发展产生良好的影响。具体情况统计如下：

## 一　道德认知发展的导向功能

克劳特 1973 年做了一项实验：一位实验者向一群被试者一个一个地乞求为一项慈善事业提供捐赠。对于其中不捐赠的人，一半称为"不慈善的"（A组），另一半不予评判（B组）。对于其中捐赠的人，一半称为"慈善的"（C组），另一半不予评判（D组）。一周之后，另一位实验者再向这些被试者一个个地乞求为另一项慈善事业捐赠。这时，A 组人比 B 组人捐赠更少；C 组人则比 D 组人捐得更多。[1] 这说明语言对人的道德认知能产生重要的作用。以什么样的语言做导引，其效果是不同的。诗性语言能够挖掘

---

[1] Kraut, R. E., "Efferts of Social Labeling on Giving to charity", *Journal of Experimental Social Psychology*, Vol. 9, 1973, pp. 551 – 562.

人性中的善性，抑制恶性，使人的行为趋向美、趋向合乎道德规范。人之所以成为理性的和现实的人，就是因为他无可选择地接受某一文化的语言，并由语言来解释传统。① 所以，语言形式决定了道德的认知方式。道德认知是人们对是非、善恶、美丑的认识、评价和判断，它是德育过程其他三要素的基础和先导。如果学校德育限于对德育认知的狭隘理解，习惯于凭借纯理性的态度审视和规范具有情景化、生活化的学校德育问题，进行与德育对象主体性并无关涉的禁戒与规劝。其结果就是使学校德育意识形态化，脱离现实生活根基，导致德育主体对象的丧失和人性基础的匮乏。

在关于诗意认知的部分总共 8 道小题，分别涉及全脑贯通、勤学好问、见微知著、超越俗常等内容，分值为 16 分。馨园学校实验班级 225 名学生，该题有效量表 218 份，最低分为 4 分，最高分为 16 分，平均分为 10.39 分，标准差为 2.268。而对比班级 96 份有效答卷中平均分为 7.59 分，最低分为 3 分，最高分为 16 分，标准差为 2.218。其中第 5 题问道："你早晨起床，漫步校园，看到一片枯黄的树叶飘落，你的感觉是什么？"实验班选择"由树叶能想起'霜叶红于二月花'、'化作春泥更护花'等诗句"这个选项的占 29.8%，选择"树叶黄了，可能是秋天到了"选项的占 48.9%，选择"习以为常，没什么特别的认识"占 18.7%；对比班的检测情况为 21.9%、45.8%、32.3%。（见表 6—6 与表 6—7）

以上的事例与测试结果说明，任何德育建构，追本溯源，都是以一种对人性的假设作为逻辑前提。在处理人与社会、自然、自我的关系时，因假设的前提不同，于是形成了恶而能动、善而能动、中性而动或中性而互动等不同的德育观。作为自然存在的实体，人的生理机能和生命活力源于自然世界，其人性的发展不可避免地受到其赖以生存的自然、社会条件等的限制，这就需要有一种恰当的语言形式去导引。馨园学校本着人性是"善而能动"的原则，尊重人是社会存在物和地地道道的自然存在物的根本事实，用诗一般的语言直接塑造了人的文化心理，用诗的方式去关怀社会、关怀自然；认识人生、认识自我，按照诗性发展的需要，将社会和学校所倡导的价值观和评价标准蕴涵于诗意文化载体之中，有意无意地、持久地向学生传递出诗意的观念信息，给学生以暗示、以启迪，使学生在不知不觉中认可道德评价和判断标准，提高道德认识，升华其人生体验。

---

① 申小龙：《语言与文化的现代思考》，河南人民出版社 2000 年版，第 10 页。

表6—6 　　　　　　　对比班 A 维度——诗意认知得分频数统计表

| | | 频数<br>Frequency | 总体样本百分比<br>Percent | 有效样本百分比<br>Valid Percent | 累积百分比<br>Cumulative Percent |
|---|---|---|---|---|---|
| 有效变量<br>Valid | 3 | 2 | 2.1 | 2.1 | 2.1 |
| | 4 | 4 | 4.2 | 4.2 | 6.3 |
| | 5 | 9 | 9.4 | 9.4 | 15.7 |
| | 6 | 17 | 17.7 | 17.7 | 33.4 |
| | 7 | 18 | 18.8 | 18.8 | 52.2 |
| | 8 | 17 | 17.7 | 17.7 | 69.9 |
| | 9 | 7 | 7.3 | 7.3 | 77.2 |
| | 10 | 13 | 13.5 | 13.5 | 90.7 |
| | 11 | 7 | 7.3 | 7.3 | 98.0 |
| | 12 | 1 | 1.0 | 1.0 | 99.0 |
| | 16 | 1 | 1.0 | 1.0 | 100.0 |
| | 小计 Total | 96 | 100.0 | 100.0 | |

表6—7 　　　　　　　实验班 A 维度——诗意认知得分频数统计表

| | | 频数<br>Frequency | 总体样本百分比<br>Percent | 有效样本百分比<br>Valid Percent | 累积百分比<br>Cumulative Percent |
|---|---|---|---|---|---|
| 有效变量<br>Valid | 4 | 1 | 0.4 | 0.5 | 0.5 |
| | 6 | 8 | 3.6 | 3.7 | 4.2 |
| | 7 | 11 | 4.9 | 5.0 | 9.2 |
| | 8 | 21 | 9.3 | 9.6 | 18.8 |
| | 9 | 35 | 15.6 | 16.1 | 34.9 |
| | 10 | 42 | 18.7 | 19.3 | 54.2 |
| | 11 | 41 | 18.2 | 18.8 | 73.0 |
| | 12 | 21 | 9.3 | 9.6 | 82.6 |
| | 13 | 17 | 7.6 | 7.8 | 90.4 |
| | 14 | 10 | 4.4 | 4.6 | 95.0 |
| | 15 | 6 | 2.7 | 2.8 | 97.7 |
| | 16 | 5 | 2.2 | 2.3 | 100.0 |
| | Total | 218 | 96.9 | 100.0 | |
| 无效变量<br>Missing | System | 7 | 3.1 | | |
| 小计 Total | | 225 | 100.0 | | |

### 二　道德情感净化的陶冶功能

道德情感是人的道德需要是否得到满足而引起的一种内在体验。[1] 道德情感的熏陶与培养对于学生道德生命成长至关重要。长期以来，我们忽视学生的情感体验，只是把学生看做等待填充的"道德之洞"或"美德之袋"，让学生在接受枯燥的道德教条的同时成为"物化"的对象。正如孔子指出："兴于诗，立于礼，成于乐。"兴于诗，乃德育的起始阶段。学生的道德修养，应该从形象感化，陶冶性情入手。亚里士多德也认为美德不仅是"知之"，而且是"乐之"，如果只是知之，而在情感喜好上并不趋向之，就不能说美德已经形成。种种现实告诉我们：仅仅传授道德知识是不够的，德育只有激发主体的内在动机、内在生命体验，让学生在处理各种关系的情境中产生、积累、孕育情感经验，才能有效地提高他们的道德能力。

诗意德育正是通过创设和选择利用学校中有教育意义的情境、氛围，对学生施以潜移默化的影响，论道而不说教，在愉悦中形成学生积极的道德态度和情感体验。例如，馨园学校以孙中山先生的精神与现代化建设的改革、创新相融合的文化，践行五大德育行动，即营造诗意校园文化、构筑学科诗意课堂、探索诗意活动模式、架设家校诗意桥梁、创设寄宿诗意生活，使学校成为师生成长的学园、家园、乐园。要求全体学生每天唱国歌、校歌。这样口诵心维，咀嚼体悟，共鸣感奋，自然就滋养身心，化育灵魂，铸造人格，积蓄着精神的原动力。诗意德育让人生活在自由的精神世界里，徜徉在美好的意境物象中，摄取精神的玉液琼浆；让道德情感成为学生思想品德形成的催化剂，成为架设道德认知、道德意志、道德行动之间的桥梁。从检测数据看，馨园学校实验班级 225 名学生，该题有效量表为 218 份，最低分为 3 分，最高分为 16 分，平均分为 10.70 分，标准差为 2.367。而对比班级 96 份有效答卷中平均分为 8.47 分，最低分为 4 分，最高分为 14 分，标准差为 2.047。其中第 11 题检测的是"乐观开朗"的情况，题目问道："当你好不容易找到郊游机会的时候，天气突变，雾时狂风大作，雷声隆隆，面对这种情况，你的心情会怎样？"实验班选择"没关系，暴雨过后就会有彩虹"答案的占 29.3%，选择"有点沮丧，郊游计划泡汤了"选项的占 58.2%，选择"真倒霉，为什么老是跟我过不去"占 9.3%，无效答案为 3.1%；对比班的检测情况为

---

[1]　邵瑞珍：《教育心理学》，上海教育出版社 1998 年版，第 183 页。

15.6%、71.9%、12.5%。（见表6—8与表6—9）

表6—8　　　　　对比班B维度——诗意情怀得分频数统计表

| | | 频数<br>Frequency | 总体样本百分比<br>Percent | 有效样本百分比<br>Valid Percent | 累积百分比<br>Cumulative Percent |
|---|---|---|---|---|---|
| 有效变量<br>Valid | 4 | 2 | 2.1 | 2.1 | 2.1 |
| | 5 | 5 | 5.2 | 5.2 | 7.3 |
| | 6 | 8 | 8.3 | 8.3 | 15.6 |
| | 7 | 19 | 19.8 | 19.8 | 35.4 |
| | 8 | 14 | 14.6 | 14.6 | 50.0 |
| | 9 | 18 | 18.8 | 18.8 | 68.8 |
| | 10 | 13 | 13.5 | 13.5 | 82.3 |
| | 11 | 13 | 13.5 | 13.5 | 95.8 |
| | 12 | 2 | 2.1 | 2.1 | 97.9 |
| | 14 | 2 | 2.1 | 2.1 | 100.0 |
| | 小计 Total | 96 | 100.0 | 100.0 | |

表6—9　　　　　实验班B维度——诗意情怀得分频数统计表

| | | 频数<br>Frequency | 总体样本百分比<br>Percent | 有效样本百分比<br>Valid Percent | 累积百分比<br>Cumulative Percent |
|---|---|---|---|---|---|
| 有效变量<br>Valid | 3 | 1 | 0.4 | 0.5 | 0.5 |
| | 4 | 2 | 0.9 | 0.9 | 1.4 |
| | 5 | 4 | 1.8 | 1.8 | 3.2 |
| | 6 | 3 | 1.3 | 1.4 | 4.6 |
| | 7 | 11 | 4.9 | 5.0 | 9.6 |
| | 8 | 12 | 5.3 | 5.5 | 15.1 |
| | 9 | 27 | 12.0 | 12.4 | 27.5 |
| | 10 | 32 | 14.2 | 14.7 | 42.2 |
| | 11 | 48 | 21.3 | 22.0 | 64.2 |
| | 12 | 28 | 12.4 | 12.8 | 77.1 |
| | 13 | 29 | 12.9 | 13.3 | 90.4 |
| | 14 | 11 | 4.9 | 5.0 | 95.4 |
| | 15 | 7 | 3.1 | 3.2 | 98.6 |
| | 16 | 3 | 1.3 | 1.4 | 100.0 |
| | Total | 218 | 96.9 | 100.0 | |
| 无效变量<br>Missing | System | 7 | 3.1 | | |
| 小计 Total | | 225 | 100.0 | | |

### 三　道德意志形成的润泽功能

什么是道德意志？教育心理学认为，道德意志是人利用自己的意识，通过理智的权衡作用去解决道德生活中的内心矛盾，是支配行为的力量。[①] 它是衡量道德水平的重要标志之一。一般来说，道德意志强的人，他的道德观念也较为正确，道德情感也较为丰富，道德行为也会较为高尚，反之亦然。当前，我国面临整个社会大转型，利益格局的变化导致多种道德思想和多元价值评价标准的冲突与调整；对外开放和全球化加速了我国经济、文化等方面与世界接轨的步伐，同时也造成传统单一的价值观与多元文化价值共享之间的较量；理性德育模式倡导用科学实证的方式认识世界，用逻辑分析进行道德认识、判断、推理，在帮助人们增长理性智慧的同时，也造成人们形成了平面化或者线性思维的习惯。这一切导致一部分学生受目力的限制和分析的局限，道德意志变得相对薄弱，心理承受能力较差，要么成为经不起风雨而沦落为不受社会道德控制和约束，也不受良心自律的无德之人；要么自制力、容忍力和耐挫力相当缺乏而丧失生活的勇气。

馨园学校许多老师以"润物细无声"的形式，对学生施加影响，让学生在充分感受形象、体验情境的基础上进行多角度的反思透视，使之自觉地与社会伦理规范连成一个不可分割的整体。比如，小黄同学祸不单行，中考在即，本来身体瘦弱又得胃病的他打篮球时腿骨折。按常规，他理所当然地可以选择退却，成为待在医院、家里的伤病员。然而，在他的班主任许洁华看来，学生个个都是意志坚强的人，不应该惧怕困难。于是她立即请来了附近最好的老中医来校，亲自给他熬汤、煮面，一个月后病愈，顺利参加中考并取得很好的成绩。许老师就是这样践履诗意德育的，她为了学生的身心健康，左手抓精神引领，右手抓后勤服务，所带的班开始成绩平平，学习意志力差，三年后中考往往全面超越平行班，创造令人难以置信的佳绩。这一切说明诗意德育没有科技与伦理对主体意志的外在压抑，有的是平等民主的亲和的师生之间、主体与"准主体"之间的美好关系，有的是师生主体不断地推进"最近发展区"进程中的能动与受动的统一，这就恰恰可以突破"先验的认知方式"的局限，让学生的头

---

[①]　邵瑞珍：《教育心理学》，上海教育出版社1998年版，第184页。

脑、精神直至灵魂变得澄明、丰富、深刻和美好起来，从而推进学生道德意志的形成与健康发展。从检测数据看，馨园学校实验班级 225 名学生，该题有效量表为 218 份，最低分为 4 分，最高分为 16 分，平均分为 10.93 分，标准差为 2.515。而对比班级 96 份有效答卷中平均分为 10.23 分，最低分为 2 分，最高分为 16 分，标准差为 2.395。其中第 23 题检测的是"持之以恒"的情况，题目检测的是受教育对象能否长时间坚持做一件重要而枯燥的事情的情况。实验班选择"完全能够做到"答案的占 18.2%，选择"基本能够做到"选项的占 58.7%，两项累加为 76.9%，选择"完全做不到"占 20.0%，无效答案为 3.1%；对比班选择"完全能够做到"答案的占 21.9%，选择"基本能够做到"选项的占 44.8%，两项累加为 66.7%，选择"完全做不到"的占 33.3%。（见表 6—10 与表 6—11）

表 6—10 　　　　对比班 C 维度——诗意意志得分频数统计表

| | | 频数<br>Frequency | 总体样本百分比<br>Percent | 有效样本百分比<br>Valid Percent | 累积百分比<br>Cumulative Percent |
|---|---|---|---|---|---|
| 有效变量<br>Valid | 2 | 1 | 1.0 | 1.0 | 1.0 |
| | 6 | 2 | 2.1 | 2.1 | 3.1 |
| | 7 | 11 | 11.5 | 11.5 | 14.6 |
| | 8 | 9 | 9.4 | 9.4 | 24.0 |
| | 9 | 12 | 12.5 | 12.5 | 36.5 |
| | 10 | 18 | 18.8 | 18.8 | 55.3 |
| | 11 | 14 | 14.6 | 14.6 | 69.9 |
| | 12 | 12 | 12.5 | 12.5 | 82.4 |
| | 13 | 8 | 8.3 | 8.3 | 90.7 |
| | 14 | 7 | 7.3 | 7.3 | 98.0 |
| | 15 | 1 | 1.0 | 1.0 | 99.0 |
| | 16 | 1 | 1.0 | 1.0 | 100.0 |
| | 小计 Total | 96 | 100.0 | 100.0 | |

表6—11　　　　　　　　实验班C维度——诗意意志得分频数统计表

| | | 频数<br>Frequency | 总体样本百分比<br>Percent | 有效样本百分比<br>Valid Percent | 累积百分比<br>Cumulative Percent |
|---|---|---|---|---|---|
| 有效变量<br>Valid | 4 | 3 | 1.3 | 1.4 | 1.4 |
| | 5 | 2 | 0.9 | 0.9 | 2.3 |
| | 6 | 10 | 4.4 | 4.6 | 6.9 |
| | 7 | 10 | 4.4 | 4.6 | 11.5 |
| | 8 | 11 | 4.9 | 5.0 | 16.5 |
| | 9 | 19 | 8.4 | 8.7 | 25.2 |
| | 10 | 29 | 12.9 | 13.3 | 38.5 |
| | 11 | 35 | 15.6 | 16.1 | 54.6 |
| | 12 | 36 | 16.0 | 16.5 | 71.1 |
| | 13 | 30 | 13.3 | 13.8 | 84.9 |
| | 14 | 23 | 10.2 | 10.6 | 95.4 |
| | 15 | 8 | 3.6 | 3.7 | 99.1 |
| | 16 | 2 | 0.9 | 0.9 | 100.0 |
| | Total | 218 | 96.9 | 100.0 | |
| 无效变量<br>Missing | System | 7 | 3.1 | | |
| 小计 Total | | 225 | 100.0 | | |

## 四　道德行为产生的疏导功能

道德行为是指在行动上对他人、集体、社会作出的反应。它是衡量一个人道德品质优劣的关键，也是整个德育过程的目的和归宿。传统道德教育模式注重灌输道德知识，而对道德行为习惯显得力不从心。就道德行为而言，一般分为无律、他律、自律、自由四种范式，或者说四重道德修养境界。无律是指道德水平处于一种蒙昧状态；他律是表现为受到法律制度或人为的约束；而自律通过涵养自健其德的意识与培养自我教育能力而达到的自觉实践道德行为的状态；通过自律达到道德自愿行为的状况，即是一种符合道德精神的自由行为。

诗意德育对提升学生的道德境界，疏导道德行为发挥重要价值。它利用自身的隐蔽性、情境性、持久性等特点，把道德行为要求渗透在学生须臾不可离的各种学校环境中，通过显像、取譬、通感等特殊的传递机制，使学生用"亲在"（Dasein）来设定"存在"（Sein）[1]，在无形中感受到德育的暗示、启迪，并自觉地按照这种道德的暗示、启迪去约束、调整和规范自己的行为，自然就容易忘记"自我"而呈现"超我"，由先前的"有我之象"进入到"无我之象"，道德行为处于超然的状态，成为德育的主人。馨园以诗意文化浸润学生的灵魂，以诗意话语导引学生行为，在推动学生素质的全面提升方面焕发出比较夺目的光彩。

从检测数据看，馨园学校实验班级225名学生，该题有效量表为218份，最低分为3分，最高分为16分，平均分为11.55分，标准差为2.667。而对比班级96份有效答卷中平均分为9.74分，最低分为5分，最高分为16分，标准差为2.007。其中第30题检测的是"自主反思"的情况，题目问道："当老师批评犯错误的同学时，你会怎样对待？"实验班选择"我会和该同学进行对照，看看自己是否也犯了同样的错误"答案的人数有153人，占68.0%；选择"无所谓、不干涉，反正我没有犯错误"选项的人数为44人，占19.6%；选择"该同学真不走运，又被老师逮着了"人数为21人，占9.3%，无效答案为3.1%。对比班选择的情况分别为65.6%、19.8%、14.6%。（见表6—12与表6—13）

表6—12　　　　对比班D维度——诗意实践得分频数统计表

| | | 频数 Frequency | 总体样本百分比 Percent | 有效样本百分比 Valid Percent | 累积百分比 Cumulative Percent |
|---|---|---|---|---|---|
| 有效变量 Valid | 5 | 1 | 1.0 | 1.0 | 1.0 |
| | 6 | 3 | 3.1 | 3.1 | 4.2 |
| | 7 | 12 | 12.5 | 12.5 | 16.7 |
| | 8 | 10 | 10.4 | 10.4 | 27.1 |
| | 9 | 15 | 15.6 | 15.6 | 42.7 |
| | 10 | 20 | 20.8 | 20.8 | 63.5 |
| | 11 | 17 | 17.7 | 17.7 | 81.3 |
| | 12 | 12 | 12.5 | 12.5 | 93.8 |
| | 13 | 4 | 4.2 | 4.2 | 97.9 |
| | 14 | 1 | 1.0 | 1.0 | 99.0 |
| | 16 | 1 | 1.0 | 1.0 | 100.0 |
| | 小计 Total | 96 | 100.0 | 100.0 | |

---

[1] ［德］海德格尔：《海德格尔存在哲学》，孙周兴译，九州出版社2004年版，第1—57页。

表6—13　　　　　　对比班 D 维度——诗意实践得分频数统计表

| | | 频数 Frequency | 总体样本百分比 Percent | 有效样本百分比 Valid Percent | 累积百分比 Cumulative Percent |
|---|---|---|---|---|---|
| 有效变量 Valid | 3 | 1 | 0.4 | 0.5 | 0.5 |
| | 5 | 2 | 0.9 | 0.9 | 1.4 |
| | 6 | 5 | 2.2 | 2.3 | 3.7 |
| | 7 | 9 | 4.0 | 4.1 | 7.8 |
| | 8 | 14 | 6.2 | 6.4 | 14.2 |
| | 9 | 20 | 8.9 | 9.2 | 23.4 |
| | 10 | 28 | 12.4 | 12.8 | 36.2 |
| | 11 | 20 | 8.9 | 9.2 | 45.4 |
| | 12 | 27 | 12.0 | 12.4 | 57.8 |
| | 13 | 25 | 11.1 | 11.5 | 69.3 |
| | 14 | 39 | 17.3 | 17.9 | 87.2 |
| | 15 | 23 | 10.2 | 10.6 | 97.7 |
| | 16 | 5 | 2.2 | 2.3 | 100.0 |
| | Total | 218 | 96.9 | 100.0 | |
| 无效变量 Missing | System | 7 | 3.1 | | |
| 小计 Total | | 225 | 100.0 | | |

　　具体从慈善捐款的角度看，馨园学子是中山市最慷慨解囊的团队，2003 年为贫困山区学校捐款 3.8 万元，为市教育局教育资金捐款 5 万元；2004 年为校助学金捐款 8.2 万元；2005 年为印度尼西亚海啸捐款 7.19 万元，为中山慈善万人行捐款 3 万余元；2006 年为山区助学再捐款 11.3885 万元；2008 年为四川汶川大地震灾区捐款达 80 余万元；2009 年 5 月，当小学部教师张普在广州检查出白血病之后，家境困难的她得到了所在学校师生热情扶助，不到一个星期，捐款数额就超过 38.0820 万元之多。据不完全统计，馨园学校自 2001 年创办至 2009 年 2 月，已捐出善款达 154.3044 万元。馨园学校毕业生孙敏妍获得剑桥大学奖学金 1.2 万英镑（折合人民币 13 万元）全部捐献给四川灾区。

　　另外，通过检测，发现诗意德育对于和谐"人与自然、人与社会、人与自我"具有凝聚作用，对于提升德育境界具有催化作用。在维度 E

的检测中，对比班级平均分只有 12.32 分，标准差为 1.919，明显低于实验班级平均分 12.38 分，标准差为 2.579；在对维度 F 的检测中，对比班级平均分 9.41 分，标准差为 2.430；而实验班级平均分为 12.32 分，标准差为 2.511。

从以上测试结果看，"诗意德育"的主要功能指促进人的身体与心灵、智力与德性、知识与能力、理性与审美的普遍的、和谐的发展。其价值在于发挥德育的灵魂统率作用，将构成教育系统的道德知识传授、道德情感陶养、道德意志培养、道德行为引导等要素予以优化，形成教育合力，提升教育者和受教育者的主体地位，增进教育效益，促使学生在知识与技能、过程与方法、情感态度与价值观等方面素质的和谐并进，从而保证"整体性人"的生成与发展。

### 五 道德语言运用的典雅功能

#### 1. 锤炼教师的诗意语言

教师是诗意德育的实践者与探索者，要使德育富有诗意，教师首先要有诗意。在课题的研究过程中，教师和学生一起诵诗、品诗、作诗，丰富了自身的文化底蕴，锤炼了自身的教学语言，成为诗意课堂的示范者、导航者，既是开课的导语也是动听的诗歌。如在学习"追寻成长的足迹"单元时，老师激情满怀："同学们，像鸟儿在天空中划下痕迹，像风在海面上奏响乐曲，花开同样有声，人来到地球，她的成长如同鲜花盛开一样，也是有声音的，请仔细听听，你会听到花开的声音，你会感到成长的韵律"；在引导学生对课文的理解过程中，我们也常常能听到诗意的过渡语，张泽佳老师在执教《去年的树》时，流淌出的过渡语是："这样的情谊随着时间，随着每一个平凡日子里的相处，深深地印在了鸟儿的心中，鸟儿想着从前的点点滴滴，想着曾经许下的承诺，它决定寻找树，寻找树的踪影。"在诗意的课堂里，我们还能时时感受到教师精心设计的诗意结语。陈静老师在执教《槐乡的孩子》时，她说："槐树本是一种普通得不能再普通，平凡得不能再平凡的植物，但因为有了一群爱他们的槐乡的孩子，这种普通的植物有了无穷的生命力。其实世间的万物都是这样，当你笑着看花，花也含情；当你笑着看水，水也含笑；当你用含情的眼睛打量这个世界，用感恩的心感受这个世界，哪怕一棵无心的槐树也变成有情之物呀！"还有的老师则着重研究了教师课堂的诗意评价语言。如"通过你的朗读，我仿佛看到你的心正和作者的心一起跳动"；"你的一番话让我仿佛看到了你心中升腾起的希望"、"与其说你在读文章，不如说你正在和作者进行一次亲密的交谈！……"教师诗一样的语言渲染着课堂气氛，引领着课堂诗意氛围的形成。

2. 典雅学生的诗意语言

诗化了学生的言语。在诗意德育实践研究过程中，我们始终借助以言语实践为本体，采取诗意的言说方式，进行典雅汉语的训练。低年级课堂上，老师带着孩子们将"花"扩词：鲜花、花瓣、花蕾、花枝、喇叭花……接着，孩子们由"词"编出的诗句更激荡着童趣："怒放的鲜花是蜜蜂的冷饮店/花瓣是蚂蚁的舞台/花枝是瓢虫的跑道/春天的山谷，喇叭花乐队正给春游的人们演奏。"余运群老师执教《象鼻山》时，课堂上学生情不自禁感叹："象鼻山啊，象鼻山/厌倦了天神的责任/看遍了人世的变化/来到这里/与花嬉戏/与鱼同游/但这仍不能永恒/不如安安静静，化作象鼻山。"更让我们感到惊喜的是，这样诗意的语言还浸透到了其他课堂。品德课上，学习完《母亲的爱》后，老师问道："你理解了母亲的爱吗？"学生说："母亲的爱就是小王子的那朵玫瑰花，永远只为我而开放"；"母亲的爱就是一件贴身的小棉袄"；"母亲的爱是我在睡梦中为我盖被的温柔，是我犯错误时给我的严厉的眼神"……科学课上，老师问："你对雨的印象是怎样的？"孩子们说："雨真可爱，她打在我家的雨棚上，好像在敲锣打鼓呢"；"下雨了，她打在我的小花伞上，是在为我唱动听的歌呢！"

孩子们在自由、快乐的言语实践活动中，体会到的绝不是"吟安一个字，捻断数茎须"的苦吟，而是发自内心的声音的流淌，是内心体悟的自然情感的外化；也不是在语言链条上机械的连接与割裂，完全是自由快乐语言的狂欢。或者说，学生本身就生活在诗的语言里，诗是学生的本能需要，是生命中不可或缺的血肉和灵魂。从这个意义上分析，诗意德育更直接而真实地培养了孩子们从感知语音、字形而深刻理解语音、字形所表达的意义的能力。

当然，最大的功效还在于诗化了学生的眼睛和心灵。诗意德育不断帮助学生树立"民胞物与"的观念，使学生在诗意教师、诗意课堂、诗意校园的熏陶下，逐渐认识到人类只是大自然家庭的一名成员，与其他成员之间要和睦相处，彼此关爱。在日常的教育中，我们特别注重把"民胞物与"的观念迁移到校园的方方面面，学生能够使"太阳月亮、高山流水、苍松翠柏、巨石小草、绿叶红花、春风秋雨、夏云冬雪、晨钟暮鼓、流云飞絮等都浸润上人的情思，使'一枝一叶总关情'"，自然地爱护一草一木。于是，学生的言语多了一份雅致，少了一份随意；举止多了一份优雅，少了一份粗莽。如郭小凡同学在看到校园里的落叶时，对落叶诗意的情怀便从笔尖流淌（节选）："她就是这样悄无声息地来了/她的到来——菊花独放/她的到来——叶儿飘荡/她的到来——凉风习习/也许，这是一种凄楚的美/她就是这样欢快地来了/她的到来——山披红装/她的到来——麦子金黄/她的到来——笑声朗朗/也许，这是一种会心的美/她就是这样打旋儿来了/她的到来——松鼠采果/她的到来——鹊儿存粮/她的到来——燕儿南飞/也许，这是一种离别的美……"如曾被多家报刊登载的冯思娴同学所写的诗歌《和春天跳支舞》："春天迈着轻盈的脚步，踩醒了沉睡的大地。/小草伸了伸懒腰，从大地妈妈的怀抱一拥而出。/花朵从种子屋里跑出来，穿上了花花绿绿的衣裳。/幼小的燕子从蛋壳里探出机灵的小脑袋，对太阳说：我想和春天跳支舞！燕子振翅在天空翱翔。/鱼儿推开了厚重的被子，对春风说：我想和春天跳支舞！鱼儿扇动着鱼鳍在大海欢快地游着。/我打开紧闭的窗户，对蓝天说：我想和春天跳支舞！春天的笑容挂在我的脸上……"在写诗的言语实践中，学生敞开心扉，抖落浮尘，洗尽铅华，与天地同体，将心中的诗意赠送给万事万物，获得生命的感动与开拓人生的动力。同时，因为儿童诗的写作历练，学生的作文语言也正悄然发生变化，变得优美，变得凝练，更具表现力和感染力。

正如美国成功学家拿破仑·希尔（Napoleon Hill，1883—1969 年）所言，人的一生就像一趟旅行，沿途有数不尽的坎坷泥泞，但也有看不完的春花秋月。我们学生的人生旅途总会要遇到各种大大小小的不幸，在他们诗样年华的时代，德育是种下悲哀、消极的种子，还是引导他们用积极的态度对待当前经历的以及即将经历的一切呢？凭借积极的人格去迎接人生中的风风雨雨，即使身处逆境，我们同样可以在寒冷的易水边高歌"风萧萧兮"，在血染的沙场谱写"满江红"，获得一种西卡森特米哈伊宣称的"福乐"（flow）体验，① 并把这种积极的情绪体验带进自己的人生，

---

① 西卡森特米哈伊把对某一活动或事物表现积极的兴趣并能推动个体投入该项获得或事物的积极情绪体验，称之为"福乐"（flow）。参阅 Csikszentmihalyi，M.，"The flow experience and its significance for human psychology"，In M. Csikszentmihalyi & I. S. Csikszentmihalyi（Eds.），*Optimal experience：Psychological study of flow in consciousness*，New York：Cambridge University Press，1988c.

在阴霾满天的时节创造人生的艳阳天。诗意德育以诗的形式作为守望心灵、增强德育实效性的依托，而背后见出的是自然、社会与自我的对接、圆融与互摄，是世界的诗歌对象化，是德育的诗意化。这种改变德育的言说方式，让德育焕发诗意魅力的探索，不仅让受教育对象获得感官的愉悦，而且用积极的力量开启一扇通往美好的、良善世界的门扉，让德育成为可以亲近、享用的存在，让学生张扬自信的风帆，超越现有的、固有的德性状态，成为一个感恩地对待过去、乐观地对待未来的诗意栖居者。

## 第三节　诗意德育的现时价值

价值取向是主体对符合价值观的事物进行追求的心理与行为倾向，是基于事实判断基础上进行的价值判断。诗意德育从人的和谐发展视角来看，它不仅是一种生态学、德育学、社会学的事实，更是一种价值选择，因而具有多向度的现时价值取向。

### 一　师生生命样态丰韵的人学价值

从人的发展视角来看诗意德育，首要的价值取向在于回应当代人的生命需求。"人永远不会变成一个成人，他的生存是一个永无止境的完善过程和学习过程。人和其他生物的不同点主要就是由于他的未完成性。"[①]从本质上而言，教育不仅是社会文化传承的活动，而是以一种唤醒人的生命意识、启迪人的精神世界的特殊活动。[②] 人在生命发展的历程中成为理想的社会化对象需要接受德育的作用。德育从本质上而言是为人的发展需要服务的，而人的发展是自然生命与精神生命和谐统一的活动。如果说自然生命是人生命发展的物质基础。那么，精神生命就是人所以为"人"、勃发生命力的根本保证，是个体和群体生命成长的动力源。从心理学角度分析，人的德性发展是以人的需要发展作为逻辑前提。现代美国人本主义心理学家马斯洛认为，人的生理需要和安全需要得到基本满足以后，爱的需要和尊重的需要就会突出成为主要的需要，满足了爱的需要和尊重的需

---

　① 联合国教科文组织国际教育发展委员会：《学会生存——教育世界的今天和明天》，教育科学出版社 1996 年版，第 196 页。

　② 李小鲁：《教育本质新论》，《现代哲学》2007 年第 5 期。

要，人就会感到自己活在世界上有价值，有意义，从而焕发出自尊自强、自我实现的需要，积极投入到学习、劳动和生活中去。人不仅是"社会关系的总和"，也是"意识的对象"，因此，人的发展应该是"物质人"与"精神人"的和谐统一。在现阶段，我们的学生，都是生理需要和安全需要已获得基本满足的人，他们需要更高层次的精神发展。只有精神上的需求得到满足，才能激发学生的上进心，才能充分调动起内心的自觉性和积极性，引导其形成良好的思想道德品质。

然而，长期以来，在我国道德教育实践中过于强调"物质是世界万物的基石"，把人的发展理解为物质运动的一个环节，离开或不大关注人生命样态的丰富性和完整性，过于追求道德规则教化或知识外在化的工具主义价值取向，把道德教育变成僵死的教条，道德教育成为一种事先谋划好的、以主客体分离的认知方式控制受教育者心智和身体的技术，成为一种丧失德性发展原动力的规训活动。纯粹理性的道德律令替代了古老的自然法则，德育成为一种异己的力量，受教育者尽管处在富有质感的生活世界，却遗忘了对生活的生动体验以及对道德发生切己的反思，道德教育"见物不见人"。"道德强制是一种恶。教育运用强制手段执行某种道德不仅是徒劳的，也是不道德的，用不道德的手段去实现高尚的道德，只能引起更多的不道德。"①

人作为生命体存在的逻辑前提是实践活动，这种实践活动首先是在人们最基本的物质生产活动下展开的。随着生产力水平的提高，人们的实践活动也随之丰富和发展，导致人们不断突破现有的生活方式，追求可能的、理想的生活方式，人的实践活动也就变得有意识与有价值。因此，人们的生命样态就是人之生活和实践以及对可能的、理想的生活憧憬所表现出来的生存方式的整体反映。用什么方式唤醒人们的精神生命，从而导引人们的生活和实践，就形成什么样的生命样态。有鉴于此，诗意德育以西方现象学、存在主义哲学，中国传统文化"天人合一"学说为理论依据，注意借鉴脑科学和人文主义的教育理论，从本体的意义上把研究的着力点落实到人类有价值的生存样态上，即不仅要克服当代人纯粹理性化、物质功利化的生存状态，更重要的是重建当代人符合生态规律的生命状态。

诗是人的主观精神世界与客观物质世界之间的感应契合。诗意德育追

---

① 金生鈜：《质疑建国以来的道德教育规训》，《教育理论与实践》2001 年第 8 期。

求培养和塑造具有积极人格的价值理想，不仅用诗意符号引导德育对象真切而独到地体验充满神秘与奇幻的世界，而且更重要的是它注重激情想象力的自由驰骋，注意饱含诗意生活的真切感悟，注意启发、引导他们形成敏锐的诗思，使潜在的德性得以激活、勃发、壮大，从而对现实永远保持一种新鲜活泼的感情体验，对未知世界的探索与对生命意义创造性的感悟，使学生德性习得成为一种充满探究、体验、实践、感悟的活动，成为一个精神昂扬到升华的过程。让他们成为诗，让他们的精神状态永远保持一种诗意的感觉。另外，诗意德育注意发挥传统诗意文化的濡化作用，注意发挥诗教的起兴作用、礼教的规范作用以及乐教的陶冶作用，从而形成一种立体的诗意情感场；注意运用诗意的言说方式，让教育者和受教育者一同进入诗意德育之境，都以赤子之心、空杯状态，悬搁自己已有的思想道德观念，进入融自然生态、社会生态以及自我生态为一体的全息沉浸式的体验状态。① 在诗意德育的状态中，教育者和受教育者都经历着"自然生命—社会生命—自我生命"真美善圆融意识的涌流，都感受到诗性语言的导引与动力乃至聚合的能量。不仅激发了作为人的自豪感与尊严感，更把这种诗意情怀移植到得以存在的自然与社会，从而张扬自信的风帆，其诗意德行和诗性智慧豁然跃动：他不再局限于物质生产方式的生命样态，而是通过个体与个体、个体与群体、群体与群体的零距离对话与反思性表达，顿悟生命的多样性以及存在的价值性，并以自己认可的方式追寻着自身生命发展的方向、轨迹和价值。这样，无论是教育者，还是受教育者，其生命样态自然逐渐呈现为物质与精神生命交融发展的身心状态，其生命发展逐渐变得立体而完整。

总之，诗意德育既重视师生原有的认知基础、认知结构、道德学习兴趣，又通过体验与反思使道德信息进入心灵，与个人的人生阅历与生活感受融合在一起，重视人生命样态的改变与发展，使物质生命和精神生命协同发展，将个体的全面发展与群体的整体发展协同起来，这样在整体推进与个体选择的协同作用下，师生的生命不再是线性地发展而是和谐而全面地发展。

---

① 刘惊铎教授把生态分为自然生态、类生态、内生态三个维度，本书受此启发，把生态确定为自然生态、社会生态、自我生态。参见刘惊铎《体验：道德教育的本体》，《教育研究》2003 年第 2 期，第 53—59 页。

### 二 魅力德育模式建构的实践价值

随着我国基础教育课程改革的全面普及与进一步深入，人们对魅力德育的要求越来越迫切。《中共中央、国务院关于进一步加强和改进未成年人思想道德建设的若干意见》中也明确将"增强吸引力与感染力"作为未成年人思想道德建设的基本原则之一。

什么是魅力德育？魅力德育不是教育者和教育对象主客体分离的德育，不是开中药铺式的出售甲乙丙丁德育规则的规训教化。魅力德育应该是直指人心，摄人心魄，富有吸引力的德育；是拨动情感琴弦，诱发生命感动，富有感染力的德育；是适应每个学生的道德发展需要，使每个学生的道德素养得到和谐而全面的发展，富有整合力的德育。诗意德育正是顺应中西文化和道德教育实践发展的大趋势，尊重人才成长规律，尊重每个人德性发展的独特需要，把人看成完整的、活生生的生命存在，以洞幽烛微、直逼真理的思想去解构僵化、惰性的教化，荡涤陈腐的镜像世界；以文化的和风细雨润泽学生的生命，从而促使认知和情感的协调，促成外铄因子与内生因子的整合，凸显道德教育和环境教育的统摄性、全时空性、渗透性和内在性，促进德育实践的返魅，促进魅力德育模式的建构。

首先，从德育目标的建构看。传统道德教育将目标简单地、片面地定位为道德认知，导致道德教育目标"高大空远"，脱离了学生的实际，也造成道德教育成为教育者单向授受宏大中心叙事的道德规范知识体系的活动。这种活动无视学生作为"人"的存在，用规范剪裁学生，使人为体现道德的价值而存在，其"德"是外在的、功利性的"得"，因而造成道德教育与道德修养脱节以及学生德性知情意行不能全面而和谐地发展。诗意德育是"问心"的德育，德育的诗意发自受教育者内心而不是取决于客观环境外在的因素，教育者除了栖居在教育田园之外，还应做好范导和引领的工作，因此，教育者应成为诗意"导引者"，受教育者应成为"栖居者"。导引者和栖居者置身一定的生态关系场域中，感受、理解和领悟三重生态之运行律，经历内心自觉和相互诱发生命感动的过程，恢复道德的自觉性、生成性和互惠共生性。这样，外施的目的就嬗变为内心诗意的培植、发展与绽放，既尊重了受教育者德性发展的自主性、主体性，也使教育者悬置"教育者"的身价，从学生的视角去建构与学生实然生命关联且将德性生命发展指向应然境界的德育目标。

其次，从德育的过程看。达成和谐完美的道德境界，其逻辑前提是道德教育在合目的性与合规律性的统一基础上，在主体间交互关系的作用下，既伸张个体德性发展的自我性、自由性，同时使外在的规范、责任与内在的意志、欲望相融合。这需要切合这种目的观的道德实践。传统规训教化式德育是一种通过传输和强化道德规范知识而建立起来的道德教育体系。这种道德教育以要求受教育者接受既定的道德教育规范知识，遵守和服从既定的、明确的和统一的道德规范要求，并以外部约束来保证其实施效率为主要特征。带有明显的主客二元的、分离性的和单纯外施性的特征，难以进入和谐完美的道德教育境界。诗意德育把"言语实践"作为道德教育的本体，注重发挥诗意言说的导向、凝聚、动力等功能，从自在与自为的维度去创设诗意情感场，让导引者和体验者同时生活在情感场内进行全息式的体验与感悟，共同地、互动地相互诱发和唤醒个体或群体德性发展的主动性与主体性，在领悟自然诗意、社会诗意、自我诗意的过程中，对外在于自己的道德规范发生切己的融通与理解，从而化作自觉的行为。由于教育者和受教育者都是自觉自愿地在言语实践活动中自健其德，诗意德育不仅可以剔除道德教育的虚伪性，使道德教育实践变得意趣盎然；更由于改变单一传输道德法规知识的做法，凭借"感知行为中主观运动着的身体"[①] 理解、融通并建构生存实践中的各种关系，促使导引者和体验者的生命在自我解构与建构中印证着自身存在的价值和意义；赋予自然、社会以及自我以审美的观照与积极的意义，从而创造着丰满的人性和可能的生活。这种实践其实质就是超越了主客体二元对立的思维方式，超越了自我有限的存在，使人的生命成为一种自由自觉的存在。

最后，从实施的内容与途径看。传统知性德育仅仅关注人际的社会规则，而诗意德育将视界放在日常的生活当中。将学生带入真实的生活情境或进入富有生活功能的诗意德育场景当中，充分发挥生活世界的直观性、本真性和体验性特征，从而对生活中所遭遇到、体会到的社会性、道德性问题中有所思、有所感中日渐形成自己的道德判断力。它关注现实具体的生活场景，关注具有鲜活生命的个体当下所需，在个体对生活的体验、感受中养成德性。这种德性的养成不是为了外在的社会功利目的，而是促使学生个体从当下的现实出发去追求一种理想的生活状态，过一种有道德的

---

① ［德］胡塞尔：《生活世界现象学》，上海译文出版社2002年版，第58页。

幸福生活。这样反映在实施途径上，它打破了课堂教学的狭窄空间，将德育的空间向生活世界开放，向大自然开放，向生命个体开放，向人类的未来开放。

### 三　人与自然和谐的生态学价值

所谓生态学，指的是研究生物与其环境之间相互关系的科学。它从探讨生物与自然环境相互关系出发，分析一些生物学现象的因果关系，阐明自然界生物种群、群落、生态系统的结构及其形成和发展的过程，促进了生物科学的发展。生态学对有机体与环境关系的考察离不开对环境本身的研究。它对生态环境的理解主要限于有机体生存空间各种条件的总和。因此，这种生态环境主要是指自然的生态环境，环境具有整体性和区域性的特点。一定区域的环境中的各种要素之间不断地进行物质、能量交换。这样，不同区域的环境也就各有差异。自然生态环境是人类和其他生命有机体都赖以生存的基础。如何维护自然生态的平衡，保护人类赖以生存的物质基础，是生态学的主要任务与根本目的。

然而，人类的生存环境比一般动物的生态环境更为广泛和复杂。人类生态环境是一个包括自然环境、社会环境和规范环境在内的复合生态环境。[①] 所谓自然环境是指人类的物理生存环境；社会环境是人的生活环境；而规范环境是含有人类生活价值判断的环境，它是人类在社会生活过程中所形成的各种态度、风气、价值观念等的总和，具体包括：社会风气、民族传统、风俗与习惯、社会思潮、艺术、科学技术、宗教等。人类与自然环境的关系是一种动态平衡的关系。人类一方面从自然环境摄取物质与能量，另一方面在开发自然生产力的同时，又不断地向自然环境排泄、抛弃废物，恶化自然环境。不言而喻，维护自然生态平衡的关键因素在于人，在于人的教育。而人不单单是一个自然的生物体，作为生物有机体存在于社会之中，人更是一个具有社会性的生命主体。人，"在其现时性上""是一切社会关系的总和"。这意味着，人不仅是物质的动物，还是精神的存在体。如何从价值与精神的层面导引人类的生态行为，促进人与自然走向和谐相处，成为生态学一个全新的课题。

人与自然的和谐相处的意识是可以通过多种教育途径来培养的。诗意

---

① 范国睿：《教育生态学》，人民教育出版社 1999 年版，第 23 页。

德育在某种意义上承接了以关怀环境为己任的生态德育的精神，但与之有本质区别的是，它不是用实然的价值取向去审视、梳理"环境保护"中的德育事件，提出统摄性的要求、条理、规则去规范、控制学生，乃至抑制日益增长的"人类中心主义"导致的行为，而是更注重从生命成长的高度去审视自然生态问题，让导引者和体验者生活在真实的自然环境、社会环境与规范环境当中，使道德教育与主体发生现实的关联，对自然生态产生丰富的、深刻的、瞬间性、切己性的领悟与反思，对自然生态产生亲近感，对生命保持热情。这意味着道德教育由狭窄的"环境保护"返回到灵动的"生活世界"；意味着学生合情合理合法的需要与社会需要及客观规律的和谐；意味着学生的思想道德素质在道德智慧与道德情感融通互摄中得以和谐生成。

　　诗意德育所主张的和谐不是一般意义上的和谐，而是全面的、深刻的、高级的和谐，是超越了传统以人为中心的和谐。这种高级的和谐，其价值没有停留在物的层面的和谐，而是指更高层次上的精神和谐。精神层次的和谐就是人与自然环境不再是单纯的物质关系，而是把世界的存在看做一个有生命的实体，能与之进行精神交流的平等的朋友式的关系。这里没有了主体与客体之分，没有了中心，各存在物在一种平等、相依、共生中达到和谐。如果只是建立在物的关系层面，人类保护自然只是看到它对自己有物质的用处，现在的保护是为了将来的使用，就会陷入"保护—利用—破坏"的怪圈。保护环境的目的是为了利用环境，而利用的结果又破坏了环境。以用为度，也就是以人的需要为标准，而不是以自然的需要为标准的保护，不会使自然得到真正的保护。诗意德育以自然物质环境保护的实然价值为起点和初始条件，在人类社会生活环境和规范环境等应然因素的指引下，发挥道德教育主体自身的主观能动性，发挥诗性智慧的功能，赋予自然以人的主体地位以及建构一种平等的对象关系，人与自然不是工具性征服与被征服的实践关系，而是一种"我—你"之间的对话交流关系。这样，人与自然就处于一种良性的动态平衡之中。

## 四　和谐社会建设的社会学价值

　　和谐社会是指物质文明、精神文明、政治文明共同发展，公平、合理和有序的社会，是以人为本，全面、协调与可持续发展的新型社会。而和谐社会能够可持续发展，取决于经济、科技、社会与环境、资源、生态以及人的发展相互作用、相互影响、综合与协调发展的程度与水平，特别是人本身的发展进步程度与思想道德水平，这是整个社会可持续发展的核心和目的。

从社会发展来看，马克思主义认为，"不管个人在主观上怎样超脱各种关系，他在社会意义上总是这些关系的产物"①。人凭借实践活动，结成一定的生产关系，然后在此基础上产生和发展出人与人之间的多种联系和社会关系。尽管这些关系因为个人的表现形态不同而呈现不同的经济关系、政治关系以及伦理关系等，但从本质上来说，人是关系性的存在物；人与人的关系不是静态的，而是处于一个不断解构与建构的、动态的生成过程。道德教育的基本发展规律是"社会—人—道德教育"三者之间的相互制约、相互作用的稳定联系，即社会发展对人的道德素养提出要求，教育根据社会对人的道德素养要求进行教育改革，以适应社会的需求。在这样的相互联系与和谐促进中，人的道德品质作用于社会，促进社会发展，而社会的继续发展，又对人的道德品质提出新的要求，教育就要根据这一新要求，继续进行改革，如果"社会—人—道德教育"之间的联系是一种积极的健康的相互促进状态，就体现为社会发展的整体和谐；如果三者之间的联系出现了非积极健康的作用联系，就说明社会发展存在整体联系的不和谐因素。造成"社会—人—道德教育"不和谐的因素是多方面的，其中用什么选取什么样的道德教育的价值取向以及与此照应的教育目标、内容、方法、途径，自然对社会的发展产生什么样的影响。党的十六届四中全会第一次在党的文献中提出了构建社会主义和谐社会的战略任务。和谐社会，"应该是民主法制、公平正义、诚信友爱、充满活力、安定有序、人与自然和谐相处的社会"②。和谐社会能够可持续发展，取决于经济、科技、社会与环境、资源、生态以及人的发展相互作用、相互影响、综合与协调发展的程度与水平。而人是社会发展的主体，是和谐社会的建设者。和谐社会建设的关键因素在于人，在于人的道德素质的和谐而全面发展。

当前，我国社会的发展正处于关键时期。随着改革开放和社会主义市

① 中共中央马恩列斯著作编译局译：《马克思恩格斯选集》第 2 卷，人民出版社 1995 年版，第 208 页。

② 胡锦涛：《在省部级主要领导干部提高构建社会主义和谐社会能力专题研讨班上的讲话》，人民出版社 2005 年版，第 6 页。

场经济的深入发展，我国经济社会生活也发生了深刻变化，社会经济成分、组织形式、就业方式、利益关系和分配方式日益多样化，社会利益关系更为复杂，出现了许多新情况、新问题。现代物质文明的非和谐发展，不仅造成了"自然和谐"的破坏，而且也造成了"人与人"之间和谐的破坏。市场经济盘活了市场，也活络了人的经济意识。在"一切向钱看"的思想指引下，人在增长主体意识、效益观念、求实精神的同时，拜金主义、重利轻义、个人主义等不良思想也潜滋暗长。道德失范、诚信缺失、假冒伪劣、欺骗欺诈活动出现蔓延，甚至某些地方封建迷信、邪教和黄赌毒等社会丑恶现象沉渣泛起。更深层的社会问题还在于市场经济体制强化人对物的依赖关系，造成相当一部分人"言不离金钱，行不离经商，思不离享乐"的利己主义思想膨胀。这意味着现代人漫不经心地抹去了为人的本质——诗性，逐步失去那双帮助人们成为和谐生命体的翅膀——诗思，变得缺少理想，过于实际，缺少诗情，注重目力以内世界的利益，不去考虑目力以外世界的意义。"一旦国民不爱诗，其理想、激情和想象就会减退，变得平庸起来。"①

　　"诗是一种比历史更富哲学性、更严肃的艺术，因为诗倾向于表现带普遍意义的事，而历史却倾向于记载具体事件。""诗人的职责不在于描述已经发生的事，而在于描述可能发生的事，即根据可然或必然的原则可能发生的事。"② 诗意德育是一种关系融通性教育活动。这里所指的"关系融通性"是指道德作为一种调节关系的规范，体验能使传统意义外在于世界万物的人渗透、融会于自然生态、社会类生态和自我内生态及其彼此的关系之中并对此种关系的理解贯通起来。正如狄尔泰所说："人不是站在世界之外'旁观'世界，而是作为参与者'纠缠'在世界万物之中。"③ 诗意德育让受教育者立足于"人—社会—自然"的总体性生存系统之中，超越和扬弃主客体分离的认知模式的束缚，进入一种"天人合一"的境界，建立一个交互性、开放性的平等、民主关系，而不是侵略性的、单向性的统治、管制关系，让他们对自然与社会进行真正的对

---

① 陆凌霄：《诗道》，民族出版社 2004 年版，第 179 页。
② ［古希腊］亚里士多德等：《诗学·诗艺》，罗念生等译，人民文学出版社 2008 年版，第81 页。
③ Rudolf A., Makkreel and John Scanlon：*Dilthey and Phenomenology*，University Press of America，1987，p. 78.

话与交流，对自然、社会、他人的关系发生切己的认识与理解。当受教育者意识到自我与自然、社会、他人由于种种关系交往已逐渐融为一体时，其与周围世界的共生性意识也更加强烈，其道德境界也就愈高。诗意德育以提高个体的道德水平为起点，进而推及社会道德水平的提升，能够疏解社会矛盾，促进社会稳定。这就为社会的和谐发展创造了有利条件。

# 余论：诗意德育引领诗意人生

诗意德育这一时代性命题，在学理研究上依从中国传统诗意文化的语境，在实践论域又根据民办学校发展现实需要进行咸淡水文化式的融合与变通，这必然引起道德教育内部系统发生结构性变化：从对道德教育的纯粹理性批判中开启诗意智慧，从对道德教育的实践批判中凸显诗意精神，从对道德教育本体批判之批判中融通言语实践的本体关系，进而实现引领教育者与受教育者步入诗意境界、实现诗意人生的目的。

为了检验诗意德育的效果，笔者进入馨园相邻的学校去调研，碰巧听到一位小学教师教授孟浩然《春晓》一诗。客观而论，这位教师基本功扎实，教学富有激情，调控课堂井然有序；从学生的角度观察，学生学习情绪高昂，气氛热烈而又张弛有度。但就教学内容和程序看，教师把很多的时间与精力放在诗词句的串讲上，比如"春晓"的"春"是指春天，"晓"是指"天亮"，然后问学生什么时候天亮，在学生自然回答"早上"之后，教师板书课文标题的含义就是"春天的早上"，如此等等。在内容的开拓上，教师提出了一个富有启发性的问题：这首诗写的是什么样的景象？由于在串讲词句过程中教师反复强调春天客观的"繁华"景象，学生众口一词地得出"美丽、壮观"的结论，甚至"夜来风雨声，花落知多少"中的"花落"也变得五彩缤纷。

显然，这位老师的教学是"人在课外"，不是不尽职，而是没有走进诗的境界，或者在诗的门外观花；由于缺乏情感的投射与融合，花只是花，梦只是梦，难以从春晓的背景登堂入室进入晓春的境界。佛祖拈花，迦叶微笑，自然得道。微笑出于会心，会心来自敏锐的领悟，来自对一花一草与宇宙、人生规律的瞬间链接与顿悟。推究起来，落花"多少"，关作者何事？于教师、学生有何关系？其实，诗人心有所思，情有所系，心动而后情浓。春天走进"不觉"的梦中，花已落而鸟尚啼，这是生命的一个瞬间。"春"将去，人亦会老，但不见"风雨"，而闻其"声"，其雨非雨，其花非花，其梦也非梦，这一切均是"眠"者日常的生活、情思，因而整首诗富有了迷人的诗意。同样的道理，回溯过去，如果佛祖没有对接天地圆融宇宙的情怀，又怎能随手拈花，轻灵自在，在若有意若无意之间，集灵光、智慧、通感于一体？如果迦叶愚顽不冥，既不入情，也不入境，又怎能观物印心，会意微笑？在《春晓》一诗里，眠即关情，移情于鸟于风于雨于花，使物我两契，便形成诗意的境界。要真正走进诗人的内心，我们的老师实在应该具有佛祖一样的智慧，"拈花"而不滞于物，带领学生不断修炼人生的、学习的境界，学生自然如同迦叶般微笑而不拘于情。

## 第一节　境界与诗意境界

什么是境界？从词源上看，正如《后汉书·仲长统传》中所言，"当更制其境界，使远者不过二百里"。这里的"境界"即"疆界"之意，是客观事物存在的空间范围。佛学东渐以后，"境"、"境界"之类术语广泛出现在一些佛学翻译和中国佛教的教义中。如《无量寿经》："比丘曰佛，斯义弘深，非我境界。"《入楞枷经》："我弃内证智，妄觉非境界。"佛学中的"境界"指的是人心对佛的觉悟程度，它融合了人的情感、态度、意志等心灵世界中的因素。在中国的文学、艺术领域，境界是人的心灵与客观世界融合的产物。如近代国学大师王国维认为"境非独谓景物也，喜怒哀乐，亦人心中之一境界。故能写真景物、真感情者，谓之有境界。否则谓之无境界"①。在哲学研究领域，广义的境界指的是人的一种精神状态，人的心灵存在的一种方式。比如，冯友兰的"人生境界说"，他根据人对宇宙人生的觉解程度的不同，把人的人生境界分成了"自然境界、功利境界、道德境界和天地境界"四个层次，并认为，人生所处的境界是随着人对宇宙人生觉解程度的提高而不断提升的，人所处的境界不同，人生对于其所具有的意义也就有所不同。② 张世英认为"'境界'就是一

① 王国维著，刘锋杰、章弛解读：《人间词话解读》，黄山书社2002年版，第12页。
② 冯友兰：《新原人》，商务印书馆1943年版，第60—63页。

个人的'灵明'所照亮了的、他所生活于其中的、有意义的世界"①。狭义而言，境界指的是人的精神和人格修养已经达到的某种理想的状态。比如，冯契认为"境界是主客观的统一，是精神享用着、在其中生活着、自由活动着的领域，它体现了人的精神所达到的造诣、水平"②。"所有的境界都可以说是意和境的结合，其中，'意'就是实现了、表现了理想，'境'则是有意义的结构。"③ 在这里，冯契突出了境界的价值论含义和理想性。当代学者蒙培元认为"所谓境界，是指心灵超越所达到的一种境地，或者叫'心境'，其特点是内外合一、主客合一、天人合一"④。他所研究的境界"不是概念的问题，也不是单纯的认识问题，而是心灵问题，精神生活的问题"⑤。

从以上分析我们可以看出，尽管不同的学术背景、不同的研究视角得出不同的研究结果，但至少有两点对教育具有启迪作用：其一，境界不是客观存在之物，它与人的心灵有着密切的关系。人是一种有着自主自觉心灵的精神性存在，凭借这种精神创造一种属于自我的生活境界，不论境界是高贵还是卑贱，人生离不开境界。其二，"境由心生"、"境随心起"、"境由心造"，境界的高低取决于人的情感、态度、意志等心灵世界因素投入的程度，人的生存境界不是恒定不变的，它会随着个人经历及精神修养的变化而变化，会随着个人的人生阅历的增长和精神修养的提高而不断地从较低的层次提升到较高的层次。教育是关于人的教育，提升人的生存境界是教育的根本目的与终极关怀。

什么是诗意境界？诗意境界一直是一根红线，贯穿于我国诗意文化的发展中，成为古代美学、传统哲学和古代诗论等学科研究的永恒主题。从先秦"孔颜之乐"、"庄周梦蝶"发芽，魏晋山水寄情，中唐诗僧皎然的《诗式》关于"取境"的创见，到南宋严羽的《沧浪诗话》以禅喻诗关于"兴趣"论旨的奠基，再到近代王国维的《人间词话》关于"境界"的理论作结，其间还包括唐末司空图《诗品》关于诗境二十四种风格神形毕肖的描述等，都是不同时代学人攀登诗意境界高峰所获得的成就。而

---

① 张世英：《新哲学讲演录》，广西师范大学出版社 2006 年版，第 152 页。
② 冯契：《人的自由和真善美》，华东师范大学出版社 1996 年版，第 93 页。
③ 同上书，第 92 页。
④ 蒙培元：《心灵超越与境界》，人民出版社 1998 年版，第 75 页。
⑤ 同上书，第 456 页。

能够步入诗意境界且为人称道的人物，粗略计算下来，除了熟知的老子、庄子，以及孔子及其弟子颜回以外，《论语》中提到的长沮、桀溺、荷蓧丈人，《论语》和《庄子》均提到的接舆，《庄子》中提到的许由、肩吾、连叔等，以及所赞赏的"真人"、"神人"、"圣人"都是这样的人。推究他们的人格特征与生活方式，我们大体可以察知诗意境界的本质特征与基本内涵。

为什么这么说呢？人是一个有限的存在，他的有限性主要表现在生存空间的狭窄和时间的短暂上。而人又是物质生命和精神生命的统一，尽管物质生命是人存在的基础和前提，是一切生物所共同具有的，但是精神生命则是为人所特有的，它能够超越物质生活的有限性使自身成为无限的存在。王国维认为古今之成大事业、大学问者必经过"昨夜西风凋碧树，独上高楼，望尽天涯路"、"衣带渐宽终不悔，为伊消得人憔悴"、"众里寻他千百度，蓦然回首，那人却在灯火阑珊处"三种境界。① 但就人生境界的提升，不过是人的精神主观努力的程度与结果而已。第一境界是追求境界，处在这个境界，寻找人生目标是主要的任务；第二境界是奋斗境界，如何实现人生目标是这个阶段的主要任务；第三境界是成功境界，或者说是顿悟境界，主要任务是对人生历练进行总结与觉悟。从禅宗的角度看，修禅三境界可作如是划分：第一境界"落叶满空山，何处寻行迹"，第二境界"空山无人，水流花开"，第三境界"万古长空，一朝风月"。② 从这个角度分析，步入诗意境界的关键在于如何处理"我"与"物"、情与景的关系。在第一境界，"我"的身影尽管存在画面之外，但这些画面均是"我"的想念之物，"物"乃"我"造，"物"空"我"不空，"我"的形迹处处在，不是无处寻；在第二境界，在"无人"的空山还是可以分辨一个行走在路上的尘世人，尽管这条路指向的是寂静的山林、心灵的故乡；只有在第三境界，"我"与"物"真正达到了"一体"、"同化"的高度，即泯物我、齐生死的诗意境界。

张世英教授按照人生意义深浅高低层次的标准把人生境界分为"欲求的境界、求实的境界、追求理想的境界和诗意的境界"。③ 按照张先生

---

① 王国维著，刘锋杰、章弛解读：《人间词话解读》，黄山书社 2002 年版，第 72 页。
② 蓝华增：《意境论》，云南人民出版社 1998 年版，第 36 页。
③ 张世英：《新哲学讲演录》，广西师范大学出版社 2006 年版，第 159 页。

的这一看法，在人生的境界上，诗意境界当属于最高的层次，而且是最有价值的层次。它的价值在于经过个体精神的修炼和主观的努力，人能够跨越物质欲求、功利的局限，正确处理"物""我"关系、情与景关系、真善美关系，从而成为一个超越自我、超越有限，与自然、社会、自我和谐共处的人。因此，所谓的诗意境界，指的是个体凭借诗意智慧圆融凸显自然、人类社会的普遍规则和行为规范而形成的万物一体、物我两忘的诗意情怀和真美善兼备的道德品质状况。

## 第二节　诗意德育引领诗意境界

境界是人之为人的精神标志。人皆处于一定境界之中，而且从本性上说，人总是向往一种美好的生活，总是期望一种"有境界"、"高境界"的人生。即使在战火纷飞的年代，为了民族复兴，为了人民的幸福，民族英雄、革命先烈敢于抛头颅、洒热血，支撑他们敢于与残酷的现实斗争的基石，除了心中的信念与追求外，也离不开浪漫主义的诗意情怀。凭着这情怀，他们赋予筚路蓝缕的道路以无限的希望，赋予脚下的关山以坚强的力量。然而，在工业化社会使人类物质对象化的时代，在商品经济使人物质化的时代，人们失去了精神的家园，导致在物质昌隆的目前成为灵魂的异乡人，而诗意境界自然成为人类追求的最有价值的生存方式。面对当代物质功利境界视阈下的学校道德教育"祛魅"问题，诗意德育没有把视线集中于那些道德规则的教化和限制性、惩罚性行为的强化上，而是着力依托诗意文化，在言语实践中开启诗意智慧，凸显诗意精神，融通人与自然、人与社会、人与自我的关系，从而有利于促使教育者与受教育者圆融道德教育的诗意境界。

"春秋代序，阴阳惨舒，物色之动，心亦摇焉。"[①] 表面上看，四时景物的变迁，政治的变化，人生的遭际，生活的坎坎坷坷，都是激发人感情波澜的触发剂。其实"诗者，源于德性，发于才情"[②]，一个人如果没有与客观景物匹配的德性与情怀，即使身处玫瑰花丛也不会嗅到花香。颜回居住简陋的房屋，吃的是粗茶淡饭，仍然能够微笑地自得其乐，非客观世

---

① 刘勰：《文心雕龙·物色》。
② （明）王用章辑：《诗法源流》，齐鲁书社1997年版，第136页。

界值得他所乐，实质在于他内心拥有不同凡人的德性与智慧。这种德性与智慧在马克思看来，就是人的第二尺度，即内在尺度。从第一个尺度看，人是按照任何物种尺度进行着生产，人是什么，是和他们如何生产相一致的。人如同自然之物，与花草虫鱼别无二致。从第二个尺度看，人能够以内在的尺度每时每刻用来决定自己的生命状态，用诗意的情怀与诗性的智慧打量、衡量对象，甚至超越自然世界、本能生命的限制成为一个诗意的栖居者，成为一种有着自主自觉的心灵的精神性存在。

"我们日常生活中的自我，都是把自我当作与外物、与他人彼此外在、相对对立的实体。"① 这种自我其实就是主客体二元对立的产物，它把进行认识的主体当做客观世界实实在在可认识的对象，促使人总是凭借理性智慧去审视自身的一切，其结果就是否定了自我的空灵性，导致人类在狭小的时间空间求索生存的价值与意义。诗意德育注重诗性智慧的培养，引领受教育者对已有的生存境界进行不断的反思与批判，不断否定现实，不断塑造可能的存在，在可能的存在成为现实的时候又进行新的否定；促使自我在否定与肯定的过程中学会回归精神的故园，回归灵性，诗化人生；促使生命个体不断用诗意的情怀面对现实的平静和单调，即使阴霾密布也不会忘记展现灿烂的笑容，生命之流奔腾不息并永远保持积极向上的状态；促使生命个体运用诗性智慧弥补现存的不足和缺陷，在无法改变世界的情况下自觉地尝试改变自己，从而创造着丰满的人性和可能的生活。这样人的生命就在自我解构与建构中印证着自身存在的价值和意义，成为一种自由自觉的存在，一种诗意的存在。

## 第三节　诗意德育圆融人性的真善美

如果说境界是世界在人的心灵中的存在方式和存在状态，是人的心灵对客观世界进行诗意的把握，那么它绝对不是静止不变的。由于人的心灵具有无限超越性和创造性，是一种不断生成、不断超越的存在，人生的境界就可以由较低层次向较高层次不断迈进。因此，一个具有诗意情怀、拥有诗性智慧的人是可以通过超越自我的有限性与主客体二元对立的思维方式达成诗意境界这一人类最有价值的生存方式的。为什么说它是最有价值

---

① 张世英：《新哲学讲演录》，广西师范大学出版社 2006 年版，第 165 页。

的？其主要价值体现在日常工作、学习和生活中动机和效果的一致，目的和手段的统一，理性和情感的统一。在内心则直接体现一个人的内心深处对真美善的追求。因此，诗意境界就是真善美圆融的境界。

所谓真，有三重含义：一是实有、实存（从"存在论"或"本体论"的角度看"有没有"的问题）；二是确切，而非似是或非是，与假象对应（从"认识论"或"逻辑学"看"对不对"的问题）；三是正确意义上的认识（从"价值论"或"审美观"角度看"合不合乎"的问题）。① 所谓善，从广义角度审视，指的是实践活动的合目的性，是人类在实践活动中所追求的有用或有益于人类的功利价值，它体现着人类的普遍的利益要求。而从狭义的角度审视则指道德，即依靠人们的内心信念和特殊社会手段维系的原则规范、心理意识和行为活动的总和。所谓美，是人创造性的实践活动的产物，是人的本质力量的感性显现，是合目的性与合规律性的统一。② 真善美统一是中国诗性文化的典型特征，自然也就成为中国文化语境下诗意境界的基本表征。人类的任何实践活动都是在合目的性与合规律性的统一的条件下展开的：一方面人作为客观世界认识的主体，以感性与理性、表象与思想对立统一的方式"自为"地把握世界；另一方面，世界以不依赖于人的意识，以现象与本质、偶然与必然的对立统一方式"自在"地存在。人对世界的诗意把握，其实就是自为与自在的辩证统一过程。比如，孟浩然的《过故人庄》，其诗意境界历来为人津津乐道。一方面，由于"绿树村边合，青山郭外斜"富有自然气息的自在之"真"触发人的情思，让人陶醉；另一方面还在于村野人家淳朴民风包裹下的自为之"善"让人流连忘返，自在自为的圆融给人以美的享受，于是，这里的"人情景"与"真善美"达到水乳交融，诗意自然扑面而来。

从动机和效果看，诗意境界是人理想的精神栖居的方式。在这个理想的导引下，人们永远处于超越的路上，处于新新不已的诗意境界的路途；人们往往根据社会之善去圆融自然之真而获得美的享受。从目的和手段出发理解"诗意境界"，至少包括如下几层含义：其一，"善"是诗意境界内蕴着的价值目标，对这一价值目标的"意义"表达是"人诗意栖居地球"的实质所在。而"意义"的确立是建立在自然之"真"的基础上并

---

① 孙正聿：《哲学导论》，中国人民大学出版社2004年版，第159—164页。
② 吴匕：《美善相乐》，贵州师范大学，硕士论文，2002年。

且凭借"美"的方式予以表现出来的价值与超价值的统一。其二，"美"不仅仅是对"善"进行关注，而且注重对"真"的超越，它以隐含的、非现存的形式体现出来，因此是以不在场的"背景"为存在的前提条件。其三，"美善"是评价"真"、导引"真"的标准。一方面，它指对现存状况的"否定"；另一方面，它又是对"可能"状况的"确立"。从理性与情感协同的角度看，人总是要根据自身的"真"与社会的"善"（人性的完善）要求，确立人的未来发展的途径即"美"。"美"在这个意义上说，既是人活动的目的，又是人活动的前提。因此，诗意境界本身就确证或体现了"美"的规定。诗意境界是在"应当"的层面上将时代精神的"善"与"真"形式表现出来。诗意境界对"真"的寻求，并不仅仅是获得某些"普遍必然性"的知识，更重要的是为了获得规范人的思想行为的"根据"、"标准"和"尺度"，因此，无论从哪个角度看，真善美之间相互圆融是诗意境界应有的表征与实质内涵。诗意德育以立足于现实与可能的实然生活为基础，以熏陶情感的"真"为关键，以培养高尚的"善"为目标，以美的情境、美的方式为手段，强调真善美的圆通，乃至"运转无穷"①。这样，人不仅不会被自然以及物质化的社会所奴役，而且和德育有了一种更高层面上的理解，德育不再是外在于人存在的对象物，而与人的存在有了一种共生共荣的关系。在诗意德育的作用下，受教育者自然实现从他律德育向自律乃至自由德育的德育境界跨越，每一次跨越又成为新的起点，在一次又一次实现了的跨越激励下，他们就走向了诗意境界的发展道路上。

　　"词语破碎处，无物存在。"② 斯特芬·格傲尔格的诗作向我们昭示了一个真理：语言使物存在。同样的道理，回到导论，诗意德育的命名，尽管是一个新词，但诗意德育这个新词使诗意德育存在。当然，需要指出的是，根据本书，诗意德育的存在绝不是由于"诗意德育"这个命名。从源远流长的中西诗意文化流淌的脉搏里，诗意德育一直作为文化基因而潜藏。孔子告诫儿子："不学诗，无以言"，因为诗"可以兴，可以观，可以群，可以怨"；"迩之事父，远之事君，多识于鸟兽草木之名"。学

---

　　① 王弼认为所谓的"圆"就是"唯变所适，无所不周"、"运转无穷"。参见王弼《王弼集校释》，中华书局1980年版，第551页。

　　② ［德］海德格尔：《在通向语言的途中》，孙周兴译，商务印书馆1997年版，第155页。

诗，不仅可以"思接千载，视通万里"，"瞻万物而思纷"，用自己的眼睛见常人之未见，在别人司空见惯的东西上发现美，还可以学习一种得体而典雅的表达方式，去结识真心的朋友，融洽和谐的人际关系。更重要的是在学习诗歌的过程中扩大知识面，运用诗中的道理事奉父母，服务社会。一言以蔽之，就是诗可以让人的德性与语言同构，可以让我们成为一个道德品质高尚的人，一个善用语言文字符号表达思想感情的人。从先秦到盛唐，哪一个朝代不流淌诗意的血液；从杜甫、李白到艾青、毛泽东，哪一个语言大师不是满贮诗情、人格健全、道德高尚的人。海德格尔认为，给万物命名的"词语"，其基本功能在于实现一种由"隐"到"显"的唤醒，使"在"成为"在者"。诗意德育根植于诗意文化的大地，让德育摆脱世俗的羁绊，超越规训的牢笼，陶冶一种诗意的精神，从而形成一种富有民族特色的德育模式。

歌德认为，"谁在漫游，就与我最近"。《老子》中说："道可道，非常道；名可名，非常名。无名天地之始，有名万物之母。"行走在诗意的教育田园里，路漫漫其修远兮，吾将上下而求索。"闲来无事不从容，睡觉东窗日已红。万物静观皆自得，四时佳兴与人同。道通天地有形外，思入风云变幻中。富贵不淫贫贱乐，男儿到此是豪雄。"在当今时代，人们习惯在物欲横流的社会做奔跑的羚羊而忘记像植物一样根植精神的大地，导致在物质越是昌隆的时节越是精神疲惫。读一读程颢的小诗，我们又久违了一把蒲扇，一个慈祥的背影；我们还可以相遇一种亘古的声音，一种飘逸洒脱、高洁绝尘的意境。

# 参 考 文 献

一 中文部分

（一）著作类

1. ［英］维特根斯坦：《文化的价值》，钱发平译，重庆出版社 2006 年版。

2. 鲁洁、朱小蔓主编：《道德教育论丛》第 1 卷，南京师范大学出版社 2000 年版。

3. ［美］迈克尔·W. 阿普尔：《意识形态与课程》，黄忠敬译，华东师范大学出版社 2001 年版。

4. 刘士林：《中国诗学精神》，海南出版社 2006 年版。

5. 高德胜：《知性德育引论——现代德育困境研究》，教育科学出版社 2003 年版。

6. 肖川：《教育的视界》，岳麓书社 2003 年版。

7. 戚万学：《冲突与整合——20 世纪西方道德教育理论》，山东教育出版社 1995 年版。

8. ［美］赫伯特·马尔库塞：《审美之维》，李小兵译，广西师范大学出版社 2001 年版。

9. 林方主编：《人的潜能与价值》，华夏出版社 1987 年版。

10. 《马克思恩格斯选集》第 1—4 卷，人民出版社 1995 年版。

11. ［德］埃德蒙德·胡塞尔：《现象学的观念》，倪梁康译，上海译文出版社 1986 年版。

12. ［美］B. M. 加涅：《学习的条件和教学论》，皮连生译，华东师范大学出版社 1999 年版。

13. ［德］尼采：《快乐的知识》，黄明嘉译，中央编译出版社 1999 年版。

14. 朱光潜：《诗论》，广西师范大学出版社 2004 年版。

15. 查有梁：《教育建模》，广西教育出版社 1998 年版。

16. 曲彦斌主编：《世界名言大辞典》，辽宁人民出版社 1996 年版。

17. ［德］卡西尔：《人论》，甘阳译，上海译文出版社 2003 年版。

18. ［英］怀特海：《教育的目的》，徐汝舟译，生活·读书·新知三联书店 2002 年版。

19. ［美］L. A. 怀特：《文化的科学——人类与文明研究》，沈原等译，山东人民出版社 2002 年版。

20. ［美］麦金太尔：《追寻美德：道德伦理研究》，宋继杰译，译林出版社 2003 年版。

21. ［法］埃德加·莫兰：《复杂性理论与教育问题》，陈一壮译，北京大学出版社 2004 年版。

22. 王本陆：《教育崇善论》，广东教育出版社 2001 年版。

23. 刘万海：《德性教学论》，华东师范大学出版社 2009 年版。

24. ［美］赫伯特·A. 西蒙：《管理行为》，机械工业出版社 2004 年版。

25. 汪凤炎等：《德化的生活——生活德育模式的理论探索与应用研究》，人民出版社 2005 年版。

26. 鲁洁、王逢贤：《德育新论》，江苏教育出版社 2002 年版。

27. 徐有渔等：《语言与哲学：当代英美与德法传统比较研究》，生活·读书·新知三联书店 1996 年版。

28. 郝文武：《教育哲学》，人民教育出版社 2006 年版。

29. ［德］海德格尔：《诗·语言·思》，彭富春译，文化艺术出版社 1991 年版。

30. （东汉）郑玄注、（唐）孔颖达正义：《礼记正义》，中华书局 1980 年版。

31. ［意］克罗齐：《作为表现的科学和一般语言学的美学历史》，中国社会科学出版社 1984 年版。

32. 肖前等主编：《实践唯物主义研究》，中国人民大学出版社 1996 年版。

33. 张思齐：《宋代诗学》，湖南人民出版社 2000 年版。

34. ［德］尼采：《快乐的知识》，黄明嘉译，中央编译出版社 1999

年版。

35. 张世英：《哲学导论》，北京大学出版社 2002 年版。

36. 《鲁迅全集》，人民文学出版社 1958 年版。

37. 刘士林：《中国诗性文化》，海南人民出版社 2006 年版。

38. 李春青：《诗与意识形态》，北京大学出版社 2005 年版。

39. 摩耳：《宗教的出生和成果》，上海商务印书馆 1926 年版。

40. 綦彦臣：《中国古代言论史》，航空工业出版社 2005 年版。

41. 俞启定：《先秦两汉儒家教育》，齐鲁书社 1987 年版。

42. 叶舒宪：《诗经的文化阐释》，湖北人民出版社 1997 年版。

43. 刘方：《中国美学的历史演进及其现代转型》，四川出版集团·巴蜀书社 2005 年版。

44. 杨树达：《释诗·积微小学金石论丛》（增订本），中华书局 1983 年版。

45. 李泽厚、刘纲纪：《中国美学史》第 1 卷，中国社会科学出版社 1984 年版。

46. 杨宽：《西周史》，上海人民出版社 2003 年版。

47. 阮元：《十三经注疏·周礼》卷二十二，上海古籍出版社 1997 年版。

48. ［意］维柯：《新科学》，朱光潜译，安徽教育出版社 2006 年版。

49. ［法］让·贝西埃等主编：《诗学史》（上下册），百花文艺出版社 2002 年版。

50. ［德］尼采：《悲剧的诞生》，生活·读书·新知三联书店 1986 年版。

51. 黄耀红：《百年中小学文学教育史论》，湖南师范大学出版社 2008 年版。

52. 吕新雨：《神话悲剧〈诗学〉——对古希腊诗学传统的重新认识》，复旦大学出版社 1995 年版。

53. 滕大春主编：《外国教育通史》第 1 卷，山东教育出版社 1989 年版。

54. 王柯平：《走向跨文化美学》，中华书局 2002 年版。

55. 王用章：《诗法源流》，齐鲁书社 1997 年版。

56. ［德］海德格尔：《人，诗意地安居》，郜元宝译，上海远东出版社 2004 年版。

57. ［德］海德格尔：《筑·居·思》，载《海德格尔选集》（下卷），孙周兴译，生活·读书·新知三联书店 1996 年版。

58. 王国维：《殷周制度论·观堂集林》卷 10《史林二》，中华书局 1984 年版。

59.《简帛书法选》编辑组：《郭店楚墓竹简·性自命出》，文物出版社 1998 年版。

60. ［德］康德：《实践理性批判》，商务印书馆 2003 年版。

61. 冯友兰：《三松堂学术文集》，北京大学出版社 1984 年版。

62. 张岱年：《中国哲学大纲》，中国社会科学出版社 1982 年版。

63. 朱熹：《四书章句集注·论语章句》，中华书局 1983 年版。

64. 杨乃乔：《东西方比较诗学——悖立与整合》，文化艺术出版社 2006 年版。

65. ［德］策勒尔：《古希腊哲学史纲》，翁绍军译，上海人民出版社 2007 年版。

66. 刘延勃：《哲学辞典》，吉林人民出版社 1983 年版。

67. 北京大学哲学系外国哲学教研室编译：《古希腊罗马哲学》，生活·读书·新知三联书店 1957 年版。

68.《西方哲学原著选读》上卷，商务印书馆 1981 年版。

69. ［古希腊］色诺芬：《回忆苏格拉底》，商务印书馆 1981 年版。

70. ［古希腊］柏拉图：《理想国》，郭斌和、张竹明译，商务印书馆 2002 年版。

71. 金生鈜：《德性与教化》，湖南大学出版社 2003 年版。

72. ［古希腊］亚里士多德：《政治学》，商务印书馆 1996 年版。

73. ［德］黑格尔：《小逻辑》，贺麟译，商务印书馆 1980 年版。

74. 于钦波、刘民：《外国德育思想史》，四川教育出版社 2000 年版。

75. 朱光潜：《西方美学史》，商务印书馆 2006 年版。

76. 狄兆龙：《中英比较诗学》，上海外语教育出版社 1996 年版。

77. 周辅成：《西方伦理学名著选辑》上卷，商务印书馆 1964 年版。

78. 苗力田主编：《亚里士多德全集》第 9 卷，中国人民大学出版社 1994 年版。

79. ［古希腊］柏拉图：《柏拉图文艺对话集》，朱光潜译，人民文学出版社 2008 年版。

80. ［古希腊］亚里士多德、贺拉斯：《诗学·诗艺》，罗念生译，人民文学出版社 1982 年版。

81. 辜鸿铭：《中国人的精神》，海南出版社 2007 年版。

82. 洪谦：《西方现代资产阶级哲学论著选辑》，商务印书馆 1982 年版。

83. 钱穆：《中国文化精神》，台北：三民书局 1971 年版。

84. 薛天祥：《高等教育学》，广西师范大学出版社 2001 年版。

85. 劳承万：《诗性智慧》，河南人民出版社 1997 年版。

86. 杨匡汉：《中国新诗学》，人民出版社 2005 年版。

87. 刘士林：《中国诗学原理》，海南出版社 2006 年版。

88. ［德］埃德蒙德·胡塞尔：《现象学的观念》，倪梁康译，上海译文出版社 1986 年版。

89. ［法］雅克·马利坦：《艺术与诗中的创造性直觉》，刘有元、罗逸民等译，生活·读书·新知三联书店 1992 年版。

90. 诗刊社编：《诺贝尔文学奖获得者诗选》，中国文联出版公司 1986 年版。

91. 《荷尔德林文集》，商务印书馆 1999 年版。

92. 成复旺主编：《中国美学范畴辞典》，中国人民大学出版社 1995 年版。

93. ［德］席勒：《审美教育书简》，冯至等译，上海人民出版社 2003 年版。

94. 周春生：《直觉与东西方文化》，上海人民出版社 2001 年版。

95. ［德］费迪南·费尔曼：《生命哲学》，李健鸣译，华夏出版社 2001 年版。

96. 冯契主编：《哲学大辞典》，上海辞书出版社 1992 年版。

97. 董奇等：《脑与行为——21 世纪的科学前沿》，北京师范大学出版社 2000 年版。

98. 张楚廷：《课程与教学哲学》，人民教育出版社 2003 年版。

99. 季广茂：《隐喻视野中的诗性传统》，高等教育出版社 1998 年版。

100. ［德］马克思：《1844 年经济学哲学手稿》，人民出版社 2000 年版。

101. 刘小枫：《诗化哲学》，山东文艺出版社 1986 年版。

102. ［德］康德：《实用人类学》第 1 卷，邓晓芒译，上海人民出版社 2002 年版。

103. 赵敦华：《现代西方哲学新编》，北京大学出版社 2006 年版。

104. 朱立元、张德兴：《西方美学通史》第 6 卷，上海文艺出版社 1999 年版。

105. 张双棣：《淮南子校释》，北京大学出版社 1997 年版。

106. 《鲁迅全集》，人民文学出版社 1958 年版。

107. 刘士林：《中国诗词之美》，海南出版社 2006 年版。

108. 程孟辉主编：《现代西方美学》（上编），山西教育出版社 2003 年版。

109. 夏放：《美学：苦恼的追求》，海峡文艺出版社 1988 年版。

110. 李泽厚：《美学论集》，上海文艺出版社 1980 年版。

111. 刘士林：《中国话语——理念与经验》，上海三联书店 2006 年版。

112. 高清海：《人就是"人"》，辽宁人民出版社 2001 年版。

113. 阎国忠：《朱光潜美学思想及其理论体系》，安徽教育出版社 1994 年版。

114. 《列宁全集》，人民出版社 1987 年版。

115. 檀传宝：《学校道德教育原理》，教育科学出版社 2000 年版。

116. 檀传宝：《德育美学观》，教育科学出版社 2003 年版。

117. 华中师范大学教育系等编：《德育学》，陕西人民教育出版社 1986 年版。

118. 胡守棻：《德育原理》，北京师范大学出版社 1989 年版。

119. 孙喜亭：《教育学基本问题概述》，天津教育出版社 1989 年版。

120. 李景先、肖约之、李庆善：《大学德育学概论》，湖南人民出版社 1986 年版。

121. 赵翰章主编：《德育论》，吉林教育出版社 1987 年版。

122. 南京师范大学教育系编：《教育学》，人民教育出版社 1984 年版。

123. 王道俊、王汉澜主编：《教育学》，人民教育出版社 1998 年版。

124. 冯忠汉：《德育实论》，教育科学出版社 1990 年版。

125. 涂光辉：《论德育过程的基本规律》，转引自瞿葆奎主编《教育学文集·德育》第 7 卷，人民教育出版社 1989 年版。

126. 刘惊铎、权利霞编：《德育学教程》，陕西师范大学出版社 1992

年版。

127. 初明利、范书生:《高校德育新视野 高校德育的创新与实效》，天津社会科学院出版社 2004 年版。

128. ［德］朱切尔·兰德曼:《哲学人类学》，张乐天译，上海译文出版社 1988 年版。

129. 孙正聿:《哲学通论》，辽宁人民出版社 1998 年版。

130. ［古希腊］亚里士多德:《动物四篇——动物之构造、动物之运动、动物之行进、动物之生殖》，吴寿彭译，商务印书馆 1985 年版。

131. ［英］华兹华斯:《转守为攻》，载《华兹华斯抒情诗选》，黄昊译，上海译文出版社 1986 年版。

132. ［美］亨利·戴维·梭罗:《瓦尔登湖》，徐迟译，上海译文出版社 2004 年版。

133. 孟轲:《孟子》，王立明译注，吉林文史出版社 2004 年版。

134. 冯友兰:《中国哲学史新编》上卷，人民出版社 2003 年版。

135. ［美］杜威:《确定性的寻求》，载周辅成主编《西方伦理学名著选辑》下卷，商务印书馆 1987 年版。

136. ［英］W. D. 拉蒙特:《价值判断》，马俊峰、王建国、王晓升译，中国人民大学出版社 1993 年版。

137. 黄书光主编:《价值观念变迁中的中国德育改革》，凤凰出版集团·江苏教育出版社 1988 年版。

138. 世界卫生组织编:《新的了解，新的希望——2001 年世界卫生报告·精神卫生》，王汝宽等译，人民卫生出版社 2002 年版。

139. 张世英:《新哲学讲演录》，广西师范大学出版社 2004 年版。

140. ［德］海德格尔:《存在与在·诗人回忆》，王作虹译，民族出版社 2005 年版。

141. 联合国教科文组织国标教育发展委员会:《学会生存——教育世界的今天和明天》，教育科学出版社 1996 年版。

142. 范国睿:《教育生态学》，人民教育出版社 1999 年版。

143. 胡锦涛:《在省部级主要领导干部提高构建社会主义和谐社会能力专题研讨班上的讲话》，人民出版社 2005 年版。

144. 陆凌霄:《诗道》，民族出版社 2004 年版。

145. ［古希腊］亚里士多德等:《诗学诗艺》，罗念生等译，人民文学出版社 2008 年版。

146. 孙少平主编：《新中国德育 50 年》，福建教育出版社 2002 年版。

147. 《毛泽东著作选读》，人民出版社 1986 年版。

148. 《中华人民共和国教育大事记》（1949—1982），教育科学出版社 1983 年版。

149. 詹万生：《整体构建德育体系总论》，教育科学出版社 2001 年版。

150. 钟海青主编：《时代发展与道德教育新问题》，广西人民出版社 2008 年版。

151. 班华：《现代德育论》，安徽人民出版社 2005 年版。

152. 刘慧：《生命德育论》，人民教育出版社 2005 年版。

153. 陈麟书、田海华：《重读马里坦》，四川人民出版社 1997 年版。

154. 李泽厚：《美学三书》，安徽文艺出版社 1999 年版。

155. 朱小蔓：《情感德育论》，人民教育出版社 2005 年版。

156. 郭思乐：《教育走向生本》，人民教育出版社 2001 年版。

157. 姚介厚：《古代希腊与罗马哲学·西方哲学史》第 2 卷上，凤凰出版社 2005 年版。

158. 北京大学哲学系外国哲学史教研室编译：《古希腊罗马哲学》，商务印书馆 1961 年版。

159. 方朝晖：《"中学"与"西学"重新解读现代中国学术史》，河北大学出版社 2002 年版。

160. 苏宏斌：《文学本体论引论》，生活·读书·新知三联书店 2006 年版。

161. 李维武：《20 世纪中国哲学本体论问题》，湖南教育出版社 1991 年版。

162. 栗洪武：《西学东渐与中国近代教育思潮》，高等教育出版社 2002 年版。

163. 《孙中山选集》，人民出版社 1956 年版。

164. 《叶圣陶教育文集》第 2 卷，人民教育出版社 1994 年版。

165. ［俄］斯大林：《马克思主义与语言学问题》，人民出版社 1953 年版。

166. ［德］黑格尔：《小逻辑》，商务印书馆 2003 年版。

167. 刘卓红、钟明华等：《开放德育论》，人民出版社 2008 年版。

168. 冯增俊：《教育人类学》，江苏教育出版社 1995 年版。

169. 余源培主编：《时代精神的精华·马克思主义哲学原著导读》（上），复旦大学出版社 1992 年版。

170. ［瑞士］费尔迪南·德·索绪尔：《普通语言学教程》，商务印书馆 1980 年版。

171. ［德］海德格尔：《在通向语言的途中》，孙周兴译，商务印书馆 2004 年版。

172. ［意］克罗齐：《作为表现的科学和一般语言学的美学历史》，中国社会科学出版社 1984 年版。

173. ［德］鲍姆加登：《诗的感想——关于诗的哲学默想录·缪灵珠美学译文集》，中国人民大学出版社 1998 年版。

174. ［德］伽达默尔：《真理与方法》（下），生活·读书·新知三联书店 1996 年版。

175. ［德］卡西尔：《语言与神话》，生活·读书·新知三联书店 1988 年版。

176. 马大康：《诗性语言研究》，中国社会科学出版社 2005 年版。

177. ［美］A. 麦金太尔：《德性之后》，龚群等译，中国社会科学出版社 1995 年版。

178. 申小龙：《语言与文化的现代思考》，河南人民出版社 2000 年版。

179. 邵瑞珍：《教育心理学》，上海教育出版社 1998 年版。

180. ［德］海德格尔：《海德格尔存在哲学》，孙周兴译，九州出版社 2004 年版。

181. 余光中：《莲的联想》，台北：时报文化出版企业有限公司 1980 年版。

182. 毛翰：《诗美创造学》，西南师范大学出版社 2002 年版。

183. 孙景尧：《比较文学经典要著研读》，上海文艺出版社 2006 年版。

184. 唐凯麟、龙兴海：《个体道德论》，中国青年出版社 1993 年版。

185. 王海明、孙英：《寻求新道德——科学的伦理学之建构》，华夏出版社 1994 年版。

186. 杨清：《现代西方心理学主要派别》，辽宁人民出版社 1980 年版。

187. ［英］雪莱：《为诗辩护·古典文艺理论译丛》第 1 卷，人民文学出版社 1963 年版。

188. 倪文锦：《初中语文新课程教学法》，高等教育出版社 2003 年版。

189. 李明泉：《尽善尽美——儒家艺术精神》，四川人民出版社 1995 年版。

190. ［德］海德格尔：《林中路·诗人何为》，孙周兴译，上海译文出版社 1997 年版。

191. 刘惊铎：《道德体验论》，人民教育出版社 2003 年版。

192. ［英］大卫·冯塔纳：《心悟：宁静、内省和顿悟的艺术》，王晓秦译，吉林摄影出版社 1999 年版。

193. 朱小蔓：《情感教育论纲》，南京出版社 1993 年版。

194. ［美］法朗西斯·沃恩：《唤醒直觉》，罗爽译，新华出版社 2000 年版。

195. 尚新建：《重新发现直觉主义——柏格森哲学新探》，北京大学出版社 1999 年版。

196. 张世英：《进入澄明之境——哲学的新方向》，商务印书馆 1999 年版。

197. 陆机：《文赋》，转引自《中国美学史资料选编》（上册），中华书局 1980 年版。

198. 王国维著，刘锋杰、章弛解读：《人间词话解读》，黄山书社 2002 年版。

199. 冯契：《人的自由和真善美》，华东师范大学出版社 1996 年版。

200. 蒙培元：《心灵超越与境界》，人民出版社 1998 年版。

201. 蓝华增：《意境论》，云南人民出版社 1998 年版。

202. （明）王用章辑：《诗法源流》，齐鲁书社 1997 年版。

（二）论文类

203. 杨启亮：《诗意的德育：一种体验爱与美的解释》，《思想·理论·教育》2003 年第 9 期。

204. 方任安：《试论以诗育人、加强人文素质教育的战略意义》，《电子科技大学学报》（社会科学版）2001 年第 4 期。

205. 孙迎光：《理性话语与诗意德育》，《教育研究与实验》2001 年第 4 期。

206. 金生鈜：《质疑建国以来的道德教育规训》，《教育理论与实践》2001 年第 8 期。

207. 吴发科：《试论"生本德育"》，《教育导刊》2003 年（2，3）上半月。

208. 朱小蔓：《理论德育学的建构——试谈德育研究的哲学型、科学型与工程学型》，《上海教育科研》1995 年第 4 期。

209. 郑集思：《咸淡伶仃洋》，《人民文学》2006 年第 10 期。

210. 查有梁：《发扬诗教功能建构诗意人生——兼评〈诗意语文学本〉》，《中国教育学刊》2007 年第 4 期。

211. 孙彩平：《论教育的道德性——对当代中国教育道德性的思考》，东北师范大学，博士论文，2001 年。

212. 胡斌斌：《课堂教学伦理问题研究》，西北师范大学，博士论文，2003 年。

213. 周建平：《追寻教学道德——当代中国教学道德价值问题研究》，南京师范大学，博士论文，2003 年。

214. 蒋理：《老师：您的语言也能杀人——教师"心罚"不容忽视》，《生活时报》2003 年 8 月 11 日。

215. 魏传光、葛畅：《"人的物化"问题与德育的理论反思》，《思想教育研究》2004 年第 12 期。

316. 曾绍义：《论秦牧的散文诗意》，《四川大学学报》（哲学社会科学版）1980 年第 4 期。

317. 杨大春：《梅洛－庞蒂哲学中的诗意之思或非哲学倾向》，《文史哲》2005 年第 2 期。

318. 夏爱元：《恒河岸边的"理想天堂"——试论〈戈丹〉中的诗意农村》，《湘潭大学学报》（哲学社会科学版）2005 年第 S2 期。

319. 周朔：《先秦"诗言志"观念的演变》，《广东教育学院学报》2007 年第 6 期。

320. 邹其昌：《论"天人合一"的意蕴——中国哲学与艺术学的基本特性研究》，《船山学刊》2003 年第 1 期。

321. 李凯：《中国古代诗学话语言说方式及其意义生成——〈诗经〉与中国诗学关系研究》，《文学评论》2002 年第 3 期。

322. 桑大鹏：《解读诗性智慧》，《三峡大学学报》（人文社会科学版）2001 年第 11 期。

323. 易晓明：《寻找失落的艺术精神》，南京师范大学，博士论文，

2001 年。

324. 万光侠：《人的存在方式的哲学阐释》，《济南大学学报》2005年第 5 期。

325. 李道仁：《德育本质问题的探讨》，《华中师范学院学报》1982 年第 6 期。

326. 余光：《德育原理研究对象初探》，《华东师范大学学报》1987年第 4 期。

327. 冯文全：《多学科视角下对德育本质的反思》，《教育研究》2005 年第 10 期。

328. 王逢贤：《学校德育过程特点初探》，《教育研究》1979 年第 3 期。

329. 陈福生：《论德育的内涵解读与夯实》，《社会科学战线》2004年第 3 期。

330. 鲁洁：《道德教育：一种超越》，《中国教育学刊》1994 年第期。

331. 黄雪梅：《实然与应然统一：科学教育与人文教育融合》，《重庆大学学报》（社会科学版）2003 年第 6 期。

332. 徐碧辉：《从实践美学看"生态美学"》，《哲学研究》2005 年第9 期。

333. 张正江：《真善美教育及其实施构想》，《沈阳师范大学学报》（社会科学版）2004 年第 5 期。

334. 檀传宝：《德性只能由内而外地生成———试论"新性善论"及其依据，兼答孙喜亭教授》，《清华大学教育研究》2001 年第 3 期。

335. 刘铁芳：《师生关系的三种模式比较》，《天津市教科院学报》2001 年第 4 期。

336. 郝文武：《师生主体间性建构的哲学基础和实践策略》，《北京师范大学学报》（社会科学版）2005 年第 4 期。

337. 李小鲁：《教育本质新论》，《现代哲学》2007 年第 5 期。

338. 左其沛：《品德心理的形成与德育的科学化》，《教育研究》1990 年第 5 期。

339. 鲁洁、班华：《德育理论在科学化轨道上前进》，《教育研究》1988 年第 12 期。

340. 杜时忠：《制度德性与制度德育》，《教育研究与实验》2002 年第 1 期。

341. 邵龙宝：《德育现代化刍议》，《教育研究》1994 年第 8 期。

342. 王啸、鲁洁：《德育理论：走向科学化与人性化的整合》，《中国教育学刊》1999 年第 3 期。

343. 靖国平：《道德的审美特性与德育审美化》，《湖北民族学院学报》（社会科学版）1993 年第 3 期。

344. 冯建军：《道德的生命性与生命化道德教育——基于尼采道德哲学的启示》，《道德教育研究》2005 年第 3 期。

345. 刘惊铎：《体验：道德教育的本体》，《教育研究》2003 年第 2 期。

346. 鲁洁：《再论"品德与生活""品德与社会"向生活世界的回归》，《教育研究与实验》2004 年第 4 期。

347. 杨超：《现代德育人本论研究》，中山大学，博士论文，2005 年。

348. 叶圣陶：《语言和语言教育》，《光明日报》1953 年 10 月 11 日。

349. 高德胜：《科学主义与现代德育的知性化》，《当代教育论坛》2003 年第 7 期。

350. 杜月菊：《人文精神培养：高校德育的关键点》，《河南师范大学学报》（哲学社会科学版）2008 年第 5 期。

351. 邱伟光：《德育呼唤科学精神与人文精神相结合》，《中国德育》2002 年第 11 期。

352. 申扶民：《康德的审美认识论与合目的性》，《云南师范大学学报》（哲学社会科学版）2008 年第 2 期。

353. 周作宇：《道德生成与德育选择》，《北京师范大学学报》（哲学社会科学版）1998 年第 4 期。

354. 刘铁芳：《语言与教育》，《河北师范大学学报》（教育科学版）2001 年第 2 期。

355. 朱小蔓：《育德是教育的灵魂、动情是德育的关键》，《教育研究》2000 年第 4 期。

356. 吴小鸥：《课堂"关怀型"情感场对大学生品格建构的影响》，《江苏高教》2004 年第 4 期。

357. 张节末：《纯粹中国美学话语：何以可能》，《思想战线》2007 年第 2 期。

358. ［美］希莱克利斯：《创造力与右脑》，《国外社会科学》1987

年第 10 期。

359. 吴匕:《美善相乐》, 贵州师范大学, 硕士论文, 2002 年。

## 二 英文部分

1. Begley A. M. , "Facilitating the Development of Moral Insight in Practice: Teaching Ethics and Teaching Virtue", *Nurs Philos*, Vol. 7, No. 4, 2006.

2. Csikszentmihalyi, M. , "The Flow Experience and Its Significance for Human Psychology", In M. Csikszentmihalyi & I. S. Csikszentmihalyi( Eds. ), *Optimal experience: Psychological Study of Flow in Consciousness*, New York: Cambridge University Press, 1988.

3. Erichi Isaac, *Geography of Domestication*, Prentice - Hall Publishing Company, 1970.

4. Edward Craig, *Encyclopedia of Philosophy*, Routledge, 1998.

5. Gregory, Cynde, *Writing the Natural Way*, Instructor, 1995.

6. Humboldt, Wilhelm von, *On Language: The Diversity of Human Language Structure and Its Influence on the Mental Development of Mankind*, Translated into English by Peter Heath, Cambridge and New York: Cambridge University Press, 1999.

7. Honigsfld Andrea, Dove Maria, *Poetry in Professional Development*, Delta Kappa Gamma Bulletin, 2008.

8. Joan Peskin, "The Genre of Poetry: Secondary School Students' Conventional Expectations and Interpretive Operations", *English in Education*, 2007.

9. J. Sllengberg, *Mastersof Social Psychology*, Oxford. University Press, 1978.

10. J. L. Austin, J. O. Urmson, Marina Sbisa, *How to Do Things with Words*, Harvard University Press, 1975.

11. Knapp, Charles, "Virtus", *Meaning of: n. 16. Classical Weekly*, Vol. 28, 1934.

12. Kraut, R. E. , "Efferts of Social Labeling on Giving to Charity", *Journal of Experimental Social Psychology*, 1973.

13. Marcum - Dietrich Nanette I. , Byrne Eileen, O'Hern Brenda, "Marrying the Muse and the Thinker Poetry as Scientific Writing", *Science Activities*, 2009.

14. Peters, R. S. , *Ethics and Education*, London: George Allen & Unwin,

Ltd. ,1966.

15. *Population Education Through Poetry*, Popul Educ Asia Pac Newsl Forum, 1994.

16. Park N. ,Peterson C. ,*Positive Psychology and Character Strengths: Application to Strengths − Based School Counseling*, Professional School Counseling, 2008.

17. R. H. M. Elwes, *On the Improvement of the Understanding*, *The Ethics Correspondence*, Dover Publications, Inc. ,1955.

18. Ryan & Deci, "Self − Determination Theoryand The Facilitation of Intrinsic Motivation, Social Development, and Well − Being", *American Psychologist*, 2000.

19. Shaena Oberick, *I have Discovered the Student in Writing the Poem*, Teaching Today for Tomorrow: An On − Line Journal About Education and Teaching, 2004.

20. Young, Linda, "Portals into Poetry: Using Generative Writing Groups to Facilitate Student Engagement with Word Art", *Journal of Adolescent & Adult Literacy*, 2007.

# 附　　录

## 中小学学生诗意德育人格发展调查量表

同学：

你好！

本问卷旨在调查中小学生积极人格发展现状，仅作为教育研究之用，请放心回答下面的问题。答案没有对错之分，请根据自己的情况实事求是地做出选择，要求独立完成，不与别人商量。谢谢你的合作！

**一、单选题**（1—48 题，请从下列选项中选出最适合的一项并把答案填写到答题卡上）

1.（A1）当你欣赏一幅画或者学习一个汉字的时候，下列情况哪一项比较符合你？（　　）

a. 我既看画或汉字表面的信息，也想象画与汉字隐含的图景、故事

b. 我没有什么想象，仅仅看看而已

c. 我注重画的线条、结构与布局，注意汉字的部件与笔画

2.（A1）夜晚，当你静对天空，会体验到什么？（　　）

a. 感到自己很渺小，生活孤独等

b. 无所谓体验，仅仅是休闲而已

c. 体验到生活的美好

3.（A2）学习上遇到不懂的问题，你是否主动向老师或同学请教，直到解决为止（　　）。

a. 经常做到不懂就问

b. 偶尔问问

c. 从不主动请教

4.（A2）星期天，在家里没有其他人的情况下，你能否主动学习功

课（　　）。

　　a. 不能自觉地学习功课

　　b. 有时能够主动学习，有时不能

　　c. 能够自觉、主动地学习

5. （A3）你早晨起床，漫步校园，看到一片枯黄的树叶飘落，你的感觉是什么？（　　）

　　a. 由树叶能想起"霜叶红于二月花"、"化作春泥更护花"等诗句

　　b. 树叶黄了，可能是秋天到了

　　c. 习以为常，没什么特别的认识

6. （A3）在天气多变的季节，每当要离家远行，比如上学去，下列情况哪一种比较符合你？（　　）

　　a. 没有观察天气的习惯，往往是听天由命

　　b. 在父母的提醒下观察天气并做出相应的准备

　　c. 经常仰头看看天气，能够预测天气的变化并根据自己的分析做好相应的准备才出门

7. （A4）和同学或他人争论问题时，你的表现怎样？（　　）

　　a. 我的兴趣在于在与同学或他人的争论中不断提出新的观点

　　b. 我有时会赞同同学或他人的观点，有时会坚持自己的观点

　　c. 我什么都不说，因为我提不出有见解的观点

8. （A4）我热衷于探究解决问题的新颖方法，即使花费大量时间，哪怕得不到任何肯定也乐此不疲（　　）。

　　a. 从不这样　　b. 偶尔这样　　c. 经常这样

9. （B1）当你为集体或他人做了一件有益的事情后，你的心情会怎样？（　　）

　　a. 很兴奋，希望得到表扬或肯定

　　b. 很愉快，希望与一两个同学或同伴分享

　　c. 很平常，几乎没什么感觉，这是我应该做的

10. （B1）当你无意触犯了同学或损害了集体利益而没有人发觉的时候，你会怎么做？（　　）

　　a. 我行我素，就当做什么事情也没有发生

　　b. 尽管不愿意承认错误，但心里忐忑不安

　　c. 主动承认错误并尽力补救

11.（B2）当你好不容易找到郊游机会的时候，天气突变，霎时狂风大作，雷声隆隆，面对这种情况，你的心情会怎样？（　　）

a. 没关系，暴雨过后就会有彩虹

b. 有点沮丧，郊游计划泡汤了

c. 真倒霉，为什么老是跟我过不去

12.（B2）在你口渴时，发现保温瓶里只剩下了半杯水，你会想（　　）。

a. 怎么只剩半杯水了

b. 总算还有半杯水

c. 有半杯水足够了

13.（B3）学校对大家的品德进行量化考核，你是怎样对待考核分数的？（　　）

a. 会根据品德量化评分调整行动

b. 无所谓，我仍然按照自己的兴趣行事

c. 恨不得把考核本撕掉

14.（B3）当老师突然取消预订好的郊游计划而改为补课时，你真实的反应是什么？（　　）

a. 向老师发出抗议的声音

b. 无所谓，习以为常

c. 愉快地接受老师的安排

15.（B4）你在见到（包括新闻报道）一个小动物受虐待时是否会感受到非常难过？（　　）

a. 很难过　　　b. 有时会，有时不会　　　c. 不难过

16.（B4）假如在旅途见到路旁又脏又丑的流浪狗，你会怎么做？（　　）

a. 它太难看了，难怪会被人抛弃

b. 司空见惯，没有特别的感觉

c. 它真可怜，我愿意领养它

17.（C1）请对自己进行合理评价，下列结论哪一项比较符合你的情况？（　　）

a. 我感到自己是一个有价值的人，能够用积极的心态对待自己

b. 我对自己没有什么特别的感觉，总体而言比较满意

c. 我对什么都不擅长，感觉自己没什么用处

18. （C1）当同学或科任教师看不起你的时候你会怎么办？（　　）

a. 我很在意他们的评价，忧虑自己看起来确实很愚蠢

b. 他们看不起我，我也看不起他们

c. 我不在意他人的评价，自信能做最好的自己

19. （C2）过马路行人斑马线时，红灯亮了，你会怎样选择？（　　）

a. 不管有没有车辆，我都等绿灯亮时才走

b. 在不影响安全的前提下，我会抓紧时间走过去

c. 如果有车辆，我等车辆过后再走

20. 如果你在公共场所，从事个人活动，比如你要练习小提琴、打手机等，你会怎样做？（　　）

a. 做事情时，想不到自己是否会打搅别人的学习或休息

b. 在他人的提醒下（包括示意），放弃个人活动

c. 能克制自己不去影响他人学习或休息

21. （C3）在公共场所，比如乘坐公交车，遇到年迈的老年人快要摔倒了，你会怎么做？（　　）

a. 不管会不会遭到讹诈，我都会伸出援助的手

b. 我会面带微笑，征求老人的意见后决定是否搀扶

c. 装作没看见，不闻不问

22. （C3）面对自己从来没有尝试过的事情，比如攀岩、数学难题，大多数同学选择放弃，你会怎样对待？（　　）

a. 我也会和其他人一样放弃

b. 我会先尝试一下，然后量力而行

c. 我能够迎难而上，从退缩的人群中走出来，并且不达目的决不罢休

23. （C4）你是否能够长时间坚持做一件重要而枯燥的事情？（　　）

a. 完全能够做到

b. 基本能够做到

c. 完全做不到

24. （C4）对于长跑、远足、爬山等体育活动，因为能够锻炼人的体质和毅力，不管身体条件是否适合这些项目，我都会坚持。（　　）

a. 不大符合自己的实际情况

b. 比较符合自己的实际情况

c. 很符合自己的实际情况

25.（D1）当大多数同学都认为某一科任教师不能胜任教学工作的时候，你会怎样表现？（　　）

a. 和这个老师进行沟通后再决定是否要求撤换

b. 和其他少数同学一样，既不投诉，也不和老师沟通

c. 和大多数同学一样联名向学校请求撤换老师

26.（D1）当老师或家长批评你时，尤其在你看来是无端指责的情况下，你有什么反应？（　　）

a. 我会当场和他们据理力争，大声申辩

b. 我任凭指责，默不作声

c. 我会等他们冷静下来后心平气和地申辩

27.（D2）当大家都在专心致志地听老师讲课，窗外突然传来一阵嘈杂的声音，你会怎样做？（　　）

a. 我仍然专心听课，能够做到"两耳不闻窗外事"

b. 我会一边关注窗外，一边关注老师的讲课

C. 我会将视线转向窗外而忘记听课

28.（D2）我常因读一本精彩的小说或看一台精彩的电视节目而忘记时间。（　　）

a. 不大符合自己的实际情况

b. 比较符合自己的实际情况

c. 很符合自己的实际情况

29.（D3）当你的老师在你的作业或试卷上画了一个红"？"时，你会怎么做？（　　）

a. 自觉反思做题的思路，及时改错

b. 老师强调后认真改错

c. 不看或看过后也不改错

30.（D3）当老师批评犯错误的同学时，你会怎样对待？（　　）

a. 该同学真不走运，又被老师逮着了

b. 无所谓、不干涉，反正我没有犯错误

c. 我会和该同学进行对照，看看自己是否也犯了同样的错误

31.（D4）当自己的学习成绩、棋艺、钢琴等某一方面比不上其他同

学时，以下所列情况哪一种比较符合你？（　　）

　　a. 只要我努力，即使我不擅长的项目一样可以学好

　　b. 对自己不如同学的方面没有什么感觉

　　c. 对自己不如同学的方面感到苦恼

32.（D4）当自己的学习成绩、体育、棋艺、钢琴等某一方面超过其他同学时，以下所列情况哪一种比较符合你？（　　）

　　a. 对自己优胜的方面感到满足，不太愿意和不如自己的同学交往，怕他们影响自己的进步

　　b. 对自己优胜的方面没有什么感觉，和他们正常交往

　　c. 能够和他们主动交往，友好相处，主动发挥自己的长处帮助他们进步

33.（E1）当你发现老师偏爱某一位同学或你的长辈偏爱他人时，你的态度如何？（　　）

　　a. 我会主动努力争取他们公正的待遇

　　b. 我会觉得不舒服，认为他们这样做不公正

　　c. 我没什么感觉，觉得他们的偏爱与自己无关

34.（E1）当你和同学外出娱乐或聚餐，你是否希望各付各的账？（　　）

　　a. 我认为不应该各付各的账

　　b. 我认为谁付都一样

　　c. 我认为各付各的账比较公平

35.（E2）当你在公共场合突然发现别人丢失的东西，比如 MP4、手机，正是你渴望的东西时，你会怎样做？（　　）

　　a. 捡起来，要么等候失主，要么上交有关部门

　　b. 先捡起来，把玩几天后再送还给别人

　　c. 只要没人看见，自己拿着也没关系

36.（E2）假如让你去市场上选购光盘，下列情况哪一种比较符合你？（　　）

　　a. 盗版碟便宜，质量也不错，偶尔买买也无妨

　　b. 挑我喜欢的买，管它是正版还是盗版

　　c. 还是正版碟值得信赖，坚决不买盗版碟

37.（E3）一旦与同学或邻居发生争执，你会怎样？（　　）

a. 不管有理没理，我都谦让

b. 对方谦让，我也谦让

c. 不管有理没理，我都要争赢

38.（E3）当你发现一个平时各方面表现优秀的同学或老师偶尔犯了一个小错误，你会怎么做？（　　）

a. 希望他多犯错误，这样他就不会那么优秀了

b. 无所谓，睁一只眼闭一只眼

c. 主动帮助他或她，人无完人，犯点错误很正常

39.（E4）当你听到"海地大地震、智利大地震"等来自国外灾难报道的消息时，尽管这些事情不是发生在自己的国家与家乡，下列情形哪一种比较符合你的反应？（　　）

a. 尽管不是自己的同胞，仍为遭遇地震的人难过

b. 没什么特别的感觉，这是司空见惯的事情

c. 为地震没有发生在自己的国家与家乡而庆幸

40.（E4）如果你有一本别人买不到的很好的参考书，同学们向你借，你怎么办？（　　）

a. 现在竞争激烈，一般不借，即使借了也会很快要回来

b. 只给要好的同学用

c. 与同学共用，让大家都受益

41.（F1）当你看到"某校母亲节布置的特殊作业——为父母洗一次脚"的报道时，你会想（　　）。

a. 觉得有意义，我会经常这样做

b. 在老师要求下，我愿意尝试一下

c. 纯粹是作秀，没有一点实际意义

42.（F1）对于一张白纸上的一点墨迹，你的看法是什么？（　　）

a. 我看到白白的纸上有一点墨点

b. 我看到墨点以外有一大片白纸

c. 我看到的墨点是一个跳动的标点；我看到墨点外的白纸还可以画出七彩的图画

43.（F2）面对劳累奔波而日渐苍老的父母，你的真实想法是怎样的？（　　）

a. 感激父母的付出而化作学习上的勤奋

b. 学习很忙，没有什么特别的感受

c. 父母抚育未成年孩子是应尽的义务

44.（F2）当你遇到困难的时候得到了老师、同学，甚至陌生人的帮助，你会怎么办？（　　）

a. 别人帮助我是应该的

b. 我会根据具体情况确定我的行动

c. 我也会竭尽全力去帮助他人

45.（F3）假如所有的人，包括父母、老师、朋友都对你失望的时候，你怎么办？（　　）

a. 不管怎样，我对自己前途充满希望

b. 无所谓，船到桥头自然直

c. 自暴自弃

46.（F3）你会经常保持微笑吗？（　　）

a. 难得微笑，尤其是遇到成绩下降、父母吵架等情况

b. 遇到开心的事情，我会微笑

c. 微笑成了我的习惯

47.（F4）当你树立诸如"祖国高于一切，才华奉献人类"的信念后，一旦发生疾病、定居国外等变故时，你会怎样对待你的信念？（　　）

a. 无论何时何地，我都会坚守

b. 视具体情况而定，有时坚守，有时不会坚守

c. 难以坚守

48.（F4）一旦下定决心做某事，即使没有人赞同，你仍然会坚持做到底吗？（　　）

a. 如果反对的人太多了，我会放弃

b. 我会参照他人的意见进行调整

c. 我会想尽办法去实现我的目标

二、简答题（请按照使用频率高低的顺序排列词语或句子）

1. 请写出老师与家长经常对你说的 5 句话。

老师经常对我说：（1）＿＿＿＿＿＿＿＿＿＿＿＿＿＿＿；

　　　　　　　　（2）＿＿＿＿＿＿＿＿＿＿＿＿＿＿＿；

　　　　　　　　（3）＿＿＿＿＿＿＿＿＿＿＿＿＿＿＿；

（4）＿＿＿＿＿＿＿＿＿＿＿＿＿＿＿＿＿＿＿＿＿；

（5）＿＿＿＿＿＿＿＿＿＿＿＿＿＿＿＿＿＿＿＿＿。

父母经常对我说：（1）＿＿＿＿＿＿＿＿＿＿＿＿＿＿＿；

（2）＿＿＿＿＿＿＿＿＿＿＿＿＿＿＿；

（3）＿＿＿＿＿＿＿＿＿＿＿＿＿＿＿；

（4）＿＿＿＿＿＿＿＿＿＿＿＿＿＿＿；

（5）＿＿＿＿＿＿＿＿＿＿＿＿＿＿＿。

2. 请写出你对同学经常说的 5 个词语或句子。

我经常对同学说：（1）＿＿＿＿＿＿＿＿＿＿＿＿＿＿＿；

（2）＿＿＿＿＿＿＿＿＿＿＿＿＿＿＿；

（3）＿＿＿＿＿＿＿＿＿＿＿＿＿＿＿；

（4）＿＿＿＿＿＿＿＿＿＿＿＿＿＿＿；

（5）＿＿＿＿＿＿＿＿＿＿＿＿＿＿＿。

### 三、基本情况调查

1. 你的出生年月：（　　）性别：（　　）民族：（　　）籍贯：（　　）

2. 你居住在（　　　）

a. 农村；b. 乡镇；c. 城市

3. 你目前和哪位亲属居住（　　　）

a. 父亲一方；b. 母亲一方；c. 父母亲双方；d. 祖父母或外祖父母；e. 其他

4. 你的家庭经济状况（　　　）

a. 月收入 1000 元以下；b. 月收入 1000—2000 元；c. 月收入 2000—3000 元；d. 月收入 3000—4000 元；e. 4000—5000 元；f. 5000 元以上。

5. 你母亲的职业是（　　　）

6. 你父亲的职业是（　　　）

### 四、多选题（请从下列选项中选出你认为适合的项目）

1. 如果你所在的学校准备开设诗意德育主题班会课，你最想在这门课中得到什么？（　　　）

a. 培养人际交往能力　b. 学习德育知识　c. 增强保护意识　d. 强健体魄　e. 养成积极的人生态度　f. 认识各种错误、缺陷

2. 闲暇时间你喜欢做的活动是（　　　）。

a. 逛商场　b. 旅游　c. 到同学家　d. 运动健身　e. 洗衣服、洗澡、

理发　f. 看电影　g. 看书　h. 看电视　i. 在学校学习　j. 看 VCD 或上网
　k. 去文化活动场所（图书馆、博物馆、少年宫）　l. 参加特长培训
m. 参加社会公益活动

　　3. 你和同学（朋友）聊天时的主要内容有（　　）。

　　a. 学习方面　b. 同学之间关系　c. 体育赛事　d. 影、视、歌逸事
e. 国内、国际时事　f. 男女生交往的事　g. 父母的感情问题　h. 家庭问
题　i. 自我心理问题　j. 其他

　　4. 你认为对你思想道德品质影响最大的是（　　）。

　　a. 德育活动课（主题班会，团队活动，各种报告会等）

　　b. 德育课程（品德与生活课，品德与社会课，政治课）

　　c. 心理辅导

　　d. 读书看报

　　e. 影视作品

　　f. 各种娱乐、游戏活动

　　g. 户外体验教育活动，比如参观劳教所、看望孤寡老人等

诗意德育的案例与问题研究课题组<br>2009 年 10 月

# 后　记

进入"不惑"之年，先是负笈来到陕西师范大学攻读博士学位，随后栖息宁波大学任教。蓦然回首课题研究走过的历程，不由得感慨师恩的浩荡、学友情的慰藉以及同事携手相助的期许，同时岁月沧桑与韶华易逝的伤感一齐涌上心头。学术殿堂求索的跋涉与实践基地行走的脚步，点点滴滴就像挂在天空的星星，一闪一闪，呈现在我脑海的荧屏上。

郝文武教授、司晓宏教授、李国庆教授、刘新科教授、陈鹏教授、陈晓端教授、田建荣教授、张立昌教授等专家为天地立心，为生民立命，为教育事业倾尽心血，他们给予我人生、学术的指点与帮助，都是伴随我一生的经典，一首首百读不厌的诗篇。我的导师栗洪武教授是一个令人亲近的"人师"。他不但在治学上给予我耐心细致的指导，而且在为人和处世方面，处处树立了"博文博雅、至正至健"的"人师"榜样，生活方面给了我无微不至的关怀。我每写一篇文章，栗老师总是通篇字斟句酌，反复修改，不厌其烦，以臻完善；在学术研究上，既鼓励大胆创新，又教导科学严谨；还以高尚而伟岸的人格魅力涵养着我的治学精神，以亲和态度和无私的关爱之情鼓舞着我前进的信心。中国教育科学研究院的詹万生教授给予我慈父般的关爱，常常为我的学业、生活劳心劳力，为我的生活和事业搭建一个又一个的发展平台。尤其是当我遭遇车祸蜷缩在轮椅里的时候，他打来的电话里伴随着关切的哭泣声，化作了片片花瓣，一一撒落我的心底。我知道："年入古稀的老师啊，您一生刚强的背后，原来也有一颗柔软的心，即使远航到天际，在您眼里，学生永远就是一个孩子，我的小小进步，也许不会让您兴奋，而我的伤痛却连着您牵挂的心。"刘惊铎教授一直关注我的学业，不断地开列必读的书目，不断地给予热情的鼓励，不时地给予科学的指导，还将我引进生态德育课题研究的领域，让我自由地汲取科研的有益营养。导师们的精心指导与无私关爱，为我的研究乃至人生装帧了一幅幅美丽的图画。

感谢宁波大学党委副书记刘剑虹教授的赏识与扶助，让我有机会握住春天。宁波大学教师教育学院的领导、同事那种真诚待人、热心助人的精神让我感动不已。我的朋友龙炳文、刘奇军等，学友孙峰、那岚业、沈璇、赵晓军、高洁、张清、王庆如、沈萍霞、胡玲翠、龚孟伟等为我的研究给予热情的鼓励和无私的帮助。本书成果的撰写得到了青年诗人、我的合作伙伴、朋友叶才生的大力支持，他为课题的细化研究做了大量的技术性工作。

本书先是被确立为陕西师范大学优秀博士论文资助项目，后来又成功申报立项为国家社科基金"十一五"规划教育学类国家一般项目，这与陕西师范大学研究生处、教育学院的领导以及专家们的辛勤劳动是分不开的。在此，表示诚挚的谢意！我要特别感谢中山纪念中学三鑫双语学校的田云伏校长，是他的慧眼让诗意德育课题在三鑫这片神奇的教育园地里生根、发芽、壮大，让它走进课堂，走进校园，走进家庭；让我有机会与三鑫的朋友们，与中山的教育事业同在。我还要特别感谢中央教育科学研究所的高宝立研究员，他不仅为我论文框架把脉导航，还不厌其烦地教导我严谨的科研方法，尤其是论文撰写的方法，让我明白了治学的要义。四川社会科学研究院的查有梁研究员不仅为我主编的书籍撰写序言，还奉献自己的研究成果，给我指点迷津；我读硕士时候的老师，首都师范大学的田汉族教授不仅给予热情的鼓励，而且在百忙之中对本书初稿进行精细的修改、斧正；湖南第一师范学院文史系雷庆娥书记常常给予我精神的鼓励与无微不至的关爱，让我潜心治学；陕西师范大学优秀博士论文资助项目专家指导组各位专家从开题、中期评估以及结题都给予精神上、学术上的导引，让我明晰了前行的路以及收获"厚德、励志"为人与"求实、敦行"为文的真谛。中国社会科学出版社田文老师为本书的出版付出了艰辛的劳动，她严谨的治学态度与细致的工作作风均让我感佩。

捡拾往日的画面，时光诗意地穿梭在行走的路上。那时候，刚刚起步的研究如同荒原里纵横交错的道路，条条通向贫瘠；那时候，遇到难以解决的困惑就像航船迷失了渡口，个个茫然失措。湖湘子弟"霸蛮"的本性让我心中矗立永不改变的信念：即使道路通向戈壁，诗意的种子也会像蒲公英绽放希望的花朵；即使脚踩一叶浮萍，也会像海燕坚毅翱翔的翅膀。于是，就有了后来教育研究旁观者与教育实践栖居者角色的变换。清晨，我尝试迈着轻快的脚步走进中小学校园，带着春风拂面的微笑，散发一缕和善的阳光；课堂，我尝试带着鼓励的眼神登上讲台，以诗意的视角审视学生、审视教材、审视课程，演绎一缕慈爱的阳光。我曾和中小学老师一同备课、磨课、课堂观察、课后研讨；曾和中小学生以及大学生在青石板砌成的古巷聆听文化久远的回声，在杨柳叶墨染的江堤吟诵文言的经典。尽管携带些许方言，谁也无法忘却，潜藏稚嫩话语里的质朴与纯真。是的，只要敞开心扉，就可以迎接八面来风；只要对接传统，就能够发现德育真谛；只要打开久闭的窗户，在欣赏窗外风景的同时，不要忘记自己也是风景中的人，诗意就伏藏在我们平凡的生活里、俗常的教育场景里。

本书凝结了撰稿人十余年的研究心得，也借鉴、参考了国内外前辈专家学者的研究成果、观点和资料。这一切对本书的撰写具有很大的启迪作用，本人尽可能地注明引用成果的出处，并开列出主要参考文献，但挂一漏万，遗漏之处在所难免。谨在此一并表示衷心的感谢！

2012 年 5 月 28 日

于宁波大学文萃新村至善楼